方彦富 主编

SHIJUE WENHUA
YU CHUANGYI CHANYE

视觉文化与创意产业

魏 然 朱立立 主编

江苏大学出版社
JIANGSU UNIVERSITY PRESS

镇 江

图书在版编目(CIP)数据

视觉文化与创意产业/魏然,朱立立主编. —镇江
:江苏大学出版社,2013.10
ISBN 978-7-81130-577-7

Ⅰ.①视… Ⅱ.①魏… ②朱… Ⅲ.①文化产业－研
究－中国 Ⅳ.①G124

中国版本图书馆 CIP 数据核字(2013)第 229857 号

视觉文化与创意产业

丛书策划/芮月英

丛书主编/方彦富

主　　编/魏　然　朱立立

责任编辑/吴小娟

出版发行/江苏大学出版社

地　　址/江苏省镇江市梦溪园巷 30 号(邮编:212003)

电　　话/0511-84446464(传真)

网　　址/http://press.ujs.edu.cn

排　　版/镇江文苑制版印刷有限责任公司

印　　刷/句容市排印厂

经　　销/江苏省新华书店

开　　本/890 mm×1 240 mm　1/32

印　　张/10.75

字　　数/323 千字

版　　次/2013 年 11 月第 1 版　2013 年 11 月第 1 次印刷

书　　号/ISBN 978-7-81130-577-7

定　　价/42.00 元

如有印装质量问题请与本社营销部联系(电话:0511-84440882)

目 录

视觉文化：表意实践与感觉结构

王　伟

一

　　视觉文化，一个全新的领域，抑或一门新兴的学科？迄今为止，学术界关于视觉文化的定位仍然争论未休，但这丝毫也不影响作为文化事件的视觉文化如火如荼的燎原态势。在男男女女的经验视野中，视觉影像占据的比重愈演愈烈。很大程度上，视觉文化构成了人们的精神生活，不言而喻，这必将重组我们的日常生活，并潜移默化地重塑我们的世界观与价值观。视觉文化的存在如此显赫，以至于它很快就赢得学界的追捧而成为"显学"。需要明白的是，我们随身携带的任何语汇，换言之，我们所使用的诸多概念与范畴，其覆盖面有别而且有限，相互之间会有交叉、补充或龃龉，视觉文化也不例外。因此，首先应该弄清视觉文化描述的范围，以及视觉文化跟其他描述间又有怎样的关系。

　　处身于红尘俗世，外来的刺激永不间断，男男女女的大脑注定无法逃脱。这是一个接受并处理信息从而生产意义的过程。在人类的这种思维活动中，视觉是"首当其冲的感受"，我们的日常用语为此提供了生动的证明：譬如，一瞥、回眸、盯梢、蔑视、凝视、远眺、见风使舵、视而不见、雾里看花、望穿秋水、目光敏锐、洞见卓识、坐山观虎斗，如此等等。有研究者感慨，在人们日常生活的语言网络中，竟然交织着那么多视觉之线。[①] 不夸张地说，几乎所有的精神活动都与视觉密不

---

① ［美］卡洛琳·M·布鲁墨：《视觉原理》，张功钤译，北京大学出版社，1987年，第17页。

可分。从艺术的角度来看,书法、绘画、雕塑、建筑等都主要靠视觉来
运行,理应属于视觉文化。显然,这种意义上的视觉文化涵盖了传统
及当代的艺术领域。现今,引起学界热切关注的则是另一种意义上的
视觉文化。如丹尼尔·贝尔所言,视觉文化是声音与影像尤其是后者
来组织美学、博得观众,这一当代文化与印刷文化相对而言,它是多种
诱因相互联动的结果。譬如,大众传播媒介、大众社会、消费社会、城
市世界的生活方式、现代社会的快速流动等。① 传播技术的历史源远
流长,按照本雅明对艺术品复制历程的考察,在文字能借助印刷复制
之前的很长一段时间中,木刻就已为版画的大量复制提供了技术可
能,其意义不啻于开天辟地。而石印术则将复制技术带到一个全新阶
段,它把批量复制的产品带进了市场。紧接着,照相摄影后来居上,
"随着照相摄影的诞生,原来在形象复制中最关键的手便首次减轻了
所担当的最重要的艺术职能,这些职能便归眼睛所有"。② 无疑,视觉
转向此时已然是呼之欲出。媒体技术高歌猛进、日新月异,传播大步
迈向数字化、数码化、电子化、网络化、全球化,这将整个世界抛入一个
史无前例的图像文明时代。正是在这个意义上,视觉文化转向也往往
被等同于图像转向。

　　本雅明曾把艺术史描述为艺术作品本身的两极——膜拜价值与
展示价值——交互式运动,但在照相摄影中,展示价值就开始全盘凌
驾于膜拜价值之上。而在其后不断更新换代的技术冲击下,可供沉思
冥想的艺术连同其神秘的效力更是荡然无存。环视我们的四周,可以
发现,视觉环境的内容十分广泛:譬如,不知疲倦的电视剧,挖空心思
的电影,机趣十足、鱼龙混杂的网络影像,布满意识形态密码的新闻、
宣传,身份代入式的网络情境游戏,大同小异的旅游景区,等等。特别
值得指出的是,视觉文化对男男女女日常生活的全面渗透——很多时

---

① [美]丹尼尔·贝尔:《资本主义文化矛盾》,赵一凡,等译,生活·读书·新知三联
书店,1989 年,第 154-156 页。
② [德]瓦尔特·本雅明:《机械复制时代的艺术作品》,王才勇译,中国城市出版社,
2002 年,第 6 页。

候，他们洋洋自得地拿着手机或相机拍照、录像，并将其上传至自己的QQ 日志、微博、Blog、雅虎相册等网络空间。人们被自己也参与制作的无数影像重重包围，宛若活在一个巨大的影院中，他们不仅与真实生活渐行渐远，而且相互之间也隔绝开来。居伊·德波的这个断言不无悲观，却也直击要害。技术的推进为影像艺术的无限生产提供了条件，"在 20 世纪末 21 世纪初，艺术进入了一个新的时代，即一个不仅仅是大批量消费艺术，而且大批量的艺术生产的时代"。① 也即是说，男男女女不仅充当着文艺消费的主角，还扮演着文艺生产的主角。如果说过去是多数人驻足围观少数人的艺术生产，那么，现在的艺术生产则以加速度倍增，我们进入了一个少数人快速浏览多数人的艺术生产、继而丢开并寻找下一个刺激源的新时代。这是一个信息爆炸的年代，也是一个喜新厌旧的年代。"旧时王谢堂前燕，飞入寻常百姓家。"在当代文艺已成为一种大众文化实践的今天，在所谓高雅文化与通俗文化打破疆界的现在，文艺家必须直面如下棘手的问题：怎样在人潮汹涌的大众中脱颖而出？ 怎样才能刷新、修订自我的身份认同？ 怎样凭借自己的文艺生产与其他的文艺产品形成对话、制衡？

二

视觉文化脱胎于大众社会，与男男女女通过视觉媒介进行信息获取、快感享用等的视觉实践息息相关。不妨说，视觉文化的主体是大众文化，所以，对大众文化的两种极端对立的论调同样现身于视觉文化的评价中。大众文化相对于精英文化、高雅文化而言，经常被视为毁坏后者的罪魁祸首。法兰克福学派的指斥人们耳熟能详，在霍克海默与阿多诺眼里，大众文化把世人的品位弄得一团糟，传统的文化水准一落千丈，与艺术的纯粹经验相比，被欺骗的大众不过是体验了一种虚幻的满足感罢了。更严重的是，大众文化还与德国的极权主义眉来眼去，前者甚至为后者铺平了道路。如此说来，大众文化真是罪不

---

① ［德］鲍里斯·格洛伊斯：《走向公众》，苏伟，李同良，等译，金城出版社，2012 年，第120 页。

可恨。上述判断一方面体现出知识分子的担当与责任感,另一方面,也毫不掩饰地流露出社会精英高高在上的优越感,以及对庸碌大众的鄙夷与不屑。与这种极度悲观的态度截然相反的是,另一批学者则为大众文化欢呼不止。他们认为大众文化的兴起本身就是进步,因为这里包含了传播媒介的更新、识字率的增多、教育的普及、个人自主性的增强等诸多喜人的变化。更为重要的是,大众文化还打破了以往高雅文化一元独尊的旧有格局,意味着开放化、民主化、平等化、差异性、多元化。而且,大众并非总是被动的容器,他们的解码不见得就与大众文化的编码契合无间。具体而言,意义痼习绝非牢不可破,而是在动态中的积淀与新生。如果没有大众与文化文本之间的互动,意义生产就难以为继。他们不只是皮下注射般地被动反应,而是也可以再编码,他们的主观能动性决定了大众文化接受过程的复杂性。不言而喻,大众的再编码不可能完全脱离旧有的意义陈规、意义结构,也不可能一夜之间就凤凰涅槃,把堂皇而虚假的意识形态神话统统清零。

从视觉方面来说,尽管它在人们感受世界的过程中起着举足轻重的作用,但在知识界却弥漫着对视觉实践的普遍性憎恶。这种厌恶、敌视情绪甚至可以上溯到柏拉图,他认为艺术是对现实的模仿,而现实又是对理念的模仿,艺术不过是模仿的模仿,同真理隔了三层。所以,绘画等文艺仿制品无益于"理想国",艺术家应该被恭送出门。柏拉图哲学对视觉影像的敌对在后世思想界激起了经久不息的回响,譬如,尼尔·波兹曼就批评电视文化导致了童年的消逝,并认为与印刷时代的思维特征、思想品质相比,男男女女的精神世界趋于肤浅化、弱智化。而詹姆逊则干脆在一本书的开篇就飘若浮云地宣称:"视觉本质上是色情的,就是说,它的结果是迷人的、缺乏思考的幻想。"耽于视觉愉悦而欠缺思索,这肯定不是什么好话。问题是,这一视觉影像的缺陷是制造者的追求、传播媒介的秉性,还是接受者的习惯?众所周知,"永远历史化"是詹姆逊为学的一贯作风,他对视觉的分析同样如此,实际上,他这部书论证的核心命题即是"理解它的历史形成的过程"，这也是"考虑视觉的唯一方式"。① 詹姆逊对一系列电影的分析出色地诠释了这一点——无论是《炎热的下午》中的阶级与寓言，《歌剧红伶》中的法国社会主义，《闪灵》中的历史主义，还是希区柯克的寓言化，等等。然而，我们在这些分析中并未看出多少色情的、低俗的身体欢悦。退一步说，绝不仅仅是什么低级的感官享乐。另外，有意思的是，詹姆逊还一面承认艺术家是被"唯名化"的，特殊的历史情境取消了任何对普遍性的要求，既然这样，我们就可以窥见其艺术作品中的"私人意义"。——一旦回到私人或个体的层面，意义生产的场景就会骤然间变得无比喧嚣而芜杂，这不是可以回应他那一句有些宏大的断言吗？尽管如此，另一面，詹姆逊仍在原则上保持着对视觉影像的不屑，他坦言，如果想要获取影像文化的要义，就必须把"马克思主义与弗洛伊德主义"这两个解释代码历史性地有机结合，而"解释者压倒一切的企图，是要将内容的所有残余物，都统统变回为真正形式性的现象或过程，以便拯救作品"。② 换言之，没有批评家的忘我投入，视觉影像将自甘下贱，难以得到升华与救赎。这种"拯救者"的角色想象不免有些自作多情，因为"通俗的视觉文化也能够传达出最严肃的主题，而这严肃的主题也是传统媒介有时想要努力达成的"。而来自一线案例研究的结果则显示，哪怕经常被贬低为"女性化"的肥皂剧也会拥有复杂的叙事结构，"同样能够让观众获得复杂的观赏经验"。③ 还有，特别值得一提的是，互联网的发达使得以图片或视频来举报腐败的案例猛增，这些对飞扬跋扈的特权所作的匿名批判堪称当今视觉文化的一道景观。所以说，仅仅以视觉的形式就看扁了视觉文化，不免会陷入以貌取人的窠臼。

"文化是一个可以和谐、分离、重叠、争论、连续或不连续的想象和意义之链接，这个链接可以透过广泛的人类社会团体与社会实践来操

---

① ［美］弗雷德里克·詹姆逊：《可见的签名》，王逢振，等译，南京大学出版社，2012年，第1-2页。

② 同①，第141、176、142页。

③ Nicholas Mirzoeff：《视觉文化导论》，陈芸芸译，韦伯文化国际出版有限公司，2004年，第25、23页。

控。在当代文化中,这些想象和意义产制的经验透过大众媒体影像以及资讯的迅速增强而强化。"① 文化是意义的生产场域,形形色色的意义在这里交汇、磋商、竞争,大众文化、视觉文化当然也是如此。即是说,视觉文化不是铁板一块,其内部并非同质性的。因此,应该抛弃那种过于悲观或过于乐观而对视觉文化笼统褒贬的态度,把它视为繁复的表意之地,具体剖析图像片段的剪接、组合、拼贴、嫁接又产生了什么样的新意义,视觉消费中的快感与焦虑、意义斗争与不同团体间分裂的认同。这是影像表意系统分析最为重要的部分。参照语言学家皮尔士的符号三分法,电影理论家米特里把电影的意义生产分作三个级别② :一是图像化表意,指影像的内在结构;二是具有指示性质的多镜头形式关联;三是蒙太奇效应,虽然也是多镜头的关联,但这一关联具有象征、隐喻、暗示等联系性。扩展开来说,这既是理解视觉文化的一把钥匙,也是指导视觉生产的一个大纲。

三

社会主义与资本主义、无产阶级与资产阶级的两极对立已成明日黄花,全球范围内的意义生产曾经人为的单纯/简单时代一去不复返,意义生产进入一个复杂化时代。有点儿让人眼花缭乱的是,一些光芒四射、传唱至今的意义事件不断地遭受质疑,而另一些久负骂名、臭不可闻的意义典型却显露出不少亮色。伴随着更多信息的披露,以往被牢牢夯定的不少意义开始松动,乃至土崩瓦解,男男女女身临其境的文化生态经受着各式各样的持续震荡。毫无疑问,意义生产的不懈扩容、开放直接得益于技术的屡次突破性发展。印刷机的发明引爆过一场媒介革命,经过印刷文化的洗礼,文化不再是少数达官贵人的专享,而在男男女女中逐渐普及。虽然影像媒介的崛起并未真的唱响古腾

---

① Jeff Lewis:《细说文化研究基础》,邱志勇,许梦芸译,韦伯文化国际出版有限公司,2008 年,第 23 页。

② [法]让·米特里:《电影符号学质疑:语言与电影》,方尔平译,吉林出版集团有限责任公司,2012 年,第 31 页。

堡挽歌，但的确极大地冲击了文字的阅读，而联通世界的万维网更是让视觉文化如虎添翼。如今，世界各国都大力提倡发展文化产业，视觉文化、视觉消费明显占据了其中较大的权重。产业追求的是票房、赢利，以最少的投资换取最大的回报，而文化则需要营造一种有助于走向自由、民主、公平、正义的社会氛围。因此，问题在于，文化的产业化如何有效协调经济利益与文化发展的关系？如何有效避免众多文化景观"大跃进"式冒进带来的文化雷同与同质？如何有效规避文化产业化对传统文化打着开发旗号的戕害？如何切实保证面对全球化侵袭时文化产业的在地化特色？如何有效抵制唯利是图带来的文化低俗化乃至恶俗化？如何有效保证男男女女在视觉消费过程中不致沦为消费主义的奴隶，除了关心视觉愉悦之外还不忘国事与天下事？

　　文化产业盛行的日子里，男男女女在巨量景观组构的城堡中常常乐不思蜀。"媒体的爆炸性增长以及无限度娱乐的观念，让政府进入了一个可称之为快乐产业的范畴中。这帮助政治成为一种'可控景观'，让它进入国民的客厅里，把他们变成单向信息的接收者，心甘情愿地成为一个虚拟政治世界的俘虏。"①南迪对泛滥成灾的娱乐影像忧心忡忡，他担心娱乐把世人变得幼稚化，从而放逐了真正值得关注的重大议题。这其实也是法兰克福学派最为揪心的地方：如果大众影像甘于庸俗，热衷于仅为歌舞升平的影像现实锦上添花，以甜言蜜语或插科打诨来抚慰男男女女，那么，他们也很容易被长期麻醉，满足于各种琐屑欲望的兑现，而不去关心最为根本的政治问题，不去思考究竟怎样使明天的生活更为美好。何以如此？借用雷蒙·威廉斯的术语来说，在长期的熏染过程中，男男女女的"感觉结构"很可能被悄然改变。而在任何特定的共同体之中，感觉结构都是他们得以相互交流的主要工具。接下来，他们感受、看待事物与世界的方式会发生改变，他们是不是还关心这个共同体、关心哪些部分、怎样关心也随之相应地变化。当流行的娱乐被文化工业掌控在手，"过去曾继承了艺术传

---

　　① 张颂仁，等主编：《民族主义，真诚与欺骗：阿西斯·南迪读本》，卢隽婷，等译，上海人民出版社，2012年，第8页。

统的所谓娱乐,今天只不过是像游泳或足球一样的大众化兴奋剂。大众性不再与艺术生产的具体内容和真理性有任何联系。在民族国家里,最终的决定不再由受过教育的人负责定夺,而是由娱乐工业负责定夺。大众性由无限的适应性调整组成,把人们调整成娱乐工业本身所喜欢的那类人。在专制主义国家里,最终的决定则由直接或间接从事宣传工作的管理者定夺"。①也就是说,快乐产业横行霸道,会在有意与无意之间培育出一大批臣服于自己的男男女女。维特根斯坦曾言,一种语言意味着一种生活方式。实际上,一种感觉结构同样意味着一种生活方式。试想一下,当我们的荧屏上充斥着以各种盖世神功斗杀鬼子的影视闹剧时,观看影像成长起来的一代还会有多少人会去静思那一段充满苦难的国殇?还会有多少人去认真追索抗日战争的真相?还会有多少人会去探讨那段历史对其后的世界、民族形势至今为止依然不绝如缕的影响?没能勇敢而真诚地面对苦难、反思苦难,对一个民族而言,这已经够悲哀的了。更令人悲哀的是,这种苦难还在不断地被浪漫化、歪曲化、简单化。如果愿意检索一下当今视觉文化的详细名单,类似的例子可谓俯拾即是。

居高不下的房价、水涨船高的消费者物价指数、频频爆出的食品质量问题、日益恶化的家园生态,如此等等。难道现实生活还不够沉重吗?娱乐娱乐又有什么错?一张一弛,文武之道,娱乐本身不仅没有错,倒还十分必要。关键在于,在整个视觉文化的意义生产图谱中,娱乐所占的份额不能大到唯我独尊的地步,而且,娱乐也不能把"寓教于乐"的古训抛诸九霄云外,甚至沉迷于不得不以搔人夹肢窝儿来逗笑的怪圈。"一个单纯快乐的仪式很难给人一种庇护和解放的感觉,更不要说把人引导到爱和真理的世界了","当最低级的快乐被统统释放出来的时候,其中必然包含着凶猛可怕的东西"。②在探究人生意

---

① 曹卫东编选:《霍克海默集:文明批判》,渠东,付德根译,上海远东出版社,2004年,第227-228页。

② [英]鲍桑葵:《个体的价值与命运:1912年在爱丁堡大学所做的吉德福讲座》,李超杰、朱锐译,商务印书馆,2012年,第188、187页。

义问题方面,与隔靴搔痒的娱乐相比,悲剧是诸多非乐观方案中最有力者之一。"在所有的艺术形式中,悲剧最彻底、最坚定地直面人生的意义问题,大胆思考那些最恐怖的答案","最有力的悲剧是一个没有答案的问句,刻意撕掉所有观念形态上的安慰。如果悲剧千方百计告诉我们,人类不能照老样子生活下去,它是在激励我们去搜寻解决人类生存之苦的真正方案"。① 换句话说,悲剧是一种坚硬的存在,它不是给男男女女现成的标准答案,而是执着地提醒他们眼睛向下、脚踏实地,以谦卑而严肃的心态审视周遭的物质环境与人文环境,坚持没有最好、只有更好,以周围先行者的成功经验为参照,勇往直前地探索。悲剧是一个共同体不断追求更大幸福而必须沐浴的氛围、必须经历的历程。

四

尽管感觉结构有一定的连续性,但每一代人都会对其加以修订、改造,从而塑造出一种新的感觉结构。在威廉斯看来,"令人特别感兴趣的是,它似乎不是通过(任何正规意义上的)学习来获得的","看起来不像是从什么地方'来'的"。这是不是就意味着感觉结构与正规学习水火不容了呢? 如果考察一下威廉斯何以提出感觉结构这个范畴,就不难解除心头的疑惑。威廉斯毕生致力于文化分析,他认为,弗洛姆的"社会性格"、本尼迪克特的"文化模式"确实有助于复原特定社会生活的整体轮廓。它们的缺陷在于太过抽象,因而,无法处理另一批既非社会性格也非文化模式的无名经验——这些经验是男男女女共同经历的,可以意会而无需言传的特殊的生活感觉。不难发现,比较起来,威廉斯的文化分析显得细腻多了,这从他对其时文学作品、尤其是被忽略的通俗小说中感觉结构的发掘可以更清楚地看出来。感觉结构不仅仅是分析文化的一个术语,"在某种意义上,这种感觉结构就是一个时代的文化:它是一般组织中所有因素带来的特殊的、活

---

① [英]特里·伊格尔顿:《人生的意义》,朱新伟译,译林出版社,2012年,第11页。

的结果"。① 既然感觉结构由"所有因素"熔铸而成，那么，不管是耳濡目染，还是正规学习或正规教育，就都是感觉结构转换过程的参与者。齐泽克曾直截了当地宣称，当发现自己被媒体的暴力影像狂轰滥炸时，我们应该做的是"学习、学习、再学习"。② 事实上，为了尽可能化解视觉文化引发的负面效应，这也是我们面对影像暴力时应有的态度。

长期以来，教育界推崇逻辑推理而忽视或贬低视觉思维，它们分别代表着理性与感性、高级与低级、秩序与混乱。阿恩海姆早就对这种现象大加挞伐，他认为两者都是值得珍视的资质，有的人善于迅速推理，有的人则在解决视觉问题时表现出非同寻常的智慧。偏颇的教育体制很可能埋没了另一批人才，这是严重的不公平。"在那些满可以成为具有高度创造力的艺术家和科学家的人中间，有很多人特别不善于那种刻板的（或拘于形式的）思维方式。然而这种思维方式恰恰又支配了我们的教育，这就必然引起他们对这种教育的强烈反感。我们的中学和大学在清除和延误那些想象力最强的学生方面，做了多少蠢事啊！"在为视觉思维鸣不平之后，阿恩海姆强调，"最紧要的是要把系统的视觉训练看作是任何一个教育工作者做好自己工作的必不可少的一部分"，从而培养"敏感的感受力"以更好地认识世界与自身。③从视知觉原理的角度、审美直觉心理学的角度，阿恩海姆论证了视觉思维对人们感受力的重要。延伸开来说，这个"感受力"肯定也包含着美感批判力，因为阿恩海姆在观看时提醒人们关注特定空间中物体的背景或关联，任何观看都是在一套关系中观看。唯有理清事物所处的纷繁关系网，我们才能分清良莠，考镜得失，思进，思变。回到热火朝天的意淫杀鬼子现场，应予深究的是，这样的视觉文化为何层出不穷？它跟当今中国的军事、政治、经济等之间有着怎样的关联？ 这是市场

---

① ［英］雷蒙德·威廉斯：《漫长的革命》，倪伟译，上海人民出版社，2013 年，第 57 页。
② ［斯洛文尼亚］斯拉沃热·齐泽克：《暴力：六个侧面的反思》，唐健、张嘉荣译，中国法制出版社，2012 年，第 8 页。
③ ［美］鲁道夫·阿恩海姆：《视觉思维》，滕守尧译，光明日报出版社，1987 年，第 310、451 页。

经济特有的现象，还是地方特色的中国制造？

无论对于历史还是现实，适度的批判力都显得异常重要，没有批判就只会自鸣得意地抱残守缺，不会对新的环境有新的举措，不会有反思，不会有改进，不会有解放。大众文化、视觉文化疯狂袭来的时候，如果没有一定的美感批判能力，就很容易乐不可支地被它牵着鼻子走，并受到其中不良意识的感染，对青少年来说尤其如此。希特勒深谙独裁之道，他直言不讳地宣扬根本不要让青少年有什么判断力和批判力，只需要给他们富有魅力的明星、刺激的音乐、流行的服饰等就足够了。只有剥夺了独立的思考能力，甚至让他们打心底儿憎恶独立思考，他们才会心满意足地匍匐于独裁者的脚下。这对希特勒来说是治理国家的上策，而视听文化则是实践这一目标的主要法宝。如若不想让历史的悲剧再次上演，启蒙的重任就仍要大力接续。对此，大众文化、视觉文化不能掉头不顾，不能随波逐流、懵懵懂懂地加入卖力吹捧的队伍中去，而应该在去神圣化、去神秘化方面狠下力气。当然，视觉文化批判的最终目的是为了提高，提高视觉文化的美学品位；是为了建设，建设一种公民美学、公民社会的美学。这就意味着，除了娱乐之外，视觉文化还需要腾出一部分精力来，以公民社会为圭臬，创造出具有公民美学品格的艺术作品。或者说，视觉文化的娱乐不妨就在公民美学的大框架之内进行演绎。

公民美学尤为关注如下话题，"人们如何获得自我主宰、实践公民权利的能力？个体如何从婴儿状态转变成为有关怀、有责任的成人？如何获得民主的习性、机能和价值？对文明社会具有重要意义的道德良知是如何形成的？"①公民美学的核心是参与及包容，它特别注重对制度的理解，理解共同体如何建立制度，制度又如何反过来深刻地形塑了共同体中的男男女女，男男女女为了改革制度又付出了怎样的辛劳苦累。在上述方面，好莱坞的视觉文化生产值得我们认真观摩、借鉴。好莱坞影像虽然戴着商业的面具，虽然看重票房收益，但骨子里

---

① ［美］唐·艾伯利主编：《市民社会基础读本》，林猛，等译，商务印书馆，2012年，第19页。

却洋溢着公民社会的核心价值观。好莱坞影像之所以能风靡世界，原因固然是多方面的，且不说其令人称道的流畅叙事、跌宕起伏的情节，单单看看它们涉入的主题就会明白一二：譬如，对个体生命的尊重、对真相的追寻、对暴力的批判、对权势的揭露、对正义的伸张、对国家的忠诚，如此等等。不言而喻，视觉文化品质的提升并非喊喊口号就芝麻开花节节高了，而是需要视觉文化所涉及的诸多关系的联动，需要关系网络实实在在的整体改进乃至替换。

（作者单位：福建省社科院文学所）

身体镜像："凝视"的意识形态

廖述务

身体作为视觉图景，与其他视觉对象有较大的不同。身体是我们的居所，是介入社会的物质依据，也是自我与他者进行区分和认同的重要凭据。拉康的阐释者麦茨、富瑞，将个体镜像延展为一种文化分析的社会镜像。借助这一阐发，我们可以发现，若身体镜像被消费主义所收编与操控，必然产生更加复杂的意识形态效应。

一

身体也是消费品。它同样被编码进了消费社会的符号系统，而且扮演了至关重要的角色。身体在消费语境中被圣化为"功用性身体指数价值"。也就是说，它不局限于宗教教义甚于防川的"肉身"，也不再局限于工业逻辑中的劳动力载体（使用价值层面），而是越来越多地成为自恋式的崇拜对象或策略，是社会文化的要素和意义承担。身体在商业广告、娱乐、美容、影视等消费产业中，不再扮演传统的生产力/工具角色，而是沉溺在了自恋式的快感逻辑中。因此，波德里亚不无夸张地指出："在消费的全套装备中，有一种比其他一切都更美丽、更珍贵、更光彩夺目的物品——它比负载了全部内涵的汽车还要负载了更沉重的内涵。这便是身体。"① 作为消费对象的身体，必须遵循消费的逻辑。这一逻辑又是对其固有使用价值（劳动力工具价值）的改写，其中包含着对欲望需求系统的抽象。因此，它被重新编码，不再是反抗意识形态、意识哲学的策源地，也不是工具化的生产要素，而是成为

---

① ［法］波德里亚：《消费社会》，刘成富、全志刚译，南京大学出版社，2008年，第120页。

欲望、俗世念想、快感的代言人。① 就好比特纳指出的:"一旦身体变得时尚化,一旦它被编码整理,在社会理论中就会越来越多地强调欲望、性和情绪,这是主宰福柯、德里达、波德里亚等人的思想的后结构主义运动的一部分。"②

波德里亚认为,在消费社会中,身体的圣化围绕两个主题展开,即"美丽与色情"。美丽已经成为新的宗教,和往日的灵魂一样重要:"美丽之于女性,变成了宗教式绝对命令。美貌并不是自然的效果,也不是道德品质的附加部分。而是像保养灵魂一样保养面部和线条的女人的基本的、命令性的身份。上帝挑选的符号之于身体好比成功之于生意。"③这种美丽的逻辑,是身体传统价值的蜕变,是"光荣的身体、欲望的身体的抽象化"。它忘却了现实存在,并在符号交换中运作不息直至耗竭。至于色情问题,波德里亚认为应将其与性欲明确区分开来:"在身体/冲动、身体/幻觉中占主导地位的是欲望的个体结构。而在'色情化'的身体中,占主导地位的则是交换的社会功能。在此意义中,色情的命令,和礼貌或其他诸如此类的社会礼仪一样,受到符号工具化编码规则的约束,只不过(就像美丽中的美学命令一样)是功用性命令的一种变体或隐喻。"④以脱衣舞娘的身体为例,它是超越性欲的,是混杂着时尚符号和色情符号的炫目表演。同时,也更深地嵌入到了消费社会的文化结构与规则系统之中。

据此,波德里亚进一步地探查到了消费社会身体的"秘密钥匙":"假如说以往是'灵魂包裹着身体',今天则是皮囊包裹着它,但皮囊并非那作为裸体(因而欲望)之泛滥的皮肤:皮囊就像是魅力的服装和别墅,就像是符号,就像是对模式的参照(因此可以被裙子取代而不发生意义上的改变,正如我们在剧院及其他地方对裸体的现实不择手段

① [英]迈克·费瑟斯通:《消费文化中的身体》,汪民安,陈永国编《后身体:文化、权力与生命政治学》,吉林人民出版社,2004年,第331页。

② [美]布莱恩·特纳:《身体问题:社会理论的新近发展》,汪民安,陈永国编《后身体:文化、权力和生命政治学》,吉林人民出版社,2004年,第20页。

③ [法]波德里亚:《消费社会》,刘成富,全志刚译,南京大学出版社,2008年,第124页。

④ 同③,第125页。

利用之中清晰所见的那样,在那里尽管它挑动了虚伪的性欲,仍然还是作为时装例词中的一个多余词条出现的)。"① 在这里,身体拒绝了灵魂的覆盖和绝对优越性,皮囊开始凌驾其上为所欲为。"皮囊"好比时装、符号,是一种意义代码。身体扮演了消费关系中特殊物品的角色。就是说,身体在消费语境中已经被重新占有。它依据的不是主体的自主目标,而是"一种直接与一个生产及指导性消费的社会编码规则及标准相联系的工具约束"②。人们通过管理身体,把它当成了一种操控社会地位的能指。身体完全成为自恋性的社会意义代码,从属于整个消费社会符号系统。身体符号在消费语境中,慢慢演化成一种符号的暴力,形成了一种新的话语霸权。快感和欲望成为时代的关键词,这意味着一种新的神话开始形成,并宰制了身体的其他维度。在这个意义上讲,身体获得了它曾经反对的意识、灵魂的专制功能。③

二

显然,身体是消费符号系统中至关重要的部分。那么,身体作为一种符号是如何借助"美丽"与"色情"在消费语境中成为新的神话的呢? 对身体形态与外观的关注,并非新鲜事,它其实是人类一以贯之的行为。④ 但身体自身成为"符号的系统化操纵活动"则是晚近的事,是消费社会的独特产物。只有借助摄影、影视、广告、多媒体、网络等视觉媒体,身体才完成了真正消费文化意义上的符码交换。也就是说,身体在当下发达的视觉文化体系中,主要是作为一种诱人的符码式"景观"而存在的。

随着科技的发展,海德格尔早在 1938 年的一个演讲中就曾指出:"从本质上看来,世界图像并非意指一幅关于世界的图像,而是指世界

---

① [法]波德里亚:《消费社会》,刘成富、全志刚译,南京大学出版社,2008 年,第 122 页。
② 同①,第 123 页。
③ 同①,第 148 页。
④ 论文的第三章在谈到形体美时,就对其传统做过梳理。

被把握为图像了。"①这种图像化在消费社会更为凸显。德波就将消费社会称作"景观社会"。在《景观社会》正文第一句话中,他宣称:"在现代生产条件无所不在的社会,生活本身展现为景观(spectacles)的庞大堆聚。直接存在的一切全都转化为一个表象。"②在消费社会,人们的消费自然也越来越聚焦于堆聚的庞大"景观"。在这样的情形下,即"真实的世界变成纯粹影像之时","纯粹影像就变成真实的存在"。这时,"为了向我们展示人不再能直接把握这一世界,景观的工作就是利用各种各样专门化的媒介,因此,看的视觉就自然被提高到以前曾是触觉享有的特别卓越的地位"③。将视觉与触觉做如是历史对比,显然有欠妥当。只要稍稍回顾西方哲学与美学史,就可以发现,视觉、听觉一直凌驾于触觉、味觉、嗅觉之上。也就是说,直接与身体发生接触的感知行为,其客观性、真理性是要受到怀疑的。尽管如此,德波的表述应当至少包含如下意思:在消费社会,视觉自身比之以往,地位得到了巨大的提升。丹尼尔·贝尔也认为:"目前居'统治'地位的是视觉观念。声音和景象,尤其是后者,组织了美学,统率了观众。在一个大众社会里,这几乎是不可避免的。"④得出这样的结论,部分源自贝尔对空间和形式的重视,而不仅仅是时间问题。后者是 20 世纪初叶主要的美学问题(譬如在柏格森、普鲁斯特和乔伊斯的作品中体现的),而"组织空间,不管是在现代绘画、建筑、还是雕塑中,都已成为二十世纪中叶文化的基本美学问题",这恰恰是视觉美学最为突出的特征。据此,贝尔明确地指出:"当代文化正在变成一种视觉文化,而不是一种印刷文化,这是千真万确的事实。"⑤

我们的身体无疑是"景观社会"中至为醒目的组成部分。这里暗

① [德]马丁·海德格尔:《世界图像的时代》,《林中路》,孙周兴译,上海译文出版社,2007 年,第 91 页。

② [法]居伊·德波:《景观社会》,王昭凤译,南京大学出版社,2006 年,第 3 页。

③ 同②,第 6 页。

④ [美]丹尼尔·贝尔:《资本主义文化矛盾》,赵一凡,等译,三联书店,1989 年,第 154 页。

⑤ 同④,第 156 页。

含对主体性的一种颠覆。在前消费社会,主体性与灵魂、精神是同构的。在消费社会(在文化思潮上,其主要表征为"后现代"),"人"(精神性主体)之死,意味着身体主体性的获具。身体主体性,明显是一个悖论性的概念。"人"之死,就已经意味着认识论主体的消亡。不过,这一悖论倒可以形象地暗示出身体在当下的显赫地位。当然,单从视觉文化内部诸因素的协调和运作入手,也可以发现身体的重要性。也就是说,工业社会的技术进步也有效地增加了身体出场的频率。南帆曾形象地论说过身体在视觉文化中的重要性,"如果电影或者电视的摄像镜头在杳无人烟的荒漠逗留太久,人们就会感到不适——这是身体的匮乏导致的视觉不适",显然,"影像恢复了身体的核心位置","解除了视觉禁忌"。① 不过,身体作为视觉图景,与其他视觉对象有较大的不同。

拉康提出的镜像理论对我们认识视觉认同有很大的启发。在拉康看来,婴儿刚出生的时候是一个非主体性的存在物,自己和外界的明确区分尚未成为可能。拉康称这一存在状态为"想象界"。在这一阶段,即前俄狄浦斯状态,儿童经历着自己与母亲的身体之间的一种共生关系,此一关系模糊了两者的边界。在镜像阶段,我们可以了解到儿童是怎样从想象界逐渐建构起一个整合起来的自我形象的:婴儿在镜中看到自我形象与母亲的他者形象,以及房间的其他物件的形象。但是他首先看到的是自己的形象,并获得一种身份的认同和自我确认。伊格尔顿指出:"这个自己,正如照镜这一局面所提示我们的那样,本质上是自恋的:我们是由于发现了一个被世界上的某一对象或个人向我们反映回来的'我'(I),才达到了对'我'的意识。"② 镜中对象既是自己又不是自己,可以说是某种异己之物。所以,婴儿通过"误认"自己,并在这一异己形象中发现一个在他自己的身体中还体验不到的统一体。当然,镜像阶段结束后,"儿童在成长中会继续与种种对象进行这种

① 南帆:《身体的叙事》,《天涯》,2000 年第 6 期。
② [英]特雷·伊格尔顿:《二十世纪西方文学理论》,伍晓明译,北京大学出版社,2007 年,第 164 页。

想象性的认同,而他的自我(ego)就将是这样逐步建立起来的"。①

相比而言,麦茨在阐释拉康的镜像理论时,更突出了他者,即孩子妈妈形象的作用,"正是在这一最基本的认同(自我的形成)中,他获得了其主要的方面:孩子把自己看做一个他者,站在另一他者的旁边。通过她的权威性和许可,相应地在象征物的集合中,通过她的镜像和孩子的镜像与本来形象的相似性(都有一个人形)比较,另外一个他者成为第一个他者,成为真正自我的保证"。② 显然,在个人成长的镜像阶段,突出的是个体镜像对自身的影响,目的在于将自身与母体、外界区分开来,以确立自身的主体性。这当中,他者也是个体确认自身的重要前提。

<h2 style="text-align:center">三</h2>

在主体的成长过程中,社会镜像的影响更为深远,即个体通过社会提供的认同方式,不停地修正自己与社会、他人的关系。在景观社会,电影、电视、广告以及其他诸类视觉信息,为我们提供了一个更为巨大的幻觉的"镜子",个体在这个镜子之前寻求认同,并改造自身。这种超出镜像阶段、延伸的认同并不是牵强附会的。在富瑞看来,"这与拉康本人对镜像阶段的理论表述是完全一致的,因为他说过:'正如我们时常强调的那样,镜像阶段并不仅仅限于个体发展的某个阶段。它还具有一种示范性作用,因为它揭示了主体与其自身幻象的某种联系。'"③ 以电影为例,我们可以了解这种镜像将怎样潜在地影响我们的身体认同:观众在看电影的时候,通常会将自身投射到人物身上,把人物当成是自己的影子和替代物。麦茨认为,电影就像一面镜子,尽管它没法反映观众本身的身体。通过知觉活动的投射与内投射过程,观众获得了与摄影机的认同,使自身成为超验的主体。也就是说,"镜

① [英]特雷·伊格尔顿:《二十世纪西方文学理论》,伍晓明译,北京大学出版社,2007 年,第 164 页。

② [法]克里斯蒂安·麦茨:《想象的能指》,吴琼编《凝视的快感——电影文本的精神分析》,中国人民大学出版社,2005 年,第 37 页。

③ [美]帕特里克·富瑞:《凝视:观影者的受虐狂、认同与幻象》,吴琼编《凝视的快感——电影文本的精神分析》,中国人民大学出版社,2005 年,第 76 页。

子是原初认同的场所。与镜子中的认同相比,对自身的观看的认同是继发性的认同"①。正因为如此,一位论者亦指出:"观众也会如同婴儿一样向影片中的角色寻求认同,把自己的目的和欲望投射到影片中的人物身上,然后反过来再与人物所体现的动机和价值认同。"② 影视这一造梦的工厂,其身体景观自然是观众形象认同的"镜子"之一。《罗马假日》的放映,使得"赫本头"成为欧美各国时尚女性的首选发型;嘉宝在最后一部无声片《妮诺契卡》中穿的男士服装,后来在时装界引起颇大反响;日本连续剧《血疑》使"幸子衫"在中国服装界广为流行;《渴望》则让妇女们喜欢起了"慧芳服"……当然,这仅仅是可见的外在形象的模仿。其实,革命教育电影目的更鲜明。比如《雷锋》《上甘岭》等影片,就诉诸形象、生活方式、心灵与意识等诸层面的同化与认同。③ 这些影片中的身体无疑成为一种"镜像",并且较大地影响到了社会各阶层的身体认同。

应当说,大众传媒的高度发达,营造出了各类身体标准与理想,它们往往潜在地影响个体的身体认同。"偶像"是身体标准与理想的典型代表,也是最为流行的身体"镜像"。周宪就指出:"大众传媒对人体审美化具有深刻的影响,而这种影响又是通过制造偶像的方式来完成的。即是说,通过生产出特定时代和文化中为公众趋之若鹜的人体偶像,来塑造人们的理想自我形象。"比如,"各种身体偶像,从克劳馥德到施瓦辛格,从胡兵到瞿颖,这些真实的个人已经被媒介不断打磨成'理想的形象'"。④ 这些完美偶像的塑造,无疑在个体心中形成了

---

① [法]克里斯蒂安·麦茨:《想象的能指》,吴琼编《凝视的快感——电影文本的精神分析》,中国人民大学出版社,2005 年,第 33 – 36 页。

② 王一川:《大众文化导论》,高等教育出版社,2004 年,第 43 页。

③ 革命与后革命时代在处理身体"镜像"方面有着一定的相似性。两者都意识到身体认同的重要性。今天有刘德华,昨天则有杨子荣。所不同者在于,革命年代不青睐个性,同时为物质所困,因此不可能随之形成恋物的浪潮。"赫本头"与"幸子衫"在革命年代是不可想象的。再者,革命年代更侧重于精神、意识的认同。有时,花里胡哨的装扮(有小资意味)是影响革命精神的传达的。所以,在处理后革命时代(消费社会为其主体)身体镜像时,革命年代的"身体"最多只是一种语义背景,并不能成为同质的话语对象。

④ 周宪:《视觉文化的转向》,北京大学出版社,2008 年,第 336 – 337 页。

一种身体"镜像"。这种镜像促使有缺陷的个体(面对理想化的身体镜像,显然每个个体都是有形体缺陷的)反观自身,站在自身以外审视自己。这一审视的过程,也就是将自己的身体与身体的理想与标准进行比较的过程。问题是,这些身体"镜像"都是数字符码,是经过精心加工的图像或影音产品。它们并不是有血有肉的身体实存,真正的身体是不在场的。这就好比麦茨所言,电影是身体缺席、不在场的"想象的能指"。①可以说,大众传媒中的身体景观也是一种想象的能指。这就可能构成一种诓骗。正如斯特肯和卡尔莱特所指出的,"在广告中所展示的身体,依赖种种精到的技术——诸如喷绘、强化色彩、数字技术处理等——展现出自身的完美。这些形象获具一种作为标志性符号的照片力量,亦即展示了真实的人们。然而,他们实际上在很大程度上是被建构起来的形象,与纪实性的、写实主义的符号毫无关联。当然,这正是广告的矛盾之处:它建构的世界是一个无法达到的高度,但它却呈现出这是可以达到的理想"。②面对完美的身体镜像,个体将陷入一种焦虑之中。这种焦虑有可能转化为美化、装扮形体的消费行为。在当下,化妆、整容、健身、节食等整饬身体的行为已经如火如荼,逐渐发展为一个庞大的身体文化产业。这些理想的身体镜像还是时尚的引领者。因为,"当代视觉文化的身体标准不但是一个像三围比例那样的总体性标准,而且更加精确地呈现为具体的细节标准"。这些细节标准"又总是和商品消费密切地联系在一起,完成身体的局部的美化也就是完成了特定的消费过程"。③比如睫毛膏、眼影之于眼睛,丝袜之于双腿,指甲油之于手指,高跟鞋之于双足,等等。

值得注意的是,消费社会的身体"镜像"并不是通过强力的粗暴形式灌输给受众的。在各类媒体上,青春、健康、活力、健美、幸福等关键词总是与身体的消费广告相伴随。显然,这是一种意识形态的甜蜜暴

---

① [法]克里斯蒂安·麦茨:《想象的能指》,吴琼编《凝视的快感——电影文本的精神分析》,中国人民大学出版社,2005年,第36—44页。

② Marita Sturken and Lisa Cartwright. Practices of Looking (Oxford: Oxford University Press, 2001: 215-216.

③ 周宪:《视觉文化的转向》,北京大学出版社,2008年,第337-338页。

力。在传统社会，身体的标准或塑造技术有些时候是通过强制性的传统来实行的，比如缠脚。但在当下，这种强制性已经"暗中内化为人们心甘情愿的主动选择"。① 因此，德波不无宣泄地批评道："景观是意识形态的顶点，因为它充分曝光和证明了全部意识形态体系的本质：真实生活的否定、奴役和贫乏。"这是一种"需要"与"生活为敌"的阶段。② 在这一阶段，"屈从于预设对象（是他自己无思活动的结果）的观众（spectateur）的异化，以下面的方式表现出来：他预期得越多，他生活得就越少；他将自己认同为需求的主导影像越多，他对自己的生存和欲望就理解得越少"。③ 不管怎么说，消费社会的身体"镜像"所携带的商业意识形态是相当浓厚的。不过，要戳穿这种虚伪的意识形态欺骗，显然需要个体具备敏锐的认知能力与批判力。霍尔的符号学编码、解码理论无疑给我们许多启示。在影像的制作和接受过程中，编码、解码构成了复杂的磨合与较量关系。观众的解码方式有三种类型：在"主导（霸权）性解码"类型中，观众缺乏反思与自我探索，完全屈服于编码意图；在"协调的看法内解码"，则包含着相容因素与对抗因素的混合；第三种是对抗性的解码，"观众有可能完全理解话语赋予的字面和内涵意义的曲折变化，但以一种全然相反的方式去解码信息"。④ 无疑，霍尔推崇和捍卫的是第三种对抗性解码。因此，在身体"镜像"的包围中，以"对抗性解码"的方式保持必要的警惕，显然是尤为必要的。

（作者单位：海南师范大学文学院）

① 周宪：《视觉文化的转向》，北京大学出版社，2008年，第336页。
② ［法］居伊·德波：《景观社会》，王昭凤译，南京大学出版社，2006年，第99–100页。
③ 同②，第10页。
④ ［英］斯图亚特·霍尔：《编码，解码》，罗钢，等编《文化研究读本》，中国社会科学出版社，2000年，第357–358页。

危机叙事及其意识形态生产

——以《2012》为契机反观"反思现代性"的三种模式

滕翠钦

　　《2012》被裹进汹涌的市井化热评中,"地球覆灭"的想象最终激发了人们内心诸多有意无意的消费狂热。高价销售方舟船票、总结末日时刻人类逃生的诸多小窍门以及探究导演善于"毁灭地球"的叵测居心,众多"终结情结"的影像生产和五味俱全的日常生活相结合的确把当下的市井世界捣弄得热闹非凡,当然这些无厘头式的噱头并不能说明人们总爱一笑而过,它还包含着大众某种难以释怀的生存担忧。《2012》和人们对《2012》的阐释已然变成了一出社会事件,但仅仅停留在市井的意气酷评是不够的,因为这样一来,影片中的严肃命题将被掩埋在大量的话题垃圾中,变成人们茶余饭后解闷的谈资。去除影片本身的艺术特性,作为好莱坞灾难片的标本,《2012》预示着现代西方社会对于人类发展的寓言性说明,"现代性"成为文明的副作用下受伤的形象。"反思现代性"是《2012》宏大的影像奇观背后潜在的现实逻辑,它宣告了人类的集体警醒——"无限进步是迄今为止最为残酷和别出心裁的折磨"。《2012》给出的是危机叙事的一种类型——风险模式,这种模式召唤出"揣测的力量",这种现代预言总是带来惶惶不安,但最终却要最大限度地实现人类社会的安然无恙。而对《2012》的指责隐藏着"现代性反思"的另一种途径,比起风险模式,人们认为这种根植于社会现实的体察将会避免无中生有的花哨幻想。当然,在当下的讨论风潮中,还有人将"风险"机制带来的某些弊端转换为"娱乐之罪",那是因为人们认识到在这个娱乐泛滥的时代,一旦"现代性反思""被展示",那么柔软的"消费"必然将"反省"的力量消解殆尽。风险、娱乐、现实主义反思构成人们"反思现代性"的三种可能性模式，它们在物质与精神、过去、现在和将来以及批判性的有效性问题上产生别有意味的差别。当然，"反思现代性"方式的多样化仍旧是现代性社会风格的必然结果，现代性和"反思现代性"不可避免地存在风格的连续性，这不是"反思"的伪善，而是建立批判大厦的自然过程，否则，"反思"将变成《格列佛游记》中的房屋。①

一

和以往许多西方灾难电影一样，《2012》选择的是"未来叙事"，未来和"未知"烘托出浓重的"神秘主义"氛围。这种经久不衰的"好莱坞时序"将满足人们对未知事物的占有欲，一切稀奇古怪的事物在被拖入遥远的未来时将能避免"失真"的指责。《2012》选择了一个触手可及的年份，事实上，影片的叙事是从最近的未来开始的，2009、2010、2011 与 2012，对"倒计时式"时间的刻意提示放大了这出"虚构事件"对于当下社会的压迫。比起那些过于遥远的时间，人们在《2012》② 中体验到的更多是一种"现实感"。影片还原的是和当下相差无几的社会特征，从现实的政治性格、领导人的面相到普通人物的日常家庭出游都提醒人们世界末日并不是"幻想事件"，《2012》的奇观力求减少"陌生化"，在这种叙事策略中，人们很难"置身事外"。尽管"2012 世界末日"的断语来自古老的异域文明，但这部好莱坞大片却最大限度地让传奇和科学纠缠不休，这种悖论式的组合并非一味要完成一种"娱乐逻辑"，看似虚妄的想象不是对人的精神敲诈，可以说《2012》以典型的灾难片模式提醒人们，在看似安稳的日常生活中，危机随时蠢蠢欲动。而在现实生

---

① 英国作家斯威夫特的这部描写异在时空游历的小说中充满了对现实逻辑的反叛，那里的"房屋"就是从屋顶建起的，但在现实逻辑中，这将是一则类似于西绪弗斯的悲壮神话。另外，现实世界的"房屋"建造过程暗示了经济基础和上层建筑之间的关系，在现实社会的具体运作中，尽管意识形态的渗透更加强劲，但作为器物层面的经济基础并没有丧失绝对的优先性。

② 这类复杂的时间印象也呈现在《一九八四》中，相对于今天，"1984"早已成为一个过去时，但作为典型的"乌托邦小说"，《1984》充满了寓言色彩，"1984"在过去时和将来时的交错中成为"梦幻时间"，它将使人追问"未来的现实性"。另外，将"过往历史"传奇化和将"未来"奇观化产生的效果是不一样的，探究过去是因为过去是让人不解的"历史"，而追问未来更多时候是大力将"活生生"的今天甩入"历史"。

活中,《2012》的叙事模式早已成为社会运作手法中的新贵。如果说,在影像世界里,天马行空地想象未来无可厚非,那么在现实世界中人们也同样可以伸手向未来预支话语的效力,"风险社会"的基本逻辑就是强调"未来对当下的作用力"。风险意识是现代社会应急模式的核心部分,它的任务就是叙述关于未来的某种恐怖想象,以便使人们安守于现实意识形态为普通大众设定的合法方式中。在风险机制中,实用主义的风气大胜,人们将会意识到现实的某一举动对未来将有重要的作用。尽管人们将处于巨大的焦虑中,但焦虑的对象却还未到来。"末日论"催生了新型的现代宗教,人们将精力放在了对现实的功能性建造中。

放大"风险"的最终意图在于塑造时下人类生活的种种禁忌,现实生活中的诸多小心翼翼将是人类争取未来的关键前提。社会词汇"风险管理""风险控制""风险防范""风险评估"等集体昭示了人类"乖戾"的风险无比驯服的乖巧一面。时下新闻语汇中强调对社会"突发事件"的有效处理,力图在诸多不确定的偶然性面前维持社会的有序状态,这也是风险思维的直接结果。"风险意识"是人类特有的理性思维的集中表现,和其他靠直觉和本能吃饭的动物性不同,"未雨绸缪"是人类高明的生存公式,在风险社会,规避"危险"的主动权始终都掌握在人类手中。"风险"裹住现代生活的各个方面,成为一个庞大的生活信念。生态风险评价、道德风险、消费风险、富人险等等①,这些种类繁多的名目甚至致使"风险"概念通货膨胀,这种混乱甚至扰乱了现代意义上"风险"意识面世的原初目的。事实上,"风险的概念直接与反思性现代化的概念相关。风险可以被界定为系统地处理现代化自身引致的危险和不安全感的方式。风险,与早期的危险相对,是与现代化威胁力量以及现代化引致的怀疑的全球化相关的一些后果。它

---

① 当"风险"一词被滥用,在驳杂的现实世界中,它"反思现代性"的词源学意义极有可能被遮蔽。例如"道德风险"一词,尽管在现代解释中,人们很多时候将其和板上钉钉的"道德败坏"区别开来,从而还原了"风险"概念中可能性的一面。但如果"道德"的具体所指不能得到确认,例如"道德"指代延续千年的生活伦理道德,那么"道德风险"中的现代性反思色彩就得不到真正体现,因为古代"以史为鉴""不欺暗室"的说法其实也包含在"道德风险"一词中。

们在政治上是反思性的"。① 当然,人们对"末日"时刻的恐怖预叙早已褪下了古老宗教的神秘气息,宗教"宿命论"让人的主体形象大打折扣。现代"发展"膜拜中的"灭亡宿命"强调的仍旧是人类"主体膨胀"后"自致恶果"的怪圈。所以,意在"反思现代性"的风险仍旧是一种强大的理性思维,这就提醒人们注意返祖式的"反现代性"全然抛弃"理性"的可能性。"现代性"沦为危险"形象",当现代性发展到一个新的阶段,关于"过分全球化"的可能性恶果的描绘开始席卷世界。

"哥本哈根全球气候大会"是风险时代的全球化事件,尽管存在着虚拟和现实的差别,但它和《2012》携手成为 2009 年度人类面对"危机"的全球性公共事件。儿童的形象在这次气候大会中被不断强调,那是人们想召唤出"新生和灭亡"并存时的恐怖图景,从而直击当代人"滥用"的险恶后果。源自"反思现代性"的风险意识坦率地放弃了未来世界的乌托邦想象,当然人们也不会沉浸在对往昔黄金世界的缅怀中,风险所召唤的行为仍旧在实实在在的当下。当然,"哥本哈根会议"的无疾而终给人们留下的现实心理阴影要比《2012》大得多,因为人们在其中看到的更多的是全球政治博弈的残酷性。这个事件更多时候是理论层面的风险阐述的反例,风险理论认为全球化的"风险"以及风险的"飞来器效应"使得"生态风险"面前人人平等,这样传统社会意义上的"阶级"和"民族"等问题在风险时代并不重要。但"哥本哈根"却告诉人们不管"现代性的恶果"如何触目惊心,立足于现实社会的"风险"将无从放弃"阶级和民族"。虽然《2012》用温情的"人道主义"包装人类末日时分的慈悲色彩,但影片最后的登船时刻仍旧是"穷人和富人"利益冲突的大爆发,质询"谁有登船权"实际上就追问了"风险理论"和"无阶级性、无民族性"论断的有效性。作为西方的社会理论,人们甚至可以怀疑"风险"的这种理论想象是否有为西方全球化发展中出现的新型的社会压迫开罪的嫌疑。

不断强调"可能性"成为现代科学巫术,科学是在"唯心"的意义上作用于现实社会,它强调了科学话语对现实的塑形。"为了处理文明风险的问题,科学总是要放弃他们的实验逻辑的根基,而与商业、政

---

① [德]乌尔里希·贝克:《风险社会》,何博闻译,译林出版社,2004 年,第 19 页。

治和伦理建立一夫多妻的联系——或者更确切地说,结成一种'没有证书的永久婚姻'。"① 也就是说,尽管"风险社会模式"体现了高尚的公共关怀,要为人类找到避免速朽的途径,但某些人还是担心"想象性和推测性"科学是否成为实打实的江湖骗术。形形色色的专家为人类制定了各式生活标准,但以未来可能性为参照的标准却带上了"帮派"色彩。某些专家崛起了,但同另外一些专家连同他们的标准却随时面临着歇菜。这就是为什么会有人认为"全球气候温室化"的说法并不真实,而是某种政治意图的结果。尽管持不同观点的专家你方唱罢我登场,但专家作为新的社会智识的权威宿命性地成为大部分人信任的对象,人们相信专家提供的生活信条将会拯救未来。这样,风险式的"反思现代性"并没有反思"科学剥夺人的主体性",人们一如既往地接受科学意识形态的塑造,成为现实世界"唯专家是从"的"乖孩子"。另外,"人类危机"是一个切实的命题,但在实际的叙述中,"风险"性的反思还会产生另外一种消极的后果,"全球化趋势带来不具体的普遍性的苦痛。如果所有的东西都成为危险,也就没有什么东西是危险的了。如果没有逃避的可能,人们就不再去考虑它们了。这种末世的生态宿命主义使私人和政治气氛的钟摆向任意的方向摆动。风险社会从歇斯底里转变到漠不关心的状态,然后再按相反方向运动,无论如何,行动是属于昨天的。"② 这也是将未来危险"常识化"的直接结果③,"这些当代精神中的不安全感既在意识形态上愤世嫉俗地进行

---

① ［德］乌尔里希·贝克:《风险社会》,何博闻译,译林出版社,2004 年,第 29 页。

② 同①,第 39 页。

③ 新实用主义的理查德·罗蒂心目中的"反讽主义者认为,人的道德性、人类的道德主体性,就在于人是'有可能遭受侮辱的东西'。她的人类团结感建立在对人类共有的危险的感受上,而不是基于一种共通的人性或共享的力量"(［美］理查德·罗蒂:《偶然、反讽与团结》,徐文瑞译,商务印书馆,2003 年,第 130 页。)现代反讽剔除常识、追逐差异和永恒的反思,在罗蒂的想象中,恐惧机制成为维持反讽的重要方式,对危险的强调提供人类认识世界时不可或缺的流动性,当然流动的首要任务就是拒绝世界的绝对合法性。所以,现代反讽和风险机制在"恐怖"话题上极其相似,但这背后的思想背景却截然不同。不同的原因之一在于,反讽主义者将"危险"置于现实世界,而现代的风险大家却善于利用虚无缥缈的未知世界玩转现实、稳固现有的局面,由此看来,反讽主义者倒成了当下最大的现实主义者。问题是罗蒂在论述中并没有直接指明"危险"的时间性,因此上面的疑问就产生了。

否定,又有屈服于非批判性的危险。"①风险的初衷在于反思由"科技理性"喂养长大的"发展饕餮"所犯的罪行,但许多人对"风险"推崇备至以至于无法正视"风险"反思带来的上述弊端,他们依旧推崇"科学救世主义",拯救人类的仍是那些固若金汤的"机械方舟",不过这已是"风险"意义上的"科学"。

二

风险专家们善于将"风险"进行无罪化处理,更多时候,他们将风险叙述的弊端转嫁到"娱乐"和"消费"身上。专家们总是根据必要的社会意图,圆滑地维护自身的说法。专家们对《2012》的公开定位说明了这个问题,在宇航局的专家看来,"整部《2012》就是一个大骗局,里面充斥着好莱坞对拍摄大型灾难片先进技术的宣传。随着大家对外太空的兴趣日益浓厚,人们对未知的恐惧也会让部分人染上'宇宙恐惧症'。人们开始经常担心太阳磁场、太阳风暴、宇宙黑洞等对地球未来产生的影响。如果不加以疏导,宇宙恐惧症会变成一个严重的社会问题。"②专家们总爱站在"真理"的立场上说话以增加他们结论的有效性。专家对《2012》的描述主要为说明两个方面的问题:第一,不良的好莱坞灾难大片的票房野心建立在对事实的无限夸大上,消费的盛况背后包含着娱乐的巨大谎言,而科学才是指向真相的重要途径,这也是宇航局专家认为自己能够引领舆论潮流的信心所在。第二,热衷于"消费未来"的瘾君子们将成为现实社会问题,娱乐消费变成了"宇宙恐惧症"的唯一肇事者,这样,以科学面目出现的风险就可以从这样的负面效应中全身而退,安心躲在"真理"的堡垒里指点江山。

事实上,尽管目的并不相同,风险和娱乐在借用"想象"的问题上却是齐头并进,他们都想借用未来的可能性以影响现实社会的走向。

---

① [德]乌尔里希·贝克:《风险社会》,何博闻译,译林出版社,2004年,第3页。
② 《2012是世界末日? 美国宇航局:地球会好好的》,http://cul.sohu.com/20091112/n268143741.shtml。梁盛,肖子力:《灾难片影响观众心态刺激消费 专家指应理性对待》,中国新闻网,2009年12月16日。

但风险专家们却成为区分"真假"的父母官,这在另一层面上体现了科学叙事对"消费叙事"的压制。也可以说,专家们对《2012》的指责说明了"内容和形式"的复杂关系,以科学形式出现的"未来想象"和以"影片虚构"形式出现的"想象"内容上何其相似,但消费的把式毕竟不登大雅之堂。这场"科学和消费"的笔墨官司倒是体现了"叙事"当道的时代形式对内容的绝对胜利,怎样说要比说什么重要得多。① 另外,"真假"问题在消费语境中并不受重视,这也是面对专家们的指责,《2012》主创方始终沉默的原因,因为双方重视的问题根本不在一个层面上。即使一些零星的反驳,那也是在强调这些"夸大的虚构"带给现实社会的未必都是伤害,它的好处有目共睹。

另外,为了塑造现代生活的整体风格,"风险社会的科学"必须借用"大众化"的消费形式,"科学"不再被禁闭在小众的圈子内成为拒人于千里之外的秘语,它开始以"亲民"的形象出现。"通用的科学语言,它能成功地使'有关真理的知识容易出现,而谬误却几乎不可能产生。'……这种通俗化是18世纪最体面的成果之一。"② 索雷尔的这句话暗示了科学真理生产的潜在规则,成为"真理"并不是因为在实证逻辑上无懈可击,而是因为关于"科学"的某种说法在一个特定的时代和地域当中被大多数人的普遍认可。在消费面前,科学继续维持了"孤傲"姿态,但"大众化"的逻辑却带给了"科学"诸多好处,一方面,科学的大众化体现了智识民主。另一方面,大众化过程打造了诸多"科学常识",从而将"科学"和"日常生活"黏合在一起,"常识"某种程度上回避"讨论",这就带出了"民众驯服"的问题。当然,一旦"常识"在"大众化"过程中被民众消费和误解,就是产生强大的智识风暴,"高

---

① 当然,在力求形式反叛的"审美现代性"看来,"风险"和"娱乐"之争并非立足于真正意义上的"形式资本",在"审美现代性"眼中,真正的革命必须通过形式的标新立异和不现实世界撇清关系。大众文化的反思和高雅的"审美现代性"相比,《2012》并没有采取"审美现代性"式的曲高和寡的形式试验,确切地说,这是内容层面的反思,作为大众文化时代的流行艺术,电影首先要寻找一种适合大众的舒适的表达。

② [法]乔治·索雷尔:《进步的幻象》,吕文江译,上海人民出版社,2003年,第102页。

露洁牙膏事件"①就是最好的例子。"政治与大众文化一直是亲密的表兄弟，两者都擅长把握时代精神脉搏。"②这就意味着科学一旦"通俗化"，那么它所蕴含的政治特性将是不可回避的问题，这进一步印证了风险社会"反思现代性"的意识形态性。

风险科学在消费领域内掀起轰轰烈烈的扒粪运动，而且我们也认识到了"风险"和"娱乐"有时也是"欢喜冤家"，但消费领域里"反思现代性"的确是一个饶有意味的命题。消费和现代性的渊源相当久远。生产力飞跃导致的物质过剩以及对生存资源的过度开采源自科技理性的壮大，这只是问题的一个方面，消费欲望的泛滥才是更为本质的原因，所有一切都进入了被消费的怪圈中。在马克斯·韦伯的表述中，陷入消费的怪阵是人类不可逃避的宿命，在他看来，节俭和奢侈二者共生。问题是，"富庶革命"把人类带入了自戕的境地中。作为现代性的产物，消费几乎无所不能。《2012》完成了全球化时代的文化输出，它的末日轰动效应仍旧要借助于影片内容本要放弃的文明模式。当"反思现代性"的反抗变成了消费对象，那么这种原本严肃的主题将可能面临一种尴尬的境地，它被解读成了"消费奇观"，因为"消费者与现实世界、政治、历史、文化的关系并不是利益、投资、责任的关系——也非根本无所谓的关系：是好奇心的关系"。③ 不仅仅是影片，所有现实生活中的命题，包括风险预测，在消费狂潮中都有可能被席卷得面目全非。"货船或灾难，总是有一种完美的诱惑效果。"④这就给《2012》等灾难片做了一个贴切的诠释，将灾难比作货船，货船是一种游历的符号，它储满了来自远方的琳琅满目的新奇事物，从而充分调动了人们的窥视欲望，被窥视的灾难有着同样的效果。不管现实中的灾难如何触目惊心、如何悲怆，但镜像中的灾难总是在残酷之外带

---

① 2005 年，科学家认为含有三氯生的化学物质与经氯消毒的水接触后会产生"哥罗芳"，长期使用可致癌。消息一传出导致了高露洁牙膏销量骤降，后专家出来辟谣，认为牙膏中的少量三氯生不足以致癌。当然这个事件还带出了消费时代民族性等政治问题。

② ［美］戴维·斯卡尔：《魔鬼秀》，吴杰译，上海人民出版社，2005 年，第 197 页。

③ ［法］波德里亚：《消费社会》，刘成富，全志刚译，南京大学出版社，2000 年，第 13 页。

④ 同③，第 11 页。

上一抹消费的妩媚。这种妩媚还来自于灾难影片中"幸免于难"的光明结局,例如,《2012》中的"方舟"实际上还是满足了观众"大团圆结局"的审美观。美国迪斯尼影片公司 2008 年推出的《机器人瓦力》反映了人们对后危机时代的乐观想象,其中不乏对劫后余生的庆幸。《机器人瓦力》中满目疮痍的垃圾星球是当代社会生存问题的集中隐喻,但它预示着人类新一轮创世纪的新型模式。另外,人性化的机器人继承了人类温暖的情感模式,Q 版的卡通造型淡化了末日的恐怖氛围。①

还有一类人在所谓的"被夸大的危险"面前变成十足的享乐主义者,灾难消费在拉动 GDP 上起到了惊人的效果,人们自始至终都是在消费的逻辑内解决现实问题,享乐始终是关乎现世的重要命题。这类"末日情结"倒是丰富了风险专家的论断,在《2012》之后,人们不单是一味地恐惧,而且还会积极享乐,这是消极宿命论的最佳表现。但问题是,消费不是犬儒的唯一诱因,就好比消费的后果并不是唯一的。猎奇是消费过程的必要元素,但猎奇之后,人们或是恐惧,或是及时行乐,或者从此心怀天下,《2012》综合征倒是给人们提供了许多重要的社会提示,"反思现代性"在消费语境的遭遇将是需要分类讨论的问题。"悲剧色彩未必等同于消极。在一个竞争激烈的社会里,有时候描绘'末世'是人们对社会的一种发泄,一种缓解压力的手段。……那些夸张着的末日想象,显然已经成为一种承载人类焦虑现状的符号化存在。"②美国恐怖小说家斯蒂芬·金对大众文化恐怖展示带来的良性社会效果充满信心,"我若是人体的某一器官,那便是人体内的大肠。我的任务就是,将潜意识中那些很难理解的东西排泄出来。这就牵扯到了真正的恐惧问题,这种恐惧在我的书中变成了某种虚构的东

---

① 新科"亚当和夏娃"仍旧说明当下的某部分人对机器文明的某种信任,或者说,他们没有把机器全然妖魔化(影片中极力呈现了机器的二元性),在适当的时候,机器变成了人类的拯救者,重返地球也是人类逃脱机器幻象、重归土地、告别"经验"贫乏(本雅明意义上)的时代过程。

② 陈方:《〈2012〉:夸张着的末日想象与不夸张的人世焦虑》,2009 年 11 月 17 日。中国青年报,http://cul.sohu.com/20091117/n268259351.shtml。

西,因为这样可以不冒什么风险。假如我同您直接谈论一些有关核武器威胁、臭氧层出现的孔洞,或者是民族歧视方面的问题,恐怕不会产生同样的效果。"① 这样,恐怖虚构赋予了作家谈论现实问题的绝对自由,将"写作"转换为"生理"形象,这是因为,这些虚构是作家的健身方式,也是社会的卫生学运动,它使被现实压制或用现实逻辑无法解释的东西得以表现。这样,"虚构"就从科学表述下的"原罪"语境中挣脱出来。很久以来,电影和电视作为工业文化的个案大都被视为文化在机械时代败落的象征之一,在流动的光影里面掩饰不住的是肤浅和庸俗。但某些人却把"看电影"当做避免平淡的自省方式,人们在电影中发现的是和日常人生决然不同的深度,"电影"成为深刻思考的契机。"并不是因为我有多么喜欢电视,而是因为它不会影响我思考。……如果不去和剧院经理或者售票员聊天,我就会迷失自己,形而上学地说就是沉沦。"② 这是一个不折不扣的现代生活形式信奉者,在反机械文明者看来,如此可怖的光影生活也会光荣地生出一种新的神圣的宗教仪式。

三

"娱乐消费"在"风险"理性看来有诸多不是,可在"反思现代性"的现实主义者眼里,"风险"却不比娱乐高明多少,特别是在中国的文化语境中,"风险型"以及与此相关的科幻小说写作等都是有待修正的思想和美学风格。这样,风险逻辑想象狼藉的未来世界的做法同样没有获取豁免权,在现实唯物主义者看来,草率而悲观地描述关乎生死的人类未来是杞人忧天的现代版本。在中国,"未雨绸缪"向来有范围的限制,很多时候它只是一个权谋术语,是人们在日常实用语境中深思熟虑的表现。而在"天人合一"的美好格局中,让人们将"未雨绸缪"用在对未来世界全面覆灭的猜测中是不可能的。"子不语怪力乱神",这一古语早就说明那些子虚乌有的事物被排除在正统文化之外,

---

① 阿桂编译:《"恐怖小说之王"斯蒂芬·金访谈录》,《译林》,1991 年第 2 期。
② [美]沃克·珀西:《看电影的人》,竹苏敏译,重庆出版社,2006 年,第 39、72 页。

长久以来，宣扬看不见摸不着的未来场景终究不过落个"妖言惑众"的下场，"杞人忧天"是一则关于幻想的笑话。有这样的文化心理背景，中国的灾难片和西方的人类末日电影有着本质的不同。中国的灾难片习惯于展示已经发生的现实事件，尽管灾难的缘由和责任会被质询，但处理灾难的过程更多在于展示人对灾难的绝对胜利。中国灾难片总是力图表现国家的优良形象以及集体超乎想象的伟大力量。"中国灾难电影在主旋律为主流的文化氛围中始终体现着中国传统文化道德规范和社会主义的核心价值观，正面地进行故事创作和灾难形态表达，演绎的是正统剧情和最终战胜灾难的必然结局。主旋律灾难电影的宣传意义超越了简单市场意义，成为国家核心意识形态宣传的文化标杆。"① 冯小刚的《唐山大地震》表现的是从地震中走出的一个普通家庭如何治愈心灵创伤回报社会的故事，尽管那些宏大的故事和灾难现场退居背景，影片最终仍是要表达高尚的社会主题，当然表现的手法要更细腻、曲折。此外，冯小刚剧组在 2009 年 5 月 12 日参观了"汶川大地震博物馆"和"红色年代生活用品馆"，力图还原历史真实的日常生活场景。这种中国灾难片中典型的"博物馆情结"和《2012》的想象性有一定的差别，当然《2012》并没有因为描述未来而天马行空，《2012》也关乎现实，比如爱和责任以及社会的运作规则，但是对于真实"历史感"的追求并不是《2012》的本意。中国的灾难片奉行严格社会学意义上的实用主义，"所有的实用主义者都有这样的共识：真理是人类的真理；智识绝对不能与生活相互分离，逻辑学也离不开心理学。"② 那么想象未来以改变现在在我们看来还是过于新潮。

相对于西方而言，以《2012》的方式"反思现代性"在中国的文化语境中不大吃香，尽管风险意识在当下中国的各个领域也已经全面展开，但在许多关键的大方向上，我们仍旧延续着传统的思维，例如对未来的生存把握。"眼见为实"确认了"现代发展"的危害性，人们更习惯于接受已然存在的事实作为反思的参照物。当下中国"反思现代

---

① 王翔宇：《中国灾难电影的形态与现实主义美学风格》，《当代电影》，2008 年第 11 期。
② [法]涂尔干：《实用主义与社会学》，渠东译，上海人民出版社，2005 年，第 33 页。

性"更关注生态环境和贫富差距两个问题。人们更愿意以田野调查的方式呈现社会盛况背后的"弊端",消费时代的商品拜物教、物种消亡、气候危机、矿难、城市打工者的漂流生活、蚁族问题、富裕时代的心理疾病等,这些问题渗透于日常生活中,很多时候是民众的切身感受。人们在讨论中更愿意赋予底层文学"现实主义"的风格,其中的心理意图可见一斑,"现实主义"风格暗示着人们对社会现实切实有效的把握,"问题已经发生"叙述模式有利于触发人们的反思机制。另外,"现实主义"潜在地包含着人对外在世界的主动性,"自然主义之所以是自然主义,它与更重要的现实主义运动相区别的,是它把人作为受环境摆布的动物加以机械描绘。"①"现实主义"的优越性在于始终回避宿命论对人的规范,人存在的意义在于不会变成单调的扯线木偶。尽管和纯粹乐观的"社会主义现实主义"不同,底层"现实主义"灰暗的美学风格最终还是在于唤起民众对发展缺陷的警醒,以求"国家"更良性的发展。这种反思目的和风险社会学提倡的有相通之处,不同之处在于前者要立足现实影响未来,这是开放性的表述,"活在当下"不等于"沉迷于当下";而后者则通过未来想象塑造现在,风险逻辑无形造成了一种压迫感,从而带上了意在驯服当下的嫌疑。

具体地说,在中国现代语境中,"现实主义"对风险反思的诟病主要来自两点:第一,风险的唯心主义色彩。第二,风险对未来的悲观把握,也就是说,同样作为想象的乐观估计则会大受欢迎。这两点和中国化的马克思主义密切相关,唯心主义和对未来的悲观想象向来被归到万恶的资本主义社会的账下。就第一点而言,中国传统的"温柔敦厚"的文化气质其实被转换成唯物主义的问题,唯心和唯物之间的差异不单纯是学术和思想内部的问题,人们可以在二者的阶级性外表下闻到火药味。20 世纪 80 年代,科幻小说这一文学体裁的衰落就意味着人们对未来想象的警惕,"伪科学"的称号将科幻彻底妖魔化,这样的品质认证回避了科幻小说在中国诞生时的重要的话语塑形意义。科学和幻想本是合法性的矛盾组合,"科幻小说是不可能的文学、缺席

①　[英]雷蒙·威廉斯:《现代悲剧》,丁尔苏译,译林出版社,2007 年,第 61 页。

的文学，它总是保持一种寓言气氛，并正如我们所看到的，这一文类中的后现代作家通过自觉吸收作为他们作品结构基础的既成神话和寓言，强调了纸上世界的文学性。通过再次讲述已被反复讲述的故事，这些作家暴露了构成我们文化基础的主要故事的虚构性。"①在这类科幻观中，人们甚至将其作为社会前进的动力，科幻小说的纸上世界也许只不过是词语，但这些斗大的文字却可以质疑世界、科学、历史和语言的真实性。西方马克思主义认为对于可能性的想象是防止异化的重要手段，这些寓言化的"科幻小说"倒可以在西方找到理论支持。和传统马克思相比，西方马克思主义理论发生了巨大的变化，而这应该也算"科幻"在马克思主义理论中被排斥的一个理由。现实主义式的社会思维对风险和娱乐"透支未来"的指责，不是出于形式层面的叙述差异，而是立足于内容层面的思考，当然这也再次说明了这类反驳的唯物主义特色，内容和形式孰轻孰重向来是唯心和唯物的重要分界线。在科学唯物化时代，那些"非马克思主义"式的未来描绘就显得罪不可赦。

对未来的悲观想象被归入非马克思主义的阵营中。马克思主义的历史发展观是在对过去、现在和未来三者的辩证思考中得出的，共产主义是令人振奋的未来形式，人们认为这种乌托邦式的想象将使人类的创造力持续高涨，于是同样是想象，乌托邦想象和恶托邦想象的地位有着天壤之别。在中国，这种对未来的乐观想象使科学形象正面化。"一是对科学的好奇与崇尚，二是通过科学实现富国强兵梦想，具有浓厚的改良群治的启蒙色彩，包含强烈的民族爱国情感。……'五四'新文化运动举起'民主'与'科学'两面大旗，这样的社会背景，应该说更有助于科幻小说的发展，然而，情形相反。究其原因，此时所强调的科学内涵已非自然科学，而是指人的思想观念科学化。"②中国人

---

① ［美］韦尔奇·D·埃弗曼：《纸上世界：后现代时期的科幻小说》，宋伟杰译，《当代电影》，1998年第5期。

② 王卫英，张懿红：《20世纪中国科幻小说创作的本土化进程》，《贵州社会科学》，2008年第6期。

的现代科学观很多时候是被人文化的,它担负着启蒙的职责,不仅指向生产力,也指向"人心"①,正因为如此,在科技的光辉形象下,"科技妖魔化"将无立锥之地。人们对"科幻小说"的指责具有相当的逻辑性,"在这一类作品中,给人类带来文明和进步的科学技术,被表现为更凶猛的暗杀、更险恶的阴谋和更加猖獗的灭绝人性的种种罪行,作品给人造成了这样的印象:似乎科学越发达,人类就变得越冷酷、越凶残。……马克思主义认为,科学技术是一种在历史上起推动作用的革命力量。从宇宙的宏观世界到物质结构的微观世界,都有科学技术的踪迹。……在我们社会主义国家,科学技术的发展,就是为了促进物质文明和精神文明的建设。我们的科幻小说创作,如果不去表现这样积极的主题,反而一味表现自己并不熟悉的西方世界形形色色的腐化、堕落和黑暗现象,这不是舍本求末吗?"②尽管人们对《2012》的挑剔早已经淡化了上述反驳中的阶级斗争色彩,但在中国当下的语境中,"科技强国"依然是一个不可回避的国家命题,一味呈现"科学的罪恶"根本无法获得认同。要知道,对科学的神圣化甚至使"反思现代性"成为伪命题,上面说过了,在中国,"反思现代性"是为了让科技现代性去其短,取其长,使人们从单纯的技术拜物中挣脱出来,但"科技强国"毋庸置疑是国家实现强盛未来的必要途径。

(作者单位:福建师范大学文学院)

---

① "灾难信仰制度产生的根本原因,在于早期国家的生产基础存在着无法克服的技术障碍。而这个问题是前技术革命时代无法解决的社会问题,实际上就是越来越集中的王权国家无法解决其不断扩大的国家职能问题,这就为整个灾难信仰制度预设了一个文化隐患。"(曹新宇:《信仰与宗教——传统中国社会的"灾难信仰制度"与秘密教门的"灾难神话"》,《清史研究》,2003 年第 2 期。)灾难信仰制度被视为是技术愚昧的产物,科学将消除灾难的神秘色彩,这是科学实证主义祛魅的重要证明。但对未来的"灾难想象"将有可能使人类陷入新一轮的灾难信仰中,但这一回却是科技成熟的产物。

② 佚名:《科幻小说的不良倾向》,《文艺理论研究》,1983 年第 4 期。

论"第六代"电影的底层视域与边缘意识

——以贾樟柯电影为中心

刘桂茹

一

20 世纪 90 年代以来,越来越多的人开始关注"底层"。而人们对于底层这个概念并没有一个明确、统一的定义。在《底层问题与知识分子的使命》一文中,蔡翔认为,划分社会阶层的依据是经济资源、文化资源、组织资源的占有程度,而底层"就是基本不占有这三种资源的社会群体"。① 这是一个比较中肯的概括。正因为不占有任何资源,底层成了被压抑的边缘阶层,成了弱势群体,更是"沉默的大多数"。

随着对底层的深入关注,人们对底层的讨论已经由"何谓底层"转向"底层如何被表述"或"站在什么立场来表述底层"的向度。底层是一个真实的存在,然而底层却不能发出声音。在解决让底层说话这个难题之前,底层需要知识分子来为他们代言。于是,如何表述底层成了摆在精英知识分子面前的一个重大课题。这又涉及知识分子的立场。我们知道,在商品经济与文化工业浪潮的冲击下,知识分子也在走向边缘,传统知识分子所承担的国家寓言、民族神话等宏大叙事使命已经解体,知识分子开始转向对个体性、个人状态的关怀。20 世纪 90 年代后期,随着教育被重视,大学的地位得到提升,知识分子又开始营造公共空间,重新对社会表达看法。知识分子试图再度成为人民的代言人。知识分子为公众代言一方面出于其自身的独立品格和历史

---

① 蔡翔,刘旭:《底层问题与知识分子的使命》,《天涯》,2004 年第 3 期。

责任感,另一方面也是知识分子本身占有着比一般公众更为优越的资源,特别是文化资源。

近年来,许多知识分子纷纷用文字、影像、数据、图片等方式再现底层的面貌、生活、情感,对底层表示了持续、深切的关注,力图较真实地诉说底层的现状。也许因为诸如小说的虚构、影视的剪辑手段,诸如数据统计的人为性、图片的单一性,很多人会质疑这些表述底层的形式的可信度。然而,底层这个阶层本身并不是一个单纯的存在,"底层历史是碎片化的、不连续的、不完整的"①等特点也导致了人们叙述底层时难免带有片面性。但我们更应该看到的是,知识分子的努力诉求与执着关怀揭开了底层的生活状态,也确实让大多数人看到了以往被遮蔽的、被忽略的社会现实,知识分子的情感立场和边缘意识是值得肯定的。在各种关注底层的载体中,本文认为,电影这一表现形式由于其影像的直观性与叙述的当下性,在建构底层符码的尝试中更能以强有力的冲击力度扣开底层的视域。而这尤以中国"第六代"电影为代表。

自 1990 年张元的《妈妈》肇始,一批年轻的电影学院毕业生开始了自己的电影征程。接下来的几年里,胡雪杨的《留守女士》、张元的《北京杂种》、管虎的《头发乱了》、王小帅的《冬春的日子》、路学长的《长大成人》、娄烨的《周末情人》等作品相继问世,这些创作者大多是20 世纪 60 年代或 70 年代出生,80 年代在北京电影学院、中央戏剧学院接受教育,并于 90 年代后崭露头角的电影人。这一拨新人即被称为"第六代"。本文无法观照全部的第六代导演及其作品,因此文章只选择张元《北京杂种》、何建军《邮差》、娄烨《苏州河》、王小帅《十七岁的单车》《冬春的日子》、路学长《卡拉是条狗》、贾樟柯《小武》《站台》《任逍遥》《世界》等影片作为分析的个案,而这其中贾樟柯电影是本文讨论的重点。

---

① 查特吉:《关注底层》,《读书》,2001 年第 8 期。

二

　　"第六代"是一个文化姿态、创作风格相对一致,带有先锋性、前卫性、青春性的创作群体。他们在当代中国影坛形成了一种引人注目的电影趋势。与"第五代"相比,中国"第六代"电影的导演是一批缺乏历史体验、历史焦虑的群体,因此他们的影片常常回避历史或遗忘历史。"第五代"以波澜壮阔的历史、风云变化的时代、幅员辽阔的黄土地、旷达爽性的人物书写国家和民族神话,征服并赢得了国内外许许多多的观众,并在中国电影史上成就了里程碑式的辉煌。而到了"第六代"浮出地面的时候,却恰逢中国电影工业的危机期。他们没有"第五代"计划经济的温室,国内票房的急剧下滑使他们难以获得资金和导演地位。种种窘境让执着于电影梦想的"第六代"不得不以影圈边缘人的身份流浪北京,直至曙光出现。"第五代"导演在处理"人"的问题上,更多不是"以人为中心"来讲故事的。他们更多的是遥望历史土地,编织民族寓言。"人"是他们表达这一主题的工具。相对而言,"第六代"导演更注重对个人生命经历的体验,更多指向都市及当下生活。与"第五代"导演不同,他们提供了一种"个人电影",以极其个人化的叙事风格,客观地描绘生活在急速现代化都市边缘的景况。艺术家、同性恋、小偷、妓女、农民工、小市民……一群不被关注的边缘人进入他们的视野,在混乱的情感纠葛、迷茫的追求、琐碎的细节描写和俚语脏话式的台词包装下谱写青春残酷物语,描摹一幅幅颓废而迷人的城市图谱,讲述当代城市青年成长的故事。可以说,"第六代"电影最引人注目的特征"就是以边缘人出现的对于中国底层生活的高度关注,就是企图通过影像建构关于中国现代化过程中普通人生存状态的记录历史"。[1] 叙述底层人物的生活、情感和遭遇是"第六代"电影的共同主题。这使得他们的作品总体上呈现了一种可以称为写实主义的风格,与"第五代"相比更多地表现为一种微观的对真实的注视。如果说"第五代"的落脚点是历史的边缘,那么"第六代"则是从现实的

---

[1]　蓝爱国:《后好莱坞时代的中国电影》,广西师范大学出版社,2004 年,第 153 页。

边缘起步的。

在"第六代"影像话语的底层经验中，那些永远拿不到城市户口的民工们似乎在城市边缘的一个角落里窥探着城市，然而又似乎与城市格格不入；那些城市中收入较少、生活水平较差的常住居民，尽管生活在城市却没有城里人的优越感；至于那些游离于城市的年轻人，他们或是心怀艺术梦想或是茫然游走于各种职业之间。上述这些人，再加上很多城市中的"异类"，共同组成所谓的"城市边缘人"。在这样的底层视域中，"第六代"电影是站在什么立场来表述底层的呢？或者说，他们是如何表述底层的呢？

首先，表现底层的生活困境及底层与社会主流的断裂。在贫富分化日益悬殊、社会分层日益剧烈的当代社会，这种把社会大多数群体，而且是常常被遮盖的群体生活苦难现状加以呈现的底层视域是"第六代"电影"道德关怀"的有力凸现。影片触及当下社会底层普通民众、弱势群体的个人性生存状况，表达对个体生命的关注和怜悯以及对被遮蔽的社会现实的掘进。路学长《卡拉是条狗》讲述了城市普通工人老二家里养的狗卡拉被警察带走后老二的一系列遭遇。影片把老二这么一个都市边缘人物置于城市拆迁、建设的一片混乱嘈杂的环境当中。不仅如此，老二在单位得看领导脸色，回家得忍受老婆和儿子的抱怨。家庭的拮据以及生活的窘迫使得这个有些落魄的中年男子选择了养狗来拾回自己的一点自尊。这就是底层人物生活状况的真实写照。然而，卡拉被带走以后，老二在试图救出卡拉的一切努力中更显出了底层民众的辛酸与无奈。这是影片建置小人物生存境遇的有力场景。老二与警察的交涉是个体与国家机构的碰撞，人物间一系列迂回的对话凸显了底层民众的卑微。而在王小帅《十七岁的单车》中，底层的困境与青春期少年的焦虑、叛逆相互交织，更是直逼城市边缘人的生存现状。一辆单车联系着两个17岁少年的生活、情感与命运。郭连贵是来北京打工的农村少年，为了挣得一辆单车努力地在快递公司工作着，就在他快要挣回那一辆单车时，车竟然被偷了。而小坚则是一个中学生，生活在北京小胡同里一个重组的家庭里，家境贫寒。为了在同学、在喜欢的女生面前赢得自尊，他花钱买了一辆二手车。

但是这正是郭连贵被偷的车。于是围绕着这辆单车，我们看到了两个出身不同、理想各异的少年相同的压抑和挣扎。影片用郭连贵来浓缩城市外来者的艰辛生存之路（郭连贵不仅干最底层的工作，而且在城市中无法获得身份和命名），用小坚来表现城市少年成长中的焦灼和迷惘。可以说，这部影片是底层生活图景的真实纪录。影片选择两个处于城市边缘的少年进行关照，体现了一种人道主义的关怀和社会批判的姿态。从老二的小市民处境、郭连贵的打工者辛酸以及小坚的边缘生活，我们可以发现这些底层人物都不被纳入社会的主流。事实上，他们的生活与主流生活形态呈现为一种断裂态式。

然而，这两部影片也并非仅仅停留于对底层生存苦难的表层叙述。面对现实生活的痛苦与无奈，老二、郭连贵、小坚尽管都无力抛开自己的底层角色，但他们在继续扮演这一角色的过程中也在寻找消解困境的道路，也即能够意识到自身状态，并直面困境、表示不满、极力抗争。当然，他们反抗的方式并非以苦为乐，将之淡化并化为虚有。当自身的底层处境威胁到个人的尊严时，他们便是极力把挽回尊严作为挣扎的筹码。老二不懈地和警察交涉，托人找了各种关系，还受尽了嘲笑和鄙夷，但为了能把卡拉要回来他一直忍气吞声。事实上，卡拉的重要并不是它身价不菲，而是因为它可以让老二暂时忘记身处底层的悲凉。老二向昔日情人诉说苦恼时说："从单位到家里，全都算上，我每天是变着法子让人家高兴。只有在卡拉那儿，它每天变着法子让我高兴。说白了，就是说，只有在卡拉那儿，我才觉得自己有人样。"因此，老二养卡拉虽说是一种"底层小资生活"①，但却是人物寻找个体自尊的寄托，某种意义来说是他反抗生存压力的方式。相比之下，郭连贵与小坚反抗自身认同的努力要显得稚嫩一些。作为一名外来务工者，郭连贵原本拼命寻找的是在城市的立足之处。发生丢车事件以后，无论是公司的责备、不满还是小坚一帮同学的纠缠，都让这个少年尝到了失去自尊的滋味。因此，找到单车并一直拥有着这辆单车一方面意味着他重新得到了工作，另一方面也在一定程度上消解了他

---

① 王一川：《中国底层小资生活的错位修辞》，《当代电影》，2003年第3期。

内心受到的伤害。而小坚消解压抑、寻找自尊的途径则是围殴郭连贵,把单车抢回来,以此对抗家庭的冷漠和"女友"的背叛。可见,底层一方面忍受着卑微的现状,另一方面也在追求着个人的尊严。因此所谓底层是"沉默的大多数",并不是说底层甘于平凡或平庸,事实上底层也不满意,也在反抗,只是因为底层处于失语状态,他们的声音不能被听到。

底层是失语的阶层。但是由于像老二这样的底层人物首先是物质匮乏的底层,因此他们的反抗只能局限于对物质的争取,而不能达到争取并占有话语资源的反抗阶段。像老二只能用养狗来缓解不满情绪,像两个 17 岁的少年只能为争得一辆漂亮的单车来排遣自己的微不足道。无论如何,底层的抗争本身是有意义的。但从影片来看,这些边缘人物并没有认识到他们的底层状态可能来源于体制的不公或上层的优越。无论是老二养狗还是少年买车,他们摆脱底层的办法或者说他们的生活动力就是拉近与上层的距离,朝着上层所编织的理想和生活模式在努力。可以说在这里挺进上层就是底层反抗的目标。如此狭隘的反抗方式从某种程度来说是底层反抗的悲哀。

其次,挖掘底层的情感压抑及底层与主流价值观念的断裂。"第六代"电影中的主体形象大都是没有远大理想的个体生存者,是一些整日为自己的衣食住行这些最基本的生存问题劳累奔波的个体人。底层的生活苦难在日常的个人空间得以展示,给人以一种坚硬、沉重的感觉。然而透过底层的生活表面,许多影片更致力于探索底层"失势"群体的情感空间。这一群体有一个基本的特征,即游离于社会体制,按自己的无所谓的生活态度生活着,然而在冷漠的外表下也有着极度的内心焦虑。尤其是在历史转型的社会图谱中,经济、体制、价值观念、文化、习俗等全方位的变化和转型,使得生活于这一特定时空下的人们呈现出前所未有的复杂性:价值的混乱和重建、意义的丧失和追求。因此,影片极力传达他们动荡不安、迷离驳杂然而却真实感性的生存体验,注重挖掘人物迷乱、困惑、无奈等受压抑的情感。

张元《北京杂种》表达了城市青年焦虑、躁动、愤懑、抑郁的情绪。影片由生活中的几个琐碎片断构成,主题集中在一批情感复杂、生活无序的年轻北京人身上。这部影片中的人物及素材都是明显的社会纪实,然而在叙述手法上却采用碎片拼贴式,这样的处理方式除了暗示生活的混乱状态外,同时也突出了后现代生存空间下人们的空虚与无序感。在喧嚣的都市中,这些失去目标、处于社会边缘位置的人们显得那么无足轻重,而他们飘荡的个体生命体验更使得存在的意义变得无比空洞。于是,在极端自闭与孤独的情感世界里,他们迷恋、沉醉在虚无中不能自拔。可以说,现实的坚硬把这些无所事事的人们放逐于虚无与流浪之中,在他们的自我空间中苦闷的情感无以释放,空虚感加剧了他们与社会主流价值的决裂。影片中多次出现摇滚歌手的演唱,而事实上他们表面的狂欢与放任,让观众感受到的不是歌手酣畅淋漓的宣泄,反而是他们虚弱乏力的内心表征。于是,摇滚的颠覆与破坏力量完全被架空、消解,只剩下摇滚痛快氛围下沉重的虚无。

底层的情感空间并不因为底层的困顿而消失,但却可能因为底层的边缘状态而受压抑、被忽视甚至被剥夺。从这些影片可以看出,不管底层是不是相信现代化都市的爱情,底层终归得不到纯粹的爱情。一方面因为影片中的底层人物与“主流”相悖甚至断裂,另一方面,在都市商品经济的洗礼中,底层的爱情神话由于缺少坚实的物质基础而最终宣告破灭。而这些底层人物如小武并不因为物质上的缺乏而焦虑、抗争,反而在一系列的情感纠葛中释放着青春期的骚动与不安。结果是,底层在争取作为人类的基本情感——爱情的时候使自己被迫陷入孤独与迷茫的尴尬。当然,并非所有底层人物的情感空间都充满着抑郁、空虚与无聊,“第六代”影片对底层的喜怒哀乐有较真实的想象。只不过为了突出底层受压抑的处境,影片就常常把镜头锁定于令人窒息的环境、冷漠的人情、尖锐的矛盾及现实的冲突,等等。这一方面消解了“第五代”历史寓言再现的神话,另一方面也直逼中国当代社会主义现代化进程中的急遽变化,如贫富差距、价值多元化以及意义重命名等。

最后,书写底层的精神扭曲以及底层内心基本观念的断裂。把底层归类为“边缘人”,还应从精神层面来看。“第六代”影片中的底层主要生活在城市,但是城市的主流文化却不是他们可以享受的,他们的精神世界很难真正与城市沟通。在城市中,时时刻刻都有这样的底层人物存在。而"第六代"导演群体中有很多人很好地把握住了这一社会现象,他们的作品呈现了一幅自我与时代焦虑的图景。这些底层往往在受到主流形态的排斥后,便遁入一种迷恋自我甚至迷失自我的境地。一方面,这些底层人物完全生活在自我的个人空间中,拒绝与任何人来往,更不愿意与人沟通;另一方面,底层自我人格发生分裂,其精神世界内部已经在善与恶、高尚与低下、自我与他者等道德评判尺度和精神领域中发生扭曲。

娄烨的《苏州河》里塑造了一种活生生的类型电影人。这些人物明显带有"边缘人"的特点。无论是马达还是牡丹、美美,在影片中都是不被纳入主流社会的人群。他们在现实的生活中无限漂泊,既不和别人交流,也拒绝把自己的感受告诉别人。在介绍马达这个人物时,说马达的生活方式是白天送货、晚上看一整晚的盗版 VCD。他们的生活里根本不需要和他人交流。这让人觉得这样的人物仿佛生活在世界的别处。贾樟柯的《小武》中,小武不会唱流行歌曲,与歌厅女压马路一路无语等场景也证明了小武精神世界的孤立。苦涩的生活体验、人生的无序、无奈和无可把握,以及城市的浮华与喧哗都使小武无力招架,于是选择继续迷失于偷窃的勾当。另外,张元的《东宫西宫》把视角转向了城市另一种"地下人"的生活形态——同性恋;何建军《邮差》则深入到潜意识、隐意识的层面来探索一个"偷窥者"敏感、焦虑以及自闭的精神状态;贾樟柯《任逍遥》也突显了小济、彬彬承担爱情的无力感以及身处喧闹县城的骚动与不安,结果居然受一案件的启发去抢劫银行。王小帅《冬春的日子》则是一部探问画家内心和灵魂状态的电影,由于艺术上不被理解和爱的失落导致了主人公的烦恼和精神分裂。晓东和小春其实已经深深地结合融化为一体,或者他们满心希冀能真正融化为一体。但在每个人注定了是独立个体的时代,这种"合二为一"的向往又确实是一个虚幻的想象、一个肥皂泡而已。当合二为一的这个"由衷"终于解体之时,其中的一个人就不可避免地分裂成了两个自我。晓东炽烈、执拗而又近乎病态的眼神特写,揭示了画家人生中确如其状的执着、失落和崩溃。以性爱的炽烈、升腾,合体为一作为电影的开端,以镜像中的晓东脱掉画画的围裙,戴上解放帽,穿上中山装,在角色变换中象征着一人两貌的人格分裂为结尾,影片不露痕迹地完成了关于精神分裂的主题。

这些影片用迷离的色彩、跳动的结构、摇滚的节奏,来完成这群情绪化的人物精神被扭曲的过程。光怪陆离的都市浮华和来去无归的生存体验,使得这些生活于社会夹缝中的边缘人物倍感压抑的痛苦。在他们看来,在无力改变现状的情况下,与其做无谓的挣扎,还不如退回到自我的精神世界。于是,封闭的、自恋的情绪成了这些底层小人物寻求发泄、试图解脱的途径,然而却最终导致了他们的自我迷失。在这里,迷失的已经不是个人追求的价值与意义的维度,而是个体精神世界的迷离。在自我与本我的冲突中,底层自身的价值理念已经蜕变、分裂、缺失,其精神空间是一个失衡的、变形的、被扭曲的存在。在这些影片中,那些在底层中挣扎的人们承受的不仅仅是情欲和日常生存的煎熬,他们感受更深的是外部环境与内在情感冲突、撕扯之下的疼痛。无论这些“苦难”是“第六代”导演本身的边缘体验还是他们对底层的想象,都显示出他们强有力的社会批判力度,同时也彰显了“第六代”导演为底层代言的坚定立场。

三

作为“第六代”导演的领军人物,贾樟柯一直贯彻着自己的现实主义和人道主义关怀视角。正如他本人所说的:“我愿意做一个目击者,和摄像机站在一起,观看眼前的一切。”

(一)“故乡三部曲”

在“故乡三部曲”(《小武》《站台》《任逍遥》)中,贾樟柯始终把镜头对准“底层”这一特殊的群体。这三部影片走的就是对于平民生活状态的纪实路线,讲述了青年人在社会变迁中的情感历程以及他们的价值观念与社会主流价值的冲突。为了营造普通草根人物如县文工团的演员、小武、小济们的活动环境,影片常常把镜头锁定于一系列琐碎的生活现实,包括随处可见的楼盘、道路的施工现场、街道上法制宣传的广播、卡拉 OK 中的流行歌曲、简陋的台球室、萧条冷清的商店,等等,而且喜欢使用长镜头来刻画生活的无聊感。《站台》讲述了山西汾阳穷乡僻壤里的一个文工团,从国家单位变成跑野台的"群星摇滚霹雳歌舞团"的旅程,重现中国近 20 年来社会经济变化和小人物沧桑。文工团的演员们是一群充满激情的青年,影片用一种深沉缓慢的镜头,用充满深情的眼光注视这些在历史变革时期最容易被忽略的一群人。某种程度上说,这些底层文艺工作者物质上相对并不十分匮乏,但他们充沛的情感、浪漫的追求、漂泊不定的流浪在历史变革时期正被庸俗与无聊的现实一点一点地逼退。历史的意志改写着个人的生命意志。于是,时代的变动与内心的躁动不安相互萦绕,崔明亮的晦涩爱情、浅薄亲情以及张军破碎的恋爱使得这群情感脆弱的年轻人彻底感受到了生存与情感的压抑。影片还用一些政治歌曲和流行歌曲来表现几对苦闷男女的悲欢离合,包括邓丽君的《美酒加咖啡》、苏芮的《是否》,还有《我的中国心》《成吉思汗》等。事实上,对于这群青年而言,历史是不堪重负的浪漫谎言,而现实生存的困境与内心的煎熬,才是他们当下所真正经历且无以挣脱的宿命。《小武》更是对主人公小武——一个惯偷的情感世界的深入挖掘。对于小偷这样一个与主流社会格格不入的边缘人物来说,亲情、友情、爱情是小武聊以解脱的重要砝码。然而,影片却在这三方面斩断了小武的情感线,昔日好友对小武敬而远之,小武追求爱情而不得,父亲更是一棍子把他赶出家门,最终小武陷入了孤独无助的困境和情感的孤岛。从影片中可以看出,金钱统治着一切,而小武又被这一原则所统治。与小武曾经的同事小勇相比,小武是一种底层的犯罪,因此小武是"人人喊打"的社会渣滓,而小勇却成了县里的模范企业家。于是,在无力改变生活现状、无力挽回缺失的情感、更无力摧毁不公正的社会机制的情况下,小武选择了继续堕落,并最终被代表主流话语与权力的警察抓获。同样的情感压抑还发生在小济和彬彬(《任逍遥》)身上,两个无所事事的青年一边追逐着爱情,一边追逐着金钱,并以此来消解无聊与苦闷的情绪。总之,在贾樟柯的这一系列影片中,底层草根人物均生活于破败与萧条的空间,这是影片有意营造的一种与主流社会若即若离的感觉,既烘托人物处境的边缘,也展示了人物内心情感的空洞与颓废。

在有限的认知时空,在人情冷漠的当代社会,底层都是无根的漂泊者。这注定了他们无论在价值认同还是在情感追寻上都处于"主流"之外。于是,在压抑与断裂的双重痛苦中,张军失恋、小武被抛弃、小济逃跑、彬彬被抓……

（二）"一天一个世界"

人们可以发现,无论是在《小武》《站台》,还是在《任逍遥》《世界》《三峡好人》中,贾樟柯都延续着底层关怀的创作路线。前三部影片对生活场景的真实呈现与对人性维度的准确把握都带给观众前所未有的视觉冲力及心灵震撼。因此,许多人倾向于认为,贾樟柯的"故乡三部曲"基本奠定了其在"第六代"的地位。也许正是由于人们习惯了贾氏电影中的底层处理,即山西汾阳小镇底层人们的生活与情感,因此当贾樟柯在《世界》中尝试把记录底层的视线转向都市时,大多数人对其表现底层的"野心"颇为惊讶,也对影片能否带来预期的效果表示怀疑。

在《世界》这部影片中,贾樟柯把一批来自山西汾阳的老乡安排在北京的一个世界公园里。这是一个浓缩了世界各大城市标志性建筑的人造"世界"。可以说,人物活动的场景比之前的"故乡三部曲"繁华、开阔得多。然而,几乎难以改变的乡音似乎也暗示了这群"北漂"一族最终的命运。无论是赵小桃与成太生的爱情,还是二姑娘的死亡,都揭示了在全球化想象中现实生活的棱角对人物情感、生存的无情撞击。这群底层的漂泊者承受着城市浮华与虚幻对其情感的创伤,更为重要的是,"世界公园"的全球化假想使"北漂"一族更加陷入了情感的边缘。也许经济、文化都可能全球化,唯独现实生活中的底层情感不可能共享。这个意义上来说,底层受压抑的情感处于悬空的断裂状态。

《世界》中男女主人公的爱情故事其实是人们屡见不鲜的,朦胧的初恋、热烈的爱情、无端的猜测、美好的同居、无奈的第三者……然而当这几个人的身份被符号化为都市底层时,他们的生活空间以及情感历程便带有了些许悲凉与严肃的意味。世界公园是后现代都市的一个角落,在这里有世界上各个国家著名的标志性建筑,公园里的宣传标语即为：一天一个世界。可以说，这些碎片化的建筑群虽然罗列在一起并没有什么美感，然而公园里的这些打工者却为这句极富煽动力的标语而自我满足着。在他们看来，世界就在眼前，无需想象。美丽的假景、神气的服装、耀眼的舞台装扮着世界公园，这为观众制造了一个后现代全球化的美好幻象，然而当人们还沉浸在虚拟的世界中时，影片中不时出现嘈杂拥挤的地下室化妆间、演员们简陋的宿舍、背着行囊的民工，这一切又把人们拉回到真实的世界中。因此，影片在虚拟与真实之间把想象与实在的冲突较为合理地安排于叙事的张力之中。这样的处理方式一方面凸显了全球化背景下底层的生存现状，另一方面也戳穿了都市流光溢彩的表象与神话假想。从这个意义上来看，《世界》的尝试还是值得回味的。

虽然影片《世界》把人物置放于全球化的大都市中，并虚拟了一个后现代的世界生活场景，但这些人物同样来自于山西汾阳，人物未改的乡音暗示了他们依旧没有改变的底层身份。在这里贾樟柯的意图非常明显：在全球化背景下展现都市底层民众的生活现状与情感空间。随着城市化进程的不断发展，一大批农民工到城市寻找改变命运的机会，尤其是北京这一现代化大都市，成了"北漂"一族梦寐以求的地方。由于没有经济基础，更不曾占据任何有利于自己的资源，农民工的加入使得城市边缘群体更加庞大。个体的微不足道似乎注定了这些人难以摆脱的宿命。影片中，我们看到世界公园的保安成太生们与舞蹈演员赵小桃们，他们都是带着来北京拼搏的初衷而聚集到一起的，然而现实却是他们领着二百多的月薪，过着最底层的生活，并且为了生存互相依赖。"一天一个世界"的假想的确让世界公园的打工者暂时忘却了空间和时间，甚至忘记了身份以及有关身份的诉求。这是2003 年的北京。城市压倒一切的噪音，让一些人兴奋，让另一些人沉默。这座公园布满了仿建世界名胜的微缩景观，从"金字塔"到"曼哈顿"只需十秒。在人造的假景中，生活渐渐向他们展现真实：一日长于一年，世界就是角落。而对他们来说，北京毋宁是一个悲情城市，这里上演的不只是一出出爱情的悲剧，同时还有像二姑娘这样的人生悲剧，以及像赵小桃这样的命运悲剧。

影片的叙事策略在这里得到了较有力的呈现。通过一张一弛的对比,繁华的都市夜景反衬底层人生的悲哀,而底层人物的结局也诉说着这个世界的空洞与不可知。事实上,导演在影片中想表达对底层在都市的生存困境的关怀,然而他对都市底层现状的想象也许还过于简单,在影片颇有意图的表现中观众可能还无法达到这种感情的共鸣。

把底层搬到都市当然不是贾樟柯的首创,但对于贾氏的电影创作来说仍是一个有意思的尝试。底层人物在这里不仅要面对的是以往就存在的生活困顿,更重要的是,他们如何适应都市生活的节奏以及如何找到自己的身份属性? 底层这一特定的身份注定了他们与都市的距离,因此为了与都市人进行沟通,影片中这些来自山西汾阳的人们必须首先在语言方面改变自己。可以看到,和成太生一样来北京几年的山西老乡都能说比较清楚的北京话,为此他们都觉得非常得意。在这里语言是身份的象征,操何种语言成了人们心里的一把标尺,因此北京话这一符号恰恰成了人物在群体中地位的重要标签与砝码。可见底层与都市的冲突最直接的表现还不是经济或地位,而是语言的障碍。底层摆脱自身状况的脚步一旦从农村迈向城市,他们接下来应该做的就是尝试缩短由于身份问题造成的心理距离,从而迈出融入都市的第一步。

底层还需在服装包装上与都市融合。与那些刚来北京的老乡相比,成太生、赵小桃们在穿着上显得大方、洋气得多。当老乡羡慕保安们的制服时,当舞蹈演员浓妆淡抹、穿上各色表演礼服时,服装的象征意义与符号价值更加得到凸显。而正是在制服与礼服的包装下,成太生、赵小桃们与都市生活的华丽可能暂时达成了表面的和谐。不过当表象褪去、真实裸露时,底层却可能因为贫穷而堕落(像俄国女人),也可能因为寒冷而致死亡(像成太生和赵小桃)。这是一个值得人们思考的问题。因此,与其认为影片中的表演场面是歌舞片的一种形式,不如说这是对中国都市底层生活状态的一种较为真实的再现与描述。

生活于都市的底层也成了信息社会的消费群体之一。从影片中可以看到,手机对底层来说似乎并不是特别奢侈的东西,这一方面是都市信息化以及大众消费时代来临的信号,同时也证明底层消费意识的提高。当然,从某种意义上说,手机也是底层寻找身份认同的方式之一。贾樟柯无疑捕捉到了现代都市边缘群体这种新的生活状态。因此他一改往日的写实风格,在影片中运用了大量以往影片不曾出现的技术,如六段 FLASH 动画的出现,并邀请了《南国,再见南国》和《千禧曼波》台湾音乐制作人林强专程打造了电子风格的配乐。FLASH的出现比较生动,男女主角之间手机短信的交流成了影片的旁白和话外音,并且动画的效果呈现较为自然地衔接了情节的发展。可以说,电子时代与信息化正在改变着底层人物的生活方式,手机也是建构都市底层身份想象的一个重要媒介。

《世界》中构想了一个全世界的标志性景观——世界公园,把全球的空间距离压缩成一幢幢微观的建筑,同时也缩短了人们往来的时间。在这样一幅全球化图景中,人们想象的载体毋宁是那些碎片化的都市美景。而北京作为全球化的大都市,它本身能承载多少人们对全球化的想象呢?这也是影片留给观众的思考空间。从影片中我们可以发现,也许物质、文化都可能全球化,而底层的身份、底层的困境、底层的情感却不可能全球化。事实上,全球化的景观刺激了底层的想象空间,并没有真正改变底层的基本境遇。相反,一个非常可能的事实是,底层有可能在全球化的加速发展过程中被甩出社会的轨道,以至于被推向更为边缘的地带。因此,影片在全球化想象中并没有失去理性,而是在一系列表象与谎言之间逐步把现实推进人们的视线。像赵小桃、俄国女人、二姑娘等,这些都是受侮辱、受损害的人,而这些人正挣扎于全球化都市的底层。所以说,底层的灾难要远远大于全球化带来的美好想象。

综合来看,贾樟柯在《世界》中"为底层代言"的意图是非常明显的。他打破了先前的风格,把人物活动的主要场景切换到北京这样的现代化大都市当中,而且还适当运用了一些以前所没有的技术手段。且不论这样的创新在意义高度能否超越他本人以往的电影。本文倾向于以为,把原来的人物类型放进一个不同的生活空间加以演绎,打破导演创作视界的局限,本身就是一个有主见的导演在影片中彰显出的魅力。同时,在一个异于先前影片的空间中进行想象,无论是对建构人物的性格历程还是对张扬影片的时代气息都提供了多元的灵动因子。因此,从这个层面上来说,《世界》的尝试是有意义的,也仍然值得回味。

(三)寻找"三峡好人"

沿着这样的底层关怀路线,《三峡好人》同样直击特定时空背景下在生活与情感空间中彷徨无助的一群人。民工和小混混是贾樟柯最擅长、最热衷表现的两类人群,他们也出现在《三峡好人》中。农民工问题是当前中国社会的热点问题之一,2006年中国影坛也不乏表现民工的电影。《泥鳅也是鱼》表现民工在艰难的生存环境下坚持自己的理想、有尊严地生活和奋斗的故事,对自我感觉良好、住着洋楼、出入高档饭店的"有钱人"进行了反讽。《借钱》通过一个民工为儿子上北京重点中学借钱的故事,歌颂了民工身上团结、质朴、善良等优秀品格。与《三峡好人》相比,这些影片一方面显示出较为明朗的主旋律色彩,另一方面却缺少较强的艺术感染力。而《三峡好人》的感染力在于贾樟柯不动声色的冷静视角和真实再现。

影片讲述的故事很简单。煤矿工人韩三明从山西来到奉节寻找分开了16年的妻子和女儿,历经千辛万苦终于寻回了妻子麻幺妹,并要为她还债。与此同时,同是山西来的沈红辗转来此寻找两年未归家的丈夫郭斌。不同于韩三明的破旧行囊,气质隽秀且略带忧郁的沈红手里只有一只矿泉水瓶子,她找到丈夫后却和丈夫提出了离婚。跟随着一个一个长镜头,我们与主人公一起艰难行走生活在拆迁中的破败的奉节古城。影片开头那个缓缓移动的镜头就像是一幅活动着的油画,将码头上的各色人等悉数收入其中,80多个赤裸着上身的工人有的在说闲话、有的在打牌、有的在看手机短信、有的在算卦。这是一个"会呼吸"的镜头,它能激起作为"观察家"的观众的各种情感,用导演自己的话说:"众生相看上去没有什么痛苦,但是镜头一收,其实那是一条很孤独的小船,在长江上漂流着。"因此影片灌注了一种深沉的悲悯气质。而这种气质一直贯穿于整部影片之中。

在《三峡好人》之前的四部长片中,边缘人物的青春、成长与命运始终居于核心位置,发展变革的社会作为表现核心主题的时代背景处于从属的位置。从《小武》到《世界》,在破旧脏乱的城镇街头,在房屋一角的电视屏幕上,在一曲曲流行歌曲里,我们都能感受到独特的时代气息。在鲜明的社会时代大环境下,小武、崔明亮、尹瑞娟、小济、斌斌、赵小桃、成太生这些小偷、剧团演员、叛逆少年和打工仔是贾樟柯最为关注的层面,通过他们的故事描绘出大时代中小人物迷惘的青春、理想的破灭、生活的艰辛以及生命的卑微。在《三峡好人》中,边缘人物依然处于核心地位,同时,作为叙事背景的变革社会被提升到一个更高的层次,达到与人物同等的地位。也就是说,《三峡好人》有两个关注焦点:个人和变革社会。这种背景地位的提升,充分表明贾樟柯走出以往的个人关注层面,开始以前所未有的宽广视域检视社会,应该说是一个很大的变化与突破。

三峡拆迁工程是举世瞩目的大事,而这一有关国家集体的宏大叙事随着三峡移民的出现而织入了普通人物的生活与生存状态之中。影片中随处可见的"拆"字以及早已被水淹没的房子似乎在诉说着一段段已经发生的故事或者将要发生的故事。在一片繁杂与破败的码头、房屋、工地等场景中,背负着重重行囊拖家带口的人们表情都是木然的,巫山云雨的浪漫图景与诗情画意的生活眷恋早已被离开故土的拔根之痛取代了。这便是特定时空下小人物的特殊生存写真。

"三峡工程"在影片中是一个现实的正在发生的事件,而当它作为影片人物活动与思考的背景时,它又毋宁是一个有关现代性的符号。作为一个社会学的概念,现代性和现代化过程密不可分。在某种意义上,现代性涉及政治、经济、社会和文化的互动关系,充满了矛盾与对抗。它允诺我们去冒险、强大、成长和变化,同时又可能摧毁我们所拥有的、所知道的一切。换言之,现代性赋予人们改变世界的力量,同时也在改变着人本身。而在现代性社会结构图谱中,底层作为特定的社会阶层成了不容忽视的存在。现代性铺设了一条以经济理性和资本逻辑为支配性能指秩序的轨道,在这场现代性的马拉松比赛中,每跑一段就会有个别社会群体掉队,被甩到现代性社会结构之外,成为底层或弱势群体。于是,底层陷入了现代性编织的社会结构网络中,他们叹息着、不满着甚至愤怒着,却又生活着、欲望着甚至追求着。从影片中我们可以看到众多拆迁移民的无奈与不满、麻木与期待、漂泊与挣扎。韩三明等人是一群拆迁工人,他们本身的脆弱与卑微在一片破烂欲摧的建筑中显得那么不起眼,而却对人民币上的家乡风景充满了自豪。一方面是生命与生存的游离与迷茫,一方面却是内心对集体性叙事的认同。这种情感上的悖论是可信的,更显出了现代性话语与诉求对人的改变、对底层的塑造力量是多么的强大。

影片讲述了两个寻找的故事:韩三明寻找16年未见的妻子和女儿,沈红寻找两年未归的丈夫。事实上,"寻找"的主题渗透在贾樟柯的每部电影之中:小武一直在寻找着早已失去的友情和美丽的爱情;《站台》中的文艺青年们一直在追寻青春飞扬的梦想生活,尽管他们最终又都顺从了命运的安排;《任逍遥》是一部关于青春躁动的影片,每个人物都在追寻着属于自己的东西;《世界》讲述了一帮外乡人在都市之中寻找着自己的位置。而生活在三峡库区的人们又在寻找着什么呢?是朝夕之间被毁于一旦的家园,还是因人口迁移而从此天各一方的旧日街坊,还是日后充满未知数的移民生活?

从两条主线的"寻找"可以发现,影片中人物追求的是属于本阶层想象范畴的生存与爱的权利。《三峡好人》全片分为"烟、酒、茶、糖"四个部分,其中"烟、酒、糖"讲述了底层民众的生活状况,而"茶"则对准了中产阶级生活。这种分段式的叙事结构在20世纪90年代中期的世界影坛由于《低俗小说》《暴雨将至》等片的成功而风靡一时,以至于同样身为"第六代"导演的章明当年在拍摄三峡题材影片《巫山云雨》时也自觉不自觉地玩了回三段式的结构。《三峡好人》中,以韩三明为代表的底层劳动者,在一片拆迁废墟中寻找着可以活下去的方式。如断了手臂找厂长索赔的工人、想当保姆的小姑娘、韩三明未出现的在南方打工的女儿、背着行囊跟随韩三明去山西挖煤的工人、混迹于流氓打手之中的小马哥以及委身别人只求有饭吃的麻幺妹,等等,生活就如同"烟、酒、糖"等日常事物一样普通而艰涩。生存与爱是人类最基本的权利。影片中,人物不但挣扎着生存着,也在彷徨着爱着。韩三明对妻子的念念不忘是一种爱的表现,而令他更放不下的是作为男人的责任感。于是,他的执着寻找背后透出了一种无言的痛感。而相比之下,沈红的寻找带着更多的焦躁与不安。不停地取水喝水的动作,显示了人物的生存状态与情感空间。

贾樟柯的电影一向都很注重结尾的设计,最后段落往往表面上显得平淡平静,却又潜伏着全片的高潮。《小武》的结尾,警察办事前将小武铐在了路边的电杆上,四周是过往观望的行人,小偷的卑微人生被放到最大;《站台》的结尾,崔明亮斜躺在屋里的椅子上,尹瑞娟倚着门框哄着怀里的孩子,曾经满怀理想的年轻人已沦为平庸,理想的彻底破碎一览无余;《任逍遥》结束在小济孤寂的身影中;《世界》在赵小桃、成太生被抬出房间的黑暗里结束,释放出个体生命的渺小和无所依从;《三峡好人》的结局设计同样具备震慑的冲击力,韩三明与那群拆迁工友一起喝着最后的团圆酒,诉说着山西煤矿挖煤的危险,接着是民工们抽着烟的沉默镜头,随后他们带上简易的行李跟着三明走向山西煤矿。为了生存,生命的安危不再重要;《三峡好人》的这个结局将贾樟柯电影中最核心的思想有力地凸现出来,也把这部影片关于生存的思考推向了顶点。

这两个关于寻找的故事在影片中还彰显了一种力量,那就是人物行动的力量。这是贾樟柯的一种转变。在《小武》《站台》《世界》等以前的作品当中,人物的行为并不是清晰可见的前因后果,也就是说戏剧性并不十分强烈,而是靠一种疏离散淡的情绪贯穿其间。《三峡好人》中,这种情绪仍然存在,只是人物不再是无为地沉沦,或者无力地抗争。相反地,影片中的人物行动十分坚决,或呆滞或痛楚的表情并不妨碍他们做出自己的选择与判断。三明决心为妻子还债然后带她回去,沈红决心与丈夫离婚,这些看似理所当然的结局事实上寄托了贾樟柯的愿望——大时代背景下的小人物应该学会寻找属于自己的东西,也要试着放弃不再属于自己的东西。在寻找与舍弃之间,人物的行动与命运才更加充满了戏剧性与张力。

贾樟柯的长镜头多是固定镜头,运动也只以平移和摇为主,很少有纵深上的变化,可以看出导演意在"展现"而非"调度",镜头只是一个通往现实的媒介、一种纪录工具。从几部电影来看,贾樟柯的长镜头向人物贴近,固定机位开始运动:《站台》的第一个镜头是城镇的站台中一堵破围墙下的百姓群像,那是一个自上而下的长镜头;《任逍遥》的最后,一个镜头放在前方,注视着小济骑着摩托车驶来,摩托车熄火,最后人走车留,镜头还是对准雨中的摩托车,完全是一个固定着的镜头;在《世界》中不论是小桃和太生同车,还是小桃和安娜在车上,镜头都明显随着人物平行移动。《三峡好人》的第一组镜头是挤在轮船上流离漂泊的百姓群像,运用的是运动的短镜头,基本上是人的面部和上半身特写,数十人过后镜头才定格在韩三明的身上。

除此以外,影片也表现出了贾樟柯在影像处理上有不少的变化之处:在许多展现三峡自然风光的镜头推进之中,我们分明感受到了一种侯孝贤式的"东方美学"渗透其中;除了直接把镜头对准自然风景之外,影片还运用了大量的景深镜头来展现三峡地区迷人的风光,在很多的画面构图中我们都会看到人物居于前景,而把中景和后景交给了三峡地区的自然风光;在沈红出场时,影片运用了一组静态画面的快速剪辑来展现那个国有企业的衰败,这种处理手法在之前的贾樟柯影片中是很少见的。人物近距离出现在镜头前,背后是正在消亡的城市和船舶漂停的长江水面,这样的镜头把人几乎逼进长江和消失的城镇之中,而人却没有任何选择的空间。这种画面处理给人一种窒息的压迫感,也突显了人物的生存状态。

电影中有三个"超现实"的段落:飞碟的出现、异型建筑物的起飞、走钢丝的人,此外"消毒队"和"高楼坍塌"也是具有某种象征意味的"超现实"情节。某种角度来讲,在如此现实主义的风格下,贾樟柯尝试了这种超现实的神秘主义倾向,会造成观众对于影片现实意义认同的离间效果。贾樟柯自己是这样解释的:"有一天我自己去江边看景的时候就开始有乌云雷电,因为三峡自古巫山云雨,特别多的神话传说,我觉得那个地方天气特别神秘,我是一个北方人,不会游泳,涨潮我会很害怕,觉得会不会有外星人看着我,在电影里就画了一个飞碟。我觉得我们到了奉节,真的会觉得现实里面有很浓的超现实的气氛,整个楼房的拆除是以七天为一个单元,基本上是五层六层,我们拼命地拍,跟消失的城市赛跑,我觉得特别超现实。"① 无论如何,这种超现实的处理手法某种程度上张扬了电影的审美维度,同时也寄寓了导演对现实的理解以及对电影美学的理解。只是贾樟柯在追求电影形式与风格的改变时,使自己的观点与介入性变得更加明显,于是在情节的契合性以及情感的流畅等方面便可能不如《小武》《站台》等电影那样自然了。

四

总的来看,"第六代"电影以纪实风格、平民倾向造就了一种朴实自然的形态、平平淡淡的节奏。它们叙述普通人、特别是社会边缘人的日常人生、喜怒哀乐、生老病死,表达对苦涩生命原生态的模仿。他们"关注底层大众代表的平民现代性努力包含着中国大众最切身的现代经历和现代体验"。② 那些在底层中挣扎和承受的人们,不像某些小说中的人物面目模糊、单向度的或寓言化,而是彰显了强烈的主体色彩,他们既有因物质匮乏带来的窘迫和恐慌,也有因精神和社会身份沦落造成的焦虑、愤懑和呼喊。在底层苦难中写出他们的倔强,写出他们丰富而复杂的内心世界,给予他们的存在以完整性的审美观照。可以说,"第六代"导演开始出道时的"地下状态"与边缘感,使得他们更自觉地坚持人道主义的立场,关怀社会弱势群体。这些影片呈现出了多角度的底层视域,直面社会现实,给观众以强烈的视觉冲击及心灵震撼。然而,从影片的主题、情节、人物、场景等设置来看,大多数影片也只停留于底层再现这一维度,而底层的出路及底层如何改变现状等问题还得不到最根本的解决。更重要的是,"第六代"电影应该抵制商品经济大潮的冲击,减少对影片的商业化炒作,应该把底层"资源化",而不是把底层"资本化"。唯有如此,精英阶层才能更好地为底层代言,而底层问题最终也才能真正得到关注。

(作者单位:福建省社科院文学所)

---

① 贾樟柯:《〈三峡好人〉北大点映答问》,新浪娱乐,2006 年 12 月 4 日。
② 蓝爱国:《后好莱坞时代的中国电影》,广西师范大学出版社,2004 年,第 154 页。

阶级想象、历史叙述与空间生产

——当代影像观察

王　伟

一

跟很多引进大片的高票房相比,一直以来,国产电影的收益显得十分寒碜,这种境遇至今也没有多少根本性的改观。不过,2012 年的中国电影终于杀出了一匹黑马,由徐铮执导并主演的《泰囧》在票房排行榜上遥遥领先,实现了突破十亿人民币的神话。产出与投入之比如此之高,在当今激烈竞争的大众文化市场上,这恐怕还是头一遭,的确值得影视圈及关注影视者深思。

有评论者把《泰囧》的成功形容为"屌丝的逆袭",认为它没有令人乏味的教化,在意义统治的年代里进行了原创性反叛。也有评论家认为《泰囧》是大众文化的标志性胜利,可以让那些青睐精英文化者哑口无言。前者点中了问题的一部分要害,因为即便文艺卸掉了为政治服务的枷锁,它依然受到这样那样的规约,而不可能随心所欲地表情达意。从制度上看,现今的影视审查制度对电影的意义生产起着最后"把关人"的效用。《泰囧》从活生生的人物切入,时不时地插科打诨,距离主流的宏大叙事显然较远,但这丝毫也不意味着它有什么突出的反叛动作,相反,它不仅没有反叛,而且与我们这个社会正在提倡的核心价值观相合无间。换言之,这部看似搞笑不断的影片其实是很主流的,它寓教于乐,至少,可以说它的阶级想象契合了社会无意识。这同样能够回答在如过江之鲫的大众文化产品中,搞笑的片子比比皆是,何以《泰囧》脱颖而出。或许,人们已经看惯了那种单纯制造笑声的作品，而《泰囧》自然、真诚的尴尬与窘迫反倒有着更大的吸引力。当然，这种尴尬及窘迫是两种不同的世界观与价值观——它们分属于"屌丝"与"高富帅"——对撞的必然结果。

《泰囧》的人物设置简单明快，或者说，它对社会的阶级或阶层想象比较简单。"屌丝"王宝在去泰国旅游的飞机上偶遇"高富帅"徐朗，并无意中介入了他和同事高博的商业争斗中。一开始，王宝以为高博是特务并告诉了徐朗。言者无心，听者有意，知道高博跟踪自己的徐朗把手机偷放在王宝身上，不料想又被王宝归还。于是，徐朗假意邀请王宝同游，试图摆脱高博的追踪，先高博一步找到公司的大股东，实现自己对新发明的掌控。正是在王宝与徐朗合力躲开高博追踪的囧途中，王宝与徐朗两人的性格、世界观、价值观展露无遗。有意思的是，《泰囧》的叙事刻意地赋予了两者二元对立式的位置，把诸多具有"正能量"的优秀品质赋予"屌丝"王宝，而相应地把不好的一面统统归于"高富帅"徐朗。这种爱憎分明的叙事一方面容易在冲突中推动电影的叙事，另一方面也容易对观众产生较强的感染力。

具体而言，"高富帅"徐朗一出场就在跟妻子闹离婚，牙疼，心情忧郁，而打扮有些不着调的"屌丝"王宝则显得阳光灿烂，整天笑容可掬，一副乐天派的模样。作为商业精英的徐朗新发明了一种可以省油的"油霸"，他坚持继续研发而同事高博则认为应该把发明卖给外国人，究竟谁能取胜决定于公司的大股东老周。于是，徐朗匆匆奔赴泰国，开始了寻觅之旅。与他的忙相比的是，王宝则是暂时搁下了自己在北京的葱油饼生意，去泰国旅游，眉目间透出一股悠闲。尽管多次答应陪女儿去海洋馆，但忙碌的徐朗还是未能成行，他与妻子的感情也日益疏远并闹到分手。与徐朗的事业第一乃至唯一相比，王宝则是拿得起放得下，他能放下赚钱的生意而带着幸福树去泰国为母亲祈福。在两人相遇及交往的过程中，王宝热情而徐朗冷漠，王宝诚实而徐朗狡诈。哪怕是徐朗在用网络段子辱骂王宝时——某种意义上可以说这是一部向网络语言致敬的电影，不知内情的王宝仍然乐呵呵地回答。当得知徐朗给高博戴了绿帽子后，王宝正义凛然地让他保证下不为例，否则就不跟他一起去找老周了。而在徐朗、高博为绿帽子一事——当然，在他们看来更重要的还是商业利益——争得不可开交时，王宝则劝说他们退一步海阔天空。在高博贿赂王宝不成而被徐朗误解时，王宝坚持在他们面前说清，找回自己的清白。无论是对家人，还是对仅有一面之缘的朋友，王宝都坦诚相待，都以家人、朋友的感受为重。因车子没油停在半路偏又碰到大雨，徐朗大发雷霆赶走王宝，而王宝找到一个村子后回来帮助徐朗；在徐朗与高博的躲藏、追踪游戏中，王宝还为了徐朗去偷了高博的护照。为了朋友，王宝可谓是做到了患难与共、两肋插刀。讽刺的是，本来是大学同学、好兄弟的徐朗、高博两人却因为商业分歧竟然反目成仇、兵戎相见。如果说王宝是"傻"并快乐着的话，那他们两人则是"斗"并忧郁着。虽然王宝有些小毛病，譬如没有心机、口无遮拦——问徐朗泰国人妖是男是女、告诉徐朗自己是跟女友范冰冰去泰国度蜜月，但这是为了情节能有笑点而作的设置。

总体来说，王宝与徐朗身上所具有的以上品质与特征实际上是当代社会人际交往中的两极表征，而王宝身上散发出的"正能量"很多时候恰恰是目前所匮乏的，也正是在这个层面上，《泰囧》堪称一部体现主流正面思想的影片。《泰囧》的正面教化性尤其体现在徐朗无意中阅读了王宝的旅行日记后，深为触动，在雨中痛哭流涕地给妻子打电话，最后幡然悔悟，不仅与妻子和好如初，还放弃了与高博的争斗、握手言和。不妨说，王宝以自己的实际行动、以自己的心路历程给徐朗上了一堂生动的人生、人性教育课，实现了对后者的启蒙，教会了他应该如何做人、如何做事——有爱心，和睦，合作，和谐。

有意味的是，王宝虽然是与徐朗一起去泰国旅行，但日记记载的却是跟范冰冰的甜蜜记忆——王宝的母亲是"冰冰粉"，日记的诉说对象是他母亲。这既是王宝孝心的体现，更是"屌丝"对自己心目中"女神"无意识的膜拜。不妨说，这部电影是粉丝向大众文化偶像的献礼。如果说日记中的蜜月之旅是想象的乌托邦，在影片的结尾，这一乌托邦得以实现。转变后的徐朗请来了影视大腕范冰冰，和着轻快的音乐，她与自己的崇拜者王宝亲密接触，并用影像留下见证。谁都知道，影星最拿手的本领就是演戏，因此，与王宝的蜜月之行不过是《泰囧》

这场大戏中穿插的一段小戏，一段影星与影迷互动的逢场作戏。

《泰囧》只是导演徐铮的处女作，取得的成绩引人注目，但我们也没有必要头脑发热地任意夸大，失去基本的反思能力。人们应该记得，徐铮主演的《人在囧途》也很搞笑，但它以牵动国人神经的"春运"为背景，还揉进了敏感的、普遍性的"小三"话题。相比之下，《泰囧》将故事的场景全部移到国外，铺展了一个陈套的故事模式，与现实性的重要问题渐行渐远。遗憾的是，另一个关注中国问题的电影《一九四二》却票房惨败：有人说观众对冯小刚玩弄的深沉不买账，也有人说观众的素质还需要大幅度提升。问题的关键在于，如何回顾并反思历史，站在什么样的立场上反思，是真反思还是假反思，如果不把这些问题梳理清楚，打着反思旗号的大排场终究会被观众所抛弃。尽管《一九四二》的失败对《泰囧》的成功功不可没，但这并不意味着大众文化彻底打败了精英文化，而且，把两种文化截然对立本身就很成问题。另外，回到文艺史的谱系，不难发现，《泰囧》的人物书写接续了一度占据统治地位的"底层"传统——农民手上虽然沾着牛屎，但他们的灵魂是干净的，高贵者最卑鄙、卑贱者最高贵，底层往往占据了道德的制高点，对他们的叙述也被单纯化以至纯洁化，而人性的复杂性被置之一旁。

二

现如今，"抗日神剧"泛滥成灾，它们充斥于电视荧屏，令人既避之不及，也难以熟视无睹。抗日神剧得名于其不断翻新的雷人情节，譬如，徒手把鬼子撕成两半者有之，扔手榴弹击落敌机者有之，施展各式神功制敌或杀敌者有之，全裸少女与红军战士互敬军礼者有之，抗日女侠惨遭凌辱后瞬间爆发而把20多个日军射死者有之，如此等等。这些离奇的桥段被网友戏称为"横店影视城名菜"。如果抗日剧作依旧乐在其中的话，那么，这个菜单无疑就会陆陆续续地扩容，而且，没有最雷，只有更雷。一个耐人寻味的现象是，抗日神剧一边被臭骂不止，另一边却又获利颇丰。更让人匪夷所思的是，一大批类似的胡编乱造的文艺垃圾被诱发、带动起来，形成一条吸金的产业链，我们从中看不到多少衰歇的迹象。但凡还有一点儿良知与责任感的男男女女不免会问:我们的电视剧怎么了?为什么这样的文艺思潮竟会甚嚣尘上?它如何生成?或者说,它来自哪里?宏大历史崩塌之后,我们应如何表述历史?我们又该具备怎样的历史观?

抗日神剧涉及的是中华民族经历的那段不堪回首的沉痛历史。当这些剧作热衷于表现儿童、和尚、尼姑、妓女等群体的"英雄事迹"时,当它们或有意或无意地将日军弱智化、漫画化时,当它们执着于时而展示手无寸铁的俊男靓女以绝世神功俘敌时,时而展示帅哥美女手执精良的新式武器游刃有余地杀敌时,时而展示中国的游勇散兵以简陋装备大败拥有先进装备的日军时,己方的神威的确能够得到淋漓尽致的展演。然而,对于多少了解一些那段史实的男男女女而言,他们立刻就会意识到:厚重的苦难已被娱乐化、戏谑化、游戏化、情色化。稍稍动一动脑筋,男男女女就可以想到:如果日军果真那么熊包的话,又哪里需要什么艰苦卓绝的八年抗战呢?那么痴迷于表现抗战的"非主流"群体,而那些在正面战场浴血奋战过的又是哪些将士呢?为什么他们并未赢得应有的青睐与叙述?回到那个日寇入侵、国家与民族处于极度危难的时代,不难发现,国民党军队、共产党军队、国联与日本侵略者之间有着多样的复杂关系:从虚张声势到付诸实际,从和平共处到兵戎相见,从不抵抗到殊死相斗,从相互利用到相互节制。卡西尔认为,人是一种符号动物,他可以运用符号来创造文化。关键在于,时过境迁之后,我们再用符号来描述这段历史时,不能无视其中的多维纠葛,尤其是不能沉湎于胜者为王、败者为寇的逻辑中,人为割弃共时历史结构中的重要组成部分。否则,我们的文化不免会重蹈说谎文化的旧辙。抗战史与此后的国共相争史、新中国中日邦交关系乃至延续至今的中日关系都有着极为密切的关联,不妨说,理解了抗战史也就理解了此后与现今的中日关系,也就理解了国内文化潮流中与日本有关的种种支流。按照弗洛伊德的潜意识理论,人们对事物的描述是有选择性的,许多案例分析显示,那些被压抑下去的比被表现出来的还更重要。某种程度上可以说,正是因为对抗日战争历史的回避,才孕育出当今的"戏说"大潮,而这种戏说歪风反过来又助长或加重了对抗战史的逃避与无视。再精密的谎言终归是谎言，难以完全掩盖血写的事实。在残酷的历史真相面前，这类看似光鲜的文艺迟早都会原形毕露，它们所形塑或加固的意识形态也必将随之一同瓦解。

不能想当然地以为，为人唾骂的抗日神剧横空出世，只是当代影视无厘头的集体狂欢。实际上，它沿袭了先前抗日题材文艺作品的情节模式与美学范型，只不过场景的雷人程度太过明显、太过离谱而已。也即是说，抗日神剧有着清晰的渊源与展开的谱系。——当然，处身网络时代、信息时代，男男女女的辨识能力也今非昔比了，这也是神剧现形的重要原因之一。仅以表现儿童抗日的影视为例，如果我们觉得电影《举起手来》中两个少年智斗日军小分队的段落太荒诞的话，那么，往前追溯大约半个世纪，我们可以找到很多备受好评的楷模。《小英雄雨来》《小兵张嘎》《鸡毛信》等小说早已打造出一系列智勇双全的抗日小英雄形象。不言而喻，成就他们的是诸多愚不可及的日方将士。这些阳光灿烂、天真无邪的孩子古灵精怪地捕捉敌情，配合八路军袭击鬼子据点、活捉敌方长官。他们的光辉业绩还走出小说、走进影视，曾经成为几代中国人的文化食粮与文化记忆。在革命乐观主义一统江湖的年代，在必须长国人志气、灭敌人威风的年代，文艺与宣传不啻于孪生兄弟。因此，并不奇怪的是，原本凝重的抗日历史充溢着灵动与潇洒。问题在于，我们不能一直沉迷于谁把日本鬼子描述得更傻帽的文艺游戏、文艺赛事中，这类甚至令"友邦"都觉得莫名其妙的制作肆意弥漫，并不利于先进文化的成长，更会在潜移默化中对那些识别能力不强的未成年人造成难以估量的负面影响。或许，一个小小的疑问就可以让高高耸立的英雄宝塔轰然倒地：有多少小英雄和日本鬼子可以重来？毫无疑问的是，这样的问题同样适用于其他各式各样的英雄人物。鲁迅曾满怀愤慨地奚落说，每当改朝换代后，绝大多数的人们从来不去思索其中的根由，更别说从中汲取教训了，而每每只落得几个用来歌颂、哀悼的贞洁烈女。相比之下，至少那几个贞洁烈女还是实有其人，而现今的文艺界书写抗战史时，却舍弃真正的英雄、迷恋于虚构英雄，只能说是又等而下之了。看来，要想在文化上达到真的猛士——敢于正视惨淡的人生、敢于直面淋漓的鲜血——的境界,还有一段漫长的路要走。

抗日神剧不过是一种文艺样式,有必要正襟危坐地对其口诛笔伐吗?况且,文艺有虚构的权力与自由,有什么必要亦步亦趋地跟在历史身后呢?从根本上说,这里牵涉到文艺与历史之间的关系这一老生常谈的话题。亚里士多德说过,诗比历史更真实,因为诗表述的是应然,而历史表述的是实然。换言之,历史关注的是个别、特殊的事件,而文艺则注目于众多个体事例背后的普遍性规律。即便如此,我们也没有必要以文艺的"理真"来贬低历史的"事真"。而且,从亚里士多德的言辞中,我们也得不出下述推论:当文艺表述已逝的历史事件时,可以放开手脚、任意妄为。必须指出,与亚里士多德不同的是,现今的我们不再认为文艺应该去表述或验证某些本质性的规律,这是其不能承受之重。——现当代中国文艺史已经表明,这种唯本质规律是问的做法给文艺界带来了一次次劫难。相反,文艺应该去表述个别的事物,用自己独特的眼光去书写事物的那些被其他学科所忽略的面向。在当今学科林立的状况下,这是它们组成的共时结构所赋予文艺的角色与使命。也正是这种区别性的存在,维系着文学的独特性、必要性与合法性。检视中国文学史,可以看出,文艺长期以来受制于历史,仰历史之鼻息。只是到了明清时期,伴随小说创作量的猛增,"极幻之事"蕴含"极真之理"的说法很快登场,文艺才渐渐摆脱了历史的羁绊,得以自由地驰骋。然而,这个自由同样不能随意拔除历史的界桩,当表述既有的历史事件时,尊重的态度仍然不可或缺。尤其是,不宜信口雌黄,颠倒黑白。比较起来,文艺与历史所运用的单位有小大之分,所以,哪怕处理同一个真实的历史事件,文艺也大有可为,也有发挥专长的足够空间。因为它可以在历史绘出的已有框架中描述细密的肌理,可以致力于书写那些被宏大历史疏离或丢开的历史局部,可以致力于揭示那些曾因政治正确而被遮蔽的历史区间。遗憾的是,对于这些重任,抗日神剧一概敬而远之。它不懈地奔忙于钻牛角尖,坐井观天,乐不可支地唱着一出又一出貌虽不同、质地无二的"意淫"式"独角戏"。

不容置疑的是,抗战胜利得益于其时多种有利因素的联合作用,在抗战胜利之后，这些作用力的方向也并非保持完全一致。正因如此，无论是历史著作还是文艺作品，都不能对其中的复杂关系漠然相向。至少，如若某一方参与了整个抗战过程，并在其中发挥了核心的作用，文艺作品就不能随意删除。否则，为了填补空缺，就会另外虚造一些不着边际的抗日勇士，抗日神剧即是如此。这显然是一种暴力使用符号的行为，毋庸讳言，这应该归咎于叙述者自身的暴力思维方式，归咎于我们这个时代看待问题的暴力氛围。这一暴力行为轻则导致对历史与现实某些要件的盲视或无视，重则带来对历史与现实不同样式、不同程度的歪曲或涂改。在这个层面上看，当前异常火爆的抗日奇侠系列就显得顺理成章：千古文人侠客梦，大敌当前、民族危急时刻，前现代中国的侠客传统与现代战争的炮火有何不可隔代混搭、拼贴？于是乎，冷兵器时代的中国功夫被征调，用来对付全副武装的日本鬼子。不用说，中国功夫在日本鬼子身上表现出强大的威力，远非洋枪洋炮所能及。这不禁令人忆起1986年上映的一部电影——《神鞭》，其中有这样的情节：一群身怀绝技的中国武士各持兵刃，冲向手执枪炮的洋人，希望以功夫战胜对方。结果是血肉横飞，他们一生的武学修为转瞬之间化为飞烟。两相比较，这倒是更为现实，而前者则较为罗曼蒂克，甚至罗曼蒂克到以为抗日奇侠是钢铁战士的程度，忘记了他们也是血肉之躯。此刻，任他小日本鬼子的装备多么精良，在编剧眼里，他们不过是中国传统武术神话秀场上一群任人摆布的木偶而已。某种意义上，如何想象我们的敌人其实也就是如何想象我们自身。与那样堪称愚蠢奇葩的日本鬼子交战，是否也是与其联合出演了一场又一场滑稽戏？我们在丑化敌人的同时，是否也降低了自身的能力？是否也低估了那场持久战的分量与残酷程度？暴力与谎言互为因果，它们催生出抗日神剧，并加入了抗日神剧式的文化大合唱。不管是终结抗日神剧，还是终结抗日神剧般的文化气氛，都并非易事。但可以肯定的是，只有从暴力转向开放、宽容与合作，我们才能少一些漏洞百出的荒唐闹剧，少一些自欺欺人的华丽谎言。

三

"青春如初春,如朝日,如百卉之萌动,如利刃之新发于硎,人生最宝贵之时期也。"陈独秀的这一赞美之词既点明了青春在男男女女一生中所占的分量,也暗示出青春何以成为文艺作品吟唱不衰的话题。不同的时代、不同的个人对青春有着不同的感悟,但不管怎样,如何安放好终将逝去的青春都是他们念兹在兹的主题。于是,甜蜜与忧伤,温情与浪漫,疼痛与迷茫,骚动与反叛,压抑与放纵,坦途与歧路,如此等等,共同演绎出面目各异的青春书写话语。赵薇执导的电影处女作《致青春》即是其中的一个影像个案。据报道,该片的票房已突破六个亿,不过,我们不能简单地以市场收益论英雄,沉浸在它所激起的青春回忆中难以自拔,进而主动为其降格文艺批评的标准。我们应该不仅审视它究竟叙述了怎样的一种青春体验,叙述得是否流畅,而且,更应该看看它的青春体验涉及的广度与开掘的深度。很大程度上,正是后两者决定着它所能企及的艺术境界。

《致青春》中的女主角郑微曾直言,青春就是用来怀念的。可以说,一方面,怀旧是这部影片的基调,另一方面,怀旧也是所有青春叙事都无法绕开的节点。如果按照海德格尔的说法,现代人已经失去了怀旧的情感。当然,这个意义上的怀旧被严格限定在笛卡儿与黑格尔哲学范围之内。宽泛地说,怀旧,是一种不在家的感觉,是一种绵亘的乡愁,是一种对过往事物的追怀。从古到今,怀旧都是文艺的重要母题。现今的重大变化在于,抒发怀旧情结的媒介更多地由影像来承担,文字倒退居其次了。作为一种回忆的诗学,青春叙事致力于对失落的青春进行缅怀、选择与重构,并在此过程中寻找归属感,实现自我的身份再塑与认同。无论在道具的征集、场景的改换还是气氛的营造方面,《致青春》都力图重现 20 世纪 80 年代末 90 年代初。因此,那些久违的招牌、标语、球鞋、录音机、BP 机、健美操、《红日》等,不免让从那个年代过来的人心潮难平、唏嘘不止。如果说,在这里还能看出些许时代大轮廓的话,那么,整部电影的叙事追求就相对小得多——它的聚焦点是几个大学生的恋爱史,它的目光紧紧盯住大学校园,且在少女们心房之中来回扑腾。显而易见的是，为了给叙述她们的爱情留有宽裕的空间，这些土木工程系学生的学习生活被大幅度压缩，以至于压缩到蜻蜓点水的地步。这多少暴露出编剧与导演对这类大学生活的不熟悉，而这群大学生的文艺腔则使得这种隔膜雪上加霜。从新学期开学的追学妹、到为逃课编造肚子痛的理由，再到校园社团、文艺晚会、毕业聚餐，等等，这些情节本身并非俗滥的陈套。只是因为，它们的堆积未能体现出土木工程系学生生活的独特性、连贯性，缺少其他日常生活充分的填充与稀释，所以才变得扎眼，变得了无新意。

电影中的女一号郑微原本是追随邻家哥哥才考进那所大学的，而当她到来后才发现：不知何时，自己的青梅竹马已不知所终。她痛哭流涕，伤心欲绝。之后，一次意外的争吵，竟使她对陈孝正擦出了爱情的火花。他们的爱情沿袭了女生刁蛮可爱、男生木讷情深的模式。在这场轰轰烈烈的爱情中，郑微的任性有目共睹——譬如，上课途中拦住陈孝正、食堂打饭当众刁难陈孝正、宿舍楼下与教室外面的苦等、健美操比赛时的登台献唱示爱，等等。即便是现在，这种死缠烂打、大张旗鼓的"凰求凤"也太出格，甚至连她的室友都说：她这样追陈孝正简直是丢了全校女生的脸。面对爱情，郑微的高调态度遭到网友的非议，因为这被指为新世纪才有的流行风格。不管怎么说，无可否认的是，郑微的无理取闹、胆大妄为有着浓烈的"格格"味，总给人一种"似曾相识燕归来"的感觉。片中还有一个为了得到爱情而不惜以死相逼的施洁，也颇有"格格"风范。不妨说，赵薇在她们身上有意无意地投射了那一段众所周知的青春体验。可以举出的另一旁证是：在辛夷坞的小说原作中，郑微天真活泼，洋溢着青春活力，自号"玉面小飞龙"。在电影中，我们看到的郑微则是天真活泼不足，而任性刁蛮有余。这是"小燕子"式作风覆盖的必然结果。遗憾的是，这样的覆盖导致了电影陷入"两张皮"的境地：真实的青春体验是赵薇们的，而土木工程系的大学生活则是别人的，两者未能水乳交融。

相比于赵薇——北影96级表演系毕业生——演技的广受好评，其导演水准则受到诸多质疑：《致青春》这篇导演系硕士研究生的学位论文，在叙事技能上存在不少刺眼的硬伤。譬如，以毕业为界，前半部的叙述视角颇为混乱，一会儿是郑微，一会儿是阮莞，一会儿是黎维娟，一会儿又是陈孝正。每当观众以为可以跟随其中某一个的情绪往下走时，导演都大刀阔斧地给硬生生截断，悍然切入下一场情感波澜之中。在调配并掌控叙事方面，导演显得力不从心、手足无措。而且，也不大讲究叙事的逻辑，与后半部的结局相比，之前集中而长篇的感情铺垫最后大都没有归宿。尽管如此，前半部分还是努力按部就班地去叙事，而后半部分则显然是仓促地交代几个人的大结局，试图迅速地把他们强行按进既定的格子内完事儿。此情此景中的观众，恰似宝玉在太虚幻境的"薄命司"翻看"金陵十二钗"的正册一般。不过，《红楼梦》是以此来预示她们香销玉殒的不同悲剧，后文有围绕这些预言的详细描写。比较起来，《致青春》是匆匆收尾，只是满足于——很可能是因影片长度所限而无可奈何——告知人们结局，而缺少稍稍展开的场景来证明那样的结局是如何生成的。这个缺陷同样表现在人物性格的刻画上，有网友盛赞电影的"深刻"——例如，读大学时的陈孝正有洁癖，而留学归来的他学会了抽烟，穿着白裤子竟席地而坐。从中不难明白，残酷的社会深深地改变了他。社会是个大熔炉，最终把一个人变成了之前连自己都讨厌的形象。不能说，这种思想不深刻。问题在于，我们不是在读名人格言，影片还需要足够的情节与细节来支撑，对这种巨大的转变应有必要的叙述。另外，导演还热衷于以巧合来推动情节的演进：林静父亲与郑微母亲偷情碰巧被林静撞上，林静碰巧在校园里撞到陈孝正和郑微亲热，碰巧被从天而降的玻璃割伤，闻讯而来的女生碰巧又对林静一见钟情，碰巧林静对她怎么都不来电，碰巧她就愿意吊在这棵树上不放，碰巧林静去医院看望她时遇见郑微，碰巧阮莞遭遇车祸身亡，等等。俗话说，无巧不成书，巧合确实是常用的安排情节的一种技巧。然而，巧合毕竟是一种突然冒出的意外关系，并不注重前因后果、叙事的逻辑。因此，如若频频运用巧合的话，要么是叙事态度的不端正，要么是对自己叙事能力的不自信，结果必然会造成整个电影或重或轻的叙事内伤。

通过对大学校园风花雪月的追忆，《致青春》生产出一种无限伤感的美学。经历过爱情的狂风骤雨后，咋咋呼呼的郑微只剩下用来怀念的青春;空有一副好皮囊、缺乏自我的阮莞则在了结那段爱情的途中不幸殒命;有些爱慕虚荣的黎维娟把自己嫁入了金钱世界,她的爱情早在入学时就已终结;朱小北则还未来得及让暗恋的男生知晓,自己就被学校开除;而为了实现屌丝的逆袭,那个看似老实巴交的陈孝正则一再打破做人的底线。虽然她们的悲剧触及了一些校园之外的复杂社会,但整体而言,这部电影的视野半径小了些,过于关注青春体验的个体性,严重忽视这种体验与周遭空间的多维关联。因为"对于个人来说真正有价值的经验的状况与一些复杂的、集体的和社会的人际关系如此紧密相连,以致往日的那种个人主义已失去它的意义。个人将始终是经验的中心和终点,不过,个人在他的生活经验中究竟是什么,则取决于社交生活的性质和运动"。① 换言之,她们的青春体验绝不仅仅限于大学校园,也绝不仅仅是爱情,而应是与校园之外大大小小的空间在相交、叠合之后发生的化合反应。否则,就易于滑入无源之水、无本之木、无病呻吟的浅薄境地。一个值得玩味的瑕疵是:为了表现学长们在开学那天搭讪学妹的样子,有那么多的女生入学,他们的父母竟然统统都未现身。这种人为的割弃实际上也割断了他们的青春体验与大时代、共时的社会结构之间的关系,而这恰好落入了怀旧话语的窠臼中——如果"始终无法捕捉到真正的文化经验中社会现实的历史性",怀旧语言的"脆弱性"② 就难以掩饰。同是书写青春体验,《十七岁的单车》给我们提供了一个摆脱上述窠臼的例子。镜头下那残酷的青春物语之所以让人回味再三,并不是因为它书写了某种特殊的青春,而是因为,那一校园青春体验不自我封闭,跟其他社会空间中的青春体验有了碰撞、交集,展示出了强烈的人间烟火味。或许,这正是《致青春》的纹理中所短缺的。

（作者单位：福建省社科院文学所）

---

① ［美］杜威:《我相信什么》,《杜威文选》,涂纪亮编译,社会科学文献出版社,2006年,第43页。

② ［美］詹明信:《晚期资本主义的文化逻辑》,陈清侨,等译,生活·读书·新知三联书店,1997年,第458页。

逐渐远离历史的"底层"

——贾樟柯影片之影像空间形态分析

练暑生

中国电影与底层空间的关系源远流长,早在有声片出现初期,《马路天使》《十字街头》等影片,就把镜头对准了市井生活,营造了一个鲜活、坚韧而且充满人文情怀的底层空间。近十几年来,影像与底层的关系又重新受到人们的关注,贾樟柯是其中的代表。相比于喜欢把镜头对准喧哗时尚都市的其他新生代导演,他的影片最初以所谓"发现了县城"而受到人们的关注。这个"县城"根植于内地,它所属的地理空间在相当长一段时间,成为民族的影像寓言。与前代导演不同的是,他不是用象征化的手法渲染黄土地,用以描述落后封闭的古老中国,而是将这些景象进行"写实性"的处理,展现中国内陆广大城镇的平凡生活,那儿像一个巨大的工场,嘈杂、混乱、阴沉。联系到贾樟柯的影片与当代底层社会的关系,这些新的"内地"影像是在什么样的观念条件下呈现的空间形态?又容纳和浮现出哪些文化的、物质的内容?这些问题无疑是思考当代中国的影像与我们时代关系的方便途径。

叙述和想象总是隐含有一个时空路径,在民族寓言式的黄土地表述里,启蒙进步的时间观支持着作为落后民族寓言的空间形态。在这种时空交错中,进步与落后相互对立的历史想象在物理空间中展开,形成了中国现代文化史上很基本的时空图表。落后:内地、乡村、民众、传统、东方,先进:世界、城市、精英、现代、西方。在不同的叙述里,或许结构中不同要素的结构功能或位置会发生些微变化,但内地、乡村成为落后民族传统的载体是一种基本的时空形态。在《站台》里,还可以隐约看到这种启蒙现代式的时空路径,故乡汾阳,灰色天空、老城墙、荒凉的白雪和散落的楼房,一个单调落后封闭的内地空间,一群年轻人对着火车大喊。火车连接着外部世界——代表着青春和未来的区域。虽然依然存在着这种启蒙式的空间想象,但《站台》的用意更在于把"汾阳"装扮成一种历史时段,用广播、背景音乐等具有鲜明历史内涵的细节表达在空间中凝固的时间——回忆。《站台》的启蒙式空间想象残留,在稍后的影片中更为淡化。在《任逍遥》里,外面的世界对于片中的两位年轻人来说,是可以搞到枪或赚到钱的地方。钱、生意和枪,物质属性进入贾樟柯的影片。诚如戴维·洛奇所说:"只有通过物质过程的调查研究,我们才能恰当地为我们关于时间和空间的概念奠定下基础。"①沿着空间的物质关系,我们可以看到,内地—大同的空间形态不是落后文化"造成的",而是资本—生产的体系分工的结果。贾樟柯的镜头穿行在大同的大街小巷,尽可能地让我们看到,物质生产如何塑造着这个"内地"空间,灰蒙的天空下,废弃、破败、下岗、浮躁、游荡和犯罪是一个"和谐"的统一体。

物质属性的引入冲击了中国现代文化的基本空间图表,不仅内地的空间形态被改变,而且外部(世界)也不再是启蒙式的浪漫领域。从2005年拍摄《世界》开始,贾樟柯的摄影机开始移出"故乡"山西,转向了外部"世界"——北京——城市:繁华、现代和希望,长期以来,这个空间寄托着"内地"(乡村)人多少美好遐想。后工业的城市似乎包容着"世界"的一切可能,但这些可能因为缺乏它的"原乡"——根,而成为仿象符号的森林,贾樟柯说道:"人们能复制一种建筑,但不能复制一种生活,一种社会制度,或者文化传统。"②因为"无根","世界"里的人和物跟这片空间一样不可靠,孤独和虚幻起来。赵小桃每天都面对着这个由道具组成的"世界",不由自主地感叹:"天天在这呆着,都快变成鬼了。"而成大生到北京"出人头地"的憧憬,也随着空间一起漂

---

① [美]戴维·哈维:《后现代的状况——对文化变迁之缘起的探究》,商务印书馆,2003年,第255页。
② 贾樟柯:《贾想 1996—2008:贾樟柯电影手记》,北京大学出版社,2009年,第145页。

浮虚幻起来。作为世界公园的保安,他骑着白马巡游,在老乡面前夸夸其谈地介绍世界公园的胜景。温州女人和他说起在法国的丈夫,他还颇为自信地说道:"要不到我那去看看,我那有艾菲尔铁塔,巴黎圣母院、凯旋门,法国那点玩意都有。"故乡—根,是文化的隐喻,《世界》的空间构造似乎又走在了文化想象的道路上。如果仅仅是这样,贾樟柯不会经常被人指认为"新现实主义"电影的代表。影片中,当成大生自豪地说"世界公园"里什么都有时,温州女人笑着回答他,"他住的地方你没有……Belleville……唐人街,美丽城!"一席话,击破了成大生的在城市空间里的想象,也直接揭示了使"世界"变得虚幻的更为根本的原因——物质区分关系的引入。

马克思曾经宣告,资本主义物质生产的洪峰将会冲刷整个"世界",抹平族群、文化和地域等方面的差异,最终把整个世界重组为只有两大对立阶级的空间。《世界》里国际民工安娜的出现,让我们看到这个由物质区分出来的空间,似乎还具有名副其实的"世界性"。俄罗斯女子安娜为了到乌兰巴托寻找失散的妹妹,在中国打工赚钱,做过演员,也做过妓女。这位国际"民工"与中国"民工"赵小桃的关系,似乎只是孤独个体之间的偶然友谊。事实上,他们和成大生、温州女人包括其丈夫一样,被物质从"故乡"抛入了"世界"。并在其中重新分化重组。由此形成的空间在《三峡好人》里似乎更为鲜明了一些。奉节县是一个正在形成的废墟和一个正在形成的新城,巨大的物质力量强力重组着这座城市。影片的几个主要人物都是外地人,韩三明、赵涛、郭斌还有一个从未露面但似乎可以决定奉节命运的厦门女人。外地人来到了某个地方,但故事并不是沿着外地人与本地人的关系展开。韩三明寻亲和赵涛寻夫,两条线索的故事之间从未交叉,但却有着鲜明的对照。韩三明活动在这座城市的穷人集散区,工地、廉价旅店、驳船、小酒馆和即将成为废墟的街道。他所认识的是民工、船夫、店家、码头小混混、下岗女工……而赵涛在丈夫朋友的带领下,为了寻找丈夫,出入企业家俱乐部、舞厅、拆迁公司指挥部……这些区域活动的是官员、美女、老板。影片让我们看到,这里人物的聚合与地域没有关系,物质等级是组织空间和人物的基本规则。后者却似乎还掌握着前者的命运。影片中有一个细节很好地提示着两者之间的关系,在一个笙歌艳舞的高层露天舞厅,一名官员模样的人带着他的贵宾,指着一座桥说道:"这是我的最新作品。"在他的电话指挥下,桥上的灯光应声全亮,天堑变通途,无比明亮辉煌。而为了创作这些"作品",工人在下岗,家园被拆迁,夫妻儿女为了活计四处飘散。

很显然,从活动场所、人群到人们的相互关系,一种阶级对照的空间呼之欲出。不过,浓重的"故乡"情结似乎使贾樟柯没有彻底走在物质生产关系的大道上构造底层影像地理。他更在意的还是记忆——即将或者正在被物质生产冲刷掉的生活世界。《二十四城记》讲述的是三代工人的故事,时间跨度差不多等同于1949年后至今,其中牵涉的历史内容无疑是极为复杂多端。贾樟柯的处理方式则是一切服从"记忆"。420厂的过去的几十年,无论是痛苦还是欢乐,无论政治上、文化上如何评判,甚至诸如"主人翁精神"之类的政治宣传口号,都是作为"三线工人"催人泪下的青春记忆进入了影片。《三峡好人》虽然在两个阶层的对照下展开故事,但其镜头在废墟上缓缓移动,捕捉种种能提示记忆的小细节,其对这些小细节的关注甚至有点超过了废墟上的现实生活本身。诚如《二十四城记》里引用万夏的诗句所言:"成都,仅你消逝的一面,已经足以让我荣耀一生。"由于其中心是在于记忆,贾樟柯似乎更在意给底层的经历造像,而不是在时代的复杂纠葛中展开故事和人物关系。因此,其影片所呈现的底层空间,不是单纯的穷人聚集区,也不仅仅是"内地县城",而是一种具有某种特殊"原生态"特征的底层社会。"原生态"、纪实,是人们对贾樟柯他们这一代际导演影像特色的基本概括,贾樟柯也不例外。不过,贾樟柯所追求的不是多数同代导演冷漠旁观中的"原生态",而事实上是包容着导演强烈的主观认同的底层社会。

贾樟柯前三部比较主要的影片《小武》《站台》《任逍遥》故事发生的场景都是他的故乡山西。在这些经常被人称为"故乡三部曲"的影片当中,我们可以看到所谓的"县城",同时也可以看到,导演对故乡的深刻认同。《小武》刚开始,镜头中出现一只粗糙的手、一个写着山西两字的火柴盒,表现出导演为故乡造像的强烈愿望。而那根划亮的火柴,既可以看做引导我们去看,也不妨视为导演对故乡的礼敬。在这三部影片当中,他的镜头紧紧跟随着小武、小济和斌斌之类的人物,在大街小巷穿行游荡。平视的角度、移动的机位和略显拖沓的长镜头,很直接地告诉我们,这里的影像之所以被称为"原生态",其实是想努力贴近空间及生活其中的人物,让他们获得尽可能多的自我"说话"机会。《三峡好人》里韩三明的扮演者是贾樟柯的表哥,在山西一家煤矿工作。在影片拍摄过程中,韩三明的动作和说话跟不上剧情的节奏。贾樟柯曾经打算对其做一些修正。后来他发现,三明的表演自然真实,最终放弃了修饰的打算,让表演者按照自己的节奏去表演。为了镜头下的人与事能尽可能地"自我呈现",贾樟柯还在影片的文类处理上颇费了一些功夫,常采用纪实与虚构相互混淆的方式,呈现出一种独特的纪实性风格。《三峡好人》和《任逍遥》这两部片子,都是导演在拍纪录片的过程中,触发了灵感和情思,把它们改造为剧情片。而后来的《二十四城记》则是根本分不出纪录片还是剧情片,人物的访谈加上了主观虚构,两者混合而成。

通过种种形式加工,在这个由底层人物的所谓"自我呈现"而组成的空间当中,我们可以看到,活动其间的"小偷""混混"包括"民工"只是被大时代挤入灰色空间的灰色人物,他们之间的关系或友谊有着自己的伦理基础。影片努力使这些伦理剥离启蒙等高等级文化的观照,期望它们获得有尊严的叙述。《三峡好人》里,赵涛与郭斌通过自由恋爱结婚。但是丈夫对妻子却可以用"刻薄寡恩"来形容。丈夫跟妻子两年没联系,妻子连他的电话号码都不知道。来三峡寻夫的赵涛似乎对感情依然眷恋,但无论是爱情还是亲情,都大不过他们矜持的"自我"。短暂的见面充满着机锋和试探,结果刚见面就彻底分手,不知道是谁有情还是谁无情。与此形成鲜明对照的是,矿工韩三明当年花了3000块钱买了妻子,两人之间谈不上什么"爱情"。16年后韩三明来到三峡,受尽白眼,"就是想见女儿一面"。他看到被公安解救回去的妻子,因为抵债做了人家的半仆半妾,便毫不犹豫地决定把妻子赎回去。从寻女到救妻,韩三明的着眼点都不是在于"自我",而只有亲情和底层百姓互帮互助的民间道义。对这些貌似"无我"的伦理,贾樟柯给予了很高的敬意。韩三明和妻子在江边的一个工棚里坐着,画面角度依然有点仰视,看着这对因"买卖婚姻"而成的夫妻 16 年后重逢时的情况。相比之下,《二十四城记》里的工人更加是没有"自我",一生都捆系在"国家需要"上面,好比他们的外貌,"一色的蓝衣服,只能一张张脸去认"。影片在最后面,一向不接受父母的"潮女"赵涛对着镜头哭诉,表达了对父母一辈的理解和认同。

从《世界》开始,贾樟柯影片故事的地理空间已经离开了山西。如果说此前以山西为背景的影片所表现出来的对小人物及其生活伦理的体认和尊重与贾樟柯的故乡认同有很大的关系,那么,当他把镜头移出山西,转向北京、三峡和成都时,包含着他强烈情感认同的内地——底层社会事实上已经脱离了物理意义上的内地——故乡,而转化为包容着底层百姓最朴素的人生伦理的"民间"。这个空间里有自己的伦理,也有自己的欢乐和美。值得一提的是,其中的底层美还吸纳了劳动阶级的美学符号元素,健壮的肌肉、黝黑发亮的皮肤、憨厚直率的笑容,等等,久违的审美形态反复出现在了《三峡好人》的画面上。在《二十四城记》里,工人在大会堂齐声高唱《五星红旗迎风飘扬》。镜头下蓝色的工装和平凡有点憔悴的脸,不再是"第五代"导演镜头下麻木愚昧的群像,而是体现了一种整齐朴素的美。虽然吸纳了种种劳动阶级的审美符号,不过,正如前面所提到的,贾樟柯并没有去努力塑造一个阶级"空间",其影片的"底层"空间最终还是"民间的"。在《三峡好人》里,影片为了表明自己的"民间"立场,甚至还对物质进步本身也表示了怀疑。影片中那位官员的"作品"——大桥灯光点亮后,明亮辉煌,四周是一片漆黑,画面显得特别怪异。或许,站在"民间"立场上观望,那些标志着物质丰碑的伟大"作品"都是魔幻的事物。影片中还有几个超现实的镜头,用意似乎正在这一点。赵涛早晨起来到阳台晾衣服,对面一座高大的烂尾楼突然像火箭一样飞上了天;韩三明和他妻子分手,约好明年来接,远处一座大厦突然崩塌。

汪晖曾指出:"贾樟柯电影的主角是变化,大规模的、集体性的变迁。个人的命运浮沉在这里也显示为一种大规模的、集体性变迁的一部分。"① 物质洪峰的到来、历史的巨大变迁摆在了贾樟柯面前,他表现出了为大时代中的小人物造像的决心,更表现出努力捕捉变迁、为普通人探询可以依靠的"记忆"的企图,由此,他构造了一个具有"民间"特质的底层空间来容纳这些肖像及其记忆。这个空间还努力剥离启蒙等话语的层积覆盖,使长期被遮盖的一些底层经验获得了"呈现"的机会。不过,前述的分析使我们对"贾樟柯的世界与中国的大转变"的关系没有那么乐观。② 时代是一个巨大的场域,文化的、政治的和物质的等诸多方面的力量在其中混合互动,而贾樟柯中心点在于为底层造像的处理方式,事实上导致历史并没有有效地进入其所构造的底层空间。在他的"民间"里,除了呈现了一些底层人民朴素的伦理、美和一些值得珍惜的生活记忆外,我们无法看到,构成历史的方方面面力量在其间如何混合互动。《二十四城记》里与420厂进行土地置换,负责工厂拆迁的华润集团,被称为"翻开了420厂新的一页"进入了影片。此后遁化为模糊的远景,与讲述者的情感波动基本没有什么直接的联系。而当年那些"三线人物",无论当年是工人还是干部,是书记还是一线职工,他们的记忆似乎是"同质的",看不出社会学层面的区分。喜欢用种种小细节标识时代是贾樟柯影片的一大特色,《三峡好人》里广播、电视中出现的种种关于三峡工程的重要新闻,提示着整个"创作"从设想到实施的全过程,也让我们看到,这些"创作"给底层百姓的生活带来剧烈的波动。但是影片从未让"创作者"和"被创作者"两条线索的故事发生正面的碰撞交集。种种复杂矛盾的远离,阶级等社会学方面的对照结果事实上被抽象为有无情义之间的对照,这或许是香港导演杜琪锋认为该片很像武侠片的一个重要原因。③

历史已经逐渐模糊为远景,有些许伦理和美的"民间"在多大程度

---

① 汪晖:《贾樟柯的世界与中国的大转变》,人文与社会网站,http://wen.org.cn/modules/article/view.article.php/c20/152。

② 同①。

③ 贾樟柯后来在一次访谈中也承认,《三峡好人》也是个江湖片,他在写剧本时参考了武侠剧本的创意,但故事的目的不是寻仇,是了断情感,没有身体的搏斗,它只有内心的搏斗。详见《电影世界》,2009年第2期。

上能帮助我们认知当代中国的底层地理？贾樟柯表现出努力把握时代的雄心，只是其想象方式，导致文化的、物质的包括政治的等复杂的历史纠葛，仅作为零碎模糊的背景存在于其所构造的底层空间当中。他好比来到巨大的拆迁工地面前，满怀着深情和真诚捕捉到了一些破碎的花瓶，而却忘记了废墟本身。

（作者单位：闽江学院中文系）

中国书法文化生态的反思与重构

——以"文化书法"的理论建构为突破口

王毅霖

一、当代书法的文化生态环境

在全球化的语境下,现代性逐渐侵入并改写传统文化,书法也无法逃避这种渗透,从社会分工、机械复制,到学科的分化致使技法与文化的分裂形成可能。当代书法各种比赛与展览机制造成这种分裂的加剧,书法呼唤文化的回归不是没有缘由和道理,然而开启通往文化回归路途的钥匙在何处? 现代性的机器一经启动是否可以回归? 另一个问题是我们还能回归到传统意义上的文化系统吗? 在传统的文化系统本身已经被现代性所过滤和改写的今天,回到传统的文化系统有多少意义和可行性? 如果这种可能性不存在,当代的文化系统又具有怎样的特征? 能否为未来作一种前瞻性的预设? 又是否能与预设回归的当代书法接轨? 追寻这一足迹,也许我们可以发现问题出现在当代书法的当代文化语境上。文化的现状是这一系列症候的根本原因,文化在转轨,从传统到现代再到后现代,甚至三者共存同一时间和同一空间,传统文人赖以依存的农业文明被现代化的工业文明所冲击,"推""敲"的诗境被急驰的动车所冲破,诗、书、画、印被学科分化的体制所肢解,呼唤文化的回归在某种程度上可能意味着呼唤着历史的回归,历史是否可以绕回到曾经发生的某一点上,哲人以"一个人不可能两次同时踏入同一条河流"告诫了这种不可能的企图,即便历史在某种程度上的螺旋上升可能造成回归的错觉,时间的一维性拒绝了这种邀请。"当代"以一种积极的姿态参与了社会事务。放弃当代意味着放弃自己的时代,"我顽强地属于我的时代"①是文化研究者的一种洞见。

阐述当代书法的文化生态环境必须从20世纪80年代开始,美学的新启蒙在李泽厚、朱光潜等前辈的启动之下拉开了序幕。在书法上,刘纲纪《书法美学简论》的出版可以视为与之相呼应的产物,刘氏的"形象反映观"点燃了受到压抑并积蓄了几十年的书法美学,大讨论围绕书法是形象的艺术还是抽象的艺术这个论题展开,参与的人群和范围表明了人们对这门艺术保持的期待和热爱。另一个场阈,文学界则此起彼伏地演绎着从"伤痕文学"到"反思文学""寻根文学"等各种思潮的出场和谢幕。寻根和文化追问成为这一时代最为显著的特征。各种门类艺术在被历史抽空了几十年后迅速得到了回填,以文艺家为代表的知识分子成为这一回潮的先锋,并以先知的姿态引领大众重新审视艺术与人生,甚至把解放大众当成自己的责任。这一时期众多知识分子、美学家们也立足于文化的视野并真诚地寻求美学的理路,种种的态势使这个时代的文化艺术呈现勃勃的生机。

对国故的现代性整理经常引出全新样式的浮现,文学的"朦胧诗"与美术的85思潮是这个时代具有标志性的运动。这种受西方美学影响的新型文艺思潮和样式远远超出大众传统的文化视野和审美期待,令人诧异的是,大众以极其包容的心态认可和接受了这些颇具实验性的新奇品种。创新以一种试验性的态度在艺术家中蔓延,这种氛围和情绪一度感染社会各界。传统书法也越过形象和抽象之争向现代迈进,"现代书法"揭竿而起,一番攻城略地之后形成了不小的阵容,尽管与传统书法阵营的摩擦不断,"现代书法"在这种争争吵吵的过程中无疑已被当成书法家族新成员而被编织到书法的家族谱系之中。正如文艺理论批评家描述的那样:"诸多主义在一个相近的时期漂洋过海蜂拥而至,组成一个共时的结构。"②现代主义和后现代主义这一对在西方具有时间维度的主义,在渡过太平洋之后被共时地编织于东方思

---

① [法]弗朗兹·法农:《黑皮肤·白面具》,万冰译,译林出版社,2005年。
② 南帆:《当代文学与文化批评书系·南帆卷》,北京师范大学出版社,2010年,第30页。

维的文化家族之中。异军的突起打破了旧秩序的平衡,多种力量共存共生于一个极为不稳定的结构中,旨在重新分配疆域的彼此关系引起了持续的骚动。无论如何,一个不争的事实是,多种声部的声音和各流派势力混杂一处,他们各自对抗、相融,甚至互为印证、互为参照并把书坛推向某种程度和意义上的繁荣。

如果说新启蒙是 80 年代的特征,先锋和先知的姿态使知识分子的精英意识得到空前的膨胀,那么,90 年代则是另一番风景了。

90 年代开始,启动了数年的市场经济得到迅猛的发展,无论规模、强度和广度都使知识分子感到十分的错愕,市场已然改写了知识分子为社会预先编写的程序并链接了每个人的神经末梢。在文学和艺术上,精英意识遭遇一场来自市场的阻击,"市场体系的扩张导致知识分子精英主义的迅速收敛,'读者就是上帝'成为新的名言。大众又回来了,而且得到隆重的礼遇。当然,这时的大众正在购买之中创造利润,而不是在呐喊之中揭竿而起"。① 90 年代开始,"大众"成为一个绕不过的话题,知识分子又必须接受社会环境变迁带来的时代际会,大众的出现改变了知识分子踞守文化高地的场面,文化迅速分化成为两大阵营——大众文化和精英文化。知识分子发现他们在 80 年代竭力鼓吹的"市场"此时却成为大众与知识分子讨价还价的筹码,书法在这种文化阵营互相制衡的氛围中扶摇前行。

文学上,先锋们从 80 年代的激进之中撤退,怀疑主义开始抬头,对经典和崇高进行祛魅是这个时代人应对生活采取的比较独特的姿态,王朔式的语言是知识分子对社会现实的反讽和调侃的态度。

在美术方面,延续 80 年代以来兴起的中国当代艺术持续以如火如荼的态势在大江南北蔓延。乡村和都市题材被关注,女性主义也异军突起,"中国形象"被用于绘画的观念之中,中国元素也不断被利用,民族一再地被提起,甚至可以被包装成一种商品。杂糅与无序成为 90 年代以来美术发展的大趋势。

八九十年代文化的繁荣还可以看做是对被压抑的反抗,有时,反

---

① 南帆:《后革命转移》,北京大学出版社,2005 年,第 22 - 23 页。

抗也可以通过热爱的方式来表达。但事情远未结束,书法艺术遭遇实用性缺失的拦截而大伤元气,艺术的大众化造成的普适性使精英们无法站在艺术的金字塔顶端,大众对左右摇摆、参差错落、浓淡干枯、变化无穷的纯艺术并不买单,精英们为抵御俗媚而筑造起的系统受到消费主义的漠视,转身而去并投入小情调和雅俗共赏的怀抱势在必行。考虑到市场的因素,精英们不得不做出让步,90 年代后期出现的"流行书风"就是这种讨价还价后的折中结果。

总体而言,在市场经济的侵袭之下,文化思想退居其次。无论是传统和现代的区别,还是中西文化的差异都显得无足轻重,市场的认可成为至理名言,金观涛和刘青峰指出:"这种抹平文化差异的商业力量是如此无所不在,相形之下,文化思想变得可有可无,思想从来没有如此现时那样显得软弱无力。或许全人类正面临一个思想和文化暗淡无光的时代。"①

在现代化的进程中,物质文明的高速发展促使生活节奏以及生活方式的改变,导致精神文明被有意地忽略已是有目共睹的事实,这使许多文化艺术门类陷入一种尴尬的状况,书法也没能逃脱。

一方面,书法被某些国粹主义者认为是"中国文化核心中的核心",是中国文化的内核。另一方面,在当代,科技的现代化促使传统艺术边缘化,特别在实用性缺失的情况之下,书法迅速地滑入纯艺术的深处,并被编列于艺术阵营的边缘地带。这样,"核心的核心"与"边缘的边缘"形成有趣的对比。

许多学者把文化和国家的兴衰集于一体,然而,自从 90 年代以来,文化的问题越来越复杂。民族的复兴与强盛很大程度上需要依靠文化来阐释,但文化的认同又往往必须依赖经济地位、生产力等综合国力来完成,对经济和科技的发展又时常以压抑或忽略文化为代价,这是许多国家特别是发展中国家共同面临的问题。国家与民族的范围似乎过于庞大,退回更为狭小的局部无疑更为轻松。

---

① 金观涛,刘青峰:《中国当代思想形成的历史结构》,潘公凯主编《自觉与中国现代性的探询》,人民出版社,2010 年,第 74 页。

文化的问题一直就是知识分子关注的核心问题，这不仅体现在民族层面上，回到某个艺术门类上也是如此，书坛上 90 年代中期掀起的"书法与中国文化"关系的大讨论证明了对这种理论的关注及其背后的原因。这一时期不论是《书法研究》还是《中国书法》均以专题的形式开展探讨。① 市场经济的崛起造成了文化产生了极大的地位问题，关注和重视在这种基础上开始。市场带给文化的复杂性、多元性、柔弱性与矛盾性致使文化成为一种模糊的语义体。这也导致许多以文化为标签的理念变得语焉不详、逻辑混乱甚至成为一种幻象，"文化书法"就是这种文化镜像下的产物。

二、"文化书法"及其理论的内在限度

"文化书法"的首次提出是在 2005 年②，至于其理论雏形可以上溯到 90 年代，早在王氏 90 年代的《中国书法文化大观》一书中，就有"书法文化"③之类的概念出现。关于"文化书法"这一概念提出的过程，王岳川作如是阐述："提出'文化书法'不是凭空的，而是基于多方面的考虑。首先，这是我对中国当代书法流派观察和思考的结果。当代多元书法格局有其失范失根的弊端，但也为新的书法流派的产生提供了较为自由宽松的环境，比如艺术书法、学院派书法等。那么，能否产生一种'文化书法'呢？我想，从流派上说是可以的。当然，'文化书法'并不是一个流派，仅仅是用它来说明文化书法产生于多元书法时代这一客观环境中。"④无疑，90 年代以来文化产生的问题已经到了不得不进行反思的地步。在这种情境之下，王岳川提出了"文化书法"旨在应对和解决书法所面临的时代文化的问题。对于"文化书法"的含义王岳川进一步讲："那么'文化书法'的本质规定性是什么？

---

① 刘宗超、李一：《共和国书法大系书史卷》，江西美术出版社，2009 年，第 201 页。

② "2005 年 10 月 18 日王（岳川）教授在北大书法研究生班讲《书法美学专题》时，首先提出'文化书法'的观点。"参见潘爱军：《现代性语境下诞生的"文化书法"》，《社科纵横》，2009 年第 7 期。

③ 王岳川：《中国书法文化大观》，北京大学出版社，1995 年，第 959 页。

④ 王岳川：《书法文化精神》，北京大学出版社，2008 年，第 273 页。

是种书体吗？是种风格吗？是种流派吗？实际上，'文化书法'是种理论的诉求，它要求书写者具有相当的文化积淀，在经史子集、诗词歌赋及韵律平仄方面，达到很高水平。同时，书写的内容以经史子集为主，或以自创的合乎格律的诗词为主，具有当代性视觉感受力。在书写字体中既有传统功夫，又有恰切的现代的视觉冲击力。"①

尽管王岳川在建构"文化书法"中由于涉及面的广泛、问题的多样化以及策略性口号较多引起体系性和逻辑上的松散，然而，我们还是大体可以推出这么一个模式，王岳川所建构的"文化书法"模式无疑是一个"上帝式俯瞰的理想图式"，这个图式具有如下特征和体貌：

其一，"东神西形"的理想模式。它包含传统、现代、后现代的一切优点，摒弃传统、现代和后现代的一切缺点。因此认为中国的书学"不妨在后现代多元文化时代，在质疑了现代性的谬误之后，尽可能地把人类从古到今所有的文化优长，整合为新的文化"。② 甚至还包含西方的审美观念，把书法放大到国际文化的层面，并认为存在着一种"国际审美共识"③，认为书法可以成为一种全球性的艺术，并将成为"人类共有审美趣味"。④ "国际审美共识"不仅是使书法成为全球性艺术的一种理论基础，还可以是解决书法传统与现代关系的一个良方妙药。因此，王岳川认为："在全球化的文化背景下，解决书法传统与现代矛盾的办法只能是：找到西方或者是其他民族可以欣赏的具有人类共通性的审美形式，比如说空间张力、视觉冲击力、抽象变形，如铁划银钩的干劲清纯、枯笔渴笔的高古和超越都可以为人类所用。……在获得世界审美共识的形式框架中，注入中国文化的民族精神和东方魅力，是中国传统向现代转型、现代向传统回归的必由之路。"⑤

其二，国际认可的东方艺术代表。包含文化输出、书法申遗、大国文化形象、反后殖民主义等概念和策略性的观点。"我认为当代中国

---

① 王岳川：《书法文化精神》，北京大学出版社，2008年，第273－274页。
② 同①，第227页。
③ 同①，第219页。
④ 同③。
⑤ 同①，第240－241页。

应该注重'文化输出',源源不断地输出——这是一个'文化上的可持续发展'问题。'文化的可持续性发展'不是一个简单的经济学概念,也不是一个国策问题,而是东西方文化共同发展的问题,其至是中国新世纪文化战略问题。"①至于书法的申遗则是在大国意识下对"书法原创国"认同和归属产生的观点,是国族意识在书法上产生的新问题。中国作为汉字的母国,对东南亚文化的历史发展起到了至关重要的作用,儒家文化从唐代以来对日本、朝鲜(朝鲜分分合合,终至今日分成为朝鲜和韩国两个国家)的影响是渗透到骨子里的,道家和中国佛教对东南亚文化的渗透和影响的程度也是不容置疑的。现在的日文、朝鲜、韩国的文字均是在中国汉字基础上稍作变更而成的文字,甚至连韩国的首都都叫汉城(后改为首尔)。近年来,随着非物质文化遗产申请的热潮,许多国家以自己本国优秀的传统文化申请世界文化遗产,有趣的是源自中国的汉文化也被其他国家作为他们的文化遗产,譬如韩国把端午节和书法作为他们的传统文化遗产申请世遗就是这种热潮的产物,对传统文化的认可变成了一种渊源产权的哄抢。这种现象引起中国人的关注和不满,民族文化遗产的保护意识被激发出来:"当邻国们纷纷供出自个的祖先牌位,甚至把我们祖先的原创变成他们的国宝时,我们应当捍卫自己的文化权利。书法申遗是主动应对文化危机,值得重视。"②

书法申遗是一种文化认同,申遗的竞争是一种文化认同的竞争。因此,"进行书法艺术'文化突围',恢复中国书法在国际上应有的'文化席位'"③成为王岳川在书法文化的国际认可层面的策略。

其三,国人认可的"文化书法"理念。王岳川对"文化书法"的理论建构无疑必须诉诸国内学者和书法界的认可。北京大学作为一种学术支撑且令人信服的机构和体系被标举了出来。"'文化书法'是北京大学的特色,它强调北大文化资源和北大担当文化任务。'文化

---

① 王岳川:《书法文化精神》,北京大学出版社,2008 年,第 255 – 256 页。
② 同①,第 262 页。
③ 同①,第 263 页。

书法'是大学书法教育的纲领,意在恢复传统中有生命力的经典仪式、生活方式和书法感受方式。北京大学非常重视'文化书法'的研究生高端教育,并正在将这一'书法新理念'推进到国际书法领域。"①北京大学不仅是一种学术权威机构也是学术高度的象征体,"文化书法"不仅寻求这种机构支持,更是寻求机构的象征体支持,因此,文人与学者被归纳进来,在王岳川眼里,文人书法与经典并列:"今天,中国书法更为理性地开始回到经典上,重视历史上的一些大家,如于右任、沈尹默、林散之;同时也开始注重文人书法,如梁披云、季羡林、饶宗颐、冯友兰等的文化书法。"②此外,在书法创新方面,王岳川推出了"半步主义",认为:"往前迈三步可能是致命的,但往后退步也是致命的。我采取的文化态度是'极高明而道中庸',迈出半步,以我为主,可持续发展,坚持有效的文化推进。"③并且认为书法是一种精英的艺术,书法也必须精英化,因此,"坚持在书法普及中呼唤书法大师的出场。普及和提高并不矛盾,当代中国应该推出代表中国书法文化高峰的书法大师。"④在书法的风格上则倡导"走进经典、走进魏晋、创意经典"⑤,认为魏晋书法将成为当代书法的资源宝藏,这也是"文化书法"必须走的第一步,因为"魏晋书法前所未有地充满强烈的个人生命气息和饱含生命体验的个体精神"。⑥

除了对"文化书法"的内涵和外延进行理论的论述外,王岳川还致力于书法与当前国家的文化策略紧密结合,这对于书法在国家文化政策的地位上不无裨益。积极推进书法的国际艺术形象,不仅有益于中西方的文化交流,也有益于书法在现代化和全球化环境下的健康发展。

王岳川多年来致力于"文化书法"理念的推崇和理论的发展,并初

---

① 王岳川:《书法文化精神》,北京大学出版社,2008 年,第 276 页。
② 同①,第 245 页。
③ 同①,第 237 页。
④ 同③。
⑤ 同①,第 281 页。
⑥ 同①,第 282 页。

步形成了一个模糊的体系,然而这一体系中无疑存在诸多逻辑问题,经不起逻辑的拷问是这一理念的一大问题,自相矛盾的观点随处可见,使理论的权威性受到了极大的质疑。此外,尽管王岳川意在建构起一个完美的书法美学理念,缺乏可行的技术论证可能使这一理念成为虚幻的理想。

在"文化书法"的理论体系之下,王岳川希望建立起一种尽善尽美的理论体系;这种体系包含古今中外的优点,摒弃一切缺点,笔者称之为"上帝式图式"。

以"上帝式图式"的口吻,王岳川认为:"书法理论的现代性,应该是包括中国书法理论的传统性、现代性和后现代性整合性在内的一个整体理论,它意味着对传统的审视和重新阐释,对现代性的批判和吸收,对后现代性的展望和警惕。"① 对于舶来的词语"现代性",有必要对其概念和状况进行一次清理,文艺理论家南帆的归纳可以清晰地阐述这一范畴:"迄今为止,卷入现代性话题的许多重量级思想家均对这种观点表示赞同:存在两种相互对立的现代性模式。一种现代性源于启蒙话语、世俗化、工具理性、科学主义、大工业革命、民族国家的建立、科层制度、市场经济与全球化均是这种现代性的表征。另一种现代性是审美的、文化的,这种现代性的首要特点即是对于前者的强烈批判。马泰·卡林内斯库将第一种现代性称为'资产阶级现代性',而现代主义从属于后一个阵营,现代主义拒绝与资产阶级现代性合作。"② 站在西方的角度上看,现代性充满了矛盾,现代性对传统扯起了反抗的大旗,对现实主义进行无情的批判,甚至对资本主义的现代性也进行了强烈的轰击。整合现代性,把传统性、现代性和后现代性糅合在一起形成一个整体的系统,无疑是一种有史以来最为理想的范式。然而,理论家的构想是否能落实到实践的层面,彼此相互矛盾的因素是否能调和并且最终融合在一起? 事情可能远没有想象的简单,尽管这种理想可能是迄今为止最佳的模式,但把互相矛盾的几个部分

---

① 王岳川:《书法文化精神》,北京大学出版社,2008 年,第 226 页。
② 南帆:《当代文学与文化批评书系·南帆卷》,北京大学出版社,2010 年,第 66－67 页。

糅合在一起引发的可能只是更为混乱的景象,理论家逃逸时空的梦想必须受到实践这一地心引力的考验。

"当代中国书学,不要完全西化,不能把中国传统书学完全现代化,变成所谓现代后现代理论。不妨在后现代多元文化时代,在质疑了现代性的谬误之后,尽可能把人类从古到今所有的文化优长,整合为新的文化。"① 要不要西化是态度问题,要不要完全西化则是度的问题,度的把握不是简单的"是"或"否"的态度。后现代理论是在现代主义被资产阶级现代性招安之后推出的新型反抗武器。后现代理论的出现无疑曝光了许多现代性的内部问题,然而这种站在了后现代立场的批判是否完全适合中国,西方后现代的滤镜是否同样适合我们的眼睛? 另一方面的问题是我们如何能够站在文化的制高点从而掌握最终的解释权? 历史的维度不断地延伸,继传统、现代之后,后现代是人类的最后一个旅途吗? 文化的优劣又是由谁来判定? 从文化的角度上,现代一定比传统来得优秀吗? 后现代又一定高于现代吗? 文化的高低无法用科技的先进与落后来评判,考虑到问题的繁杂和不完整性,解决问题的办法也可能是多种多样,理想模式的提出可能有利于问题的深入研究,但确定一种最佳方式的时刻远未到达。

理想一落实到实践,就显得十分的虚弱。现实的社会已经复杂得无法完全地区分优与劣、善与恶,甚至是黑与白,相互的包含和渗透使提纯和剥离出一种纯化的思想和方法变得不可能,理论家们的理想再辉煌也无法脱离复杂现实的重力。"继'上帝已死'的口号之后,理论家再度宣布'人已死'。这一个回合的历史挫折如此沉重,以至于摧毁了许多人重塑一个有序世界的信心。"② 这种环境下,理想的图式固然重要,但如果没有一套行之有效的方法来打开这个神圣的殿门,理想的一切就如同空中楼阁一样虚幻。

至于"国际审美共识",这种理论观点源于西方的"普适价值",有趣的是,西方的普适价值往往包含着欧洲中心和美国中心的思想意

---

① 王岳川:《书法文化精神》,北京大学出版社,2008年,第227页。
② 南帆:《当代文学与文化批评书系·南帆卷》,北京大学出版社,2010年,第316页。

识。在西方人提出的普世价值背后的支撑点是西方民族、高度发达的资本主义、基督教的信仰等，这其中甚至还包含西方中心主义的一种优越感。西方人认为他们的价值观是可以推广到全世界的，是可以为全世界接受的，是全世界最合理、最优秀、最有前景的理念，是建立在西方人优于其他人群的理念前提下，是一种带有后殖民味道的理念。"国际审美共识"能够剥离西方的中心主义吗，如何解决这一矛盾？

"可以说，在全球化的文化背景下，解决书法传统与现代矛盾的办法只能是：找到西方或者是其它民族可以欣赏的具有人类共通性的审美形式……在获得世界性审美共识的形式框架中，注入中国文化的民族精神和东方魅力，是中国传统向现代转型、现代向传统回归的必由之路。"[①]

是否存在一种人类共通性的审美形式？综观中西艺术史，在绘画上，西方的风格与东方差距明显，中国水墨画与西方油画是否存在共通的审美形式？至少目前为止没有人敢向全世界通告他发现了这种可以通往各种路口的快速通道，况且全世界的艺术远非油画和中国画可以容纳。各种民族在各自的文化、社会历史、地域风情、审美取向之下发展起来的艺术风格和艺术样式千差万别，也许我们能从中寻找到许多共同点，但这种相似之处一放大到全人类的范围，是否还能信任其精确度？或者说全人类共通性的审美形式只是一种假命题，"世界性的审美共识"只是一个虚幻的概念。

经济全球化与科技的现代化是推进文化现代化的重要力量，现代性如同一种不断复制的病毒已经渗透到世界的各个角落。在现代性交汇的高速路口，有通向某种融合的可能。然而，现代性在国际上的分布不均匀，由于各国不同的文化历史环境与社会科技基础，对现代性的反应各不相同。这样，在不同的现代性压力之下，各种不同的民族文化得到不同程度的保存或裂变。考查中国书法在现代性的催化剂下产生的变化，比较简便的渠道可以从传统书法和西方现代艺术的关系入手。无疑，西方少数的现代艺术家在搜寻世界奇特图库以供养

---

① 王岳川:《书法文化精神》,北京大学出版社,2008 年,第 240 – 241 页。

他们的创作灵感,中国书法在此时可能作为一种奇特的艺术样式和具有神秘感的要素进入西方艺术的躯体。然而,这种容纳形式并未使中国书法在西方形成一种普遍的认可。绝大部分的西方人还未明白用硬笔和一根带毛的棍子书写有何区别,尽管他们知道存在着一种与拼音文字不同的字体——方块汉字,至于如何区分每一线条中蕴含的不同情感变化就无从谈起。

我们也知道这不是一种终极形态,在不断开合的国际文化交流之中,存在着各种可能性,中国书法在未来未尝不是没有可能为全世界所接纳。

但是以和为贵的中国文化本身不具有带侵略色彩的渗透性,中国书法要完成自我国际形象塑造需要一个漫长的过程。问题可以回到前一步的工作上,即国际需要一种什么样的中国书法形象?我们能够塑造出什么面目的中国书法形象?

"为谁写"①可以看做是传统遭遇现代的问题。古人大致不会以这种问题烦扰自己。当然尝试用这种现代的问题拷问古人会得出十分滑稽的结果,我们大抵可以认为《祭侄文稿》是作者在痛失亲人的境况下心情的直接表露,然而《兰亭序》更像为一群优游山水的文人雅士助兴的产物,然而古人并未产生为什么写字、为谁写字这样的问题。在古代,"为谁写"这样问题的提出只是一种自我为难。在当代,或者我们可以把书法的这个范围延伸得宽广一些,就是中国传统艺术在当代都面临这样的遭遇,比赛制度、中西交流、市场经济等现代属性不一而足成为传统文化转型的过程中必须面对的问题。后殖民主义理论研究者们提出了"他性",这改写了文艺复兴"以人为本"的姿态,"为自己"可能被转述为"为他人","为社会"也可能被表述为"为利益","为谁写"的复杂性似乎远远超出想象的程度,或许我们可以放下这个多少带点哲学味道的问题,把注意力转移到一些更为实际的问题上,否则,文化的输出也可能被理解为"为洋人写"。

"我想,送出去不好的、过时的东西,甚至是已经被抛弃了的、僵化

---

① 王岳川:《书法文化精神》,北京大学出版社,2008年,第254页。

的东西,人家当然不要。如果你送出去的是一个具有特色的东西,我就不相信我们具有乡土气息的中国书法就没有人要。所以不是'新就是好',而是'好就是好'!"①

文化输出在全球化语境里的意义深广不待言说,但策略一经细化并列为实际运作,如需考虑到问题解决的步骤,接受作为第一层面的问题浮出了水平面,中国书法是否为西方所接受只是一个浅层的问题,即便这个问题被假设为是肯定的答案,那么西方人对舶来的东方文化不可能没有任何甄别和过滤的程序,除了抵御,改造可能是一种较为温和与开放的态度,挑选则是接受的第一个流程。考虑到接受的能动性,输出必须考虑接受者的文化因素。法农天才般地道破了后殖民主义深刻的天机:"让人听明白说的是什么,这绝对是为另一个人而生存。"②尽管这种说法被许多人诟为极端,但文化的殖民完全可能就潜藏在这种平常的日常生活中。后殖民主义理论研究者已经揭示西方现代主义对东方文化和非洲文化的兴趣之中带有的"主体"对"边缘"的猎奇性,以"特色""乡土气息"作为筹码进入西方文化舞台,可能落入西方中心的牢笼之中。

文化的分量经常通过经济、科技、综合国力等一系列外在因素进行曲折的衡量。回顾历史,我们会发现汉唐时期,中国文化影响整个亚洲和世界各地,文化的传播往往是通过科技发明等挟带而至的,脱离了科技,文化将变得虚幻。回顾西方中心主义的历史,我们发现这种思维与观念源于西方近现代科技经济的强盛。把文化组装成与西方抗衡的精神武器,可行性与方式方法需要进一步研究与论证。农业文明产生的精神文化是否能担当这一重任?"大机器生产驱走了诸如枯藤落叶、斜峰夕阳、孤舟野渡这些农业文明的意象,空灵悠远的小令和一唱三叹的古风嵌不进钢铁世界。"③进入了现代化,书法这一农业文明产生的精神文化晶体逐渐被改写,转型的方向有多种可能,回到

① 王岳川:《书法文化精神》,北京大学出版社,2008年,第256页。
② [法]弗朗兹·法农:《黑皮肤·白面具》,万冰译,译林出版社,2005年。
③ 南帆:《当代文学与文化批评书系·南帆卷》,北京大学出版社,2010年,第7页。

绝对的传统已经是不可能，在现代化的多岔路口，书法的抉择显得十分艰难，在这一情境之下，我们要输出什么，是复古的文化、完全西化的文化，还是在现代途中彷徨的夹生产品？

文化书法为书法书写内容定了范围，"'文化书法'强调书法的文化内涵，注重创造中多些孔老孟庄的内容，藉此传播中国文化的审美编码，从而实现书法对人的塑灵性。"①"'文化书法'写的所有内容，严格上说都要求是真正代表中国文化的经、史、子、集的内容。"②然而这种圈定多少带有一厢情愿的味道。现代的文化环境下，经、史、子、集的内容又有多少能够被理解和接受，况且历史无法也无须回到"半部论语治天下"的时期，现代性以光怪陆离来承接和改写传统，文化以其强大的包容性不断衍生和扩展。显然，"经、史、子、集"已经转身远去，文化的定义甚至一度被改写，被解构的经典在现代具有多大的实效性，"怀古"一向是文人具有的情怀，然而，变化是时间对历史作出的诠释，时代场阈的变幻促使文化与社会作同步的调整，抛开个人情感，我们会发现当今社会已经不再是"经、史、子、集"的时代，书法的发展与传承是否必须抚时代的"逆鳞"？换言之，是否必须与时代发展的大趋势对抗才能换回书法的承传？

而市场更是一个波谲云诡的地带，文化消费是大众瓦解知识分子精英意识的阵地，伯明翰学派认为大众文化消费具有一种积极的能动性。通过选择，大众甚至可以左右文化生产的形态。文化消费是否如王岳川所说："高层次的文化消费是'举世皆醉我独醒'的原创性苦闷，是反炒作而独辟蹊径走出自己孤独的艺术之路的文化勇士，这样的孤独的行吟者，才是文化消费的领潮人。他们今天坚持冷寂孤独的自我边缘化，是因为他们明天将成为文化消费市场上的真正精英。"③

王岳川把消费者和文化创作精英组合幻化成"文化消费市场上的精英"是否是一个行之有效的方法有待进一步落实，然而，这些字正腔

---

① 王岳川：《书法文化精神》，北京大学出版社，2008 年，第 279 页。
② 同①，第 283 页。
③ 同①，第 293 页。

圆的精英主义(现代主义)论调凸显了作者模糊的立场。上帝式的俯瞰变成现代主义领潮者孤独的自说自话,这与"文化书法"的立场,以及之前认定的"中庸"的立场背道而行。市场消费与现代主义(或精英主义)的冲突和相互妥协都有可能同步进行,事实证明,文化消费最终能够把各种各样的精英文化变成具有不同价格标签的商品。对于这一过程,南帆如此描述:"现代主义席卷全球,然而,反抗和批判的效果如何? 显而易见,美学的震惊形成的冲击波肯定曾经使资产阶级深感不适。现代主义抛出如此颓废的'个人'形象与驰骋市场的大亨、经理或董事长相差太远了。尽管如此,事情很快有了转机。现代主义文学(作品)逐渐被核准为经典,继而荣升为学院讲坛与美术馆的座上宾。资产阶级现代性的完善机制顺利地消化了现代主义的傲慢和冲动,并且使之变成了价格不菲的商品。"① 因此,希望在作品与文化消费之间理出一条最佳的路径可能还有待于进一步的努力,显然,目前的论述是远远不够的。

除了观念策略的问题外,"文化书法"对于一些概念见解也存在一定的偏颇。譬如关于书法概念,在对中国的"书法"、日本的"书道"和韩国的"书艺"对比中,王岳川认为:"中国称'书法'为'法',具有一种质朴无碍的'道'的精神内蕴——不轻易言'道',将'道'看做超越性存在。"② 中国人在命名这一方面一向讲究,然而对"书法"这一门类艺术的命名看似极为粗率。自然,不管"书道"或"书艺"都要比"书法"这种名字来得高级,即书写已经成为一种艺术,而"书法"字义隐含的不过是书写的一些法则和技巧。当然,考查"书法"名词的历史,中国的书写历史至少可以溯及甲骨文的时代,书法的命名就在这一历史长河很早的某一时刻形成并沿用至今。"书法"作为一种实用书写的存在则比艺术存在来得早得多,约定俗成之后就无可更改也无须更改。而日本和韩国的书法都是由中国所传,彼时,作为实用和艺术双重身份的书法,为强调其艺术性作一定的改进在情理之中。但若意欲为之

---

① 南帆:《当代文学与文化批评书系·南帆卷》,北京大学出版社,2010年,第68页。
② 王岳川:《书法文化精神》,北京大学出版社,2008年,第232页。

贴金嵌银，硬说"书法"比"书道""书艺"来得好，不免有些勉为其难。

再如，王岳川甚至经常将"文人书法"与"文化书法"混为一谈。"同时也开始注重文人书法，如梁披云、季羡林、饶宗颐、冯友兰等的文化书法。这些学术思想大师的书法作品，在拍卖市场上卖得很好，人们觉得这才是书法的正路。"①

文人的书法是否等同于"文人书法"或"文化书法"？概念的混淆会产生歧义，文人的书法作品不可能等同于"文人书法"或"文化书法"，也没有任何证据表明当代文人的书法作品一定是优秀的作品。讨论这个问题涉及视角的问题，放弃纠缠不清的文人概念，回到作品上可能更有助于理清问题的思路。考虑到书法艺术本身博大的文化容量，"文化书法"可能只是一个伪概念，提倡者对这个概念的定义空泛而不准确，如果一定假设"文化书法"这个命题合理的话，那么，我更趋向于这么认为：文化书法必须是蕴含着丰厚的民族文化、历史文化、时代文化以及书家个体精神特征的书法作品。

至于用拍卖市场来证明是否是"书法的正路"，这无疑落入了商品至上的圈套，文化的价值与经济的价值无法简单画上等号，况且在资本运作繁复的当代，问题远远无法用卖场的好坏来解决。

三、文化视野下的中国书法生态与本体重构

作为一种观念，"文化书法"的提出可以被认为是20世纪90年代以来对传统文化逆反的一种理性回归，认为书法脱离了文化（主要指传统文化）是"文化书法"赖以为战的缘由，书法再也无法发出昔日的光辉，书法已经脱离了传统文化的拥抱并走入了现代的深渊，痛心疾首和大声呼号是对传统心怀眷念的表露。不能忍受传统文化业已寿终正寝的宣判，企图拽着传统步入现代的门槛是许多文人的心愿。借传统文化昔日辉煌作为屏障以攻击现代的也大有人在，然而对老死不相往来的时代大加褒扬是一种反抗，也可能意味着无奈。传统文化是一个巨无霸的系统，具有无限的延殖能力。现代是传统变异的产物，

---

① 王岳川：《书法文化精神》，北京大学出版社，2008年，第245页。

是传统的延伸或异形,换句话说,现代其实属于大传统系统的延伸部分。无边的传统文化一直存在两种对抗的力量,即创新和守成,从书法上看,两个阵营的代表其实就是现代书法和传统书法,二者的对抗性使现代书法被列为反传统的书法或反书法的书法。20世纪八九十年代,现代书法一度情绪高涨,传统被扫荡和围剿,肢解传统并各个击破是现代书法阵营惯用的伎俩。事实的状况是传统书法对阵地的坚守不可谓之不顽强,然而在现代书法阵营看来,攻破传统书法这一最后的防线不过是时日的问题。现代性无坚不摧,任何阻挡现代脚步的事物终将被现代猛烈的炮火攻击。一个有趣的问题是,尽管现代性所向披靡,但终究被无边的传统消解,并成为来日的传统。搜索关于传统和现代的资料,我们会发现,卷入其中的学者是一个庞大的数量。无疑,传统和现代的关系是文化领域无法绕开也无法完全解决的问题。

然而"文化书法"观念并没有提出可行的范示图式,停留在思想层面的"文化书法"很难付诸实践。显然,理念的灵机一动远比实施来的简单,要落实和完成各种细节和相关的链接,从而形成一种强大的结构并非易事。以精神作为标尺对书家作要求也是一种很好的内省方式,只是恢弘的外部景象无法掩盖内部的诸多矛盾。全球化和后现代主义语境下,问题的生产往往比解决的速率高得多。市场经济下,物质生产和精神生产被进一步分离,与精神生产相比,由于物质生产与经济利益有更为直接的关系,前者往往被忽视。脱离了实用的书法被编入纯艺术的行列,专注于艺术无疑变成灵魂的苦修,与市场合谋又终将落入商品的圈套,确定自己的方位与姿态对于当代的书法家来说不无难度。这时高等院校可以是一个避难所,尽管市场早已对之渗透,保持一定的理想和追求还是被允许的。因此,在文化的视野下重构书法必须考虑到当下的文化生态,文化的内部问题和外部环境,书法的本体、书法的学科问题,理论家的文化视野和理论自律等因素。

书法的重构必须以文化生态的重构为前提,这要求与此相关的许多文化问题和观点必须得到厘清。

新世纪以来,全球化以前所未有的程度覆盖世界各角落,前现代、现代、后现代共时地聚于同一时空，各种历史与文化互相交融杂错，传统文化受到了前所未有的挑战，中西问题与古今问题成为许多学者津津乐道的问题，认为中国文化失语、中国传统文化已然断根者不乏其人，于是对传统文化进行"寻根"、寻求传统范畴现代转型的理论家数量众多。

然而，"文化寻根"要寻找到什么样的程度，文化寻根就是本土文化的寻宗问祖，无疑，"本土"一直是传统美学甚至是现代美学的重要组成部分。越古越纯的本土文化就一定越优秀吗？福柯认为这是起源神话作得祟，南帆提出质疑："考虑到佛教的影响，魏晋、唐宋的（文学）理论业已丧失了'本土'的纯洁；如果按照起源神话的逻辑，至少必须追溯到甲骨文文献。"①根据这种理论，纯本土书法史只能留下甲骨文、大篆和小篆。"文化寻根"难道要寻找如此地步，由于受到佛教影响的原因，我们是否也要把王羲之的《兰亭序》也列入不纯的杂糅文化。我们已经不再是孔子的时代，即便回到那一时代，圣人也曾深深感叹礼崩乐坏，或者说现代人想象的纯洁的"根"只是一个虚构的想象体。

自后殖民主义理论产生以来，中西问题多被表述为侵略与被侵略。早在"五四"时期，革新派就已认定文化是中国社会落后的罪魁祸首，或者至少是个帮凶，因此改革必须从文化开始，"启蒙"与"救亡"落实到了思想根源上，这时"古今"不重要，"中西"才是话题的焦点。历史上文化因为战争被改写的案例比比皆是，殖民与被殖民一直就不单单是土地和政权，后殖民主义理论家发现了文化殖民这个隐秘的力量，主动接受后殖民往往以文化作为缺口。

本土的传统文化和民族时常并肩作战，二者互为表里，在对抗文化殖民的时刻，本土往往是中坚力量，本土的传统文化甚至往往被表述为民族文化。反之，当传统遭遇现代，把现代表述为西方的、外来的、侵略的，把传统表述为东方的、本土的、反侵略的是一向的策略和手段，民族作为呼唤本土传统的号角数度被吹响。

---

① 南帆：《当代文学与文化批评书系·南帆卷》，北京大学出版社，2010 年，第 22 页。

考察历史,文化作为异族殖民或反抗的工具都是极为寻常的事,汉字和汉语以其坚固的结构系统和庞大的使用群体从而具有超强的稳定性和融合力。当然,汉文化真正遭遇质疑是在列强的坚船利炮轰开国门之时,正是西方的枪炮成了"民族"概念的启蒙,"师夷之技以制夷"和"拿来主义"告诫我们,历史的大转盘把强大赋予了西方,东方古老的文明迅速被贬值,好在中国人在颠簸飘摇中挺起了身,呼唤民族精神是经济实力支持下希望得到精神与文化的被认可。

批评家提出诘问:"为什么必须对西方(文学理论)如此反感?——为什么化学、医学或者生物学没有发生相似的敌意?"①批评家进一步阐述:"分析承认,选择或者放弃一种文学理论,阐释得有效与否远比理论家的族裔重要。然而,更多的时候,人们总是有意无意地把民族渊源视为阐释效力的前提。"②

当代中国书法文化环境还与书法自身发展的历史息息相关的,考虑到20世纪初书法美学第一次现代转型的契机和在革命中的历史遭际,历史特定文化环境的原因导致中国书法在20世纪初现代转型的中断,这源于书法和知识分子在特定时代下的阶级同构。书法的"阶级性"致使其在革命的语境中被抛弃,"标语"体取代书法的实用功能,甚至把书法驱逐出艺术的行列,这种问题最终使新中国成立后书法被排除在艺术学科的大门之外。

书法在革命时期的地位问题导致了艺术传承的中断,即许多学者所感知的断裂感。20世纪四五十年代,对于书法到底是不是一门艺术的论争,最终成了注入当代书法学科的历史毒素,无疑,迄今为止,书法还没有完全化解这一毒性。这场论争代表了书法的社会地位面临着汉代以来最为严峻的挑战。不幸的是,对书法否定的一方最终成为新中国文化的主流意识形态,沉入深渊和堕入谷底成了书法无法逃脱的宿命。

近年来,许多学者对建立中国书法馆和书法成为一级学科等进行

---

① 南帆:《当代文学与文化批评书系·南帆卷》,北京大学出版社,2010年,第2页。
② 同①。

呼吁,然而,进程并不是那么可观,但教育部刚刚下发的文件要求在小学到高中设置书法课程倒可以视为一个良好的开端。否则,仅在大学开设书法专业根本无法形成书法的良好社会基础。机制本身有望进一步提高,大学书法专业的教育必须进一步改革,对于师资和人才的评价机制也必须作改进。侯忠明先生认为:"当代文化书法的建构很大程度上依赖其大学书法专业教育,然而,由于大学在这一方面的人才评价机制过分倚重科学理论研究,导致大学教师与研究生的书法功底成为其'文化书法'的软肋。"[1]侯先生的眼力犀利,这种问题在提倡"文化书法"的综合大学上发生,也在艺术院校的书法专业教育中以另一种方式产生。追其根源实为技法和文化的分离,"技"和"道"的分化造成这一局面。如今,技法和文化素养的分离成为高校书法专业教育最为凸显的问题。一方面,高考的制度造成许多文化不足的学生通过艺术的途径进入大学,一些艺术院校的学生只重视书写的技巧;另一方面,综合大学特别是在中文院系里设置书法专业又多以文化为标准,专业技法基础极为薄弱,这种分化不仅是在学生层面上,师资上也是如此,通常艺术院校的专业教师文化素养和理论知识,素养比较低,而综合大学则是专业技法较差,二者形成泾渭分明的两个派系。弥合这种裂隙、解决这一问题需要从制度开始。

"文化书法"理念的产生无疑为书法设计了一个理想的图式,但是如果没有具体的落实方法和应用的技术,没有这些坚硬的结构和细节的支撑,理想的图景只能是空中楼阁。"全知全能的上帝式俯瞰"是否能够实现有待进一步的探究。理论家进一步指出:"形式、语言、技巧是我时常返回的一个原点。"因此"笔墨等于零"是有前提的,而且不等于技巧等于零。离开谋篇布局、用笔技法,而大谈文化,书法就失去了其艺术支点。因此,在文化视野下重构书法不仅需要对文化生态的重构,还必须从书法本体入手。

在当代学者把书法分为笔法、结构、章法三部分的基础上,侯忠明

---

① 侯忠明:《文化视野下中国书法的消解与重构》,《福建论坛(社科教育版)》,2009年第8期。

先生提出在文化视野下,中国书法重构的七个着眼点,认为书法训练和创作必须从七个层面入手,即:笔和用笔、墨与用墨、纸与幅式、结构与字势、字组与行气、布白与意境、文字与情感。并认为书写内容和意义是书法作品至关重要的关键所在:"文化视野下中国书法的情感,不仅是书写内容所反映出的书者审美倾向,更重要的是隐透于墨色选择、用笔疾涩、结字向背以及局部与通篇节奏变化的诸多细致处所体现出的书家心迹流露。"侯先生的这种努力不无裨益,当然,关于书写内容和意义的选择的重要性宗白华等美学前辈均已有提出,在当代,我们是否必须更为深入地探究这一问题,即在文化环境转变了的当代,我们是否还是以经史子集、唐诗宋词为书写内容,如果不必一定要这么做,当代书写的文字内容以什么为妥;如果一定必须如此,我们如何才能够做到现代化的社会环境、文化环境之下去达到古代传统文化环境之下的精神与意境呢?

要求在现代的语境书写出传统的意境,与生活在传统文化中的古人相比,这种要求对于当代人而言具有更高的难度。因此,如果说书法被看做是必须以表现古典文化、古典美学精神为要务的话,那么寻找一套更为可行、精密的方法和途径是重构书法本体的最佳选择。

(作者单位:福建工程学院)

遗老书家　聊备一格

——郑孝胥书法平议

许伟东

闽侯人郑孝胥(1860—1938)的一生大体经历了福建解元、满清官员、前清遗老、伪"满洲国"总理等四个阶段。作为积极参与洋务运动与维新变法的能人、作为晚清"同光体"重要诗人之一、作为清末民初的知名书家,郑孝胥本来可能成为八闽地域文化研究的一个关切点。然而,1932 年,73 岁的郑孝胥冒天下之大不韪,策划成立伪"满洲国"并出任总理大臣,沦为丧尽廉耻、人人唾骂的汉奸,遂为国人痛恨、乡人不齿。

评估郑孝胥的艺文成就因此变得无关紧要。中国文艺自有孟子以来"知人论世"的传统,经由欧阳修、苏轼的阐释,书法批评领域强调以人论书,美善合一。苏轼多次强调:"古之论书者,兼论其平生。苟非其人,虽工不贵也。"① 由于郑孝胥人生最后六年的卑污行径,长期以来,人们宁愿将他的书法扫入垃圾堆。

然而,世易时移,在文化思潮纷纭万端的当下,沉渣泛起。郑孝胥的墨迹不仅被一些认为奇货可居的人追捧到高昂的价格,而且其书法造诣重新被一些热衷标新立异的论者发为奇论拔高溢美。因此,本文对郑氏书法的蠡议将不为无益。

一

撇开汉奸的身份不谈,郑孝胥的书法成就究竟如何? 有必要做一

---

① ［宋］苏轼:《书唐氏六家书后》,《东坡题跋》,许伟东注释,人民美术出版社,2009 年,第 293 页。

番检核。由于政治与历史的原因,郑孝胥书法的保存、展示、出版相对有限,因此对其书法的观感或许会略存偏颇,但是书法不同于其他艺术,"文则数言,乃成其意;书则一字,已见其心"。① 书法的抽象性与简约性特点使人们通过少量代表性作品即可做出基本可靠的判断。

郑孝胥出生于官宦世家,他青少年时代的教育源于家庭,在自立以前,他长期跟随虞臣公(即郑孝胥的叔祖郑世恭,出身进士)学习科举制艺,同时研习书法。② 他曾经学习唐代楷书,尤其是颜真卿、欧阳询的书法,曾在不同阶段受到苏轼、黄庭坚以及清代何绍基书法的影响,后来接触到魏碑书法,遂作品中加入魏碑楷书的部分元素。从他后来的几件篇幅较长的楷书作品来看,他深受清末名声卓著、号称"曾(国藩)门四学士"之一的楷书大家张裕钊的影响。他的楷书达到了如张裕钊一样的严谨、整饬、峻拔,但是由于线条扁薄、力度不足,因而沉实、厚重难及张裕钊。他曾经在隶书方面也下过一番临摹功夫,但是从其墨迹看,也只是在字结构方面比较用心,在笔法上显得心浮气躁,信笔与病笔比比皆是,还不如他的楷书那样在应规中矩后略有发挥。

郑孝胥真正较有造诣的书体是行书。郑孝胥的行书,无论从总体气息揣摩,还是从笔法、结构等构成元素分析,均难以具体指证它的来源,但是可以推测他观摩过宋代苏轼、黄庭坚的书法,并受到当时书家翁同龢、杨守敬、吴昌硕等人的影响,同时有意识地将隶书、魏碑和汉简的笔法融入其中。公平地说,他的行书尤其是大字行书形成了非常明显的个人特色。从可取的方面看,行笔迅捷爽快、轻重错杂,不拘一格;单字结构顾长峻伟、紧密开张,显得精神抖擞。在当时书坛,他理应占据一席之地。

但是,成也萧何,败也萧何,他的行书中的所有特点都是优缺点的同体共生。仔细推敲,郑孝胥行书中的弊病亦复不少。

---

① [唐]张怀瓘:《文字论》,《历代书法论文选》,范祥雍点校,人民美术出版社,1986年,第159页。

② 叶参,等编:《郑孝胥传》,《民国丛书》,上海书店,1989年,第1页。

首先，笔法方面。他在行笔丰富的同时显得杂沓不纯，锤炼不足，信笔的瑕疵比比皆是。第一，起笔。无论横画还是竖画，他在起笔时都常常露锋。露锋并不是书法的绝对忌讳，东晋王羲之与明末董其昌的小草亦见露锋，张瑞图奇崛的大草甚至以露锋为其主要特色，但是他们很好地处理了露锋的分寸，在露锋的同时处理好速度与线条质感。郑孝胥在行书大字中频频采用的露锋，造成的是一种刻露之气。有时为了避免这种效果，他采用顿按起笔然后迅速提起，但是由于十分造作，又形成"钉头"的形状，这同样让人觉得别扭。第二，转接。郑孝胥在处理笔画变换方向后的连接时力不从心，尤其是横笔转竖笔最为滑稽，在横画的末尾通常是重重地顿驻，然后突然从横画线条之中掠出往下行进的细笔，转接极其突兀，形成"耸肩"，如果再有一次变换方向比如往上行进的提钩，郑孝胥往往就无法应付了，他采用添写一笔的方式来解决。因此，郑孝胥的大字行书的笔画失去了浑成之趣，仿佛不是连续挥运出来，而是一笔一笔堆垛在一起。第三，中怯。古人称较长笔画的线条中段的怯弱为"中怯"，郑孝胥的长横画中就常有中怯之笔，说明他不能自如地控制笔毫，行笔中或者过早地倾向一侧或者以扭曲的顿挫行笔来调整补救。他的调整补救做法可能来自于黄庭坚，但是远没有黄庭坚处理得巧妙。第四，撇捺笔画一味舒张，尽泻无余。他的捺笔由当时出土不久、轰动学术界的汉简的笔法启示得来。郑孝胥能够及时从出土文物墨迹中汲取灵感，这是思想解放、与时俱进的表现，值得肯定。但是，他有时处理得过于随意，显得与作品整体气息不够协调。

其次，结构方面。由于没有大量对临前人行书，郑孝胥在单字结体上没有思想包袱，他自信地按照自己的日常书写习惯组织字形，加入耳濡目染的一些流行时尚，经过调整取舍达到熟练的自动化程度，形成自己的结构模式：纵横挺拔、执拗硬朗、生机盎然，但同时也存在匠心不足、模式单一、拼凑混杂的不足。

再次，章法方面。在书法艺术中，处理好一幅作品的章法，当然需要经验，也需要技术，但是最不可或缺的是创作主体的章法意识。什么样的章法最好？并无一定之规，不同的书体与幅式侧重点不同。行书书体无疑要追求丰富、生动的章法效果。包世臣谈到赵孟頫书法时说:"古帖字体大小颇有相径庭者,如老翁携幼孙行,长短参差,而情意真挚,痛痒相关。吴兴(即赵孟頫)书则如市人入隘巷,鱼贯徐行,而争先竞后之色人人见面,安能使上下左右空白有字哉!"① 包世臣所批评的正是赵孟頫的行书。他的批评移于郑孝胥行书也完全适用。郑孝胥的行书单字结构已是"争先竞后之色人人见面",如果章法意识匮乏,把它们简单地排列在一起,则势必导致整幅作品的单调乏味。郑孝胥的条幅与中堂类作品在章法上很少有可观之作。他的行书唯在用于楹联时处理得比较妥帖,这是因为楹联对章法要求相对简单的缘故。

二

郑孝胥的书法何以在民国初年产生巨大影响? 原因是多方面的。

从艺术自律角度来看,清代中晚期书坛由书法家邓石如、何绍基、赵之谦等与书法理论家包世臣、阮元、康有为等几代人合力推动的碑学书法异军突起,它崛起后所蓄积的美学能量在晚清、民国时获得强大释放,碑派书法趣味风靡天下,文人法帖风光不再,构成书法史上千百年来的一次重大转折。此时,碑帖融合成为书坛的关键词,趣味差异成为批评焦点,技术细节上的精粗优劣退居次要。人们对郑孝胥行书中存在的种种缺陷不仅不加指责,还可能理解为碑帖融合的必要手段或必然之举。

从社会历史角度考虑,情况则更加复杂。

与大明社稷的倾覆不同,清帝以"逊位"获得保全。前清的高官贵胄虽然沦为遗老,但是他们凭借当年经由各种手段聚敛的财富依然得以维持体面的生活。除了北京之外,他们聚集在上海、天津、青岛、香港等繁华商埠做起了寓公。选择保守立场的士人则沦为遗民,成为遗老的支持者与同情者。

郑孝胥一向自负其能,自谓"吾欲行其志,匪疆吏不为。"② 1911

---

① [清]包世臣:《艺舟双楫》,《历代书法论文选》,上海书画出版社,1979年,第665页。

② 陈灨一:《记郑孝胥》,转引自汪辟疆:《光宣以来诗坛旁记》,《汪辟疆说近代诗》,上海古籍出版社,2001年,第241页。

年,他终于被朝廷任命为湖南按察使,离封疆大吏仅一步之遥。但是几个月后的武昌起义彻底断送了他的仕途之梦。湖南革命党人率先响应武昌,由京返湘途中的郑孝胥在到达上海时得悉长沙已失,道路阻绝,遂留寓上海,躲进他在革命爆发前预建的"海藏楼"做起了寓公。从1911年武昌起义爆发到1923年他经由同乡陈宝琛推荐入京受任溥仪小朝廷的所谓"总理内务府大臣",他在上海居住12年之久。郑孝胥最为密集的书法创作活动正是集中在这一"海上遗老"阶段。①

海上遗老遗民人数不少,其中不乏当时的著名书家,形成一个交游密切的群体,康有为、吴昌硕、沈曾植、杨守敬、李瑞清、郑孝胥等都是其中的成员。1909年成立的"豫园书画善会"和1911年成立的"海上题襟馆金石书画研究会",集中了当时上海的大部分书画家,遗老遗民是其中的主要成员。

透过《郑孝胥日记》可以窥知,这一群体的日常生活大体包括写字、吟诗、会客、访友、听戏、狎妓、雅集。② 在遗老群体内部,出于对民主革命的仇恨、对王朝陵夷的无奈,他们不仅在艺术上相互切磋,也在"气节"上相互砥砺,精神上互相安慰。遗老群体以"忠义气节"自高于世,同时又不得不与社会周旋,依靠鬻文卖字维持经济收入。民国初年的上海滩,经济政治领域鱼龙混杂,思想文化场域光怪陆离,不少社会公众的历史观念与历史想象仍然停留在王朝轮回的框架之中,他们将对待清初明遗民的态度与情感挪移到前清遗老身上,同情、尊重、仰慕、拥护者不乏其人。在这部分人士眼中,前清遗老成了不屈的节义之士,他们的字画诗文成为一道特殊的文化风景。在这样的历史情境之中,海上遗老书家通过艺术创作,获得了丰厚的经济回报。郑孝胥在其中属于获利佼佼者之一。③ 这种情况除了反映上海滩当年的

---

① 据李庶民以《郑孝胥日记》1915年的记录作抽样统计,全年所记录其作字的天数达150天。见李庶民:《翰墨寄情海藏楼——郑孝胥在上海的书法生活》,上海市书法家协会编《海派书法国际研讨会论文集》,上海书画出版社,2008年,第270页。

② 劳祖德整理:《郑孝胥日记》,中华书局,1993年。

③ 据《郑孝胥日记》1920年11月29日记"夜核卖字收入,自正月至今已及七千一百零九元";1921年6月11日记:"今年卖字,至端午节已得四千五百余元。"

财富状况之外，也折射出辛亥革命后各界公众的社会心理与文化趣味。

程巍在《奢侈：商品的象征价值的消费》一文中对 19 世纪英国贵族在工业革命后重新获得社会优越感的情形做过精彩的描述。我们只要把下文的"贵族阶层"置换为"前清遗老"，把"谈吐、服装和举止"置换为"诗文书画"，就可以看到中外历史之间的异曲同工之处：

> 从整体上来说，贵族阶层在中产阶级时代已经失去了政治特权，经济上也已江河日下。贵族阶层想要重新获得失去的社会优越感，或者说重建一种社会等级制，就必须找到新的基础。他们很快就找到了，这就是文化品位和生活方式。……他们发现通过展示谈吐、服装和举止方面的高雅，就能轻而易举地获得社会优越感。中产阶级潜意识里对贵族的自卑感帮了这些人一个大忙，而他们不会不去利用这种自卑感。他们当然不会选择中产阶级的强项（例如实际能力、进取精神）来与之一较高低，而是选择中产阶级的弱项（例如文化品位、生活方式）。甚至，中产阶级的每一个强项都被他们当作一个弱项进行解释，例如"实际能力"变成了"唯利是图"，"进取精神"变成了"贪得无厌"，等等。中产阶级的这些品性被 1800 年到 1830 年的那些人用一个词来加以概括，那就是"粗俗"。这些人本身主要靠地租、利息、赠与、遗产甚至借债生活，无所事事，但他们把无所事事当作一种"高雅的闲暇"状态，并且在闲暇中发展了一种艺术，即关于"品位"的艺术。①

此外，还有一些具体的人为因素促成郑孝胥书法的影响。这里必须提到两个人：张谦、沙孟海。

张谦，字国威，别署靖远，斋号"千郑楼"。1909 年生，1935 年大学

---

① 程巍：《奢侈：商品的象征价值的消费》，南帆等《符号的角逐》，凤凰出版传媒集团江苏文艺出版社，2008 年，第 24 页。

毕业后在天津任律师,1950年后从事美术教育工作,1981年任天津文史馆馆员。张谦是郑孝胥的超级"粉丝",不仅大量收藏郑氏书法,而且研究郑氏书论,汇编成《海藏先生书法抉微》①。海上"补白大王"郑逸梅曾有专文记述:"国威津沽名士也,私淑海藏凡十有五载,泼墨挥毫,无日不临摹,久乃得其神髓,所作可乱楮叶,且搜罗海藏手迹,不遗余力。先后所得,计五百余帧,晴窗多暇,辄出展玩,琳琅满目,蔚为大观。"②

如果说张谦的作为影响有限,沙孟海就不同了。1930年,沙孟海撰成《近三百年的书学》,以头条发表于当时影响广泛的《东方杂志》。该文阐述了300年书法大势,重点评论1628—1928年间书法家31人(4人重复),郑孝胥乃名列其中唯一在世的书家。行文中对部分书家褒贬相参,对郑孝胥则全是推崇之词:

> 可以矫正赵之谦的飘泛、陶濬宣的板滞和李瑞清的颤笔的弊端的,只有郑孝胥了。他的早年是写颜字苏字出身的,晚年才学六朝字。他的笔力很坚挺,有一种清刚之气。对于诸碑,略近《李超墓志》,又像几种冷唐碑,但不见得就是他致力之所在。最稀奇的是,其作品既有精悍之色,又有松秀之趣,活像他的诗,于冲夷之中,带有激宕之气。别人家学他的字,没有他的襟度,所以只觉得棒棒枪枪,把他的逸致完全抛失了。③

沙孟海此处主要针对的仅是郑孝胥的楷书。但是,对郑孝胥的如此褒奖,显示了专业人士对郑孝胥书法的热情接纳,促成了郑孝胥各体书法的更大社会影响。该文影响深远,直到1945年还被顾颉刚写入专著,誉为书法史研究中"较有系统的作品"。④(顾颉刚在此处谈到书法史研究时只提到这一篇文章。)但是今天重读,我们不必讳言其

---

① 张谦:《海藏先生书法抉微》,生流出版社,1942年初版。其部分内容后又收入《历代书法论文选》,上海书画出版社,1979年。
② 《郑海藏之唯一知己》,郑逸梅《珍闻与雅玩》,北京出版社,1998年,第392页。
③ 沙孟海:《近三百年的书学》,《东方杂志》,1930年第27卷第2期。
④ 顾颉刚:《当代中国史学》,上海古籍出版社,2002年,第119页。

中存在不可避免的局限性。第一，写作此文时年仅29岁的沙孟海虽然已开始崭露头角，尚未成为后来的"书坛泰斗"，自23岁从浙江鄞县来到上海后，他基本生活在遗老文艺圈中。他通过乡贤推荐登门拜访的首先即是遗老书家康有为、吴昌硕、郑孝胥等人，他鬻字养家的润例出于前清遗老、著名词人况周颐之手，他参与的社交多为遗老的聚会雅集。这种直接接触与私人情谊会影响到审美判断与艺术批评。所以，这批遗老书家中的佼佼者均成为他关注与讨论的对象，只是在沙孟海文章付梓时，老成凋谢，吴昌硕、康有为、沈曾植、李瑞清等纷纷辞世，唯余郑孝胥尚在人间而已。沙孟海在文章最后一节说明：他所作的批评"大约十分之七是客观的口吻，十分之三是主观的见解。"①这种说明或许并非谦虚之辞，而是坦诚的告白。第二，沙孟海来沪后，虽然进步飞快，但是游历仍然不足，限于当时的交通通讯条件，对上海、浙江之外的书法状况接触较少；可能也由于资料限制因而主要感受与考察对象为晚近书家，所以他在批评对象的选择上相对偏重近代书家、偏重海上书家。这样，很容易造成批评的遮蔽。第三，刊发沙孟海文章的《东方杂志》恰是郑孝胥担任董事的商务印书馆主办，这一细节也是值得考量的。当然，这里只是提及这一因素，我们无法断言沙孟海因此而曲笔阿好于郑氏。笔者认为，如果将郑孝胥列为批评对象，那么300年的书法史评至少要列名百人以上。

文章发表两年之后，郑孝胥沦为汉奸，这是沙孟海始料不及的。沙孟海一定为赞扬郑孝胥一事而懊丧。在1984年出版的《沙孟海论书丛稿》中，《近三百年的书学》一文得到修订，郑孝胥再次成为唯——唯一被删除的评论对象，涉及郑孝胥的文句与数字被删除殆尽。②沙孟海这样做，并不完全是慑于"政治正确"的压力，也是为了忠于自己恪守的"历来论艺事的，并注重到作者的品格"③的原则，同时也可能与他后来书法感受与审美判断的变化有关。

---

① 沙孟海：《近三百年的书学》，《东方杂志》，1930年第27卷第2期。
② 沙孟海：《沙孟海论书丛稿》，上海书画出版社，1987年，第24－55页。
③ 同②，第32页。

笔者给郑孝胥书法的定位是:作为遗老书家,他在清末民初书坛拥有一席之地;作为聊备一格的书家,他在漫长的书法史上会被谈及;作为书法大师,他并不具备资格与实力。

三

郑孝胥本来是有可能成为书法大师的。他的优势很明显:第一,他发自内心地喜好书法,以书法为终生乐事。只要时间允许,他就以书法为日课与消遣。第二,他拥有深厚的诗文修养,被人们视为"同光体"诗歌的重要代表。第三,他拥有丰富的人生阅历,出使东洋,巡按地方,办理洋务,襄赞幕府,视野与见闻绝不狭隘。第四,他处世自信,才能干练,曾被晚清多位封疆大臣视为干员。社会事务方面的才干虽然不能直接兑换为书法才能,但是这种能力意味着学习方面的潜在优势。第五,他有一定的耐心与意志。他数十年不断地坚持记日记,堪称"日记达人"。

这些素质并不必然造就一个书法家,但是,无疑对书法之大成具有促进之功。但是终其一生,郑孝胥的书法成就停留在一时名家的地步,原因何在? 固然,成败利钝难以预料,但是笔者认为,一些至关重要的影响因素是显而易见的。

第一,书法观念的局限性。郑孝胥爱好书法,但他并不重视书法。他的书法观念受到几百年前的同乡黄道周的影响。郑孝胥《题黄石斋尺牍》道:"我观《书品论》,迂谨有殊致。茂弘安石间,逸少乃其次。正坐书掩名,钓弋等能事。学中七八乘,作书特末艺。善书轻其书,小技故可愧。荆公赋颜碑,语意绝相类。吾生无死所,偷活视前辈。犹期树名节,何用托文字?"①他认同黄道周的见解,认为与王导、谢安那样建功立业的政治人物相比,做一个王羲之式的书法家是次要的;认为书法不过是与垂钓、射弋那样在学问中属于七八乘的末业;在偷安苟活的遗民境遇中,他只希望树立名节,并不把文章、书法之类小道列

---

① 郑孝胥:《题黄石斋尺牍》,刘正成主编《中国书法全集·康有为梁启超罗振玉郑孝胥卷》,荣宝斋,1993 年,第 143－145 页。

为人生的理想与寄托。形成讽刺的是,他最终却丧尽名节,走到了他的伟大同乡黄道周的反面。①

第二,学书路径的问题。历史上在行书方面有所创获的书家,大体上有四种选择。第一种是把行书作为一种独立书体,在前代行书中选择一种或多种经典范本悉心临摹,在熟练掌握之后稍加修改,推出自己的风格模式,如米芾、王铎;第二种是把行书视为一种依附性的书体,视为楷书的自然延伸,在楷书功夫充沛之后放松自由地写出与自己的楷书风格接近的行书,如颜真卿、于右任;第三种是在长期学习追寻中从某个杳不可知的地方获得灵感,进而发展出一种迥异前人的崭新风格,如黄庭坚、八大山人;第四种是在日常自由书写的惯性中捕捉自我,慢慢调整,渐渐提炼出自己的行书面貌,如吴昌硕、黄宾虹。具体到某个书家,可能兼取多种深入之路,但是其行书形成的主导模式,可以归为上述几种之一。郑孝胥的行书与其楷书有关联,但是关联度并不很高;另外,以笔者有限见闻,至今没有看到郑孝胥围绕前代行书经典所作的对临;同时,郑孝胥的行书尚未达到戛戛独造的地步,所以他大体上属于上述的第四种。郑孝胥这样的行书路径在当时的书家中并不鲜见。但是,这一路径本身就潜伏着弊端,如果不是超一流的天才人物,最终难成大器。沈尹默曾经提出"善书者"与"书法家"两个相对的概念来区别不同的书家。② 依靠第四种路径研习行书者,最后的行书成就大多是"善书者"。他们的作品能够给人启发,能够打动人心,但并非可以引为矩镬的经典。

第三,人格的缺陷。人格不仅包含道德伦理,还包括更多的心理内容。郑孝胥颇以"孔明"自期,睥睨一世,顾盼自雄,但是他恰恰未能修炼到诸葛亮《诫子书》中所提到的"宁静以致远,淡泊以明志"的境

---

① 黄道周认为:"作书是学问中第七八乘事,切勿以此关心。王逸少品格在茂宏、安石之间,为雅好临池,声实具掩。余素不喜此业,只谓钓弋余能,少贱所该,投壶骑射反非所宜。若使心手余闲,不妨旁及……人读书先要问他所学何学,次要定他所志何志,然后渊澜经史,波及百氏。如写字画绢,乃鸿都小生孟浪所为,岂宜以此混于长者。"见黄道周:《书品论》,《明清书法论文选》(上),上海书店出版社,1994 年,第 402－403 页。

② 沈尹默:《书法漫谈》,《沈尹默论书丛稿》,岭南美术出版社,1981 年,第 120－122 页。

界。与康有为的矢志维新、孙中山的锐意革命相比,他只是凭借其权谋机智试图在时代乱局中纵横捭阖的一介政客而已,其政治视野与为政理念并不具备政治家的风范。① 他的人生境界不过与一般满清官吏一样痴心于荣禄富贵。即使在寓居上海期间,他也始终窥伺时局,期望有朝一日东山再起。他的投机习性,使他不肯像其他遗老如沈曾植那样潜心书学,也不肯像吴昌硕那样下大工夫锤炼自己的书法功力,只是满足于率意适兴、任笔自运。如此,则自然无法将自己的书艺推到一个真正的高度。民国时代的陈灨一指出:"(郑孝胥)仓皇遁沪,居海藏楼,鬻书年获万钱。书者,神气骨肉血缺一不可,全则上品矣。孝胥能书,气足露骨。晚年忽变瘦体,有时率意漫涂,惯作斜行,而笔画不整。世震其名,争宝之,不可解矣。"② 笔者认为,陈灨一堪称知人复又知书的解人。

(作者单位:福建师范大学文学院)

---

① 汪辟疆《光宣以来诗坛旁记》"谈海藏楼"条:"孔子虽有不以人废言之训,而于其人出处大节,不可不以《春秋》之笔责之。不意甲子溥仪出走津沽。张园会议,海藏(郑孝胥)即主附倭以延残喘。辛未,倭入沈阳,窃占东省,而海藏果奉溥仪托庇房廷矣。殷顽(殷汝耕)犹可恕,托命外族不可恕,而身败名裂,至此益显。然则吾言验矣。顾余敢于为此肯定之言者,亦有所自。忆宣统季年,余在商城晤张骠之孝谦,偶与评品艺事,遂及海藏。骠之曰:'孝胥书初学蝯叟(何绍基),近则一变为刻露,不苏不黄,字变而人品亦变矣。'及民国乙丑夏秋间,侍坐陈弢庵(陈宝琛)师。师言:'太夷(郑孝胥)功名之士,仪、衍之流,一生为英气所误。余早年赠诗有子诗固云然,英气能为病二语,并非泛谈。'已而又曰:'彼尚欲有所为。'余大惊诧,因从容询曰:'彼既不肯作民国官,尚欲何为乎?'师言:'此当观其后耳。'时在'九一八'之前六年,附逆尚未大著。盖张园会议,弢庵最反对附日,海藏颇衔之。而与弢庵不相能,即始于此。及弢庵逝世,海藏挽诗犹有微词。至以'功名士'称弢庵,则反唇之讥也。"文中转引陈灨一《记郑孝胥》:"郑孝胥之得名也,不以书,复不以诗。世独以美书工诗称之,斯固然也。而于清季政事之起伏,固数数预谋,实一政客也。"见汪辟疆:《光宣以来诗坛旁记》,《汪辟疆说近代诗》,上海古籍出版社,2001 年,第 240–241 页。
② 陈灨一:《记郑孝胥》,转引自汪辟疆:《光宣以来诗坛旁记》,见《汪辟疆说近代诗》,上海古籍出版社,2001 年,第 241 页。

离散生命的图写与孤独情性的自证

——旅台国画家沈耀初的艺术人生

王毅霖

一、西溪之水

1907 年的某一天,在清王朝处于摇摇欲坠的年月之中,位于福建省最南部诏安县城边郊的西溪之畔,在仕渡村某个用土结块垒起的屋瓦房里,一个闻名海峡两岸的国画家沈耀初在这里出生。关于他的出生并没有过多传奇之处,与许多农村农家的孩子一样,哇的一声来到了地球某一个偏僻的角落,迎接他的并非仕宦之家,也非书香门第,成为他的父亲和母亲的是两个老实本分的农民,贫穷和困苦镌刻在他们的脸上,即便是儿子的出生也并没有带来任何欢乐的意象。

诏安素有"书画之乡"之称,有清以来,谢琯樵、沈瑶池、许禹涯、吴天章、沈镜湖、马兆麟等人以画作名于世。文化与艺术在这个西南的边陲得到十分令人意外的敬重,在这里即便普通民众的生活也都那么富有诗情画意,吃茶煮酒谈书画成为每家每户闲暇之余的要务,逢年过节贺寿送礼更是以书画为佳。市场需求造就的是部分有天资与兴趣的人有了衣食之源。以个人才情领取一份不菲的酬劳和乐趣,并怡养一方地域的文化特色。尽管毗邻的广东正以激烈的革命热情地干预着垂垂暮态的国度,激情并没有延烧到这个偏安的一隅,舞文弄墨还是被当做一种比较高雅的享受。

仕渡村背靠南山,村前横跨西溪之水,这种背山临水、耕读人生的生活实为农业文明的经典浓缩。

尽管社会的动荡、朝代的更迭、革命的汹涌对这个边陲小村落所产生的震荡不大，但整体国计民生的困苦还是为沈家所分担了。沈耀初原名沈仲裕，沈耀初为其学名，兄弟四人，排行老三，因家贫，父亲和长兄漂泊南洋，有幸的是由于沈耀初幼年对书画的挚爱和表现出的天资使其在贫寒的家庭之中仍然获得读书的机会，而获得沈镜湖老先生的钟爱和言传身教更注定了他的这一生从此要与书画脱不了干系。沈镜湖为清末闽南著名画家，生于1858年，擅花鸟，初学沈瑶池、黄慎，后吸收任伯年，画作多为兼工写。在沈耀初登门入室拜师学艺之时，沈镜湖已经年过半百，都说是物以类聚，人以群分，回想这一老一少的性格和为人如此相似使人不禁唏嘘，老先生一生对画品和人品的双重修炼对沈耀初的影响应是刻骨铭心的。然而曲高者和寡，品格的高塑通常要与世俗产生碰撞，放牧才情和个性可能收获到为世所不喜好的棱角与尖刺，自幼沉默寡言的沈耀初因此更加地"执拗"与"孤傲"而难以入俗。中学毕业后因无力承担上海艺专的巨额学费而选择了汕头艺术师范，由于不满落后的教学先后辗转于厦门美专和龙溪师范艺术班，最终放弃艺术考入汕头中文科，这种选择可以看做是对当时教育和社会一种温和的反抗。毕业后到云霄中学任教，因拒绝入俗而得罪校长，后调到诏安四都大浦村小学，最终因仕渡村梅溪小学校长的聘请回到梅溪小学任教。青年时期的这一次"圆周运动"为沈耀初的绘画奠定了基调，种种的挫折更坚定其沉默又执拗的性格。在清贫、悠游的环境中，明澈的西溪之水荡涤着画家清瘦的身影与孤高的性情，正是这样的山水滋养着画家的艺术人性，使其艺术技艺日渐精熟。

　　这样的故事对于那个年代的人来说似乎是很平常而不足为奇的，大凡生于那个时代的文人大多有相差无几的经历。在小说家的眼里这些故事都是一些不堪一提的陈年旧事，然而情节急转而下，造化弄人不需要预先通知，历史与沈耀初开了一个莫大的玩笑，一向与政治似乎沾不上边的沈耀初因到台湾置办农具最终被滞留台湾。事情的缘起并不十分复杂，1948年底，朋友提议合办小农场，因台湾农具较齐全又便宜，沈耀初渡海到台湾置办农具，一场戏剧性的故事由此拉开序幕。背景是日本投降之后，国共两党的关系开始出现破裂，内战的结果以国民党的大撤退为结局，凭借台湾海峡的屏障，台湾成了最后据守的阵地,两岸对峙从此开始。

两耳不闻窗外事对于画家而言并非坏事,不巧的是这一次缘于对政治与形势的无知导致沈耀初困在了混乱的孤岛中,三年国共战争最终的结局落实到个人头上并非均等,对于许多仁人志士来说抛头颅洒热血尚且慷慨激昂,儿女情长的别离不必为人道,对于画家而言这种离散却是如此的不堪重负,一种全新的环境和生活戏剧般的开始。

二、离散情怀

民族的要义与国家的动荡似乎很难与一个僻壤的小文化知识分子如此的紧密相关,这一次却出现了意外,历史的大转盘一经停下,竟然没有任何征兆地把指针对准了这个本无相关的人。

离散的重负从此压在这个刚过不惑之年的画家身上,断线的风筝从此在孤岛上飘游,无法支配自己的身心成为焦虑的来源。家中的妻儿从此远隔海峡,孤独的情怀也从此注定深入画家的骨髓。此外,国民党退守台湾初期对共产党的歪曲描述与对大陆刻意的报道无时无刻不在轰击着沈耀初,不难想象画家此时的心境是如何的焦虑与煎熬。寄情书画是无奈之中的唯一选择,远离亲朋好友、四处混乱的孤岛、失业、两岸紧张的关系引发的风声鹤唳,凡此种种交织成一种挥之不去的意象,逼迫画家不得重新面对生活。然而一帆风顺在沈耀初的字典里从没出现,这一时期,甚至连遁入空门的想法都尝试过,怎奈佛门亦难遂人愿,佛并没有因为怜悯这个漂泊离难的人而收留他,辗转之下他回到教书育人的老行当。缘于教历和学历证明的丢失无法成为固定教师,工作单位的不断更换更加增进其漂泊感。生活如此的困苦不堪,在命运巨手之下生命又是如此的卑微,难得是画家还可以以画怡情。多少年来,通过笔墨的抒写获得短暂忘却对家乡家人的思念之痛,笔墨给予的不仅仅是微薄的信念,更近乎是一种麻醉剂,正是依靠这种麻醉,沈耀初在漂泊之中度过了这几十年的生活。

遭遇历史的交汇,也是需要缘分。如果不是要开办农场,如果不是因为台湾的农具比诏安齐全又便宜,如果不是遇上国民党退守台湾,如果早点来或晚点来……一切就不会发生。其实没有那么多的假设,历史学家断言历史缘于偶然，这一切的转变说到底也就是一个偶然。这种偶然的转变却造就了沈耀初，国家不幸画家幸，画家不幸画坛幸！若干年后的蓦然回首，历史把沈耀初逼上的那块孤地竟然是艺术的制高点，人生的转变打造出了离散的情怀，离散又开辟出一片艺术的新境。

三、孤独中的自证

如果说绘画只是一种亚麻醉品，这对画家的评价似乎有些不公，对于生命孤独的图写使画家的心灵完成了一种自证，近乎于朝圣般的自证。一二白菜、三两蘑菇亦可以表达其对孤独的排遣和对生活的希望。许多时候，中国画的图式往往只是一种表面的形象，题诗落款更可能深刻地切入作品的主题，"冷淡生涯"的题字更是把孤独生命的胸怀、品格、包容与对生命本身咀嚼的味道道尽。也许对画家自身而言根本没有如此这般冠冕堂皇的说法。如何的安身立命，"教书之余惟有翰事"，最终成为一种生活的惯性和习惯。都说"书为心迹"，画亦然，历史的转折以画家个体生命的磨难为见证，生命的磨难淬就了笔墨的沧桑情怀，是此悲亦图写、喜亦图写，画作又见证了画家离难的心路。

《归雁》所图写的是三只南飞的大雁，墨色浓淡相间、用笔大起大落，抽象概括地写出其神采，甚至全然不顾及物象的完整性，"岁晚江湖同是客，莫辞伴我向南飞"，道出画家内心所寄托的深沉渴望。归心似箭是一种日以继夜的煎熬，台湾媒体连篇累牍对大陆到处家破人亡，凄惨不堪的报道更是一种催发剂，处于破巢的感觉是一种无时无刻的存在状态。《破巢雏鸡图》画一破筐，几许枯草，两只小鸡在筐外觅食，图中大面积的留白用于题款，"故国悲沦落，旧巢风雨侵。大难求净土，破屋话酸辛。一年将近夜，万里未归人。对汝长叹息，漂泊两关情。癸巳除夕，见邻舍敝筐一具，中有无母鸡雏，三两哀啼其间，悬殊萧索苍凉。缅怀桑梓老弱妇孺，其流离道途，颠转沟壑者，厥状尚较此雏更惨，故作破巢雏鸡图，以资志概云耳。士渡人画于台岛。"邻家的破筐和无母鸡雏勾起画家悠悠的乡愁，想起远在大陆孤苦的妻儿，那土结垒起的泥墙在雨天是否会渗水，从海峡而起的台风是否掀翻了屋瓦，儿子的书读得怎样，灶台是否因没柴烧而冷清，家中的柴米油盐是否得以维系,如此等等。一个失去丈夫撑持的家庭,一个没有父亲关爱的家庭,其生活的困苦和凄凉可以想见,这《破巢雏鸡图》所画的即是画家自己的家庭,是画家自身的写照。

除了对家乡家园的想念之外,沈耀初体弱多病,一直过着孤苦贫困的生活,1965 年的那场大病使画家下决心提前退休,于是云霖县南投雾峰山区的某一个地方成了画家的世外桃源,画家为之取名:万丁园。生活依旧清静孤寂,种菜耕地,伴着些许的家禽,以此安度晚年是画家最初对余生的构想。万丁园的清静和闲适使画家极为孱弱的身体慢慢恢复。《篱落双鸭》《秋荷》《全家福》《枯树栖鸦》《鸡竹》《蕉园所见》《街头所见》《钟馗》等都是这一时期的得意产品,1973 年姚梦谷先生的造访可谓激起千层浪,这次的造访使得沈耀初的画作得以在台湾历史博物馆展出,并得以轰动台湾,同时也改写了画家的身份与地位。从这个意义上讲,沈耀初还算是一个幸运儿,历史并没有全然把他淹没,在历尽沧桑困苦磨难之后又对他伸出了橄榄枝。"命运是公平的",通常是一些经历过苦难最终获得成功的人对一些不是很成功或还未成功的人做的安慰。我们一再煞费苦心地教育下一代,有努力一定会有回报,存在的事实是,收获一定要付出,付出并不一定会收获,这还必须依靠适宜的机会。偌大的一个中国,可能藏有比沈耀初更有才情和更加苦难的艺术家,然而他们并没有被发觉。倘若没有姚梦谷的这一敲,沈耀初也可能在台湾某个山脚下的小屋里孤独贫苦一生而不为世人所知。当然这种论调可能遭到沈耀初爱戴者们的不满,或许还会被扣上机会主义者之类的大帽,为此过多论争只会徒增烦恼。对于绘画本身,沈耀初并非把他当做一种成名立万的敲门砖,这是画家用心血和生命凝成的一种爱好。

随后,名誉与各种收获接踵而至。1974 年获"台湾画学会"最高荣誉——金爵奖。1975 年作品在荷兰、比利时、奥地利、德国、西班牙、瑞典、意大利等国展出,之后,频繁的展览、采访不期而来,画家的平静生活已然被打破。作为代价,身体亦回到病与愈交替的境况,直到1980 年在友人的相助下,在台北新店五峰山下购买了一套三房一厅的公寓,沈耀初 30 多年来在台岛漂泊无定的生活似乎暂告一个段落。

尽管如此，一个人的世界组不成一个家庭，"破巢"没有因住处的安定而宣告结束。

四、根的召唤

因家园的思念自古以来产生颇多著名篇章，在游子的心目中，家是一个由慈母和佳人等意象交织而成的一个名词。对于沈耀初，慈母早已过世，妻子于他而言永远算不上佳人，况且台湾的语言与闽南是完全相通的，环境对于沈耀初而言并不太陌生，但旅客的感觉没能因时日的增长而消除。亲情是一种强酸，无时无刻地不消蚀着画家的心神。基于情商不算太高的缘故，儿女情长并非画家的长项，一向的沉默寡言，然亲情与故土的思念却是无法挥断的情丝，这种思念伴随着时间的推移而日月堆积。文学家这种情绪定下了一个名词——乡愁，台湾著名诗人余光中更是把这种感觉描绘得淋漓尽致："小时候，乡愁是一枚小小的邮票，我在这头，母亲在那头。长大后，乡愁是一张窄窄的船票，我在这头，新娘在那头。后来啊，乡愁是一方矮矮的坟墓，我在外头，母亲在里头。而现在，乡愁是一湾浅浅的海峡，我在这头，大陆在那头。"这首诗写出了许多同代人的心声。

因为生活，许多人不得不选择或被选择漂泊，然叶老归根无疑是所有游子共同的期盼。

对根回归的情结怕是比弗洛伊德的恋父与恋母情结要来得复杂，晚年的沈耀初画作更多地体现了对归的渴望。《晚霞归雁图》题诗云："目送飞鸿去，旅次客心惊。羡渠腾健翼，愧我仍零丁。画中有真意，身外薄浮名。仕渡关塞远，何日作归耕。"西溪之水在梦中流淌，南山脚下归耕的欲望日复一日地滋长。身处台湾孤岛终是客，回家是一个游子用毕生书写的一种渴望，随着年龄的渐增，随着家乡通讯的恢复和日渐频繁，更加增长了这种渴望。1982年，沈耀初曲折地在香港同儿子儿媳相聚，并得以回大陆小住十来天，多年由漂泊与孤独筑起的坚冰在亲情面前瞬时融化。阔别几十年，对大陆各种民不聊生的种种想象与眼前相比竟是如此的不同，亲情如潮水般填满了多年来被思念所噬的千百个洞。曾经儿孙满堂的幻想不期而至，温馨到连感慨的时间都没有。这一刻时空置换了几十年前那一别的情景，妻子已然成为慈祥的老婆婆，儿子已步入中年，孙子们也已经长大成人，一切都那么的陌生而亲切！几十年孤苦的等待终于得到满意的答复。十几天的时间无法道尽离别的酸楚却足以暂时慰藉孤苦的心灵。两岸当时的局面使沈耀初在与故人小聚之后必须悄悄地回到台湾，身在台湾心在故园，回到台湾后，盘算起返回大陆居住的种种安排是沈耀初作画之外最为重要的任务。

1988 年，两岸关系出现了缓和，因探亲和投资回大陆者络绎不绝，沈耀初第二次返乡探亲，近半年的家乡生活是几十年的补偿，享受天伦之乐，与朋友故人畅叙，优游于家乡的山水，到上海等地参观旅游，一切都如此的尽心如意。

1990 年，画家告别客居 40 余年的台湾实现归根的夙愿，回到福建漳州诏安县，同年 10 月，一代国画大师因病告别人世。复归尘土是人类不可抗拒的终极归宿，画家以离散生命的轨迹在画坛划出了一道亮光，以某种境界从终点回到初点。

五、生命的图写

人生的钩沉过多地关注于画家曲折的经历和困苦不堪的生活，可能导致对其艺术来源、脉络及其艺术成就的忽略。然而社会学、心理学等诸多式的研究台湾可以深层次地解剖种种原因的环境，此时把注意力返回到画家的作品之上亦可以收获到更为全面的信息。

沈耀初先生幼从沈镜湖先生学花鸟，芥子园画谱是小时候的日课，黄慎、任伯年更是他早年心慕手追的对象，诏安画派兼工带写的风格从此进入早期沈耀初的笔墨之中。初中毕业后先后到汕头艺术师范、龙溪职业中学艺术科等地学习，接受到正规的美术训练，素描、水彩等一些现代绘画相关的教学也进入沈耀初的视野。因不满教学质量而放弃这些学校，终以弃艺从文告终。然沈耀初对绘画的追求并没有放弃，回到家乡教书时仍对绘画孜孜以求，因画鸡而小有名气，"沈鸡"也是这段时间留下的名号。这时"八大山人"、石涛、吴昌硕、齐白石的绘画深刻地感染了他，从此在其一生中在古典和创新的较量和浸深之下，造就了其具有个人独特风格的艺术面貌。

我与沈耀初同为漳州人，对那片土地与人情世故可谓了然于心。2000 年开始我因求学来到福州，后长期居住福州，与沈耀初画作第一次谋面是在 2001 年福州画院举办的《沈耀初书画展》上。对于一个在台湾成名的画家，开始并没有引起我的关注，待到参观其作品之后才意识到这个在台湾被评为"十大画家"的艺术家具有的厚度。与许多观赏者或收藏家关注点不同，对于画作的令人咋舌的价格我并不十分关心，更关注的是画家的本体，一个福建诏安偏僻角落的小学教师由于意外滞留台湾的人有什么资格享有如此的盛誉？在那个纷扰离乱的时代，沉默而不善于交往的沈耀初为什么能够获得如此的殊荣？与此相比，同样获得台湾"十大画家"盛誉的画家张大千一生风流倜傥。对于生活在完全不同的环境和本持完全相异生活态度的张大千而言，经营与才情同样重要，甚至更为重要。张大千一生之中充满着神奇的色彩，拥有多房的妻妾，更有无数的红尘知己，少年时日本留学回国后以模仿古画和造假获得业内的另一种认可，有过一段的出家经历，在获得社会广泛关注之后又曾数度到敦煌临摹壁画，新中国成立之后，又在我国台湾地区与美国之间游移。总之，永远处于人群的焦点是张大千的制胜法宝，这种生活与现代的明星们极为类似。与此君相比，沈耀初血液的沸点很高，沉默寡言、清贫、孤单、不善交际、不善争取，完全相反的行事风格和人生态度却得到同样赞誉，这不得不让人深思。

当然，20 世纪 70 年代的台湾已经与之前的二三十年大不相同了，国民党当局意识到反攻大陆不过是蚂蚁对扳倒大象的一种幻想，两岸暂时也不可能发生大的冲突，回到经济与文化的建设才是唯一的正确道路，一种更加宽容和多元的社会正在形成。恰巧姚梦谷的那次敲门敲出了一位隐于山野的大师，台湾的画坛从此横空多出一道风景线。画家以漂泊的人生图写出离散的情怀，生命与图式交织成许许多多归根的意象。有幸的是，历史的大转盘在不经意之间转到了某一个角度，在这个角度，我们得以有机缘解读大师的艺术生命，幸甚至哉！

（作者单位：福建工程学院）

刘向东的纽式艺术初论

刘小新

　　高名潞先生在他论刘向东艺术作品的书信中写道:"向东的东西似乎很超然,很纯粹,里面总有生命的暗示。"今天要是我们回顾一下刘向东从1982年至今的创作成果并想证实批评家的看法的话,可以确定的是只有少数的前卫艺术家像刘向东那样耐得住寂寞的孤独,在创作中一如既往地关注当代社会物质对精神的侵略状况,并且通过自己的艺术行为来抵抗精神物化的。我们就从这个角度来分析一下刘向东艺术创作的"后现代性"。

　　一种常识认为现代主义是反传统的,却很少有人认识到现代主义也有借传统来抵抗现代的更深刻的一面;同样的,对后现代主义的常识看法也有片面的地方,常识看法认为后现代主义是零散化的、消除深度的和商品社会的逻辑一致,仅仅是解构的;其实后现代主义除了解构传统的一面外,还有批判后现代社会努力重建价值世界的一面,西方有人把这种建构的后现代主义称之为改良的后现代主义,刘向东作品的后现代性就集中地表现在他对后现代社会种种精神物化现象的揭示和批判上,也表现在其重建价值世界的努力上。

　　最能代表刘向东个人特点的是他的"纽式艺术",1985年至今,他已经创作了大量的纽式作品。"纽扣"这样不起眼的遭人忽略的日常生活中的小小物件在向东的作品中却无处不在,它不断地以不同的形式出现,使人们无法规避,它也因之成为向东独特的艺术符号。这种现成物的艺术使用肇始于杜尚的发明,但杜尚及其徒子徒孙将日常物品当做艺术品的目的是反艺术反美学,而刘向东的纽式艺术在本质上则是唯美的,他是将日常物品转变为严肃的艺术。在将非艺术性物品制造成艺术品的过程中,"纽式符号"俨然是刘向东艺术公司的注册商标,无论是在普通的石块上画上纽式符号,还是在地板上铺满纽式符号,或是让植物生长出纽式符号,甚至是把蒙娜丽莎那妇孺皆知的微笑面孔变换成纽式符号,在这些纽式作品中向东传达了他个人对商品社会价值观念的审察和批判,商品社会一切从使用价值和消费观念出发来看待事物,向东则企图改变原物件(包括自然、人工和艺术品)的日常含义,而赋予它们新的文化意味和哲学意义。正如美国美学家布莱克所言:"艺术品最重要的元素就是艺术家的特殊意图,就是说由于艺术家的特殊意图使得一件普通的事物变成了有意味的艺术品。"刘向东的特殊意图是什么呢? 他自己解释道:"纽式艺术大意是用衣服中起维系作用的老式纽扣形象暗喻事物之间的关系,并用极端的手段使'关系'发生变化,让新物态在变化中显现。"很明显他的意图带有一定的革命性和建设性,革命性在于他运用艺术家的极端手段使已经形成的人与物之间的各种旧有关系发生变化,针对商品社会中已具有普遍性的人的物化现象、人被物所侵占的关系、人与物的多重异化关系,向东的纽式作品以执着的理性精神进行了不懈的探讨和批判。从表面看向东的"极端手段"还是比较温和的,与一些追求惊世骇俗轰动效应的艺术家们相比,向东简直太温和了些,他的着眼点细微,好像缺乏震撼力,他选用了那种平常的老式纽扣。然而在他的不少纽式作品中,由于内在精神的执着和理性力量的投入,使得作品具有强烈的视觉效果和艺术效果。效果最强烈的最令人惊异的是他的《纽式衣服穿人》和《纽式植物截肢》系列作品。"衣服穿人"把哲学渗透进艺术,在荒谬中再现现实,形式上令人联想到卡夫卡的"鸟笼寻找鸟"的荒诞性和矛盾性,但二者又决然不同。卡夫卡的艺术是"一种打开所有可以用得上的灯,却同时把世界推入黑暗中去",而向东更强调主体改造世界的精神力量。他曾以一种隐蔽的方式接受过尼采的强力意志的影响(应该注意向东对尼采是始乱终弃的),他早期作品《改革》中就明显地表现出他对生命力量的信仰。侯翰如曾认为向东是个"怀疑论者",其实不然,向东提出"衣服穿人"概念虽然是对精神物化状态的反动和揶揄,带有明显的戏谑成分,但是不能忽视的是向东的意图显然还含有建设的一面,《纽式植物截肢》将植物不合理的长得不好的部分截除掉,在植物切截的伤口上打上纽式符号,令人震惊。他之所以这么做,是为了"表达塑造新事物的理想",20 世纪的现代艺术常常强调对传统的反动和否定,而一些标榜后现代的艺术家们更是以解构为能事,然而任何时代的艺术都无法存活于断层之中,从某一角度说,向东对此已有高度的警觉,他在纽式艺术中更加强调建构,即用纽式符号构建一种新的关联赋予一种新的秩序,面对着缺乏终极关怀和价值追求的商业社会的人类精神世界,向东却企图于混乱的存在中重新整合人类经验,无论他努力的结果如何,他这种朴素的真诚的理想主义的愿望却是难能可贵的,我们从中看到了一个现代艺术家的良知。而在这个金钱主宰一切的物欲横流的世界中,艺术家想要保持良知就和保持自尊一样艰难。

向东曾经心仪于德国艺术家约瑟夫·博伊斯的社会雕塑,博伊斯认为艺术家的任务应该是使人类社会生活直接转变为一种完美的艺术品,向东对此心领神会。熟悉向东的人都知道向东具有很强的社会责任感,十分关注人的塑造和完美的社会生活,因此人们不难接受作为一个前卫艺术家的刘向东同时还是位省级优秀老师的事实。向东对前卫艺术的理解决不停留在形式上的标新立异,正如侯翰如所说的那样,真正的前卫艺术确实应该是走向人的艺术,向东的纽式艺术便浸透了艺术家强烈的社会关怀和朴素的人文精神。

今年元旦前后刘向东在南方古城泉州举办了"情景艺术展",在这座商尘滚滚的古城里,向东艺术展的出现无异于向澎湃的商潮中扔下了一串尖锐刺耳的不和谐音符。这次情景艺术展以最直观的形式集中表达了艺术家对于后现代社会中人的命运的深切忧虑和真挚企盼,他表现的主题依然是对纽式艺术含义的新拓展。如果说不久以前向东企图通过纽扣这一色彩平和的物象来重新建构世界,那么这次展览却透露出向东似乎失去了那份温和儒雅的耐心而多出了一种急迫和焦虑,在展厅的入口处我们看到了大批成串燃着的∧型蚊香,缭绕浓烈的烟雾熏染着迎面而来的观众又导引着观众进入特定的艺术情境,突出了艺术家的艺术主旨即全面"消毒"。展厅中间放置着颇似人体的巨大木屋,木屋被形如鱼雷的涂料桶和状若炸药包的纸箱环围着,唤起人们本能的恐惧感,它们显然昭示着我们生存景象的并不乐观的另一面:危机四伏,如履薄冰。展厅四周横着挂满了美女挂历喻示着充满欲望与骚动的世俗景观,高高悬挂的形状怪异的椅子则形象地发掘出当代人"坐立不安"的矛盾尴尬心态,而林彪这一失败了的过时政治人物形象的突出则加强了整个展览的讽刺意味。然而必须注意的是向东从来不是一个纯然的讽刺家或批判家,向东从骨子里一直透着一种内在的乌托邦心境,即用艺术的精神力量去改造生命。这次艺术展中"情节"之一的"灵魂赤裸裸"就直接地表达了艺术家对灵魂世界的热切关注和执拗追寻。衣服钉成了航天器,衣中之人却去向不明,这一景象显明地昭示着科技文明高度发达的现代社会中人类普遍的精神危机,在向东的作品里,"灵魂"失去了寄居的家园,游离于人之外。应该说向东的忧患中包含着灵魂救赎这一潜在主题,寻求和救赎人类的灵魂已成为 20 世纪艺术贯穿始终的主题。博伊斯特别强调艺术对支离破碎的社会的医治功能,他相信艺术能把人类的思想引向更高的境界,而刘向东虽然面对人类的精神世界忧虑不安,但他并未失去信念,他有着与博伊斯十分相近的艺术追求,因而他在这次情景艺术展中大量地使用了燃着的蚊香这一道具,艺术家将救治人类枯萎的灵魂这一重大主题寄寓在蚊香灭蚊消毒这种情景之中,他还运用了"火这最有力的雕塑工具",通过消毒、燃烧在死亡的灰烬中生长出新的生机与希望。

向东的纽式艺术依然在进行之中,我们企盼着,他在艺术作品中构筑的乌托邦并非虚无,终有一日会完美地显为现实。

1994 年 4 月 30 日

纽式艺术观

刘向东

一

"纽式"的大意是用纽扣（老式的、有历史感的）隐喻事物之间的关系，或事物表里的转折点，并用预定的极端的手段使某种设置的或发现的关系发生变化，让物理的关系转化成艺术的关系，或用艺术的办法使其成为神秘的，让新物态在变化中显现。

有时某种被发现被注视的关系是天然组合的，只是被我们所提示，让观众所注意，并没有被创造，所以没有创造性。一个对世界、物理世界的历史有所认识的人，他最终会发现，所谓的创造其实只是局限的智慧发现某个局部现象而已，而且，大多数情况下仅仅是假象。

很多关系是脚踩双船的，或是向某些世俗的虚空的情境投怀送抱的，这些都是被"纽式"优先揭发的对象。

二

事物的内在总是有很多鲜活的运动的"现行"的矛盾基因。在作品中，我们强调的手段是为使观众对自然而然的"现行"聚焦，是为了提示作品使其象征性地更接近自然，与充满矛盾运动的、永恒的自然规律协调同步的。当然，在"时空的传统"，就是我们所认同的时空现状没有变化之前，"关系网"中的运动是来自四面八方又走向东西南北中的。所以"纽式"是处于持久活动的开放的关系网之中的。它不断地演示着关系的矛盾运动的过程转化，使读者面对着一个多元的，以后现代的综合性平面感为特征的语境，面对着一个正在变成"置之死地而后生"的持久持续的不断扩大的"对外开放、对内搞活"的带象征性的艺术语言系统。在此,我们可以在思维的蒙太奇中发现,有一个上不了岸的漂流瓶,在"永恒"之外运动着,而在时空的彼岸,一群远离世俗"艺术"的人在真空的"真、善、美"里面,与大多数人预设所表达的想象是那样令艺术家们痛苦地感到不同!到那时作业也跟着退潮,最后"海也不再有了"。

三

在"地下核试验"之前,在思想的阴间里,某种内容蓄谋已久。"世俗"或某些所谓的艺术都是在矛盾之中的,只是其表面覆盖着祥和的假象。人的里面总有那么多的总有一天要被高度夸张的"逆反",这一堆堆垃圾般的"逆反"总有被充分展现的时候。有"创造思维"的艺术家总是努力要创造某种新关系,其结果也只是克隆,克隆不是创造,只是窃取受造物的某些局部使之增值而已。要注意,就是你提取的事物的细节裂变成"艺术作品"也是本该如此的。矛盾当然是真实的,它太多而不是太少了,如果加进"假定性"是无能的表现。一切物态都是在事物表里和"集合"内互动的,是多种矛盾的暂时的相互映照相互磨合。"纽式"首先要展示事物的矛盾的单元和多元关系的形式来作为意义(包括无意义)的载体,进而鼓动热情,对矛盾的关系进行"改革"处理,使各方发生转化,让新生事物在改革中套叠地涌现,使主体思想与客体的精神潜能,主体的现行的行为(或贯穿始终,或只起诱发作用)与客体自身的运动变化合作成戏剧意味的,使精神和物质(包括中介手段)融为既对立又统一的正在运动的活生生的艺术整体。"能,所"反映在裂变之前只是皮下的状态或是定格的情节。之后请看显然的和暧昧之间的"拔河",那是使观众注意力集中的好办法。

四

"关系"和"转折点"是要不断地被强调的。假定性和真实性在或明或暗的时光斑驳里总是真实性要耀眼一些吧。这些"真实性"的关系和转折点在宇宙万物中每时每刻都在运动的过程中不停地"自我表现"着生命的活动。他们全然不管人的想法和做法，总是在预定的轨道里运动，像戏要按剧本一幕幕表演下去，是同时间的流动同步的。

他们像书写中的白纸黑字，总是要跃然纸上的，总是要告诉现在的我们和未来的"我们"的。而这些字又不是我们能写的，是独立于我们之外又影响我们的作为人类整体的。作品只是对现象的一种提起或提取，因为事物是自我表现"自力更生"的。

五

自从人类站在"吃禁果"的背景里，面对知识这面镜子看到羞耻的轮廓时，在时空中就有一双手开始量体裁衣。而"纽"的诞生是衣服的关键，只是不管如何创作都不可能天衣无缝。当我们在变化无穷的定向或不定向思维中，只要我们确实想得"入神"，"纽"就显得非常神秘。所谓的时间隧道、相对论、时间简史、暗物质，还有《上帝与物理》就会像飘移的星云在我们的五官和心中天翻地覆！那个人与蛇、光明和黑暗，与"第三者"有关的故事也与物理学有关，与"巴别塔"有关。

范迪安在来信中说：……"纽式"是有意味的，你实际已隐约捕捉到这个处于临界点或本身就隐藏在临界点的幽灵。它好像是中国文化古老传统的另一种显现。（传统文化讲两极，讲两极之关系，但还未涉及临界这块看上去几乎处于思维真空的境地）。但又具有西方现代思维的性质，即不把它当成虚无，而把它当成实在。我对此未及深入思考，但早已感到这是一个可以徘徊于思维更可以显现为各种物态的诱发点。……打通视觉造型的思路。我甚至感到"纽式"不是一种符号的灵巧运用，它只是提供一种创作思维，表现为你把握自如创作的一种辩护……

高名潞来信说："衣服穿人"是个悖论，恰恰是现实和人类思维更是道德思维的一种悖论。原罪是思维的悖论，是东西方道德思维区别的分水岭，也可以说是对人性认识的根本区别……

侯翰如在比较我与威尼斯艺术家 Wurm 时说："刘向东的'关系'的荒谬性则来自于他对人的生存状态的荒谬性的关注。"首先是一种面对日常生活物品或情景的机智和把日常生活物品转换为艺术或超然的(Frauxendent)精神性载体的决定和策略；而更加直接的是，他们都发掘了极少为艺术家所注意的，而又最为普遍地存在于日常生活当中的衣服，使之成为他们各自的艺术理想、观念的恰当表达者：Wurm要表达的是一种对艺术的条件的新的可能的阐释；刘向东要表达的是他对世界是存在于关系（纽式）中或世界即关系的命题的信奉，Wurm的作品并没有刘向东的那种荒谬：他只希望构造新的关系，而刘向东的关系的荒谬性则来自于他对人的生存状态的荒谬性的关注……

侯翰如所说的荒谬性的确是我关注的一个焦点，生命在时空生活中周遭的尴尬，是不自由的，是悖向伊甸园的结果。高名潞所说的分水岭是在"原罪"和"人之初性本善"之间，我们要注意的是，衣服是怎样产生的？"纽"是哪里来的？"衣服穿人"，衣服这件科学的外套隐喻了人类对"永恒"和"时空"认识上的极限性。范迪安说的"临界点"的幽灵的真相是不是有"蛇"的阴影?! 西方把它当成实在，这"实在"是什么？是那看不见的、不发光的重量的"暗物质"？或是与物质的某些背面有关？这是"纽式"的追问之的。

六

"革命"总是要进行的。不是发动艺术家斗艺术家，而是渐渐远离物理层面的斗争，走向超然的、艺术之外的对艺术的"反物理"的作用。我们可以再现而不是创造性地让作品发生变化，至少可以有所象征地再现变化。可以用极端一点的手段（按已有的经验）揭露事物矛盾运动的各方面的关系，解放其内容的能量，解放生产力，使"现行"的内容得到充分地展示。

这种展示不是内容脱离形式的所谓"语言"的空谈，而是截取一个时空内的局部又无所不包的多触角的立体的信息材料。

当然，在我们历时的进入展厅共时地开放眼界之时，我们会发现艺术史的内容由原始粗犷到古典唯美再不断地发展到今天铺天盖地的"鬼化"的现实。当霍金的怪相幻化成"最残酷的肖像画家"培根的作品，到"后现代""谈出"两者交叠之时，高科技与人类自身的残缺不全形成强烈的视觉对比和心理刺激以及心灵震颤。

事物的发展是在预定的程序里的。从"伤痕美术"和"85 新潮"痛苦的人物表情，到 80 年代后期的木讷呆傻，再到这几年，走进很多画廊，就像走进阴曹地府，到处龇牙咧嘴，面目狰狞可怖。当然这些也是现实的一部分，也是从现实截取的断面。但我们至少可以想到三点，一是画史长河里大师作品的形象和技巧最多走到"拙"，超过了好像就不是人所接受的。二是，当我把中国美术史和西方美术史的幻灯片加速放映时，我看到"明暗"的强烈对比，《圣经》中神首先造光，这是西方传统的背景。而墨、黑色是属于中国艺术的。这是很值得思考的问题。有一个画山水的，我问他追求什么，他朗声说："我追求鬼气。"如果我们承传的是这种东西，会塑造多少阴影中的形象，在多大程度影响民族心理的遗传质量？如果在艺术的边沿，在临界点冒出的东西是这种超出"拙"和"朴素"（真理是朴素的）的话，便是该用火来"革命"的，所以我有的作品就用火来"改变"。当然"拙"的度是很难把握的，是很难用纯理性来支撑的。感性和理性的辩证说到底是"天才"才能掌握的。当然心志是不可少的。

七

最后，"纽式"是肯定要被推上悬崖的。在时空消失形式消灭的时候。

面对无穷无尽的宇宙，人性的理性、科学的理性之矢是不可能射中事物真正本质之的的。

固执的人总看到"巴别塔"被打倒，可怜的是破碎的梦想还会成为充满理性之人捡拾的精神垃圾。在理性的末梢不能触及的那边是可以触及我们的。"理性"永远是被动的战败的。当然，感性也不等同于理性对称的负极，他超出一般的感性之外，融合于"奥秘"之中。

"纽"最终是会消遁于时空里的，因为当背面的能力耗尽之时，前面的东西就要折卷过来了。我们已处于"周末"的夜晚，大家都有处于时空末端的感觉。从美术史的原始阶段、古典阶段、现实主义、浪漫主义（含表现主义）、超现实主义、现代主义和后现代主义，已到了路的尽头。时空重叠消失，事物综事、整合、多元、民主，所谓的"众声喧哗"实际上是学术上的红灯区的开放,是对不纯洁的现实的默许。是大规模淫乱的相互认同。而且这种淫乱是竞争的高速发展的,它是世界"熵"进程的催化剂。当世界像有些人想象的那样,物质碰到反物质而湮灭之时,这个也吃禁果的产物"纽"当然也得随之湮灭。而现在它只是我揭示"关系"的作业纸上随时可以擦去的代号。

大家可以想象,隔着时空之外的窗户,看到那些覆盖着精美包装物的、实则虚假媚俗的作品,他们已开始逐渐"熵"化,开始脱落如堆堆尘土。

那些关于"民族化"的讨论的高音符号也像落叶,失去了"能,所"能量,连"国际化"的呼声也风平浪静了。那些时空里膨胀的织体的不断加叠之和和结构主义的量变也退市了。那些人造的形式感,那些西方资本主义的象征符号——摩天大楼也在大爆炸中湮灭,那些正在学习正在追求追赶的人们将发现,还是那写惯了哲学手稿的鹅毛笔有点意思,最古老的命题还要用古老的工具更合适,但最彻底的是把工具也丢弃,开始走一条从"里面"出发的道路吧!这种走法,是在领悟了艺术的精神升华(感性部分)和逻辑规律(理性部分)后做出的决定未来的行动。

离开经验就没有意义,徘徊于普遍的被认可的经验又使意义让人感到麻木,经验(包括间接经验)的丰富又将使很多人花了眼瞎了眼。

重要的是,我们如何将思维触角由经验之中伸向经验之外,用开放的心去了解局限之外的没有阴影的未来。在那里,"我从哪里来?我是谁?我到哪里去?"也融化在"宇宙光"中,那时,在这篇文章的圆形句号里再也找不着"纽"的幻象了。

(作者单位:华侨大学文学院)

翻阅与诠释

——读寿山石组雕"书简中国"

黄 嵘

一

寿山石成为艺术收藏品有两种途径：一是寻找到至美的原石，只需略加修整，甚至完全任由"天然去雕饰"，便可大功告成；二是探求原本貌不惊人的原石，慧眼识之，去芜存菁，将它用心雕琢成精美的艺术品。这两种途径都重在寻找，不过前一种是在大自然中寻找，而后一种除了依然要在大自然中寻找外，还需花费更多的心血在原石中探究。

第一种途径显然将越走越窄。以誉满天下的田黄为例，自清乾隆以降，寿山村的水田已被反复翻掘了无数次，如今的田黄几近绝产。另外一方面，田黄也早已价超黄金，动辄以克计算，因此轻易不敢或者不忍下刀也是人之常情。

第二种途径则必将日益成为主流。《礼记·学记》云："玉不琢，不成器"，琢而成器，说的是人工而非自然的过程。玉既如此，石大多亦然，不妨谓之"石不雕，不成品"。对于一块原石来说，全部依赖于大自然的造化神功，毕竟只能是可遇而不可求的幸运；经过人工的雕刻而成品，应该是更为普遍的际遇。璞玉用心可琢成美玉，顽石用心可雕成宝石，盖因所谓"巧夺天工"，本质上指的还是人的创造之美。

具体到寿山石，首先，"柔而易攻"本就是其特点，以至于长久以来被公认为上佳的治印和雕刻材料。更巧的是，寿山石之"寿"字，原有"镌刻"之意，例如《医史·李杲传》载："制一方与服之，乃效，特寿之于木。"说的就是将治病良方刻于木头上面。其次,寿山石讲究"依石造型",有"一相抵九工"之说,但由于如前所述,需要用心雕琢的作品将越来越多,由此可知毕竟"九工成一相",才是炼石为宝之根本。必须强调:这绝不意味着刀工越繁复越好,相反应该惜刀如金,一刀也不要浪费,更别说徒增蛇足了。这类作品最理想的状况,或者说至高境界,真可以说是"少一分则缺憾出,多一厘则累赘存",而多与少、去或留的把握,是真正考验创作者——包括创意者和雕琢者文化底蕴和艺术功力的试金石。

米开朗琪罗在论及其不朽之作"大卫像"的创作时说:"其实这形体本来就在石头里边,我只是将不需要的部分去掉而已。"米氏面对的是出自阿尔卑斯山脉卡拉拉山的纯白色大理石,其实他所要呈现的是存在于脑海里边的成熟构思。而寿山石本身有着远为生动和丰富的个性,同时也更加主动,能用色彩、纹理、形状和质地等各种语言,表达对自身升华为一件艺术品的构思和意见——这也是寿山石具有非凡灵性的一个佐证。而艺术家的创造力,建立在敏锐的观察力和高超的感悟力之上,如此才能和石头对话,并最终理解它,借此帮它完成华美的蜕变。

因此完全可以说,一件优秀的寿山石雕刻作品,是艺术家和原石本身成功合作的结果。不难想见,这是一个充满艰辛和快乐的过程,如此高达"天人合一""物我两忘"层次之尝试,非兼备超人胆略和深厚造诣者必定无从涉及,故要求创作者须具备极为出色的敏锐感觉和足够丰厚的人文修养。除此之外,显然还需要超强的毅力——"用心"之谓,很大部分用的是"耐心",因为这个过程,有的竟长达近十年。

二

十年磨一剑,大型寿山石组雕"书简中国"终于蜕去最后一层胎衣,翻开了硕大而厚重的封面。创作者巧妙利用其天然肌理而呈现出不同质感,精心梳理其各款色调而焕发出多种光彩,让12座大小不一、形态各异的"寿山石·五彩山秀园",被"书简"意象的主线给装订起来,并穿插进商周青铜礼器,汉青龙、白虎、朱雀、玄武"四灵"等具有鲜明特征的文化符号,营造出象征华夏文明源远流长且生生不息的立体图像。

"书简中国"四个字创意深远,颇具气度和力道。在华夏文明的整个推进过程中,甲骨文、陶器、青铜器、竹简、帛、纸等物件,都曾承载过记录文字的重任,在这里它们被浓缩成"书简"二字,成为文字载体乃至文明记录的代表。同时"书简"二字又有"书信"的意思,写在寿山石上,它便是自然史和人文史联手写就的函件,因此"书简中国"分明又是一份历史寄给现在、又由我们转投给未来的笺牍。而汉末名碑《张迁表颂》在作品中的数次出现,或在展示书法艺术意趣的同时,也表达出一种追求美感的天性和努力:让文字呈最优美的造型,在书简中跳起静默的舞蹈。至于那几片驾风而落的枫叶,则如同岁月艳丽的书签,记忆阅读者波澜起伏的目光,抚平书写者沟壑纵横的容颜。

昔燧人氏钻木取火,结束了茹毛饮血的蛮荒时代,借此无量功德,与伏羲、神农一起被尊为"三皇","燧石"也成为点燃华夏文明的火源。由此于黑赤相间的石头里燃起的火焰,似乎像漫漫夜空中阳光来临一样无可避免。当然,它具备一种开放性的阐释结构,如诗歌般同时拥有多种解读的可能,你可以视之为对文明失落的警示,也可以视之为对文明涅槃的预言,甚或只取其"红红火火"的喜乐寓意,但只要你真正靠近它,你便很难阻隔这凝固的火焰所散发出的光芒和热度,或为它所灼痛,或为它所温暖。

此组寿山石既然名为"五彩山秀园",黑赤两色之外,自另有黄、白、青诸色点缀其间。在中华传统文化的独特理念中,"五行"与颜色的关系是:土德尚黄,火德尚赤,金德尚白,水德尚黑,木德尚青。故黑赤相杂,也即水火相容。而竹简亦称为"汗青",古时欲记事于竹简时,须先火烤青竹,使水分如汗渗出,以便书写,并免虫蛀,遂有此称,然后才有零丁洋里的文天祥"留取丹心照汗青"之句千古传诵。因此所雕作品除了含有水木书简,另又含有火焰和青铜器皿之外,石头本身还出于土,经镂刻而成金,故可谓五行俱备。

于是恰好契合地支之数的这一组寿山石雕,如十二座小山,在自然与人文两大板块的碰撞中昂然隆起,构造出一条群峰体量各异、高低错落有致的微型山脉。昔日帝王印玺、文人镇纸、雅士摆件，骤然间体积膨胀、分量陡升、视角放大，并由俯瞰抬升成平观乃至仰望。而假若你由此感到了共鸣或者共振，激烈的冲击和碰撞下，心扉洞开，灵魂便与之消除了距离。这种距离，原是把玩与厮磨的距离，也是收纳与结缘的距离，还是了解与理解、认识与相知的距离。

三

细细品读"书简中国"，还可以帮助我们凭一种全新的目光和机会，审视中国文化的一些角落，且屡有收获。譬如"书中自有黄金屋，书中自有颜如玉"，就未必只拘泥于世俗的阐释，如果把"颜如玉"解读为审美愉悦，把"黄金屋"理解成精神价值，更把"书中"视作一种寻找和创意的空间，则此说何谬之有？又尝闻某种图书或文字具避邪之效，事实上所谓吉祥，唯有仰仗于人类的文明，和建立于文明之上的信仰。

这种寻找和发现的意趣，正基于对石头的用心交流。就创作者论，它是和原石的一种平等切磋，却也不免争辩，甚或抗拒，直到妥协，乃至和好，一种理解和默契在这个过程中慢慢萌芽抽穗，发育成熟。这个过程将让你更坚信奇石自有其情绪和感觉，明白何谓万物有灵。因此这些奇石又是大地的盛宴上一枚枚色彩粲然、味道芬芳的坚果，富含营养，且经得起咀嚼。弥足珍贵的是它们皆不可复制，从外表到内涵，每一块，都是乾坤中的唯一；劈成两块，还各自是留存于世的孤本。

精诚所至，金石为开。大自然对人类已经足够慷慨，但造物从来都需要人们的付出作为保证，毕竟只有刻骨铭心的付出，才会有一以贯之的珍惜。而只要持之以恒地真心付出，创作者与原石的交流，终将进入"随心所欲不逾矩"的自由创作阶段。于原石上随心所欲地创作，所依赖的自然有扎实的技术基础；"随心所欲不逾矩"的前提则是真正懂得何者为"矩"。从纹理、质地、光泽、形状诸方面细加考察，照耀以智慧和真诚，灌溉以心血和汗水，原石便会如同种子，由创作者把作品培植出来；原石又如鸟笼，让创作者把作品放飞出来，从封闭的城堡中突围出来,从石质的冰川中融化出来,从洪荒的咒语中解放出来。

收藏者和观赏者的参与,是作品最终得以圆满完成的重要一步。这同样是寻找,而且同样是双向的寻找,彼此试探着走向一种被叫做"知音"的身份,和一种被叫做"缘分"的传奇。采掘者和创作者之外,知己者究竟有多少,悦己者究竟何在,也是一道引人遐思的谜题。能肯定的只是,参与完成者所得到的,必将超越多少人趋之若鹜的所谓成就感和满足感,而自心中升腾起无与伦比的感动和喜悦。

四

数千年以来,书简既承载着文明的记忆,其本身也是文明的重要构件。而用寿山石做成的书简,此乃有史以来之头一组:开本巨大,页码可观,字数无从计算,出版发行日期为公元 2011 年。

用心凝视,便看得见工笔写意的画卷;用心聆听,便闻得到唐诗宋词的悠扬。"书简中国",用组雕形式对华夏文明进行了一次极具个性的勒石为志。

书简既在,则中国长存。

原载于《收藏与投资》,2011 年第 11 期

(作者单位:北京大学现代中国研究中心)

攻玉之道：从工艺产业到创意产业

——以福州寿山石创作为例

黄　臻

一

米开朗琪罗用来雕刻大卫像的材料为一整块纯白大理石，出自阿尔卑斯山卡拉拉山，质地绝佳。据说它先是被交予另一位雕刻家，但其由于担心自己造诣不足以至于糟蹋瑰宝，遂转交给米开朗琪罗，米氏历经四年精雕细琢，终有此旷世杰作的诞生。

这个传说无论真实性究竟如何，它说明了两个问题：一是绝佳的石材，需由能够驾驭的大师创作方不至暴殄天物；二是再珍贵的原石，其价值也远远比不上真正的艺术巨匠所创作的人文精品。

创作大卫像的石材即使真如传说中那般宝贵，在西方艺术史上也应该算是较为特殊的例子。前如米隆的《掷铁饼者》，原作为青铜，但又以大理石复制品行世；后如罗丹的《思想者》，直接就用青铜铸造成品——两者皆以非常普通的材质雕塑而成，令它们名垂青史的，是创作者赋予它们的文化价值。

中国玉石雕刻作品领域情况则完全不同，材质贵重乃至价值连城者屡见不鲜。譬如翡翠、和田玉、寿山石雕刻作品，更多情况下雕刻创作属于锦上添花的作为，原材料本身的巨大价值才是人们注目和收藏的缘由，这也正对应了那个词：所谓"文化附加值"，说明"文化"如果在此还有或大或小的价值的话，也是"附加"在珍贵材质的"主价值"之上的。

不难想见，在这种状况下，随着珍稀材质资源的日益减少乃至枯竭,基于这种资源的雕刻工艺,以及由此形成的工艺产业,将面临巨大的困难和挑战。如何应对和突围,是一个既有意义又有意思的问题。笔者以在中国玉石文化和玉石雕刻艺术中具有重要地位的福州寿山石为例,就此进行一些分析和探讨。

<h1 style="text-align:center">二</h1>

《"石头疯狂"导致"重材轻艺",传统工艺深陷传承之困》[1] 是新华社 2011 年 10 月发布的一篇报道,文中指出:"随着以寿山石、和田玉等为代表的石头投资消费的日趋火爆,艺术品市场也出现以卖资源为主导的粗放、畸形发展的趋势,滋生出'重材轻艺'现象。与此同时,由于人才培养不足等原因,寿山石雕刻等传统工艺传承境况堪忧。"文章认为:"与和田玉等珍稀品种相似,投资者对寿山石品质要求越来越高,好石质意味着高额利润。相对于卖资源的快捷简便,进行高水平的艺术创作则显得漫长艰辛,艺术创作队伍也因此滋生出'重材轻艺'的现象。"

"重材轻艺"既已成风,畸形发展已经严重影响到寿山石艺术创作。而"石头疯狂"还在继续发酵——"'一两田黄三两金'。清代的这种说法到了今天已经过时,因为现在一两田黄(寿山田黄)远远不止'三两金'——上乘田黄每克动辄达五六万元,甚至更高。田黄近 10 年来的身价狂飙,让另外一种有着悠久文化底蕴的'疯狂石头'——和田玉都望尘莫及。"[2] 即使是近期由于受整体经济面的影响导致寿山石热有所降温,业内人士依然几乎是全部和坚定地看好寿山石的后续升值空间,所持唯一理由就是资源的稀缺性和不可再生性。

这带来两个方面的问题,一是珍稀石材加速枯竭。其实早在清代,徐祚永在所撰《寿山石》中就已现哀声:"自后凡游宦往来,必争相

---

① http://news. xinhuanet. com/fortune/2011 – 10/30/c_111133984. htm。新华网,2011 年 10 月 30 日"新华调查",记者:来建强。

② 吴聿立:《田黄每克五万是否仍有升值空间,价格暴涨是否炒作》,《广州日报》,2012 年 4 月 29 日。

购取,故居人日事斧凿,而山之精华已竭,佳石不可得矣!"近年来经过持续的热炒,寿山石的高端石材已经临近断源。二是艺术创作停滞不前。正由于资源的珍稀导致原石的贵重,寿山石创作的试错代价巨大,由此创作风险奇高。一张宣纸画坏了再用一张,成本有限,一张画布画坏了甚至可以重画。但寿山石价值不菲,更重要的是严格说来每一块都是唯一的,又是不可再生的资源,极端情况下也许会毁于一刀。清代黄任所作《寿山石》一诗中有"雕人鲗视不敢琢,审曲面势争分毫",把因原石贵重而导致创作者不敢下刀的情态描述得极为生动。当今这种纠结更是有增无减,在一篇题为《收藏寿山石,国博重艺不重材》的报道中,记者有如下描述:

> 名贵材质的寿山石,卖的往往是材料价。相较于书画的加法,雕刻是一项减法活动,因此不少资源稀缺品种都出现了"雕刻反而更不值钱"的情况,毕竟好材料有限,如果雕工不好,雕刻不仅浪费材料,而且无法修改,有时原料形态的收藏品反而更抢手,一些雕工普通的印章甚至会被抹掉薄意或被切掉钮头。①

寿山石雕刻创作题材的故步自封和开拓乏力与前述强烈的"避险"心态密切关联,由此导致寿山石中自然资源价值的比例日趋升高,文化价值的比例日趋下降,自是顺理成章。

就笔者近年来所参观的数十场寿山石展览来看,其题材可大致概括分类如下:

(1)宗教、神话人物:观音、弥勒佛、罗汉、寿星、财神等;

(2)古兽:想象、虚拟的动物,有的有所本,有的完全臆造;

(3)动物和植物;

(4)山水。

以上种种,就当今创作的作品而论,其中所含有的文化内涵,更多地依赖于传统的寓意,一是吉祥祈望,比如龙、凤、龟、鹤等祥兽;二是

---

① 欧阳进权:《收藏寿山石,国博重艺不重材》,《海峡都市报》,2012年3月6日。

道德表白,比如松、竹、梅和荷花。然而从清时高兆《观石录》和毛奇岭《后观石录》中的记载和描述中,便可知就题材而言,几百年来呈现一种超稳定状态,并无多大的变动。

另外一个较为特殊的题材是"历史人物",其中以李白和苏轼出镜率最高,而且李白很多时候呈醉酒状,苏轼很多时候呈咏月状。若将穿着古代服饰的也视为历史人物,则还有老翁(如渔翁)、仕女和儿童。

传统题材以外,一些当代题材的尝试,除了某些抽象的作品(是否领会现代艺术的真谛另当别论),也往往局限于妇女和儿童范围。其中女性无非两个方向:一是换上了当代服饰;二是干脆褪下了服饰,或至少是往这个方向在努力着,有时则加以变形,以顺应石材并谋求某些现代感。另外惠安女在很多作者的作品中都出现过,这应该是受到其他艺术形式的影响,可以说明惠安女作为艺术创作题材的魅力,未必能说明寿山石题材的创新。

从寿山石创作题材的现状可以看出,虽也有尝试创新者,但总的来说创新乏力。而围绕着传统题材继续精雕细刻下去,既是一种创意方面的慵懒和无能,同时也未必就能有好的前景。传统题材实际上已经很难超越,从南北朝始,寿山石雕刻历史已经长达 1500 年,要在既有题材上寻求突破,某种程度上便意味着必须和如此悠久的历史中优秀创作者的整体进行较量。

虽然不可否认的问题是,如果要开拓新的题材,目前从事寿山石创作的很多作者,将因缺少文化底蕴和创意能力而无从下手,或者只能勉强下手,成功作品的匮乏也就可想而知。但是除非完全抛弃创作而专注于售卖珍贵原石,否则,开拓新的题材对寿山石创作的发展来说是唯一的选择。

三

寿山石既为不可再生资源,一旦资源紧张乃至枯竭,基于这种资源的产业显然将陷于不可持续发展的困境。能够缓解这一状况、开启崭新空间的办法是拓展两"材",即:拓展创作石材的选择范围,同时也拓展创作题材的选择范畴。前者解决创作石材的枯竭问题,后者解决作品价值的下降问题。

不属于珍稀石材的"普通"寿山石需要赋予额外的价值，这点显而易见，早就有相关专家说过："好的石头刻好工，是锦上添花；不好的石头刻好工，则是巧夺天工。"①

作为创作石材的寿山石最大优势在于"柔而易攻"，事实上并不仅限于田黄、芙蓉、善伯等珍稀品种和顶级原石，"普通"的寿山石依然是极好的雕刻材料。开发利用好"普通"的石材，寿山石创作珍稀材质缺乏的困境由此完全可以得以缓解。而且正由于其珍稀性的降低，更大大拓展了创作的空间：首先石材的整体数量和个体体积都会大幅提高；其次材料的形状、纹理、质地、颜色等也会更为丰富和多样，为创作者提供了更多的选择；最后创作者更敢根据创作需要而从容下刀，不至因拘泥于其材料本身的经济价值而对创作形成压力和束缚。

2011 年笔者曾在《翻阅与诠释——读寿山石组雕"书简中国"》一文中说及——

> 寿山石成为艺术收藏品有两种途径：一是寻找到至美的原石，只需略加修整，甚至完全任由"天然去雕饰"，便可大功告成；二是探求原本貌不惊人的原石，慧眼识之，去芜存菁，将它用心雕琢成精美的艺术品。……
>
> 第一种途径显然将越走越窄。以誉满天下的田黄为例，自清乾隆以降，寿山村的水田已被反复翻掘了无数次，如今的田黄几近绝产。另外一方面，田黄也早已价超黄金，动辄以克计算，因此轻易不敢或者不忍下刀也是人之常情。
>
> 第二种途径则必将日益成为主流。《礼记·学记》云："玉不琢，不成器"，琢而成器，说的是人工而非自然的过程。玉既如此，石大多亦然，不妨谓之"石不雕，不成品"。对于一块原石来说，全部依赖于大自然的造化神功，毕竟只能是可遇而不可求的幸运；经过人工的雕刻而成品，应该是更为普

---

① 《探索·发现》栏目、福州市广播电视局编：《中国寿山石》，中国青年出版社，2007年，第65页。

遍的际遇。璞玉用心可琢成美玉，顽石用心可雕成宝石，盖因所谓"巧夺天工"，本质上指的还是人的创造之美。①

中国美术馆馆长、中国美协副主席范迪安也曾提出建议："用名贵的寿山石头，尽可能多地表现古典美，用普通的寿山石头，尽可能多地表现现代美，从而行成中国寿山石雕刻'双峰并峙'的崭新创作局面。"②笔者基本同意这个提法，但我的表达是：尽量以成熟的传统技艺和题材，来慎重处理珍稀的寿山石材；尽量以新型的现代技艺和创意，来大胆尝试普通的寿山石材。

让寿山石回归到艺术创作原料，当然不是人为地降低珍稀石材的市场经济价值（事实上也降低不了），而是扩大创作选材（石材和题材）的范围，以优质的创意加高超的技能，创作出真正的文化产品，以提高寿山石中文化价值的比例和含量，让文化附加值去掉"附加"二字，产生出占据价值主体的文化价值。台湾学者黄颖捷所提出的"世界经济发展七个阶段新论述"，对其中"第五阶段"的论述是："所有的消费行为里，都有美感渗透其中，知识层次有所不同。只要层次够高，其附加价值甚至无价。"③这里的"附加价值甚至无价"，应该就是由附加价值变为价值主体。

传统的寿山石雕刻创作过程中，最为耗费时间和心力的是所谓的"相石"。"相石"包括"选石"（选取适当的创作石材）、"审石"（对原石进行观察揣摩）、"画石"（把创作构思在石材上打出初稿）和"躲石"（在创作中有意识地避开原石的缺陷甚或用技艺化腐朽为神奇）等具体步骤，由此可见成功的"相石"是寿山石创作中极为重要的环节，所谓"一相抵九工"并无夸张，创意至少于技术层面上在寿山石雕刻中已经有着良好的基础。

然而创意的匮乏，实质上还是源于文化产品创作中缺少想象能力

---

① 黄嵘：《翻阅与诠释——读寿山石组雕"书简中国"》，《收藏与投资》，2011 年第 11 期。
② 范迪安：《从灵性到诗意》，《寿山石》，2011 年第 5 期。
③ 刘小新：《美学经济与创意产业》，张帆主编《文化产业与文化创新》，江苏大学出版社，2011 年，第 23 页。

和相应的表达能力。成功的寿山石创作需要"文武双全"，"武"就是实现创意的技术和过程，"文"就是提出创意的灵感和底蕴。

诚如管宁《创意产业及其组织形式》一文中所说的："创意排斥模仿和重复，强调创新和创造。……当然，创意并非无本之木、无源之水，创意的产生离不开人类的文明积累；创意是对人类既往文明充满智慧的再创造。"①基于既往文明的精确观察和准确构思，能让原石发挥出最佳的艺术魅力，创造出最大的价值。这既和是否具备细腻敏锐的艺术感觉有关，也和能否进行丰富的艺术想象有关，而如果具备深厚的文化底蕴，无疑将大大提升艺术感觉和艺术想象能力，至于所能够把握的题材广度和人文深度，显然和文化修养更有着密切的关联。

就题材和表现手段的开拓而言，寿山石文化需要吸收新的营养，与其他领域文化进行融合和衔接。又艺术属于一种表意文化，创作者以其为媒介来表达感情和思想，寿山石及其他玉石艺术创作同样如此。而所表达的情感和思想，在内容和形式上，终究还必须引起受众的共鸣或欣赏——所谓艺术感染力，其实也就是唤起共鸣或获得欣赏的能力。因此对于一个完整的文化产品而言，阐释是其重要的一个组成部分。创意产业既为一种"美学经济"或"美感经济"，对美感的感受之启发和引导不可或缺，阐释的过程本身是审美的过程，也是启发和引导审美的过程。

这个问题的另外一面是：文化创意产品不免要顾及市场的要求，而市场是需要培养和训练的，文化市场更是如此。作为这条路的开拓者一定很难，只寄望于现有的寿山石创作者本身，即使不能说一定无法成功，至少可以说要多走相当长的一段路。

四

面对一个工艺或流程复杂的现代产品，我们知道其中包含的专业分工越来越细化。如果反过来操作，集中高专业水准的人，一起完成

---

① 管宁：《创意产业及其组织形式》，张帆主编《文化产业与文化创新》，江苏大学出版社，2011年，第29页。

一个高质量产品，应该是一条值得尝试的道路——寿山石的文化创作应该也可以遵循这个思路。

福建社科院课题组《福建文化产业发展现状与对策》中，在论及"主要经验"时第五点提到："文化产业是交叉性产业，涉及社会结构各个层面，目前我省文化产业发展在产官学研合作上已经步入轨道。……在促进企业创意升级和推动文化产业创意人才培育上都有重要成效。"① 显然这是从产业战略等宏观层面上而论的，事实上具体到创作作品，仍然可以提倡和支持"产学研"合作，而让"官"提供服务和政策保障。政府部门自然不宜参与到具体创作中，但必须予以产业上的引导和政策上的扶持。

要在较短的时间内提升寿山石创作者的文化修养和创意能力，引入文化学者、其他领域的创意艺术家和专业人员参与创意和创作，应该是一条值得尝试的路径。另外一方面，也需要引入熟悉和掌握策划、管理、市场营销等方面知识和能力的职业文化经理人和职业文化经纪人进行协作，以形成完整的创意产业人才结构，并共同提升新生财富阶层的文化投资和消费质量。

早在 1995 年，台湾地区主管文化事权的政府机构"行政院文化建设委员会"就提出了"文化产业化、产业文化化"的理念，并取得了相当的成效，其中之一便是推动了台湾工艺产业向创意产业的转型。从工艺产业到创意产业的全面升级，同样是中国大陆玉石文化及其产业发展的必经之途。而完整的创意产业人才结构之形成，是升级能否顺利和成功的关键所在。以什么样的主体和方法搭建相关的渠道和平台，又以什么样的力度和方式予以支持和保障，应是寿山石产业从业者和管理者亟须考虑和作答的课题。

即使在全国范围内，福建所具备的文化资源优势都十分明显：沉淀久远，个性鲜明，既有丰厚独特的八闽文化，又相邻与自身因缘深厚的台湾文化，事实上某种程度而言覆盖海峡西岸和海峡东岸的海峡文

---

① 福建社科院编著：《福建文化发展蓝皮书（2010—2011）》，海峡书局，2011 年，第 34 页。

化圈业已存在。其中除寿山石雕刻外，德化陶瓷、福州漆器、武夷茶和安溪茶等共同构成的茶文化以及其他内容，在全国乃至世界都有着或曾有过重要的地位和影响，目前需要的是以先进的理念和高超的技巧，吸取营养，激发创意，形成可持续发展并具有强大核心竞争力的文化产业，更重要的是，这些领域文化内容的交汇和贯通，本身就为创意提供了可观而诱人的崭新空间。福州寿山石创作若能率先进行大胆的尝试，应该可以获得宝贵的经验并提供有益的启示。

（作者单位：北京大学现代中国研究中心）

福建省第 24 届戏剧会演选评

蔡福军

本次艺术节不仅是福建艺术的盛会,也是创作的盛会。各种戏剧形式济济一堂、百花盛开、精彩纷呈。不少专家都认为,本次戏剧会演出现了"四好"的局面:剧目好、表演好、演员好、观众好。本文尝试以剧本为中心,结合演出效果述评一番。

一、关于三"记"

《保婴记》《红裙记》《白兔记》都是写家庭内部的感情戏。将聚光灯集中在一方屋檐之下,就在一个小家的空间内打探世态人情。没有过多历史的纠葛,没有政治的口号,这里需要拷问的是家庭的伦理和其中蕴含的美。

《保婴记》一开始就紧紧抓住了人心,守寡的母亲三娘正要失去唯一的儿子。经历了丧偶之痛后,生命中仅存的依靠也即将远去。三娘从此无依无靠,她打算选择死亡。三娘的母爱强烈到可以忘记生死。晚年丧子,白发人送黑发人。三娘往后要承受的社会压力之大可以想象,命运之多艰可以预期。一个连死都不怕的人,是最勇敢的,没有什么可以阻止她的信念。母爱激活了所有人的感情,也异化了一些人的感情,让所有可能的罪恶忽然变成了良善,让应该发生的悲剧变成了喜剧,让死亡变成了团圆。首先受到感染的是她的儿子,儿子听到母亲打算与他同葬的话之后感慨万千,终于想出一个计策让母亲生存下去——谎称他的女伴有了还在腹中的孩子。如果不是母亲对他的爱超越生死,一切都不会发生,他也不会出此下策。那就会是一个苦命女人的凄凉残生而不是精彩的《保婴记》。邻里六嫂、七姑、八姨、九婶也心生悲悯之情,对三娘投以真诚的帮助。三娘及时地赶到,也挽救了她怀孕后被逼上绝路准备上吊的"媳妇"。县令听说她的遭遇也心生怜悯,对她大开绿灯。甚至金满月的父亲金包仁闻讯也慷慨解囊。母爱像一团火焰,照亮了所有的黑暗。忽如一夜春风来,千树万树梨花开,强烈的母性正是奇迹发生的诱发之点,一个点打开了一整个平面。深刻之处在于母爱的悖论:强烈的母爱作为生命的支点,本来因为亲子的丧失而要毁灭自己,现在不但成为拯救自己的强大力量,还拯救了另外两条鲜活的生命,成全了一个美满家庭。

这个戏在洋溢着温暖亲情的同时充满着技术含量。汤印昌运筹帷幄、游刃有余地在下一盘棋。哪一个棋子在什么时候、什么地方出现,发挥什么作用,他都了然于心。这个戏绝不拖泥带水,甚至连基本的预热都没有。汤印昌惜墨如金,三娘在生命垂危的孩子面前的痛哭一下子就深深吸引住了观众。接下来,观众被俘获了,出乎意料的精彩设置接踵而来,这种浓密的智慧让人充满了发现的喜悦和默默的赞叹。巧救将要上吊的金满月;连夜送金满月出城的竟然是自己的邻居六嫂、七姑、八姨、九婶;八姨妙对县令;县令顺水推舟,通情达理地完满解决这团乱麻;金满月真正的爱人、婴儿真正的父亲林东明神奇复生;婴儿的哭声唤回了发现真相打算出走的三娘……汤印昌不入俗套的设置,真正做到了意料之外、情理之中。汤印昌尝试了一个没有恶人的故事中如何让冲突展开、让情节圆满。他不是通过对抗、冲突来支撑起这个戏,而是让母爱解开一个个情节的枷锁,冲破一层层风浪,让人豁然开朗,引向一个温馨的彼岸。这是一个令人欣喜的突破。稍微有点不满足的地方在于,审案的戏份有些过重了。占据了三分之一的分量,使得亲情的分量没有得到更充沛地展开。

《红裙记》与《白兔记》有着类似的故事结构。一个是由现实事件加工而成的闽剧传统戏,一个是根据南戏四大名剧之一《刘知远》改变而来。这两个传统艺术精品都有类似的布局:夫妻俩育有一子,将丈夫打出家庭结构,从此杳无音讯。十多年后夫、妻、子再度重逢。其间的悲欢离合、柔肠百转——呈现。《红裙记》的改编者王仁杰是全国著名的编辑,《白兔记》的改编者则是一个八零后的后起之秀郭景文。尽管结构相似,从改编的效果来看,姜还是老的辣,王仁杰改编的《红裙记》艺术水准要高出郭景文的《白兔记》许多。《红裙记》中,丈夫王成龙的离开是因为家庭内部原因——王成龙嗜赌成性,全然没有照顾家庭的责任感。以至于家徒四壁、无米下锅。妻子柳氏的母亲送来一件红裙,让柳氏衣着体面地为母亲祝寿。不想红裙被丈夫拿去典当,换来的米也做了抵债之用。代表母亲心意的红裙一转眼也化为乌有。王成龙不仅透支小家庭内部的感情,也挥霍了家庭之外的丈母娘的一片好心。嗜赌的王成龙像一个黑洞,吞噬着一切可以转化成价值的情感。红裙的当卖成为压垮柳氏心灵的最后一根稻草,几近崩溃的她怒斥王成龙,将他赶出家门。王成龙有家难回,走投无路,自责与悲愤交加,投河自杀。《白兔记》不是由于夫妻不合,而是恩爱夫妻受到嫂嫂的迫害被迫离家。由于篇幅受到压缩,郭景文开头交代得不是很清楚。刘知远夫妇成婚之后与妻子李三娘双双下场,立刻上来一个女人,由于古妆相似,让人搞不清到底是新娘子又上来了还是另有其人。

相似的故事,《红裙记》将最多的笔墨留给他们十几年后如何相遇、相遇之后的情感反应。《白兔记》则更侧重离开后李三娘遭遇如何凄惨以及怎样通过白兔让母子重新相聚。在《磨房产子》这一场,初为人父的郭景文写出了才情。因为《咬脐打猎》一场几乎未作修改照搬了传统戏,所以《磨房产子》一场是郭景文自己撰写的最精彩的一场。李三娘的几个悲情唱段写得很到位。嫂嫂张丑奴在磨房折磨即将分娩的李三娘,李三娘最终在磨房产下一子,亲自咬断肚脐,孩子名曰咬脐。嫂嫂的蛇蝎心肠与三娘的苦楚让人触目惊心。《红裙记》的精彩之处就在于在情感表现不是最充沛的地方惜墨如金,在最能体现情感复杂性、强度和冲击力的地方大肆挥毫泼墨、浓墨重彩。从故事的结构来看,最精彩的地方是十几年后家庭重新团聚。因为这时候的感情是积累了十几年的激情。仿佛大坝已经将水位蓄到最高点,然后突然开闸,情感最汹涌澎湃、最势不可挡、最摧枯拉朽、最打动人心之处正在这里。前面受过多少的苦,在相聚中都可以以侧面的方式体现。传统戏不怕长,一唱就是好几天。因此传统戏往往把许多枝节之处也写得非常细致。在只有两个小时的会演中,过于"尊重"传统戏的完整,只能导致情节的拖沓。郭景文在重聚之前,尤其在《咬脐打猎》中花费笔墨太多,以至于最具艺术价值的团圆一场没有了时间,写得比较粗糙。

王仁杰敏锐地发现了这才是一块最"有戏"的富矿,不惜重金全力开掘。从《会子》《饯别》到《追夫》三场,王仁杰一层层打开沉积了 13 年的感情。以写寡妇内心世界著称的王仁杰再次显示出了强大的艺术魄力和精致的艺术感觉。《饯别》一场尤其让人拍案叫绝。王成龙触景生情,往昔的恩爱历历在目,对自己的前妻既愧疚又余情未了,想认又不敢认。柳氏从房子里三进三出,她对眼前这个熟悉的陌生人是不是自己的丈夫既相信又迟疑。第一次,王成龙打翻椅子,柳氏出来看个究竟,撞见装睡的王成龙,心生疑虑,很快,她强制压抑着自己的疑虑,回到房中。第二次,她依旧不肯死心,她出来想从王成龙身上寻找自己丈夫的"证据",也就是耳根后的痣。王成龙巧妙地用手掩饰,柳氏立刻又感到自己思夫心切的失态,又回到房中。最后王成龙内心情感涌动,无法自持,说出自己的真实身份,丢下红裙与银两赶紧逃走。柳氏这才知道她的怀疑是正确的,外面的人正是她阔别 13 年之久的亲夫!然后第三次出门,看到红裙,恍然大悟,赶紧追夫。这场戏的精彩就在于,并不是靠纯粹的抒情唱段来表达柳氏对丈夫的思念以及王成龙对妻子潜沉的感情。不是通过语言而是通过行动,通过三次情不自禁的非理性的"失态"。柳氏情感强烈到她一心希望眼前的这个男人就是她的丈夫。她想同化一切阻止她确认眼前丈夫的一切障碍。感性一次次涌动出来,一次次击败自己的理性,她一次次出来就是想证明这个极其荒唐的假设。礼教的观念又一次次扑灭她这团霍霍的火焰。这是潜意识的思念与意识到自我约束之间的挣扎和搏斗。同时,王成龙也被妻子的举动感染了,他越是一次次逃避,一次次掩饰自己,他内心对她的亲情、爱情、愧疚等多重情感就一层层被激发出来。最终强烈到不再掩饰,无法自控地说出了自己的身份。这是两团情感在双方的相互作用、相互刺激之下不断靠近、不断燃烧的过程。这种互动激发起来的细腻、丰富的情感让人动容。王仁杰将他们阔别 13 年之后强烈的、复杂的感觉写得淋漓尽致。

《保婴记》与《红裙记》是本次戏剧会演的两个亮点。这两个戏尝试了两种亲情的呈现模式，但同样具有情感的强度和冲击力。《保婴记》用一股母爱的强流贯穿到底，这个戏从头到尾都温情脉脉。一个是母爱打开了所有情感之门——亲情、友情、同情、爱情。《红裙记》则是愧疚之情唤醒了所有的良知，然后又强行熄灭。王成龙，这个没有尽到丈夫和父亲责任的男人，带有愧疚之心、赎罪之情，在试图为自己良心找一个寄托的时候，突然涌起了昔日的情感。他被压抑许久的对妻子的感情、对儿子的爱因为赎罪这个契机被点燃了。《红裙记》的情感不是始终如一的强大，而是将情感积累起来，好比藏了一壶酒，过了十几年再打开封条，自然浓香四溢。《保婴记》以不变应万变，用始终如一的母爱疏通一切的阻碍；《红裙记》以万变示不变，用跌宕起伏的情节让人发现其实王成龙的内心深处依然有柳氏的位置。一个是直中见曲，一个是曲中见直。这是对人性丰富性的两种令人欣喜的艺术探索。

二、历史与情感

本届戏剧会演有不少历史题材的戏。如何处理历史与情感之间的关系成为一个棘手的问题。如果仅仅复述历史，那么就相当冒险，成功的赌注就压在了对历史题材的选择上。如果选择的历史片段本身非常具有戏剧性，也很具有情感的空间可以开掘，那么成功的可能性就比较大。例如经典历史剧《赵氏孤儿》，这个历史故事本身跌宕起伏，充满了变数和悬念，人物的情感也非常独特，冲突也集中。对这样的故事进行并不太复杂的加工就容易取得意想不到的效果。但是这样的历史片段并不多，而且很可能已经被前人先挖掘了。古人往往把最好的井打完了，留给我们的往往是一口口并不太容易打的井。如果历史故事本身就较为平淡、乏味，再流于简单地按照历史原貌叙述，那么失败的可能性就比较大了。历史不是作为背景，而是直接拉到前台来展现，又没有多少合理化的艺术想象进行补充，往往很难成功。

《南归梦》在历史与感情之间提供了一个很好的范本。苏武家喻户晓的是他的汉节不亏，对民族忠贞不渝的信念。如果编剧把笔墨放在他如何与匈奴周旋，如何在北海牧羊，这会是一个老老实实的故事，会触动人，但未必会感动人。这样的戏教育意义、政治意义会大于艺术上的发现。王羚的高超之处就在于让苏武有另外一个梦,另外一种强烈的情感需要——对家庭和亲情尤其是父子之情的渴望。一个外表风光、被捧上神坛的民族偶像,谁会想到他其实只有一个再质朴不过的梦,做一个正常的人,有一份正常人所拥有的家庭温暖、天伦之乐。功德碑的存在就是一个反讽:一个想做正常人而不可得的可悲的人,却成了万众敬仰的英雄。常人渴望成为英雄,英雄却只想做个常人;常人成不了英雄,英雄几经挣扎,还是无法拥有常人的欢乐。

　　从第二场开始,王羚就把沉重的历史推到幕后,让人物内心的情感站到最前台,用最细腻、最丰富、最具分量的方式一一呈现出来。面对妻子已经改嫁的现实,苏武只能无奈地接受。他不能拆散这个已经相依为命多年的和睦家庭。王羚将苏武与他妻子19年后重逢的复杂感情表述得合理、到位。那种又爱又恨、又惊喜又失落,又感激又无奈,又满足又遗憾的感觉让人动容。老婆跟了别人,南归之梦已经破碎了一半,另外一半的梦就变成了全部的梦,也就寄托在找寻他失踪的儿子身上。历史这个时候又探出头来走向前台,苏武失散的儿子苏元卷入了当时复杂的皇室争斗。作为燕王嫡系的刺客去刺杀当朝大司马霍光。王羚只是交代了一笔历史,把绝大多数笔墨留给了苏武父子。第三场,苏武父子偶遇,苏武思子心切,以错误的方式认了他的真儿子。他儿子明知眼前的是生身父亲,却囿于任务在身,不能相认。"误会"解除了,真儿子被当做了假的。但苏武寻梦的情感强度,那份痴心让人印象深刻;苏武儿子那份想认又不敢认的无可奈何也很感人。与燕王一起密谋造反的长公主要苏元假装苏武的儿子,以伺机除掉霍光。真儿子在巧遇父亲的时候无法相认,如今真儿子却要真戏假做,扮演苏武的儿子。苏元抓住了机会,当他就要杀掉霍光的时候,父亲苏武下跪苦苦哀求。忠与孝在折磨着苏元,苏元最终动了恻隐之心,放过了霍光,几乎成全了苏武的寻子之梦。当苏武因此确认眼前的就是自己亲生儿子的时候,苏元更无法与他相认了。苏元已经成为一个有着谋逆大罪的囚犯。他们第一次相会是因为任务不能相认;第二次是以虚假的姿态、特殊的目的相认;当真相大白的时候,为了不连累父亲又不能相认。苏元的真真假假一直在考验苏武对儿子的一片真情。

王羚就是将苏武这个寻子之梦放在多重场合,真真假假、虚虚实实,进行反复的折磨、拷打。多种的情感在历史的激荡中交锋:在名节与天伦之间、在忠与孝之间、在民族大义与个人情感之间。苏元深爱着父亲,因为爱,不能相认,甚至斩掉自己的手与父亲划清界限。苏武宁可不要自己高高在上的名望,只想挽救自己的儿子,圆自己的南归梦。同样因为爱,一个不怕牵连一定要认,一个想认不能认。父子之间千头万绪的情感在历史大环境之中呈现得淋漓尽致。历史的作用不是在讲述或者呈现,而是作为情节的预设前提和转折契机在折磨这段父子之情。

《朱弁》也是一个将情感与历史结合得很成功的戏,以南宋初年与金国之间风云际会为历史背景。《朱弁》突出了两个"节"——民族气节与为爱守节。这个戏让人不觉得拘谨、沉闷、机械,而是处处觉得饱满、精致、华美,正是因为这两个因素的充分注入。对国家的情感与男女之间的情感这两种"节"如果不放在当时的历史背景之中,就无法开掘出足够的精神高度和荡人肺腑的能量。

《醉园》《向南写忠》《上冷山》《公主别》都是相当精彩的戏。尤其是《公主别》一出让人赞叹。朱弁为国守节、雪花公主为爱守节,这两个"节"在这一出相撞了。朱弁的守节有了很好的结果——他要回南宋故国了;雪花公主为心爱的朱弁"守节"(雪花公主深爱着朱弁,朱弁因家有妻室不肯再娶,他们以兄妹相称,雪花公主为此终身未嫁)却面临着一个悲哀的结果——她苦苦相守的朱弁也要离开她。如果说这16年对朱弁的痴恋还有这物质依托(人在身边)的话,此次的分离让她的坚守变成彻底的精神乌托邦。写离别在戏曲中早已是老话题了。尤其是有了《西厢记》中《长亭送别》一折,极尽离别之情。后人在这样的高度面前往往很难突破。《公主别》别出了新的东西。曾静萍炉火纯青的演出很大程度上给这场戏加了分。他们的离别不是恩爱缠绵之后的依依不舍、难分难解。而是将男女之情本就很节制,将那些朦胧、婉约之处更多地寄托到更高的情感——民族之情之中。因此他们的别离不是风花雪月,不是柳岸桃坞,而是胸中激荡着金戈铁马、关山万里。没有生离死别的哀怨,倒是更多山河破碎、江河离散的嘅叹。《公主别》的情感浓密而真挚，但是毫不凌乱，充满着情感的逻辑感和秩序感。第一层：倾诉离别之苦，但是点到为止。第二层：互比苏武、东海义父，以示彼此倾慕已久。第三层：饮离别之酒，酒入离肠，其情自洋。以北燕南飞为象，以不求同生、不能共寝，但愿死后同穴为盟。第四层：送上三样礼物——给他母亲的一条芙蓉巾、给他妻子的一面翡翠镜、给他的一对龙吟古剑。正是非常精彩的一笔，极大拓展了离别的情感。离别不仅仅只关乎他们两个人的感情，雪花公主还无微不至地关切到朱弁的母亲、妻子。赠朱弁一对宝剑显然用心良苦，雪花公主不仅有芙蓉巾、翡翠镜这样的闺门细腻，还有仗剑杀敌、复国的豪迈之情。而朱弁也以一直相伴的玉瓯回赠，以示汉节不失。宝剑与玉瓯两件礼物恰恰是民族气节与为爱守节两种情感的写照：两件礼物都有报国、守节之意，但赠送的原因都是出于两人之间复杂的感情。最后，归程已到，两人不得不面对"人居两地，月共一轮"的无奈现实。戏剧以此终结，但是余音绕梁。

《别妻书》也在处理历史与感情之间做出了独特的努力。演出的场面大气、深沉、雄浑、悲壮。在辛亥革命这样一个历史的转折点上让人性闪光。林觉民的侠骨与柔肠在这样的历史背景下成为戏剧的两个主题。这不是两个相互独立的主题，而是相互交织、咬合、彼此促进、无法分割的组合。他为了国家大计从容赴死不是不爱自己的妻子，恰恰是对妻子赤诚的爱让他有勇气舍小家保大家。而他对妻子也是柔肠百转、恩爱缠绵、难分难舍。毅然舍弃如此美满的家庭、如此好的姻缘，也更增加了他为国为民、杀身成仁的震撼力量。因为爱，林觉民宁可让妻子先死；因为爱，选择离开，他背弃了先前的约定，尽管他明明知道离开对爱人是最残忍的伤害。这样自相矛盾的解释正是林觉民复杂心灵的呈现。侠骨与柔肠之间的矛盾正是《别妻书》最为动人之处。林觉民死后亡魂与爱妻进行假象的对话成为贯穿这场戏的结构。应该说，这样的处理是匠心独运的。让观众不断回到林觉民就义时候的最悲壮气氛，直击人心。将这千余言的文字扩展成一个完整的戏是非常有难度的，这个结构顺畅地将文章分割为几个板块，从容地叙述。看得出，林瑞武不断地给戏注入柔软的、艺术的因子。六符的醉酒狂歌、依新的童谣、鲜艳的月季花,柔肠借助情感的高度意象化、侠骨借助历史的线条服从于救亡图存的高度寓言化,这样处理也许也是一种选择。

《蝴蝶之恋》抓住了《梁祝》的情感核心,又将情感的转折点从家庭反对推到了历史的前台。不是家庭而是历史左右了两个人的生离死别。难得的是,这个戏将历史、情感与人物结合得妥帖。两人天各一方之后彼此的坚持、坚强、坚守、坚贞,对誓言的矢志不渝让人动容。这个戏给双方的守望设置了时间和空间的距离:海峡两岸,一水之隔,插翅飞不过,潜水游不去,相当长的时间内充斥着海水与泪水的咸度。内战让台湾与大陆一水两隔,音讯难通,一去38年。期间风云跌宕,发生了太多的故事。历史变动让人唏嘘,他们却相守了这么久,情感也有了历史的厚重:并不是在风平浪静、毫无旁骛之下坚守这份感情,而是在不间断的历史催逼、诱惑、折磨之下依然故我。坚守不是单向的,而是双向的。

两人隔海相望的日子里,让人称道的是中青在1966年和1978年的那两场戏。作者的大手笔在于时间跨度一下就是十几年,而且如此举重若轻。将十几年守候集中在一年、一个场景呈现是有难度的,曾学文用一次相亲解决了许多问题。从中青被批斗后的疲惫,以及她对那件梁山伯戏装的痴迷开始。她与时代格格不入,但是历史带来的这些不幸于她只是被批斗后的疲惫。她没有自杀,没有控诉,甚至连怨言和挣扎都没有。心中被爱填满,一切迫害、阴谋、误会她都可以淡然处之,抛之脑后。中青毅然拒绝了在当时许多人看来都是绝佳的条件,这一个故事足够了,足够表明她对秋霖爱之深。1978年那场戏更为精彩。阿宗在她最困难的时候及时冒雨出现。帮她修好了屋子,中青为他擦雨,煮姜茶汤。阿宗长期以来对她的感情突然爆发,他的表白受到了拒绝。中青对秋霖爱到了无法容纳任何人的程度。更为精彩的是,他拿出了一套戏服。这套戏服立刻让中青鲜活起来,她可以更为具体、真切地回味当年与秋霖共同演习的感觉。这是她生命的复苏,分别30年后的舞姿物是人非,凄楚与华美得令人动容。

这两场戏激活了一个人——卖烧肉粽的阿宗(粽)。他不是一个插科打诨的丑角,而是一个温情脉脉的大哥。卖烧肉粽的阿宗属于社会的底层,一直清楚自己的分量和地位,有自知之明。新中国成立前,他一直是中青的戏迷,也打心眼里赞同中青与秋霖的结合。实际上,阿宗一直维持那份对艺术的尊重,对于中青,他始终有一种不可磨灭的自卑感。这种自卑感不是让他去报复、反抗,而是对中青奉若神明,战战兢兢。他是唯一理解并支持中青异常行为的人,也是义无反顾关照她的人。书童的潜在结构注定了他有爱,有景仰,有理解,有同情,有依恋,有欲望,没有放纵。最后阿宗以大哥的姿态承担了照顾中青的责任,却一直不敢冒犯中青的清白之身。38年的照顾换来的是自己心爱的女人终于等到了她的爱人秋霖。精心呵护自己心爱的女人等候另外一个男人,阿宗那份无私大爱的感人程度甚至不亚于男女主角。这是一个戏中戏,《梁祝》的影子时常在屏风后面出现。这个戏中戏结合得最为出色的地方在两人都站在海岸边、彼此思念对方之时。中青、秋霖与梁山伯、祝英台同时在台上。中青与梁山伯、秋霖与祝英台之间精彩互动。歌仔戏的程式与越剧程式应答得当,思念变得具体、生动、有血有肉,而且让人回味《梁祝》的华丽的余温。无论我用多么苛刻的眼光,这个戏也很难让人找到明显的、重大的缺陷。这恰恰是这个戏潜藏的忧虑——这个跳水动作做得很精致、完美,但是难度系数不够高。我觉得这个主题还有可深挖的地方,这个戏还没有飞翔到足够的高度,突然中止了。

《我的父母之乡》试图尝试一种史诗般的抒情风格。这种风格可以不要前后情节的连贯,甚至可以不要十分强烈的戏剧冲突。它只营造一种历史的氛围,一种情调,一种民族心灵的强悍,一种对故乡的依恋。这是一种大胆的、甚至不无冒险的实验。故乡在这个戏里没有一个稳固的依着点。究竟相关何处? 军舰,或者福州、烟台、北平? 沈虹光不断变化着故乡的地点,使"我的父母之乡"扑朔迷离。尽管时间、空间跨度巨大,还是可以清晰地看到内部的主线——不是家庭而是民族情怀。父亲谢葆璋,从甲午海战的舰长到烟台海军学校校长,母亲哪怕病入膏肓也严词拒绝一个日本医生的救治,一家人在宁可烧掉北平的房屋玉石俱焚,也不让日本鬼子住。这似乎是描写中日之间民族仇恨的戏。中间穿插一节谢葆璋辞去校长职务归省福州，乡亲们给他以衣锦还乡的优厚待遇，这一节让人感觉突兀。沈虹光一方面突出民族矛盾的主线，一方面也不得不照顾历史的真实，哪怕这个真实的历史与主题不太有关。第一场戏显得最为精彩。一方面，谢葆璋指挥的战舰在前线与敌舰英勇厮杀。一方面，家里的母亲、妻子在担心自己亲人的安危。历史的刀光剑影背后，有了一个来自家庭和母性的温暖惦念。得知丈夫噩耗的妇女们的哀嚎之声正是血雨腥风正面战场背后的另一种历史真实的声音。

《天子与娇客》讲的也是历史之中的感情。朱元璋让驸马去陕西禁私茶出口。驸马欧阳伦知法犯法，私贩茶叶十万余斤。针对这件案子，出现了两条线索：一条是皇室外部，边防检查官郑光严如何通过都察院御史郑文悭上告驸马爷；另外一条是，在犯下重罪之后，朱元璋如何在国法与亲情之间取舍。第一条线索人物繁多，这些人物有智谋、有立场、有原则，但是没有多少感情。丽娘作为线索人物有些生硬和勉强；郑光严如何在被周保刺伤之后顺利逃跑也交代不清；郑文悭总是一副铁面无私的样子；让人印象深刻的是具有两面性的驸马府管家周保。这个戏的重点显然在第二条线索之中。这条线索感情丰富多了，处理得准确、明晰，但总感觉还不够。欧阳伦在担心与放心之间摇摆，放心的成分占据了上风。对驸马心灵本应该更丰富的感情考量变成了一场智力活——去刺杀周保。公主一心力保驸马，感人程度不够。皇帝在杀与不杀之间犹豫，通过与马皇后梦中的对话下定决心。驸马、公主、皇帝三个人在情感上交锋了，但是显得比较平面，没有从内心深处实现真正的冲撞，有些遗憾的只是点到为止。

在戏曲中，历史是作为一个情节合理性的氛围。这个氛围提供了人物在当时条件下的特色与局限，他必须说当时条件下的话，不能逾矩。这个氛围还提供了当时的基本阵营——敌对的，合作的，或错综复杂的。这样，情节的矛盾冲突的展开就有了合理的依据，顺应时势，落笔自然，无需编造矛盾，强力而为。在这些框架背后，戏曲给我们呈现的更多是历史动荡背后的复杂情感，而不应该仅仅呈现历史理性本身。因此，如何在历史的框框之内注入情感的元素，使得这些情感既妥帖于历史，又吻合于人物、般配于性格逻辑。如果历史剧的人物游离于历史之外，被历史本身牵制，选择了一堆散乱的历史，或者历史与人物、人物与人物性格之间无法形成令人信服的关系链，那么历史剧都会不同程度地受到伤害。当然，更难得是如何在历史中表现独特的、新鲜的、有生命力的情感。历史与情感应该是互相促进的，好的戏不仅给历史本身加分，也给人物加分。

<h2>三、关于"三女"</h2>

本次会演出现了三个集中写女人的戏，即王文胜的《才女鱼玄机》、郑怀心的《乔女》、周长赋的《陈靖姑》。其中，郑怀心、周长赋都是全国赫赫有名的大编剧，王文胜是福建省戏曲创作界一名后起之秀。鱼玄机是一代才女，乔女是一代义女，陈靖姑是福州神女。大编剧、大丈夫写奇女子更显侠骨柔肠。

《才女鱼玄机》是个才情充沛的戏。主人公鱼玄机是个才女，她的爱人李亿是个才子，她的老师温庭筠更是一代大才子。要驾驭好拥有两个才子一个才女的戏，自身没有足够的才情是无法做到的。事实上王文胜没有让大家失望，他优雅、准确、充满穿透力的文字充满了韵味。他的文学语言是福建省少数能让人赞叹的编剧之一。

这是一个抛开了历史，抛开了政治，专心讲感情的戏。王文胜的深刻之处就在于：重要的角色中每个人都有罪，都将鱼玄机往悲剧命运推了一把；每个人都有为自己开脱的理由，都有些无辜；但是鱼玄机还是一步步走向了深渊，最终毁灭。在这个戏里悲剧找不到最大的凶手，每个人都有责任。李亿抛弃了她是重要的一次转变，但是并不是每个被抛弃的女人都会选择放纵。正是鱼玄机的对身份自卑和对才情的自负，让她做出一系列惊世骇俗的行为。在她一步步堕落的过程中，她的老师温庭筠也有责任。正是这个老师撮合她跟负心郎李亿相好的。温庭筠第一次要带她回去走正路，被鱼玄机拒绝了；第二次他甚至要娶她来挽救鱼玄机，鱼玄机担心连累老师，也拒绝了。此时的鱼玄机内心还有希望，这个希望多半来自于与李亿长得神似的陈韪。陈韪对鱼玄机的死也负有责任。陈韪与她最心爱的丫鬟绿翘私通之后,彻底激怒了鱼玄机。鱼玄机的崩溃在于:陈韪是李亿的替身,陈韪的背叛意味着连替身李亿都靠不住。相当于李亿在第一次欺骗之后再一次伤害了她。她唯一可怜的精神寄托也被摧毁,她不仅对男人更加绝望,也对生命更加绝望。最后,精神崩溃的鱼玄机误杀了绿翘,鲜血让她对人世进行最后一次反思,她最后选择以死亡的方式来回答这个世界。绿翘对她的死也有责任。鱼玄机是被别人,也是被自己一点点推向死亡的边缘,正是这一堆堆分散的力量共同作用,摧毁了一个'。更为深刻的是,所有的一切悲剧都以爱的名义发生。一次次的负心背叛与无效的拯救一点点蚕食着鱼玄机对生存的希望和生活的信念。

王文胜细致、从容、准确地展示鱼玄机一次次心灵的创伤与转变。当她最终确认自己被李亿欺骗之后,痴情的她选择用放纵的方式来自我疗伤。在"诗文候教"的招牌之下,鱼玄机过着纵情声色、纸醉金迷、花天酒地的日子。只有在寂寞的深夜,她的精神才会跳出来,顽强地反抗她肉体的纵欲——她始终无法忘怀她深爱的李郎。王文胜将这个恃才傲物的极端女性的心灵刻画得让人信服。如果对鱼玄机拯救的力量更强大一些,鱼玄机、陈韪、绿翘之间的情感纠葛展开得更丰富一些或许会更好。

《乔女》也许不是郑怀心最具代表性的作品,但也绝非等闲之作。性情中人郑怀心被《聊斋志异》中的乔女感动了。"士为知己者死"的豪迈不仅仅是士大夫或者男人的专利,女人也同样可以为之。郑怀心的高明之处还在于充分考虑到了高甲戏的角色、行当。让各个行当都有充分发挥的空间。男丑媒婆向来是高甲戏的一大特色,郑怀心很有心地给他留了足够的施展平台。另外,判官、打手、管家、衙役等纷纷登场,生旦净末丑都有自己活跃的舞台。

郑怀心有一种神奇的力量和气场,能让每一场戏都活络起来,毫不沉闷。郑怀心不刻意为之,语言智慧引发的幽默感俯拾皆是。这个故事动人之处在于"奇":一个富有的乡绅不贪美色而爱上了一个淑德丑女,此一奇也;丑女居然只是内心春潮暗涌,心有所动,而最终不敢应承。天上掉下来的馅饼居然不要,此二奇也;乡绅求爱未果,突然辞世,此三奇也;乔女为报知遇之恩,舍身勇斗地霸,此四奇也;心怀贪念的判官在乔女等的拼死力争之下,不敢犯众怒,最终处置了地痞恶霸。丑弱乔女遂了心愿,此五奇也。有此五奇,使得整场戏起伏错落,均有别致;顾盼之间,玄机已现;情之所向,妙趣横生。

最为出彩的在最后一场。这场戏里所有重要的人物都登场了,各种力量形成了一股剑拔弩张、针锋相对的架势。乔女拿鸡蛋劫县太爷之轿奋不顾身。这鸡蛋被郑怀心演绎得颇有趣味:蛋上皆有冤字,因含冤而鸡下冤蛋。恶霸贾为善收买县官、软硬兼施,处处与乔女作对。而死去富商的朋友冯仲义秀才关键时候挺身而出,拿出状纸,改变了审判的走向。乔女的义、县官的油、贾为善的霸、冯仲义的变、周围百姓的悟之间形成了多重的张力。这里,只有乔女与贾为善是不变的,县官从想贪财到不敢犯众怒被迫伸张正义;冯仲义从明哲保身到路见不平;周围百姓也从沉默走向了反抗。正是乔女不惜生死冲击了所有善良的人,使得这场官司有了根本性的变化。"女为知己者死"在这里得到充分体现。但是总感觉这个主题来得太迟,展开得不够。如果能将乔女"为知己者死"的毅然决然的态度体现得更丰富、具体一些,就更好了。

《陈靖姑》一看就知道是一个拥有精湛编剧技巧的老手的作品。言辞优美、准确,结构严谨、环环相扣、滴水不漏。周长赋将语言能力与驾驭故事结构的能力都体现得很好。哪些人物承担什么功能,何时出场、何时退场,都交代得井井有条、合情合理。这是一个并不太难讲的故事,但是能将这样的故事讲到这样地富有才情是需要深厚功力的。尤其是一些细节,写得让人拍案叫绝。陈靖姑离开师傅的《二十四步》是相当见水准的唱段:她对师傅三年教诲之恩皆在这一步步之中:言传身教、亲授真经、五更苦练、闽江奇遇、雨点化情……数字是最冷冰冰的文字,但是数字一旦与充满深情的文字相匹配,文字就有了加重感情的分量。这不仅仅是将感情层次化、量化,也是将感情作为一个有机的整体进行提升。《祈雨》一场是全场最为精彩的一场。陈靖姑与腹中胎儿的对话是个很有创造性的想象,让人印象深刻:将一副躯体分离出两个声音。陈靖姑对孩子爱得太深,才需要更具体地遵循孩子本身的意见。她不忍心因为自己一厢情愿的决定作为一切的依据。她还想倾听另外一个呼唤,哪怕她此时内心的天平已经有明显的倾斜。她只是不忍做出最后的决定。但两个声音是一致的，仿佛不仅来自同一个身体，也出自同一个大脑。陈靖姑面临着为三千婴儿求生还是拯救自己的亲生骨肉之间的巨大矛盾，一边是无私的大爱，一边是骨肉之情。陈靖姑在做法施雨的时候面对了蛇妖的骚扰与长坑鬼骗走她孩子的预感。一个妖怪试图阻止她大爱的实现，另一个妖怪则要断绝她小爱的可能性。陈靖姑在这两重考验之间挣扎、犹豫、游移。其中，陈靖姑在祈雨之中因遥感儿子被盗而跌落祭坛，让人动容。而长坑鬼如何从骗过陈靖姑精心设计的三道机关，从陈靖姑婆婆手中骗走孩子也是很见智慧的写法。《陈靖姑》的感情包括了母女之情、师生之情、爱情、母子之情，以及对苍生的大爱。承担过多重的感情也许会使得陈靖姑形象不集中，显得有些离散。不过，这也是这个题材本身的局限。

四、现代戏

《停一停，等等我们的灵魂》是一个直击灵魂深处的戏。一笔两百多万的巨款从天而降，一个家庭的稳定结构被打破了。这个原本平静、和睦的三口之家有一个随和、知书达理的父亲马也先，一个稍有强势却温和、勤快的母亲吴美娟，一个还算上进、听话的儿子马晓明。在这个强大欲望的诱惑下，长期过于平静、平淡生活中潜藏的、压抑的危机突然都被逼上了极端，浮出了水面。问题如此真实地摆在面前，只能面对，无法逃避。相处二十几年彼此非常熟悉的最亲的人忽然变得陌生起来。不仅自己越来越不认识自己，也越来越无法看清对方。从第四场开始，这个戏开始鲜活起来。封闭的窗子一扇扇打开，人物内心的涌动变得清晰。美娟的父亲临死前的呼喊震撼了他第二任妻子安雁鸣，成为她有生之年无法解开的心结：原来自己的丈夫依然惦念着他的前妻，尤其放心不下他的女儿美娟。深深的罪恶感笼罩着她的心头，她不仅彻底毁灭了这对母女昔日平静、幸福的生活，也让她的丈夫至死都不能释怀。而这一切罪恶的产生，都因他们相爱的名义。这场戏敞开了三个人的心灵：美娟、美娟的父亲、安雁鸣。这不是一个戴着面具彼此揶揄都在表层嘻嘻哈哈做点空头文章的戏，而是直接触摸到心灵最深处、最动情、最无法忘怀的部分，是真正掏心窝的戏。开掘的不是一个人的心灵,而是所有重要人物统统亮出心灵的底牌。这不是意识与意识之间的对话,而是将潜意识意识化,是心灵之间痛苦的相互折磨,相互拷问。

金钱是人物彼此错位的焦点,围绕着它,人物的心灵产生了错位,使得这个戏得以展开。安雁鸣女士在临死的时候为了赎罪,将遗产赠送给了美娟;美娟为了母亲所坚持捍卫的自尊,打算拒绝这笔馈赠;马也先以家庭幸福的名义坚决要这笔钱。围绕着钱,赎罪、自尊、物利三股力量形成了彼此对峙的结构。这个结构成为彼此依托的三角构架:马也先对金钱的需求则要成全安雁鸣的赎罪意识,也成全了他自己。美娟刻骨铭心的是母亲对父亲施予的严词拒绝。

安雁鸣则是一个挥之不去的潜在力量,时时徘徊在两人之间。三种力量彼此镶嵌、咬合,构成了这个戏内在的张力。

在第五场,人物的心灵已经被挖到最深处,杨利民放下了一个大网,也捕获了一网大鱼。问题是,这网鱼太大了,以至于接下来杨利民的收网显得乏力、疲惫、找不准方向。当两百多万元真实地摆在房间的时候,所有人的情绪、态度又发生了一次激变:美娟几乎崩溃了,以至于重要的公开课上得一塌糊涂;见美娟的现状,马也先突然理解了美娟;马也先的情人突然也不胡闹了,与美娟握手言和;马晓明也突然想开了。杨利民的精彩之处在于,前面的戏,是以想象中的钱勾起了欲望,造成人物心灵的错位。这样,家庭结构被击碎了。如今,真实钱摆在面前、山雨欲来、摇摇欲坠的家庭结构突然又恢复了稳定。想象中的钱破坏了稳定,造成了一次激变;真实的钱再次破坏了原先的稳定,恢复了最早的结构。这是非常有洞见的、深刻的发现。问题是,第二次转折太快了,太仓促了,许多人物的转折没有足够的依据和过渡。母爱并不是包治百病的妙药,始终抓住母爱主线反而让原本开放、多元的线索受到了损失。

《日租房》是一个让人眼前一亮、耳目一新的戏。骆婧是厦门大学的女博士,本硕博下来,她也算体验了高校的十年寒窗。骆婧最具才华之处正在于对高校各个人群的生态细致、敏锐、深刻的洞见。骆婧找到了一个空间,不是大学宿舍,不是教室,而是校外的日租房。这是一个既与学校紧密联系，又保持自己独立性的相对自由空间。这同时也意味着，这些大都是不住校的学校异类。骆婧在这个空间安插了四个人——一个连考多年失败依然一心想考博士的女硕士、一个拮据的高校新教师、一个本科愤青、最后一个是一直作为潜在人物的、已经搬出去，到西部支教的本科生。骆婧几乎照顾到了所有的高校人群——本科生、在硕士与博士之间徘徊的硕士生、老师。本科生、硕士生、博士生、教师之间的差异，他们内心的挣扎、欲望，需要面对的不同困境在这部戏中得到了呈现。骆婧似乎有一种打扁校园所有学历层次的野心。不同人自己的遭遇形成了一段记录各自思想动向的时间流，而将这几股时间流都集中在日租房这个小小的空间内，让他们彼此渗透、影响。将有价值的情感时间空间化是《日租房》最大的艺术特色。

这四个人分别代表着学校中的四种生存状态：本科愤青的茫然、支教学生的感悟、渴望成为女博士的硕士生的挣扎、高校教师的情感挫折。就校园内就业问题、理想问题、升学问题、生存问题进行一一的解剖。骆婧找到了一种校园戏的路子，找到了一种生活，为我们奉上了她对校园多个层次的理解和体验。骆婧的校园戏不落俗套，而且全面、丰富，具有代表性。骆婧不渲染象牙塔内白衣飘飘的诗情和浪漫。她更关注校园内的极端人物。这些人的心灵都并不纯真，并不完满，需要填充。甚至时不时散发点颓废、落寞、孤寂、彷徨的味道。一群找不到方向，在命运里奔来闯去，想在这个世界寻找生存的依据和意义。骆婧想寻找一种有哲学高度的生命形态，这正是骆婧眼里不简单的大学生活。在对生活理解的独特之中也充满了语言的智慧。在两场相亲的戏里，骆婧用节制的语言、精准的动作设计、准确的人物性格让观众忍俊不禁。但这个戏就各个人物之间单独的线索交代过多，而对他们四股力量如何在日租房这个狭小空间内博弈阐释得不够。那个支教学生突然回来的一番说教略有刻意拔高主题之嫌。

一首贯穿始终的主题曲，一首诗，一支笛子，一辆始终没有开动的背景自行车，《青春起跑线》洋溢着青春的激情、跃动的韵律、蓬勃的朝气。剧本充满了这些吟唱嗷叹、诗情画意艺术的元素来软化有时候略显僵硬的叙事，整个作品显得饱满而充沛，充满了生命力。写小品出身的马文正特别擅长幽默的语音,从观众欢笑的次数来看,马文正拥有高超的幽默语言智慧,能够抓住许多细微的场景,用凝练的语句让人捧腹。

在校园感情戏的处理上,马文正显得相当有才情。分寸把握得当,对于青春萌动的感情那种羞涩的、欲言又止的、朦胧的、暧昧的地带拿捏得很是妥当。马文正这个剧本可谓给足了爱情空间,六个同学,三男三女,形成错落复杂的情感关系。杨花与严冰青梅竹马、郎才女貌,却熟悉得没有恋爱的感觉,只有吃醋的感受;壮娜暗恋着饶树,饶树心仪更加花枝招展、时髦大方的杨花;项尚与婷婷因为彼此的同情、惺惺相惜而产生朦胧的感情。但是没有一对在正式、公开恋爱。没有接吻,没有生死离别、海枯石烂,最浪漫的也不过在校园喂喂饭。一切都是浅浅的、淡淡的、隐忍的、节制的。然而又那么的率真、纯净,让人怦然心动。马文正似乎察觉到校园剧容易流于平淡、乏味,观众容易在沉闷的故事中无聊,精神涣散。在一番斟酌之后,马文正开出的药方就是加大情感戏的分量,让戏鲜活起来。马文正是校园戏的爱情至上主义者,这也是他才情最为充沛的地带,剧本绝大多数的笑点,扑面而来的青春气息都来自于此。尤其出彩的是乡村学生壮娜与官家子弟饶树之间的感情戏。情窦初开的壮娜对优秀的饶树的那份说不清是崇拜、敬仰还是依恋的感情。那种误会,那种倾诉衷肠,那种被拒绝的伤心,那种被伤害了仍然关切、自尊,却不是寻死觅活的惨痛。倒不是说马文正对爱情题材的塑造上又有什么重大突破,相当程度上是这个演员在演出时将农村女孩的执拗、率真、羞涩的感觉表演得到位。但马文正的戏许多地方很"不正"一些地方又太"正"了。

本次戏剧会演涌现出了诸如《红裙记》《保婴记》《难归梦》这样比较成熟的剧本。还有更多底子很好、有很大提升空间的本子。老一辈戏剧家依然保持着旺盛的创造力,依然显示出强劲的实力。更令人欣慰的是,一批中青年编剧的异军突起,体现了福建省戏剧创作的潜能和后劲。但是依然要面对本次剧本改编的、外请的,或者多年前创作的剧本依然占据一定的分量。福建省戏剧创作队伍只能谨慎地乐观。

（作者单位:福建省艺术研究院）

符号学视域下的三坊七巷历史文化名街区

陈 棽

随意点开旅行社的宣传文案,"遇见你,在最美的时候——香格里拉、昆明游","草原深呼吸之旅——呼伦贝尔草原游","原来你也在这里——乌镇自由行"——这不像是对景色、风物的描述,却更像是对一种生活态度、人生理念的宣扬。当代的旅游已不仅仅局限于休闲、娱乐、观光功能,而成为了一种符号消费、意义消费。而旅游宣传广告正是通过将旅游景观符号化后进行宣传,寻求与游人兴趣的契合点。库珀在《旅游学》中指出:"人们往往选择的是被标识出来的但不一定是真实的吸引物。"①在旅游研究中,景观的"原真性"以及如何将景观"符号化"进行营销推广,成为愈来愈热门的一个话题。

旅游景观的形象乃至一个旅游城市的形象,"是人们对某个旅游地的形象信息处理的过程及其结果,也是一种外化形态的、人所设计创造的、可传播的符号系统。"②对于福州这个有着2200年文明的历史文化名城来说,被誉为"城市里坊制度的活化石"的三坊七巷是城市文脉传承和海峡文化交流的响亮品牌。三坊七巷,自唐末五代,闽王王审知建罗城而始,已有千年历史。近代名人严复、冰心、林觉民、林则徐、林纾都曾居住于此。三坊七巷以仅仅40公顷之地,造就了众多彪炳史册的历史文化名人。由于其保存了许多古建筑形态,以及拥有丰富的名人文化资源,三坊七巷旅游资源的开发、景观建设和形象传播一直作为福州市文化创意产业发展的重要项目。距离2009年7月

---

① Cooper C. Tourism: principles and practice. Financial Times Prentice Hall, 2008:736.
② 石培基,李先锋:《旅游形象传播研究》,《西南民族大学学报(人文社科版)》,2006年第8期。

三坊七巷作为中国首批历史文化名街揭牌已经过去整整三年。三坊七巷同福州的温泉、船政文化、饮食文化资源等一同作为福州的文化名片,其在意义再生产和文化、城市形象传播上有什么可取之处?抑或有何改良的空间?这些问题都是亟待研究者思考的。

一、符号学视域下的三坊七巷旅游的开发与改造

一个旅游地的形象的建构,就好比是寿山石雕刻,当地的自然环境资源(如城市内河)以及历史文化资源是原石,人为的景观设计、规划就是雕刻的手艺。景观设计者进行旅游规划,就是制定一个旅游主题并围绕主题将旅游资源进行一定的符号化处理,最终实现与游客认知、心理、情感趣味互动的过程。这种符号化的处理在三坊七巷的改造过程中体现得尤为明显。原生态的三坊七巷街区,主营成衣、丧葬花圈、花灯,建筑群落基本为陈年的木质结构,老化严重,结构残破,现代市政基础设施缺乏,存在着一定的安全隐患。这样原生态的街区显然无法吸引游人。而三坊七巷的改造,正是将原生态环境重设主题并进行符号化的过程。现在的三坊七巷历史文化旅游区已经基本形成多感官联动的符号系统(见表1),并尽可能实现了产业联动,以游带动"食、住、行、购、娱"相关产业发展。

表1　三坊七巷历史文化旅游区多感官联动符号系统

类别	语言符号	旅游标语、口号、导游解说词、景点介绍牌
非语言符号	嗅觉符号	传统小吃的香味,如肉燕;国际餐饮店面的气味,如星巴克咖啡;街尾药店的芬芳
	听觉符号	人力车夫的摇铃声、打更声、西洋镜表演的吆喝声、店家的招揽声
	视觉符号	仿古建筑群、名人故居,遗迹、售卖的琳琅满目的特产、工艺品、仿古景观组团、民俗表演
	触觉符号	当地小吃、试用体验服务(如毛笔、笔毡、角梳)、坐黄包车

符号并不仅仅是起到意义传递的作用,它还是生产意义的工具。相比于原生态环境,符号化的旅游景观其意义生产方式更容易获得游

人的体验和认同。然而这种符号化的重建也不是被人人所认可的，作为一个曾经的三坊七巷居民，曾多次听到游客或者福州人对三坊七巷景观重建导致景点失去"原真性"的抱怨与质疑。而笔者认为，开发改造，并不是阉割了改造前的"真实"，而是用符号重建了历史上的真实。千年以来历史的原貌已无迹可寻，只能从典籍中寻找"记载的真实"将其转化为"拟真"样板。这种符号化的"虚拟的真实"在文化旅游活动中几乎处处都在。如近些年火热的"古镇游"，正是以古建筑的修葺、改造，仿古建筑的新建，加上各类媒体强劲的影像营销，形成江南古镇诗情画意、悠然出世的这样一个充满象征符号的意义系统。甚至有时，象征化的真实比景点的客观真实更令人感到真切，成为超真实的"拟像"，极端的例子就是美国的迪斯尼乐园。旅游规划中的符号化过程也可以说是一种景观的表演性的过程，这种表演性可以用戈尔曼的"拟剧理论"来解释。在"拟剧理论"中，前台区域用来表演、展示，需要维持与该区域相符的表象，"一些方面得到富有意味的加强，而另一些可能使造成的印象招致怀疑的方面则被掩盖起来。"①后台区域是原生的，通过"帷幕"这道安全隔墙与前台相隔。改造过后的三坊七巷是前台/舞台上展示的内容，这是一种经过"包装"后的文化象征物，旅客在行进过程中全感官体验着各种语言和非语言象征符号。在三坊七巷中，雕塑、园艺、音乐、宣传片等现代造型艺术、声乐艺术、表演艺术共同形成了可观、可感的文化的三维空间，这个空间直观、动感，极容易获得游客的参与、认同，使旅游产品充满艺术活力。而在后台与游人隔离开的，三坊七巷盛衰的历史、民俗特色和闽地文化精神，亟待艺术展览、研讨会、讲座视频、朗诵会等富有学理的形式引导游人从前台走向后台。

二、符号学视域下的三坊七巷形象的构建和传播

旅游地的客观实体固然是根本，但仅凭客观实体还难以吸引游客参与消费活动，还需要经过游人口耳相传，或是在各路媒体上投放宣

---

① ［美］欧文·戈夫曼：《日常生活中的自我呈现》，浙江人民出版社，1989年，第107页。

传广告。景观的实体经过广告、公关策略进行美化、"包装"后向游客"兜售"其特色和意义,这样,一个意指过程就形成了。从符号学意义上看,这个意指过程如图 1 所示:

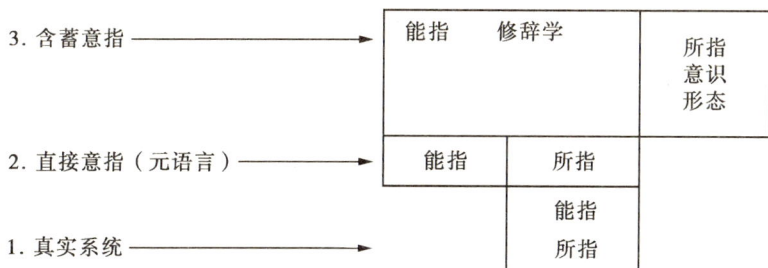

图 1　所指、能指关系图

索绪尔用"符号"来概括"能指"和"所指"所连接的整体。在三坊七巷开发的这个案例中,第一层真实系统中,现实世界存在的三坊七巷是所指,而能指是其音响形象;在直接意指层面,宣传文案中"三坊七巷"(也就是所指)成为文案所表述的"对象",完成了语言学意义上的"三坊七巷"这个词(所指),到文学、广告学对这个词的概念的描绘(能指)的转换。而无论是平面媒体、网络等大众传播媒介,还是"口耳相传"的人际传播媒介、户外传播媒介等,它们对三坊七巷描绘的"文学语言"整体又作为一个符号,构成文化意义上的三坊七巷。这三层意指系统实现了"三坊七巷"从词汇意义向文学符号、文学符号向文化符号的转换。在第三层含蓄意指中,指涉的既不是物理存在的三坊七巷,也不是这个景点的特点、与其他景点的差异,它所指涉的是一种无实体的文化观念、社会意识形态,比如历史沉淀的厚重、与台湾望族的姻亲关系所体现的闽台缘。而在这个层面上的"三坊七巷"不再是其物质存在本身,而是像"鼓浪屿不再仅仅是一个岛屿,而是文艺青年心目中的小清新圣地"那样,成为一种观念上、想象中的符号体系。那么,以符号学的意指系统来观照旅游地的开发和营销,第一层面"三坊七巷"这个词汇的解释提供给潜在"符号消费者"的是获知其位置、交通等基本信息的需求。而各地旅游业在不断发展,景区的开发仅仅凭借宣传基本信息是难以获得文化吸引力的。因此,能指和所指不断向

二、三层次发展,从注重基本情况的介绍逐渐蜕变为对文化意义的开掘。但单单有文化符号、城市品牌仍然不够,文化产业的发展与其传播与营销方式息息相关。三坊七巷在文化传播的过程中,注重传播渠道创新、策略创新,具有多层次、多媒介的特点。具体来说,其文化符码编制与传播方式方面的创新主要体现在:

第一,借力新媒体平台,充分实践网络营销的4I原则,实现旅游形象建构、传播新突破。在物质消费转向符号消费的这样一个时代,人们不再满足于标准化的产品,转而追逐商家编织的华丽的符号,转向追求意义的消费、情感与个性的消费。网络营销的4I原则正是针对网络时代、知识经济体系下人们的消费需求而提出的。4I原则中4个"I"指的是趣味原则(Interesting)、利益原则(Interests)、互动原则(Interaction)、个性原则(Individuality)。三坊七巷在网络符号传播主要通过三坊七巷官方网站,以及论坛、微博、博客等SNS(社交网站)平台进行,充分运用了4I原则。以三坊七巷官网为例,网站首页动画即以澎湃的音乐、写意的泼墨、中国风味的祥云伴随景点图片进行旅游形象展示,以直观、活泼的声画形式传递了景点古建筑群落的连绵独特,民俗文化喜庆热闹的形象特点,而仅表现景点的特点还只是在直接意指层面进行符号传播。伴随直接意指而来是含蓄意指层面,即动画中的古色古香的文化符号,如木质色调的视窗界面所暗示的古雅、悠久、厚重、人文积淀等格调。而这些文化符号包上了"大片式"的视觉外壳,为受众提供愉悦的视听体验。在官方网站内还包含的形象宣传片等多媒体作品,甚至还有3D虚拟游的交互式游戏,展示360度的三坊七巷虚拟街景。这种3D拟真正是被精心编制而成的景观符码,携带着的多维信息,赋予受众浸入式体验,从而迅速唤起那些在好莱坞魔幻大片、电子游戏等拟真文化中成长起来的青年一代的共鸣。3D游戏中"人机互动"的过程,也正是受众情感、兴趣点与旅游地文化符号体系互动的过程,将受众在潜移默化中发展为潜在游客。除了官方网站,三坊七巷还开通了一系列社交网络平台,结合病毒式营销、分众化营销,使三坊七巷的文化符号及其携带的文化观念得以更有效地传播。社交网络平台本身就是提供给官方管理者与潜在游客、游客相互之间自由交流的网络空间。通过自媒体平台让草根阶层分享体验、生产意义，减少传统广告给受众带来的"排斥感"，通过高参与性与互动性加深潜在游客对旅游地的认同，并使文艺活动、文创活动的信息实时传递给用户。此外，利用微博提供的一些餐饮打折、网上报名、中奖机会等优惠，将旅游宣传活动与用户利益"捆绑"在一起，提高用户黏度。这些新媒体上的传播手段，不仅通过网络营销的4I原则吸引了网络用户的眼球，形成于潜在游客的良性互动，更作为一种"青春时尚""民主互动"的形象符码成为三坊七巷文化符号的一部分。

第二，发展特色地方旅游衍生产品，强化节日符号、地域民俗符号。旅游衍生品作为旅游地精神、品味、风骨的便携式物质载体，一方面既能满足游客的消费需求，另一方面又能对旅游地的文化形象进行二次宣传。脱胎漆器、纸伞、角梳、软木雕等具有高收藏价值的福州工艺特产在南后街上处处可见。它们常与一些创意饰品、摆件一同售卖，可以满足多层次、各年龄段人群的需求。而三坊七巷提供的旅游衍生产品不仅包括一些工艺品、老字号店铺，还包括闽地丰富的饮食文化资源，如鱼丸、肉燕、土笋冻等名小吃。在三坊七巷建筑群落中，浓郁的历史文化氛围同民间美食、古朴藏品和谐共生，凸显区域文化特性，形成景观话语的建构。除了日常的旅游衍生产品展示、售卖，三坊七巷管委会还注重强化节日符号和闽地民俗符号，无论是端午节的汉服爱好者身着汉服与游人互动举行的主题民俗活动，或是在光禄吟台上举办的"海峡两岸合唱节"，抑或"六一"儿童节时举办的文化亲子互动项目——"绘画嘉年华"，这些充满创意和历史沉淀感的节日、民俗庆典，将建筑景观欣赏、文化创意活动、历史内涵品味、食娱购消费四者结合在一起，形成一条富有内涵又兼具娱乐性的文化产业链。游人通过对高雅艺术符号、文化创意符号以及民俗历史符号的消费，获得文化身份认同，进行文化传播，最终促使三坊七巷旅游区的高品位、精内涵的符号形象建构。在这里，旅行不仅仅是休闲调剂，而真正成为游人对自我认同、社会地位和文化品位进行定位的社会坐标，这种多维共建的文化形象建构和传播，促使潜在游客将三坊七巷游由弹性需求转化为刚性需求。

德波在第一章的序言引用了费尔巴哈对于时代的论断:这是一个"符号胜过实物、副本胜过原本、表象胜过现实、现象胜过本质"①的景观堆积的颠倒时代。实际上,人们的旅游体验是"真实"与"虚拟真实"杂糅的。但是也应该警惕的是,符号化旅游的过程是否架空了历史和文化内涵,使游客对文化的体验停留在符号表象。因为旅游景观的"本真性"并不仅仅只是由景观组团的设计规划构成的,当地的居民、传统民俗生态环境也是景观文化内涵和积淀的重要组成。在重建过程中,一些老字号店铺因为付不起租金搬离了,南后街上的所有居民都搬离了老宅,而一些极具现代气息的商铺驻扎了进来,如麦当劳、华莱士。在获得经济收益的情况下,未免产生景观不中不西的"四不像"的感觉。而原居民的流失,使"在南后街听老奶奶讲过去的事"恐怕成为再也不可能的事。或许,这些都是旅游景观符号化后无可避免地对原真性一定程度的损害。除了对旅游过程中历史内涵的重视,也应注重景区的绿色发展、可持续发展。据志愿者调查,仅南后街一年就需消耗将近 300 万套一次性产品。② 这些一次性餐具从短期来看,对城市健康、环保形象的影响,到长期对资源的耗费和环境的污染的潜在后果,都应引起景区管理者的重视。

旅游,作为一个在不断持续增长、多样化发展中的行业,旅游景观建设、旅游形象传播对于一个城市的形象叙事、文化传统的追寻、社会符号价值体系的变动有着不容忽视的影响。正如南帆所指出的:"文化传统始终处于阐释、宣讲之中,这是文化传统依然存活的一种形式。重要的是这些阐释和宣讲的质量——是一种添砖加瓦的创造、发明与阐释,还是肤浅化,庸俗化,娱乐化,扁平化?"③文化旅游资源的开发,既是文化的产业化,也是产业的文化化。三坊七巷历史历史文化旅游

---

① 费尔巴哈:《基督教的本质》,居伊·德波《景观社会》,王昭凤译,南京大学出版社,2006 年。

② 朱嘉怡:《三坊七巷环保在行动》,http://www. nhaidu. com/news/12/n - 372812. html,2011. 11. 18。

③ 南帆,刘小新,林秀琴:《对话:文化产业发展的若干问题》,《福建论坛(人文社会科学版)》,2011 年第 10 期。

区的合理开发及其符号系统的建构,对当地文化精神的传承和传播有着重要作用,应结合创意、合理规划、重视学理,将文化资源转化为文化资本,充分挖掘三坊七巷旅游区的文化能量,由此得以提升区域文化软实力,树立闽都、海西文化品牌。

(作者单位:福建师范大学文学院)

台湾城市文化产业发展探索

魏 然

文化产业依据其生产活动的空间区域的不同可以区分为城市或都市文化产业、地方文化产业两大类型。都市是文化产业发展的重要空间,也是文化产业发展最为活跃的前沿区域。城市文化产业是相对于地方文化产业的概念,具有与地方文化产业所具备的传统地方特色不同的都市化特征:城市文化产业集聚性和产值都比地方文化产业要高得多;城市文化产业呈现出规模化、集团化和全球化的发展趋势;城市文化产业与大众传媒、流行时尚以及高科技相互结合的特点也十分显著。在我国台湾地区城市文化产业发展十分迅速,台湾文化产业所产出的经济价值很大程度上依赖于城市文化产业的带动。因此,考察台湾城市文化产业的发展特色与经验,具有十分重要的意义。

一、台北发展城市文化产业的经验

台北市自 1708 年开辟迄今已有 300 年,建城也已经有 100 余年,从最早的淡水河岸小集市,由西沿淡水河岸的万华艋舺、大同区大稻埕往东逐渐延伸发展,形成台北市的都市架构。台北的城市化进程较早,一般认为从 1851—1895 年清代末期成为通商口岸开始发展,历经日据时期的殖民现代性阶段,到 1965 年后形成经济高速成长的新兴工业化城市,1985 年后,则逐渐成为国际化、多元化的文化大都会。文化是城市的灵魂,城市文化的形成与演变是台北都市化进程的重要组成部分。20 世纪 90 年代中后期以来,台北文化产业高速发展,成为台北市经济和文化发展的新动力和"旗舰产业",可以说,城市文化产业在台北迈向文化大都会和全球性都市的过程中起着越来越重要的作用。

据台北市文化局的粗略统计,台北市每五家企业中就有两家是从事文创产业相关的事业;台北市全部产业的总营业额中有十分之一是来自于文创产业;台北市每十位工作者中有一位是从事文化创意产业的工作;全台湾每十家文创产业的相关企业就有三家是设立在台北市。根据台北市文化局近期出版的《2008 年台北市文化创意产业指标调查成果报告》的统计,2008 年全台湾文化创意产业的总营业额为新台币 5688.8 亿元,台北市总营业额为新台币 3431.5 亿元,占全台的 60.32%。可见,台北市在发展文化产业方面取得了令人瞩目的成果。其经验值得人们总结和借鉴。

经验之一:文化主管部门和文化行政官员强势推动文化创意产业发展。

台北市文化局对推动文化创意产业的发展可谓功不可没,这与文化行政官员队伍的高度专业化及其专业化的文化治理密切相关。自1999 年台北成立"文化局"以来,共产生了四位局长,依次是龙应台、廖咸浩、李永萍和谢小韫。这四位文化主政官员都是具有大文化观、大国际观和文化创意产业意识的知名学者,首任龙应台主张:"文化深入生活""传统走出现代""本土走向国际",推行"文化与教育结合""文化与社区结合""文化与产业结合""文化与国际结合"的文化发展理念。龙应台和她的团队对台北市文化建设和文化产业发展的贡献主要在于:(1) 建立文化与产业的连接和本土与国际的连接观念。(2) 提出把"闲置空间"再利用成为"文化空间"的政策。第二任局长廖咸浩提出"有情文化"和"美感城市"的观念。在推动台北市文化产业发展方面,廖咸浩和他的团队做了以下有利于台北市文化产业发展的工作:(1) 设立"台北市文化产业发展委员会",并出任执行长。该委员会网罗了南方朔、吴思华、詹宏志、严长寿、夏铸九、林怀民、吴玛悧、黄茂昌、侯文燕、洪丽芬、李雨珊、林谷芳、孙大川等具有广泛代表性的专家学者、文化艺术家和时尚创意产业领域的杰出人物。(2) 出版《台北市文化发展白皮书纲要》,初步规划了台北市文化产业发展路线图,引导文化产业成为台北市未来的旗舰产业。(3) 提出"让华人世界变成一个巨大的文化键结与市场"和把台北市建设成为华人世界的文化中心的理念。(4) 推动松烟文化园区规划、城市博物馆筹备、台北古城文化观光计划、艺文团体管理自治规则的拟定等与文化产业发展密切相关的工作。(5) 推动"育艺深远"国小艺术扎根计划。(6) 持续推动"艺企相投"活动,力图建立艺术和企业合作的文化机制。(7) 举办"公共艺术""汉字文化节""艺文组织誉扬作业"等活动。(8) 提出"文化政策是更激进的文化研究"的观念,积极引导文化理论界重视文化政策的研究。第三任局长李永萍和她的团队为推动台北市文化产业发展所致的工作主要包括以下方面:(1) 确立台北市的文化定位,力图把台北市打造成为文化创意之都。(2) 设置"台北文化设施发展基金",加速文化基础设施的建设。(3) 推动"台北市文化基金会"转型成为为策办重要艺术节庆与重点文化馆所常设机构。(4) 成立"台北电影委员会",促进影视艺术的发展。(5) 继续推动松烟文化园区建设,促成台湾创意设计中心进驻园区。(6) 推动"台北市创意地图双 L 型产业轴带"的规划和建设,使台北市的文化产业布局趋向合理。(7) 筹办"台北艺术中心"和"北部流行音乐中心"。现任局长谢小韫将继续强化和推行"文化社区化、产业化和国际化"的理念,从传统寻根、从现代出发,积极迈向国际。从龙应台、廖咸浩到李永萍和谢小韫,历届文化局长都十分重视发展文化产业,并为文化产业的发展做了许多具体务实的工作。可以说,台北市文化创意产业的发展与文化主管部门和文化行政官员强势推动密切相关。

经验之二:都市更新和发展文化产业相结合。

台北的文化产业成长与其城市更新运动紧密相连。回顾历史,台北的城市更新走过两个比较明显的阶段:20 世纪七八十年代为第一阶段,当局根据 1973 年的《都市计划法修正案》,拆除市区老旧建筑,通过整体开发改善了城市景观。但这种"推土机式""清除—重建"的都市更新模式也造成了许多负面影响,有时甚至是破坏性的影响。显而易见,在这一阶段的都市更新过程中,文化创意产业的意识和思维还远未形成,文化产业在都市更新运动中并没有扮演什么重要角色。

20 世纪 90 年代中后期至今为第二阶段,这一时期的都市更新是在文化政策主导下展开的。20 世纪 90 年代中期起,"社区总体营造"的文化政策确立了"文化产业化、产业文化化"的思维,文化产业逐渐与社区再造融合,并且成为社区再造的重要途径之一。1998 年后,在行政当局的有力推动和民间的积极参与下,"经建会"颁布新版的《都市更新方案》。台北展开了新一轮的城市更新运动,文化产业开始进入城市空间,成为城市空间布局的重要元素之一。1999 年 11 月,台北市文化局设立"古迹暨历史建筑审查委员会",对本市古迹、历史建筑、闲置空间进行系统的清查与登录,并且有计划地把市内的历史与闲置空间改造为艺术和文化空间。2002 年,台湾将"文化创意产业"列为"挑战 2008 重点发展计划"的一项核心内容,首次将"文化创意产业"规划为台湾未来发展重点方向,值得注意的是,历史建筑与古迹被作为文化创意产业体系的一个重要环节,一方面对历史建筑与古迹实施保护工程,以期其文化价值得以传承,另一方面试图通过其与其他文化产业的整合,如与表演艺术、观光旅游等整合,显示城市的独特文化魅力,提升城市竞争力,塑造具有台北特色的城市立体形象。文化产业在这一阶段的都市更新运动显然占据了重要的位置,在文化政策的深度介入甚至主导下,台北市的都市更新显然已经转向都市的文化再造。"文化轴"已经成为台北市的城市更新整体规划的重要之维,城市文化功能区的设置进一步促进了文化城市的形成。显而易见,"文化"开始在都市更新中扮演至关重要的角色。文化产业园区、艺术文化表演活动以及公共艺术等在都市更新规划中占据着十分重要的位置,乃至成为都市再造不可或缺的关键要素。与七八十年代的都市更新运动相比,90 年代后的台北市更新运动开始全面导入文化创意产业的理念,新世纪以来这一点得到前所未有的强调,如在 2004 年召开的"台北市推动都市更新方案项目简报第三次会议"中,时任台北市市长马英九特别强调,在都市更新上不但要重事前规划,也要同时并入文化创意产业。的确,在文化政策主导下并导入文化创意的新理念展开都市更新,这是台北市成功地把城市更新转型为城市空间的文化再造工程的关键,是台北市真正迈向文化大都会的必由之路,也是发展城市文化产业的重要路径。"艺术村"的设立和"华山创意文化园区"的建立等都是以文化为策略进行都市更新的重要个案。

经验之三:闲置空间再利用政策与文化创意产业发展空间的拓展。

本质上看,都市更新即是都市空间的再生产,也是都市功能区的重新布局。它不仅关涉到如何保存历史建筑和文化古迹的问题,涉及如何活化历史建筑和文化古迹的问题,也关涉到如何处理由于政治经济的历史变迁而产生的各种各样闲置空间问题。从 1996 年台北市政府首次提出"空间解严"与重划"台北文化地图",到 1999 年底台北市文化局明确确立"闲置空间"再利用为文化空间的理念,再到 2000 年台湾文化主管部门"文建会"全面推行"闲置空间再利用"政策……"闲置空间再利用"逐渐成为新世纪以来台湾地区文化政策至关重要的一项内容,空间的释出为文化产业的启动和产业的聚集创造了基本条件,对台北市文化创意产业的发展可谓影响深远。空间的释出包括两大类型:其一是活化和再利用传统历史建筑和古迹空间;其二是活化和再利用由于工业产业和商业的转移而产生的闲置厂房和商业用地。当然,随着文化保存范围的进一步拓展和工业文化遗产观念的形成,这两种类型也明显产生了相互交叉的情形,许多有历史底蕴的闲置厂房业已成为急需保护的文化遗产。

1. 传统历史建筑和古迹空间的活化和再利用与台北市文化创意产业发展的关系十分密切。台北市在将历史建筑和古迹空间转化为艺文空间方面取得了令人瞩目的成果,其经验值得意于发展文化创意产业的城市学习与借鉴。1908 年所建的台湾三级古迹西门红楼再利用为红楼剧场;位于中正区,建于 1906 年,日据时期为日本宪兵分队所,后为台北市政府警察局办公场所的巴洛克风格建筑成功转换为牯岭街小剧场;建于 1936 年的公会堂(光复后改为中山堂)再利用成为演艺界重要表演场所;日据时期"建成小学校"通过空间再利用规划转换成为台北当代艺术馆;日据时期原属台湾糖业株式会社招待所(1950 年改建为"夏季避暑行馆"或称"草山老官邸")转换为艺术工作室和文艺表演场所;作为电影和表演艺术重要空间的"光点——台北之家"则由前美国驻台北"领事馆"转换而成……这些空间的释出和再利用既活化了传统空间,也为台北市文化艺术活动的蓬勃开展打下了坚实的基础,为台北市文化创意产业的兴起创造了必不可少的氛围和基础条件。

2. 闲置厂房和商业用地的再利用与文化创意产业的兴起。实施"闲置空间再利用"政策侃进了台北市文化创意产业的兴起和繁荣发展,为文化产业的集聚、创意人才的聚集和文化产业园区的建设创造了空间条件。这方面典型的案例包括"台北国际艺术村""华山1914创意文化园区""松山烟厂文化园区""士林纸厂劳动文化园区"和"台北啤酒文化园区"。

(1)"台北国际艺术村",位于台北市中心地带,曾经是台北市政府养工处和台北捷运公司的办公室,闲置多年,直到2001年在"闲置空间再利用"政策的主导下,台北市文化局借鉴伦敦、巴黎、纽约等国际大都会创办艺术村的经验和模式,重新规划改建而成。现今看来,"国际艺术村"的设立及其所开展的一系列富有特色的艺术交流活动,尤其是艺术家"驻村创作计划"和"艺术交换计划",对台北市艺术产业发展和繁荣的推动效果日益明显。

(2)"华山1914创意文化园区",简称"华山创意文化园区",由"台北酒厂"再利用而成。回顾历史,"华山"空间的政治生产和文化转换经历了以下历史阶段:清朝时期原称三板桥庄大竹围;日据时期改称"桦山町",所设单位包括"台北市役所""桦山货运站"和"台北酒工场"等;战后改为"台湾省烟酒公卖局台北酒厂",简称"台北酒厂";1987年酒厂迁出,空间开始闲置;1999年行政机构委托第三部门"艺文环境改造协会"管理经营,"闲置空间再利用"转换成为非营利性的公共文化艺术空间,称为"华山艺文特区";2002年后,台湾文化主管部门"文建会"介入,重新规划"华山"空间为"文化创意园区",该规划于2005年底才真正落实。

现今,"华山创意文化园区"已经成为台北市最重要的创意设计集聚中心和表演艺术展演空间之一,对台北市文化创意产业成长的促进作用显而易见。据华山1914网的报道:自2009年以来,"华山创意文化园区"已经成功举办了一系列活动:"2009台湾设计师周""'华山町'周末市集""几米星空特展 The Starry Starry Night 与你相约华山""2009 台北踢踏节""张克齐《工笔花鸟·山中传奇》个展""八月疯设计,创新停不了,趣味一波波!""台北奔牛节拍卖""华山季节风——居家美学季""爱在台湾——88 水灾重建义卖募款活动""吴学让水墨画展""2009 宝岛声歌祭""2009 设计师/品牌系列展——台北炫时尚""发现最好的女人 Payeasy Happy 水派对""几米星空特展活动:周末儿童美学教室""新竹生活美学馆 98 年写生大赛""乐兴之时赈灾义演募款音乐会""徐永进个展——Taiwan 的故事""重建家园让爱蔓延:920 慈善摄影嘉年华""2009 北欧橱窗特卖会""市集广益:让爱升起文创商家爱心嘉年华""伍佰 and china blue2009 太空弹巡回演唱会""蔡国强《昼夜》草图公开制作:为《蔡国强 泡美术馆》展所做的计划""台湾当代建筑师手绘稿联展""东方枫华宴""2009 第 10 届 ICC 国际漫画家大会原画展""英国艺术设计学校博览会""2009 创造力教育产学合作论坛""汉唐乐府'教坊记'系列活动之'华山论见'文创论坛""典藏色彩魔法师朱瑞安诺光影大师展览""创意小顽童""第九届全国泡茶比赛暨亚太茶艺观摩赛""法国国立音乐创意中心数字音乐会""第七届刀与生活展顶级工艺刀具制作艺术大展""2009 台北/平遥摄影文化交流展""'爱运动、家人、城市、地球'装置艺术交流创作前展""魅游祭""剧团感伤动作派《陈清扬》演出""华山 1914 创意 PARTY""茶的生活设计大展""蜡笔小新开心王国乐园""原味趣无穷·逍遥乐活街""2010 年英国教育博览会"……足见"华山创意文化园区"的文化活力和创意动能,也可以管窥出"华山创意文化园区"对台北市文化发展和文化创意产业繁荣所起到的重要作用。

(3)"松山烟厂文化园区",位于台北市信义区,日治时期为"台湾总督府专卖局松山烟草工场",光复后改为"台湾省烟酒公卖局松山烟厂",1998 年停产变成闲置空间,2002 年在工业遗产保存的基础上重新规划转换为文化产业园区。台北市政府出台《台北市体育文化园区之 BOT 规划案》(Build-Operate-Transfer,即建造——经营——移交),提出松山烟厂闲置空间再利用的愿景目标、整体发展构想和开发具体方案,力图"将松山烟厂内的古迹及历史建筑活化再利用,并将文化结合历史、生活、产业、研习、研发、创作、发表与棒球运动、体育休闲等活动,创造出一个复合式的文化及体育空间,经多方考虑之后决定于松山烟厂规划设置'台北文化体育园区',以符合台北市推展文化都市、全民体育及跻身国际级大都会的需求。"(参见台北市政府《台北市体育文化园区之 BOT 规划案》)现今,"松山烟厂文化园区"已经成为台北市重要的自然与文化旅游休闲空间,也是台北市举办大型文化体育活动的主要场所和文化创意空间。

(4)"士林纸厂劳动文化园区"。士林纸业前身为台湾制纸株式会社,筹组于 1918 年,工厂于 1923 年建成投产,台湾光复后正式成立"士林纸业"。90 年代末,"士林纸业"停产,厂房闲置。1999 年台北市劳工局介入闲置空间再利用,尤其是在当代劳工运动的代表人物郑村祺的强力推动下,"士林纸业"闲置空间改建为深具意义的"士林纸厂劳动文化园区",既保存了工业遗产,又成为全面展示劳工的历史与文化的重要空间。

(5)"台北啤酒文化园区",前身为 1919 年"高砂麦酒株式会社",台湾光复后改建为"建国啤酒厂"。1998 年"文建会"开始介入"建国啤酒厂"的文化再造。2000 年台北市文化局指定建国啤酒厂为市定古迹,逐渐改建为"台北啤酒文化园区"。园区建成后举办了一系列富有影响的文化创意活动,近期活动就有:2007 年第五届的"城市行动艺术节""2007 台北——台湾啤酒节""2008 台北双年展""建国啤酒厂 90 周年系列活动:'建国啤酒厂生日快乐!'世界咖啡馆"……现今,"台北啤酒文化园区"也已经成为台北市发展创意产业的重要文化空间。

经验之四:第三部门的积极参与和文化产业经营模式的形成。

在台北市文化创意产业的发展过程中,第三部门一直扮演着不可或缺的角色,甚至成为推动文化产业发展的重要动力。所谓第三部门,也称"非营利性组织",按照 T·列维特等学者的界定,是指"非公非私、介于政府和企业之间的部门组织",是对不同于"政府部门"(第一部门)和"营利性组织"(第二部门)的各种非政府组织的总称。第三部门的积极参与是台北市乃至整个台湾地区文化产业快速成长的一个重要因素。正如台湾学者刘维公所指出的:"近年来,第三部门对台湾文化艺术的发展具有非常大的影响力。不论是大型艺文活动的举办、地方小区美学的营造、国际文化的交流、艺文工作者的培育等,都看得到非营利组织的参与以及其丰硕的成果。从时代变迁的角度,文化经济的推动将是台湾艺文非营利组织接下来的使命。"①的确,对于文化产业的发展而言,第三部门、文化行政部门、文化企业的作用都是不可或缺的,三者之间的紧密合作至关重要。以下我们以艺术文化环境改造协会为例予以说明:

艺术文化环境改造协会(以下简称改造协会),是一个艺术家组成的非营利性组织,前身为"华山艺文特区促进会",1998 年正式成立。"改造协会"致力于推动台北市的文化建设和创意产业发展,成绩显著。第一,"改造协会"是"华山"闲置空间再利用的重要推手。通过"展演""联署"和"陈情"等一系列活动,直接影响了行政当局文化政策的制定,推动了"华山"从闲置空间到艺文空间的转换。从 1999 年到 2003 年五年间,"改造协会"精心营造"华山艺文特区",举办了3000 多场各种类型的文艺展示和演出,使"华山"转变为台北市文化艺术发展的重要空间,有力地促进了台北市艺术文化环境的改善。第二,2004 年后,"改造协会"则致力于推动文化创意产业的发展,主要成果包括:(1) 调研报告:"民众博物馆文化消费研究调查""创意生活产业群聚推动作法研析""台北市创意数字发展之空间策略""台北市95 年文化指标调查""台北市文化指标变迁趋势分析"。(2) 计划与规划:"博物馆文化产品艺术创作计划""华山文化园区引入文化创意产业整体规划案""公共空间艺术再造计划案""台湾设计产业翱翔计划——办理台湾文化创意产业发展现况相关研究""文化及观光部组织调整规划研究""文化创意产业发展计划——规划设置创意文化园区""文化创意产业人才与信息交流平台计划"。(3) 平台和活动:"文化产业人力资源开发与辅导计划平台""2007 创意嘉年华——KUSO 西门町创意 HIGH 翻天"活动、"创意市集高峰会"……这些成

① 刘维公:《文化经济时代的艺术文化基金会角色》,非营利组织联合网。

果对台北市文化主管部门文化产业政策产生了积极的影响。第三,努力普及和推广创意经济和创意文化的理念,并且推动两岸和全球华人文化创意产业的交流和合作。台北市文化基金会,全称为财团法人台北市文化基金会,1985 年成立,2007 年转型,主要任务为策划举办重要艺术节庆与建设重点文化馆。该基金会负责管理与运作"西门红楼""台北当代艺术馆""台北国际艺术村""草山国际艺术村""台北偶戏馆"等重要文化场所,策划举办"台北电影节""儿童艺术节""台北艺术节""台北艺穗节""数字艺术节"以及"汉字文化节"等重要文化节庆活动,并致力于推动台北与大陆的文化产业交流与合作,对台北市的文化建设和文化产业发展贡献良多。

此外,亚太文化创意产业协会、创意产业协会、表演艺术联盟、画廊协会、视觉艺术协会、电影文化协会、中华数字文化创意发展协会以及一些企业基金会等各种非营利性组织都对台北市文化创意产业的发展和繁荣起着至关重要的作用。台北市在发展文化创意产业的过程中还逐渐形成了 BOT 和 ROT(租赁—营运—移转)两种模式。如"台北市体育文化园区之 BOT 规划案""台湾文化创意产业旗舰中心 BOT 案""华山创意文化园区 ROT 案",等等。从 2000 年"官邸艺文沙龙"首次采用委托民间经营到近期 BOT 和 ROT 模式的引入,台北市逐渐探索出文化创意产业的经营管理模式。

经验之五:系统规划文化创意产业建设工程。

据台北市文化局的资料,台北市近期推出了一系列进一步推动城市文化创意产业发展的规划:(1)打造城市文化创意街区计划,包括西门町电影及青少年创意文化街区、故宫文化特区、大稻埕古风区、信义新天地街头艺人表演及文化创意产业街区、中山北路婚纱及设计街区、永康街美食及艺文特色街区、温罗汀特色书店及原创音乐创意街区等。(2)故宫瑰宝大道计划,完善故宫文化特区的建设。(3)重点建设"台北艺术中心"和"台北流行音乐中心",巩固台北市的流行音乐和现代艺术在全球华人世界的领先地位和"原创优势"。(4)开发创意空间,形成"L 型文化创意产业轴带区"。通过这一系列计划的实施,台北市力图在文化台北和创意台北建设上夯实基础并取得更大突破。

经验之六：努力促进和积极参与两岸文化创意产业的交流与合作。

在台湾地区，台北是参与两岸文化创意产业交流与合作活动最为积极和活跃的城市之一。台北市文化主管部门认为：随着大陆的崛起，华人文化即将成为世界主流之一，这是台北市发展文化创意产业的新语境和新契机，台北市在两岸乃至全球华人的文化交流和合作中可以充分发挥自身的优势，逐步实现"华人创意设计中心""华人流行音乐中心"和"华人影视文化中心"的宏伟构想和定位。基于这一理念，台北市文化局努力促进和积极参与两岸文化创意产业的交流与合作，在交流与合作活动中向全球华人行销台北文化，行销台北创意产业，开拓台北创意产业的全球市场。2006 年，台北与北京合作举办"两岸城市艺术节——城市文化互访系列"活动；2007 年，台北与北京合作举办"两岸城市文化创意产业高峰论坛"；2008 年，台北市文化基金会执行长、文化局长李永萍率团参加第三届北京文博会，并举办两岸城市文化创意产业交流会，活动内容包括两岸故宫合作开发文化创意产品座谈会、对公众开放的台北主题馆、创意台北——蜕变中的文化之都、两岸城市共同打造文创行销平台座谈会、两岸城市文化创意产业商机推介会等；2009 年，台北又举办"海峡两岸文化创意产业展"和"两岸城市艺术节——上海文化周"……这一系列交流合作活动对促进台北市文化创意产业发展意义重大，如同台北市文化局局长李永萍在第三届沪台民间论坛上主题演讲所做的分析：两岸著名的文化创意产业案例在许多方面具有相似性，如"台北剥皮寮历史街区"与"上海新天地"、"台北松山烟厂文化园区"与"北京 798"。两岸之间交流经验，可以为台北文化创意产业制定出一个更具前瞻性的发展规划。

经验之七：聚集创意人才与培育创意阶级。

Richard Florida 的《创意新贵：城市与创意阶级》在台湾文化创意圈中颇为流行，对于台北市的文化主管部门和文化产业专家学者而言，"创意城市"和"创意阶级"早已是耳熟能详的两个概念，人们明确地认识到，聚集创意人才与培育创意阶级是发展文化产业的关键，创意城市与创意人才是"台北市文化经济的发展基底"(刘维公),甚至认为:"'创意阶级'已对经济造成巨大影响,未来更将决定个人发展、企业成败、甚至城市兴衰……"①台北市聚集创意人才与培育创意阶级的经验包括以下方面:(1)创办各种创意产业园区,为创意人才聚集创造空间条件;(2)举办各种创意市集,培育新生代创意阶级;(3)成立亚太文化创意产业协会等各种民间组织机构,为创意人才的交流与聚集提供平台;(4)大学和研究机构设立文化创意产业创新育成中心,为培育创意阶级提供智力支撑。经过多年的经营,台北市在聚集创意人才与培育创意阶级方面已经取得重大进展,为创意台北的建设奠定了坚实的基础。

台北市在推动文化创意产业发展方面取得了令人瞩目的成绩,每年文化创意产业产值增幅超过6%,其经验值得学习与借鉴。当然,出现的一些问题也值得人们思考和反省。如文化事业与文化产业之间的矛盾、文化艺术的公共性与商业化的冲突,等等。如何处理好这些问题是进一步推动文化创意产业发展的一项重要课题。

二、台中城市文化创意产业的发展策略

台中市位于台湾岛西部的中央,是台湾中部地区的重要城市。开发虽然晚于台南和高雄,但台中市气候温和、物产丰富、交通便捷,不仅是台湾地区重要的物流集散地,也是重要的工业城市之一。由于自然环境宜人宜居,台中市拥有了"宁静之都"的美誉,历史上台中市人文荟萃,是日据时期台湾地区规模最大、影响最广的文化社团——台湾文化协会的主要活动中心,台中诞生了一大批在台湾现代文学和思想史上具有深远影响的文化人和作家如林献堂和杨逵等,因而,台中又有"文化城"的美称。但在20世纪90年代后很长一段时期里,台中市的文化发展衰退,色情业泛滥,"文化城"的美誉竟被"风化城"的丑称所取代。如何复兴台中市的文化传统? 如何找到文化建设与经济和社会整体协调发展、相互促进的路径? 如何做到文化振兴和文化产

---

① 陈华樱:《创意阶级 跃升经济新贵!》,《数位时代》,2003 年 11 月 15 日。

业化的深度结合并进而发展出具有台中市特色和优势的文化创意产业？这些都是摆在台中市行政当局尤其是文化主管部门和人文知识分子以及广大台中市市民面前的急需解决的问题。从1996年台中市文化中心举办以"文化协会的年代"为主题的"文艺季"活动到全台湾第一个地方文化资产专责机构"台中市文化资产管理中心"的设立，从"古根汉美术馆"构想的提出及夭折到"台中大都会歌剧院"的兴建……在胡志强市长及其执政团队的领导下，台中市在文化建设和发展创意产业方面取得了令人瞩目的成就。2007年台中市在全球400多个城市的竞争中脱颖而出荣获"世界最佳文艺艺术城市"的殊荣，以文学艺术产业为中心的台中市文化创意产业获得了显著的发展，朝"国际文化城"方向迈出了重要的一步。据《天下杂志》的报道，现今，台中市已经获得"消费美学、乐活城市、创意之都"的新称号，成为亚洲都市转型的重要典范之一。台中市文化创意产业发展策略值得人们学习和借鉴。

策略之一：确立以文化创意产业为核心的都市发展新理念，着力推动台中市的转型和都市的文化再造。

台中市选择这一发展路径基于以下两方面的原因：第一，台中市具有发展文化创意产业的文化艺术基础和丰富的文化资源。现代史上，台中市曾经是台湾文化协会活动的中心区域，也诞生了一大批对台湾文化艺术和思想史都产生了深远影响的重要人文知识分子、作家和诗人。"文化"曾经是台中市突出的气质和特色。第二，从横向比较看，如同市长胡志强所分析："台北很政治，也是金融中心，我们都比不了；高雄是台湾的重工业基地和货运大港，我们也比不了。台中市的优势特色就是文化艺术活动，我们就在这方面努力加强。"基于这种区别化的定位策略，台中市选择了以文化建设和文化创意产业为基点推动都市发展的路径。胡志强在多次演讲中都阐述了这一理念：2008年做客厦门大学，演讲主题是"文化造市"，他说自己打造台中的法宝就是文化，创意是城市建设的一面旗帜；2010年做客母校牛津大学，演讲主题同样是文化——"文化创意建设城市—台中经验"……经过多年的探索和实践，台中市已经形成了"文化、经济、世界城"的都市发展理念和愿景,行政当局也逐渐形成了"创意、活力、文化城"的施政方针。所谓"文化、经济、世界城"发展理念,按照胡志强的解释,即"第一,文化要与创意结合,第二,文化加创意要再加产业,最后,文化加创意加产业就是台中市所要走的方向,也就是'文化、经济、国际城'。"①这一理念通过台中市文化局和都市发展局近几年的施政计划及其实施得到了卓有成效的贯彻执行。

策略之二:以重大文化项目建设带动"文化造市"运动。

近年来,台中市规划兴建了"圆满户外剧场""大都会歌剧院""台湾民俗文物馆"等重大文化基础设施,有效带动了文化投资和"文化造市"运动。这些重大文化项目的兴建对"文化台中"和"创意城市"建设的意义十分深远:第一,拓展了台中市文化创意产业的发展空间,为文化产业发展奠定了硬件基础,也为文化创意产业的集聚创造了条件;第二,"圆满户外剧场"和"大都会歌剧院"等的设计都具有国际水平,已经成为台中市的重要文化景观,起到了提振台中市文化观光产业的功能。"圆满户外剧场"于2009年建成,号称亚洲最大的户外圆形剧场,气势磅礴、创意十足,如同超大型的现代装置艺术,既是台湾地区重要的表演艺术场所之一,也是台中市文化观光的重要景观。"大都会歌剧院"由荣获2002年威尼斯双年展"终身成就金狮奖"和"2005英国皇家建筑学会金奖"等多项殊荣于一身的著名建筑师伊东丰雄设计创作,风格独特、精致大气,与周围文化地景配合相得益彰,被称为台湾地区"最时尚建筑地标、最大师心血巨擘、最国际专业剧院",形成音乐表演、艺术展示、观光旅游、建筑景观和国际文化交流五合一的都市新空间,成为"文化台中"的重要地标。此外,台中都会公园、一中商圈、大坑登山步道、台中公园、美术园道商圈、自然科学博物馆、逢甲商圈等的规划与建设,都是台中市"文化造市"的重点项目,对文化台中的建设贡献良多,已经成为祖国大陆和日本游客文化观光的必游景点。

策略之三:实施"文化种子"计划和"创意市集产业"发展规划,培

① 《TAIWAN POWER,创意"县市"集》,jungle杂志,2009年第4期。

育文化创意人才和群众基础。

　　台中市在培育文化创意的人才和群众基础方面具有独特的策略和做法,实施"文化种子"计划就颇具特色。据台中市文化种子网的报道,实施"文化种子"计划的目的包括两个方面,一是提高广大市民主动参与文化活动的积极性和成就感,培育文化创意人才和群众基础;二是协助传播台中市文化活动信息,"推广本市的艺文活动、提升全体市民的艺术文化水平",起到行销台中的作用。"文化种子"计划列入市政府的施政方案,由台中市文化局具体负责实施。具体做法包括:(1)创建"台中市文化种子"网站,既提供"文化种子"计划的具体内容,也提供台湾地区尤其是台中市的各项文化活动资讯。(2)设立文化种子培训课程,实施文化种子网络教学,对文化种子进行系统的文化培训。据台北市文化局统计,"文化种子"2004年人数为1000人,2005年超过3000人,2006年达到6000余人,2007年底则有近万人。"文化种子"计划实施以来取得了显著效果:第一,建立了行政当局与广大市民的联系中介,"文化种子"已经成为台中市文化政策行销的重要力量。第二,"文化种子"计划有效地传播了台中市的文化活动资讯,宣传了台中市文化建设成就,对营造都市文化氛围很有帮助。第三,"文化种子"为创意产业的发展储备了基础人才,也培育了台中创意城市建设的群众基础。2010年台中市又出台"台中市创意市集产业发展计划",该计划以"文创新蓝海·创意IN台中"为主旨,包括"产业整合机制""创业辅导导入""创意市集形塑"和"媒体宣传规划"等具体实施方案,设置"微型创业训练""手创训练""创业辅导""创业计划书"设计等具体实施项目,整合各种行政资源,采取"创意市集年会""创意市集部落格""媒体报导""创意市集手册"等多元化立体的营销手段,全力推动群众性创意产业的发展,为推动都会型创意市集的建立和创意市集产业的形成奠定了坚实的基础。

　　策略之四:闲置空间再利用与文化创意园区建设。

　　闲置空间再利用为文化创意产业园区,是英国、法国等发达国家发展创意产业的重要经验,台湾地区五大创意园区的创办也是闲置空间再利用的成功案例。台中市的创意文化园区即是由台中旧酒厂改造而成,2005 年正式开放,现已经成为台中市文化创意产业的集聚空间。该园区是功能多元化的完好空间,设有"生活机能区""绿带休憩区""展演区"和"设计工坊区"等。在台湾五大文化创意产业园区中,台中创意文化园区颇具特色。第一,定位明确。无论是"台湾建筑·设计与艺术展演中心"的最初命名,还是"台湾艺术·设计与建筑展演中心"的最终定位,台中创意文化园区都把"艺术、设计与建筑展演"定位为园区的核心功能,集中体现台中创意都市的发展理念,起到"培育文化生产能力"的作用。第二,体现"城市创意空间美学"观念和"文创美学经济新思维",也集中展示了台中市传统和前卫结合的文化形象。台中创意文化园区创办后成功举办了一系列文化艺术展示活动:"当传统遇上创意""守护传承台湾无形文化资产特展""两岸非物质文化遗产特展""台湾设计博览会""福虎开春闹元宵""大专院校毕业成果展""森林住隔壁"……这些活动的开展既活跃了台中市的文化气氛,又推动了台中市文化创意产业的发展。

策略之五:举办大型文化艺术展演活动,确立台中市文化创意产业的重点发展方向。

台中市基于其历史基础和文化渊源确立了文化创意产业的三个重点发展方向,即会展产业、艺术表演产业和都市文化观光产业,这三大产业相互关联互相促进,有效地推动了台中市城市文化产业的发展。围绕这三大方向,台中市还举办了一系列大型文化艺术展演活动,如"台湾设计博览会""爵士音乐节""大墩美展""闪亮文化季"等大型文化艺术展演活动。这些文化艺术展演活动具有以下特点:第一,国际化程度高。以"本质"为主题的 2009 年"台湾设计博览会""精心规划了 11 个展馆以及新鲜创意超市",不仅邀请了台湾地区最杰出的设计师参展,而且邀请日本、英国、德国、荷兰、法国等的代表性设计师参展,展出别具特色的设计作品。台中市还把"大墩美展"推向国际,"广邀世界各地艺术创作者提供各类优秀作品参与此项美术盛会,迄今已办理了十四届,总计吸引了来自全球五大洲超过 1 万名的艺术家共襄盛举。"今年,"大墩美展"又推出新举措,在美国圣安东尼奥市德州文化中心展出,将"大墩美展"得奖作品推向国际舞台。第二,品牌化经营策略。经过长时间的经营,"爵士音乐节"和"大墩美展"等已经成为台湾地区乃至亚洲文化艺术展演活动的重要品牌。第三,创意化和时尚化。"传统遇上创意"活动成功地把传统艺术和现代创意理念嫁接,"以一千两百台斤白米制作而成的大型米龙"独具创意,吸引了观众的目光,而 NyLas、熊宝贝、图腾乐团、color 乐团的参与则平添了活动的时尚色彩和流行文化元素。"狗年农历年节"原本是十分传统的节庆活动,但台中市与卡通 SNOOPY(史努比)合作,推陈出新,突出文化创意,吸引了 350 万人参加。至今已有七年历史的台中市"爵士音乐节",更具流行色彩和时尚魅力,无疑是高品位的艺术展演活动。从参加 2009 年的国际表演团体和艺术家就可以管窥"爵士音乐节"的规模和层级:意大利小号大师恩利科·拉瓦、法国当代手风琴音乐大师理查德·盖利安诺、德国著名的"声纳合唱团"、美国"乔伊·吉尔莫乐团"等,足见台中"爵士音乐节"的吸引力。第四,立体化模式,扩大文化艺术展演活动的效果。以 2008 年"爵士音乐节"为例,为配合"爵士音乐节"活动并扩大其效果,台中市推出"六好周边活动",即"好看:露天电影院"、"好学:爵士传习营/高中全明星爵士大乐团选拔"、"好吃:异国美食摊位"、"好喝:啤酒座/咖啡座"、"好玩:杂志封面达人"和"好买:创意市集"。活动内容十分丰富,既培育了台中市市民的爵士音乐知识,提升市民的文化欣赏水平和审美品位,也带动了都市文化和饮食等消费。第五,两岸合作,共同推动华语世界文化创意产业的发展。在发展文化创意产业过程中,台中市高度重视两岸合作,力图透过两岸合作推动华人世界文化创意产业的发展。2010 年台中市成功举办张艺谋导演的《图兰朵》演出就是一个成功个案。《图兰朵》的合唱团由中央歌剧院和台湾交响乐团共同组成,舞蹈演员则由台湾体育大学近 300 名师生组成。同时,此剧还启用一批台湾的本土演员。迄今为止,意大利歌剧《图兰朵》在台湾台中市的洲际棒球场上演是两岸文艺界的最大规模的合作案例。

三、高雄的转型与文化产业发展

高雄市是台湾第二大城市,约有 150 万人口,为台湾南部最大的人口聚集地区;拥有南部区域唯一的大型机场以及吞吐量居世界前列的货柜港,交通便利,是台湾的工业经济发展及建设的重心。由于城市发展方向侧重于工业,其城市印象为典型的工业化城市,文化建设很难与文化大都会台北相比。但1998年以来,高雄市的城市发展战略有比较明显的调整,文化立市政策逐渐浮出水面,文化艺术活动、文化产业建设以及城市文化行销等逐渐获得市政当局的重视。高雄开始出台一系列文化经济政策促进特色文化产业的发展,虽然与台北的文化产业相比还是较为弱小,但是却提供了一个传统工业城市如何转型的典型。

高雄市长期以工业、渔业发展为主,轻重工业的发展为高雄市带来许多就业机会,是台湾以重工业为主的重要港口城市。但高雄的城市文化产业相对不发达,缺乏吸引文化消费的产业与主题,再加上由于工业化带来的种种污染与不便,使得高雄给人以"文化沙漠"的印象。随着工业化时代的消逝,高雄也开始注重起文化产业来,特别是在台湾当局鼓励各县市发挥多元创意,举办多彩多姿的传统节庆祭典、地方民俗活动,以期"深耕文化""振兴产业""带动观光""活化经济"的政策导向,使得高雄必须重视与开发文化产业,改变城市的形象。近几年来高雄市政府开始以"水和光的特色"来营造城市意象,兴建与开发了一批新的都市文化景观,如城市光廊、玫瑰圣母院、爱河、高雄市立历史博物馆、仁爱公园、高雄港、西子湾风景区、旗津风景区等。高雄市许多市政建设都以灯光为主题,包括"爱河""城市光廊""河堤公园"等,而其中最具代表性的便是"爱河"。高雄的城市形象也随之由单纯的工业城市改变为一个光和水的文化观光都市,这其中由地方行政部门推动高雄转型的文化政策值得特别注意。如果说台北的文化产业是由商业化与行政部门共同推动的,那么,在高雄,行政部门则占据着主导地位。考察高雄文化产业的布局与发展,基本上都有行政部门直接的影响。在文化政策的推动和引导下,吸引了一批企业与资金进入后,高雄文化的产业化道路才慢慢成形。在这里,重点考察的是高雄如何通过改造"爱河"及设置周边的一些艺术展览来集聚城市文化产业的一些经验。

（一）城与河：高雄的爱河改造

爱河的改造经历了两个阶段：首先是污染治理阶段，清除工业化畸形发展对环境的污染；其次是爱河的文化再造，即文化爱河塑造运动阶段。

爱河源于高雄县仁武乡八卦寮田野，自东北而西南，汇入高雄港，全长仅约 12 千米①，最早称为"打狗川"又称为"高雄川"。现在的名字则源自于高雄旁的"爱河游船所"，1949 年因记者报道殉情事件而将河名误以为"爱河"，引起轰动，爱河由此取代原先之名。② 爱河在工业化时代里主要是提供运输、交通等实用功能，由于污染严重使之一度失去光彩，为人所诟病。此后，为了革除过去工业污染城的负面形象，市政府着手于文化、城市美学等软性诉求建设，营造高雄"健康城市"意象、涵养市民文化素质与守法精神，并以"海洋之都"做为高雄都市发展的方向，希望将高雄市建设成为国际自由贸易港区。③ 爱河作为重点规划之一，经过市政府、民间企业、第三部门以及艺术家的共同努力，并耗资 40 亿台币整治污染工程，逐步恢复了秀丽风采。此外，为了创造"光"的环境，行政部门在爱河下游建了七座桥，又陆续完成了爱河中游段明诚桥、光雕桥及裕诚桥的建设。这些建设都围绕着"爱河的夜色"这一主题展开，利用艺术照明使爱河变得更美丽。同时，当局还在爱河周边引导发展文化产业，兴建"电影图书馆""音乐馆""工商展览中心""历史博物馆"等文化设施，加上街头艺人丰富多彩的文艺表演以及爱河观光船"爱之船"游河活动等，爱河逐渐改造成为内涵与美貌兼具的著名文化景观或旅游景点。由此爱河形成了独具特色的文化氛围，高雄市建构文化爱河的经验有以下几点值得人们关注：

第一，举办富有创意的文化节庆活动，增强爱河的文化影响力与

---

① 高雄市文化爱河协会网站，http://www.wetland.org.tw/subject/water/water_3_1/indexm1.htm。

② 高雄市工务局，《港都新风貌——爱河流域篇导览简介》，2002 年。

③ 引自高雄市政府网站。

感召力。"高雄灯会"与"台北灯节""台湾灯会"并称为台湾三大灯会,一直是高雄市民每年最期待的节庆活动之一,也是高雄市推广城市文化观光和行销高雄的重点文化节庆项目。每届灯会都为高雄带来 500 万次的游览人流,2008 年高雄爱河灯会,以"爱·幸福"为主题诉求,由于媒体行销和新闻报道的成功,游览人潮更是破纪录地高达 694 万人次,成为台湾最受欢迎的灯会活动之一。为吸引众多游客,高雄爱河灯会每年都会有所突破与创新。2009 年的高雄爱河灯会配合即将举办的"世界运动会",以"犇牛迎世运·高雄爱幸福"为主题,综合文化、艺术、环保、公益等多元元素,融时尚与传统于一炉:主灯展、水舞表演、烟火秀,光影艺术"爱河魔宝盒"、格莱美奖得主 Jamii 演唱会、五月天乐曲 MV……高雄爱河灯会艺术节既饱含着传统气息,又能与时俱进,吸引着各个年龄段的游客积极参与。除了每年举行的大型灯会外,爱河还发挥了水岸空间的优势,经常举办端午节龙舟竞赛、都市慢跑、健行等体育休闲文化活动。每年中秋爱河还举办烟火盛会等活动,增加了爱河的文化吸引力。

第二,爱河的文化改造带动了高雄市的文化再造,无疑是一项综合性的大工程,文化爱河建设不只是爱河本身的整治和文化再造,而且涉及爱河周边区域和整体环境的整治和文化再造。在都市更新运动展开之前,爱河周边区域比较杂乱,不少闲置建筑物如荒废闲置的旧市府大厦、乐团旧址等影响了爱河周边环境。在城市更新和文化创意产业政策的主导下,爱河周边区域改造也成为高雄市的一项重要计划。该计划的具体实施包括以下两个方面:(1) 建设新景观和开放空间。经过多年的努力,爱河周边兴建一批具有文化内涵的开放空间和观光景观,如咖啡专区、跨河桥梁、鳌跃龙翔主灯、市民广场等。(2) 闲置空间再利用,原"国民党服务处"改造成为高雄电影图书馆就是闲置空间再利用的典型案例。现今,电影图书馆不仅是爱河沿岸著名的观光景点,也是打开高雄市历史文化记忆和影像空间的重要装置。"高雄老戏院""电影中的高雄""南方电影人"等电影及其相关文物展览的持续举办,高雄电影图书馆逐渐成为保存城市影像记忆和塑造城市文化认同的重要空间。"高雄电影节""南方影展"以及"女性影展"等策展活动,进一步扩大了高雄电影图书馆在台湾地区乃至国际的影响,使之逐渐成为台湾南部电影文化产业的重要基地。此外,爱河大饭店原本闲置了十余年,现已重新启用,2009年高雄爱河灯会艺术节,以文化创意和光影科技结合的手段,重新塑造爱河大饭店的形象,"爱河大饭店"摇身一变成为"爱河魔宝盒";旧高雄市政府也再利用为"高雄市立历史博物馆",既保护了古迹也保存了相关历史资料,同时也成为爱河周边重要的文化景观。这些文化设施的重新启用都有利于营造爱河的文化形象,重新塑造当代高雄的城市形象。

第三,通过系统规划,打造河水与绿色带相融合水岸文化,促进爱河文化产业发展。(1)绿地公园和亲近爱河系统。以爱河河道为主体,兴建河岸设施及其周围之公园绿地系统:如观光船游河、单车道、亲水石阶、亲水公园等。(2)"水岸魅力城区"。依盐埕区未来的施政蓝图,盐埕区将规划为"水岸魅力城区",除了捷运经过之外,轻轨电车将串联爱河两岸,沿电影图书馆、音乐馆、历史博物馆、工商展览馆、盐埕市民广场等景点,通过重大交通建设,使爱河旁边的文化整合成一个整体。另外,爱河蓝色观光水路规划和内港游港计划相结合,使爱河游览与高雄港观光之间有了更密切的关系,也突出了高雄市港口与城市相融合的文化优势。

(二)光与城:城市光廊的魅力

城市光廊位于高雄市中山路和中华路之间的五福路,英文名为Urban Spotlight。城市光廊由中央公园靠五福三路段的人行步道经由艺术设计改造而成,其设计跳脱了传统手法,采用"多元化融合"的方式,充分调动人的感官知觉,如听觉、嗅觉、视觉、味觉等元素。城市光廊业已成为高雄著名的文化景观和富有都市魅力的公共艺术作品。

高雄城市光廊是公共艺术和都市更新完美结合的典型案例之一。2001年,以"光"为主题,林熹俊、苏志彻、林丽华、陈明辉、黄文勇、潘大谦、刘素幸、王国益、陈建明等九位高雄当地艺术家创作出一系列艺术作品,加上"SMILE——2001希望之墙",构成"城市光廊"。"实光虚影美丽重现",原本不起眼的人行道转变为充满梦幻情调的都市美学空间。

　　但是在发展城市光廊的时候,台湾的一些学者也对此提出不同的看法,树德科大视觉传达设计系副教授兼系主任苏志彻说:"城市光廊有它阶段性的任务,那另外一个影响是它让高雄市市民,或是高雄市民间和官方同时去思考,环境改造可以对一个都市的影响和好处。城市光廊的效应造成了,因为他的成功,一时之间受到太多的瞩目了,结果现在到处都在模仿城市光廊,后遗症是,大家都在做这个东西的时候有没有想到:台湾需不需要这么多的城市光廊? 是不是需要这么多的夜间光源? 对环境是好是坏? 后来的高雄市人行树在夜间都打上了光,强烈的光线却有可能对生态造成伤害,这样做适合吗?"①的确,光污染对城市生活与文化的影响问题值得进一步思考和评估。

　　(三)举办大型特色艺术节塑造高雄文化艺术形象

　　水、光、货柜和钢构成当代高雄的四大都市意象,结合这四大元素开发城市文化产业是高雄市文化建设的重要经验。如果说文化爱河和城市光廊重新塑造了高雄都市的水岸风情和光影美学,那么,"货柜艺术节"和"钢雕艺术节"则赋予作为台湾地区工业重镇和港口都市的文化面。

　　1. 国际货柜艺术节

　　由高雄市政府、文建会与港务局、地方产业、文化团体协办的高雄国际货柜艺术节,可以说是高雄本地最富有特色的艺术节。它以高雄是世界型大货柜港的产业特征作为城市意象,试图让原本是国际物流工具的货柜,成为文化交流和艺术创作的核心元素,把货柜物流与运输的功能拓展到城市文化的空间,既突出了城市产业特质,又丰富了城市文化。正如台北当代艺术馆馆长石瑞仁所指出:"货柜是国际货物运输与经济交换的公用单元,当然也可以成为国际艺术观摩与文化交流的专用单位;货柜运输让跨界的物资生产与消费变得更可行和方便,当然也可以将跨界的艺术创作与欣赏变得更新鲜和多样;每个货柜可以是展现个人艺术专长的一个舞台终端,也可以是呈现地域文化

---

　　①　http://www.lib.pu.edu.tw/artcenter/newco/collection/38.htm－1k。

特色的一个空间场域。"①

　　第一届高雄国际货柜艺术节于 2001 年举办,以"关于货柜的第一百零一种想法"为策展主题,邀请了全球 16 个国家和地区的 20 位重要艺术家和 16 位台湾本土艺术家参与,以货柜作为艺术空间和创作元素,力图建构"属于高雄的国际艺术大观"。2003 年第二届国际货柜艺术节,以"后文明"为策展主题,广泛邀请韩国、意大利、美国、津巴布韦共和国、澳洲、加拿大、非洲、塞内加尔、阿根廷、日本等具有国际著名艺术家和团队以及高雄本土艺术团队参与,活动内容包括"货柜艺术村""货柜造镇""阳光剧场""文化创意商品开发""货柜写生""货柜彩绘游行""货柜趣味竞赛""国际人权影展"以及"开闭幕及跨年晚会"等,内容丰富、创意十足。2005 年国际货柜艺术节,以"GBox:童游货柜"为策展主题,主要情感诉求变成亲子与生活,在高雄市美术馆展出,并配合主题以相辅相成的活动规划与外围环境设计,让货柜一改以往的刚硬气息,呈现令人耳目一新的风格。② 2007 年第四届货柜艺术节更引人注目,其主题与创意都有较大的突破:以"永续之城:生态货柜创作计划"为主题,运用货柜以及海洋都市意象为创作元素,藉由艺术创作展现美好生态环保城市的新价值观。入选包括日本、英国、法国、俄国、澳洲与泰国等八个国家艺术家的作品,并邀请以色列 ZIK 团体参与展出。澳洲籍艺术家克林欧佛创作的"铁矿",台湾本土女性艺术家唐明秀的"风的名字"等,或展现出流行气息与时尚风味,或以实验性的熏烧手法呈现材质的独特性,或纯然流露朴素的女性情感,各以其独具的诠释与观感表达关于货柜与生态连接的种种文化想象,展开艺术与生态的对话。展览结束后,由阳明海运赞助,部分艺术家完成的艺术货柜还随着货轮出航,利用货柜的流动性,在各地展出这些艺术品,突出了货柜艺术的本性,也进一步扩大艺术节的影响。2009 年第五届国际货柜艺术节在驳二艺术特区展出,以"迈向理想城

---

　　① 石瑞仁:《从"艺术的货柜场"到"艺术的大港浦"》,http://163.29.104.6/container-art/01/main01a.htm.

　　② 高雄市文化局网站,http://www.khcc.gov.tw/container,2005.

市的 N 种想法"为策展主题,共有 16 组来自国内外艺术家创作团队参与,本届艺术展融入可持续发展主题、科学幻想、都市力量、科技概念以及都会人生思考等多元要素,呈现出艺术家对当代都市文化和都市生活的深刻思考和美学想象。

2. 国际钢雕艺术节

如果说货柜艺术节重塑了高雄作为世界著名港口都市的文化面,那么,钢雕艺术节则集中表现出高雄作为"钢铁之城"的文化想象。首届高雄国际钢雕艺术节于 2002 年举办,艺术界、学术界及产业界人士共同参与,力图"展现钢铁产业的特色与艺术风格"。2004 年第二届钢雕艺术节以"飙焊·跨界"为主题,展出作品包括日本艺术家高田悟的"高雄—绘画雕塑"、德国钢雕艺术家戴维·李·汤姆森的《一个文化、结构与认知的桥梁》、美国艺术家乔·哈斯的《在海水面下的世界》、拉脱维亚艺术家的《又是崭新的一天》以及台湾本土艺术家方惠光、梁任宏、刘柏村、卢宪孚、古勒勒等人的作品。2006 年第三届钢雕艺术节以"金属风"为策展主题,突出金属感性,同时也"隐含着高雄在海风及钢铁重工业的吹拂及推动下的城市发展记忆"。2008 年第四届钢雕艺术节,以"金属光·城市的温度"为策展主题,在"中都唐荣砖窑厂"举办,突出历史古迹与现代钢雕艺术的美学对话关系。

(四)工业遗址和港口仓库的文化转化

1. 中都唐荣砖窑厂的保存与再利用

随着时代发展与产业升级,工业城市面临着迫切的转型要求,高雄同样也是属于工业城市,受到产业升级与转型的深远影响,许多传统产业型工厂停工或迁移造成空间闲置。如何使这些闲置空间得到更好的利用是高雄所面临的重要课题。在爱河的沿岸有许多废弃的工业遗址,如唐荣砖窑厂、高雄水泥厂,这些工业遗址所占的面积相当大,如开发适当,对所有邻近区域将产生结构性的改变。在这里主要以中都唐荣砖窑厂为考察目标,试图管窥高雄在城市更新过程里如何透过创意和设计重塑闲置空间。

"中都唐荣砖窑厂",其址原为"鲛岛炼瓦工厂",是日据时期打狗地区第一家砖窑厂。自日据时期鲛岛炼瓦开始,经台湾炼瓦高雄工场到二战后五六十年代的台湾经济奇迹,中都唐荣砖窑厂曾经有过辉煌的历史。但是面对时代变迁的洪流,终究还是被淘汰出局,归于沉静。"为提升居民生活环境质量及整体都市发展",1996年,高雄市政府决定将高雄之工业区外迁。2003年,高雄市文化爱河协会联署陈情呼吁"中都唐荣砖窑厂"工业遗迹,经高雄市古迹审查委员会审查通过,"中都唐荣砖窑厂"被列为市定古迹。2005年被台湾古迹审查委员会提升为台湾地区古迹。

高雄市文化爱河协会、台湾地区湿地保护联盟、高雄市绿色协会、高雄市野鸟学会、高雄市柴山会、高雄市现代画学会、高雄市建筑师工会、高雄市文化导览协会、三民区社会规划师团队、高雄市旧城文化协会、旗津文化导览工作室、旗后山生态人文工作室、开创文化工作室、活动创意工作室、生态人文工作室、人文生态摄影研究室、台湾地图研究室、台湾人文生态研究室、E世纪文化工作室、台湾文化研究室、台湾导览解说联盟等民间组织持续推动"中都唐荣砖窑厂"的保护和再利用运动,并提出再利用的基本思路:纳入"文建会"的文化创意产业规划,在保存的基础上,转型为建筑博物馆、产业博物馆和陶瓷博物馆。现今,"中都唐荣砖窑厂"已成为高雄市工业遗址观光的重要景点之一。

2. 闲置港口仓库再利用的典范:驳二艺术特区

驳二仓库于1973年建成,长期闲置,这个临海的开放空间因1990年的一场火灾而被艺术家和文史工作者发现,而有了转换成为"实验性"艺术空间的历史命运。驳二艺术特区的经营可以分为两个阶段:2001年至2005年由驳二艺术发展协会与树德科技大学运营管理,2005年后转为高雄市文化局经营。驳二艺术特区的经营理念包括:承办具有创新与前卫精神的展演艺术活动、扩大艺术空间的参与社群、开展小区文艺活动、拓展国际艺术交流与建构艺术国际视野、发展艺术观光产业、建构高雄地区艺术信息网络。经过多年的探索,驳二特区逐渐明确了发展方向:前卫、实验、创新和国际艺术平台。现今,驳二艺术特区已经成为南部台湾至关重要的实验艺术创作与前卫设计艺术的基地。2008年和2009年由台湾地区"设计师协会"主办的两届高雄设计节都选在驳二艺术特区展出,2010 年大型特展"好汉玩字节"也选在驳二艺术特区举办。这些都表明驳二艺术特区的重要性已逐渐凸显,驳二艺术特区已经成为高雄市乃至台湾地区的重要展示平台和文化艺术创意空间。

3. 台糖旧仓库与高雄劳工文化遗产的结合:高雄劳工博物馆

高雄市是台湾地区的工业重镇,劳工在高雄工业发展史上作出了重要的贡献。因此,高雄市还有一项重要的文化遗产,那就是劳工的历史和文化,劳工史无疑是高雄工业史至关重要的组成部分。由台糖的旧仓库改建而成的高雄劳工博物馆,记录和展示了高雄劳工的历史,以博物馆展示的方式述说属于劳工的高雄故事。劳工博物馆开馆后,举办了工人万岁特展,并且启动编辑出版劳工博物馆丛书工程,包括《劳动群像摄影集》等。劳工文化遗产是高雄市文化发展的重要精神财富,高雄劳工博物馆的设置意义深远。

(五) 影视产业与都市行销结合

在台湾地区的各大城市中,高雄市十分注重影视产业的发展,虽然其基础、规模和实力和台北市难以相提并论,但高雄市把影视产业发展和都市行销相结合,也取得了令人瞩目的成绩。

第一,创办高雄市电影图书馆,全面汇集了高雄市相关的影视资料,为打造台湾地区南部电影中心、振兴南部电影产业奠定基础。

第二,举办各种类型的电影展。包括:(1)南台湾三大影展:"高雄国际电影节""南方影展"以及"女性影展"。(2)承办台湾地区金马影展的相关展演活动。(3)南方青年创作影展等。这些影展活动的创意设计和持续举办促进了高雄市电影产业的发展。

第三,促进影视产业生产与都市文化行销的结合。(1)高雄电影史史料的收集整理为南部电影城市定位提供了知识支撑,也打开了高雄市的影像记忆空间。(2)出台政策促进影视产业生产与都市文化行销的结合。2003 年高雄市政府出台《高雄市奖励电影片制作者至高雄市取景实施要点》,明确规定:"凡在 1992 年 1 月 1 日以后,在高雄市取景拍摄占影片总长度四分之一以上之电影片,获得法国坎城、意大利威尼斯、德国柏林、美国奥斯卡、日本东京及韩国釜山等六大国际影展正式竞赛单元之奖项,影片内容对高雄市整体形象及都市营销具正面意义者,可申请新台币 1000 万元的奖励金。"蔡明亮的《天边一朵云》等获得该项奖励。高雄市积极鼓励和推动影视创作到高雄市取景,典型如电视剧《痞子英雄》的拍摄,由于全剧有 80% 以上的场景在高雄拍摄,获得高雄市政府的积极配合和支持。旅游、媒体和文化主管部门举办各种活动进一步扩大《痞子英雄》行销高雄的效果。在影视产业与都市行销的结合方面,高雄市获得了积极的进展。(3)推出影像高雄系列作品生产计划。2007 年,高雄市政府投资新台币 1200 万元支持"电影图书馆"实施"高雄城市纪事"影片拍摄计划,包括八部高雄纪录片和剧情片。2008 年高雄市政府出资支持"电影图书馆"实施"高雄城市映像"数字电影拍摄计划,包括三部剧情片与一部纪录片。

第四,促进影视产业与观光产业的结合。2006 年,"电影图书馆"出版《电光城市——看电影游高雄》,尝试把影视产业与观光产业相结合,以电影文化产业带动都市观光旅游产业的发展。

高雄市文化创意产业建设还有不少亮点和经验,但同时也存在一些问题:政治意识形态的深度介入有时会对文化产业构成重大伤害,典型例子是 2009 年高雄电影节的"热比娅纪录片"风波,直接危害了高雄市的文化观光旅游产业。

四、台南的城市文化产业

台南市是台湾地区南部的重要城市。毋庸置疑,台南的城市文化产业规模很难与台北、台中相比,但台南市拥有属于自身的独特优势,那就是丰富的传统文化资源。从传统文化资源出发发展文化产业是台南市的道路选择。

(一)台南的文化古迹与特色文化产业

台南市的历史相当悠久,自荷据迄今,已有 300 多年的历史,其间历经明郑、清朝、日治各个时期,为台南市的发展过程留下了多彩多姿的痕迹。以赤崁楼为例,赤崁楼是大多数前来台南观光的游客列为参观首站的地方,因此有"不到赤崁楼,未到台南市"的说法。赤崁楼可以说是台南市最著名的古迹与精神象征。除了拥有荷兰、明郑、清代、日据到光复以来的历史背景之外，集合了建筑形式上的阁、寺、殿、庙的特色也使它成为受欢迎的古迹之一。而台南的孔庙及其周边地区还有各类庙宇等历史建筑物和最完整的日治时期之公共设施，如政治、商业、文教等建筑物。对这些文化古迹的保护与开发利用成为台南发展文化产业的一大特色。台湾知名学者游慧香在《契机？生机？危机？——从文化本质看台南市闲置空间的利用》一文中，曾经以表格的方式(见表1)列出了台南市闲置空间再利用的一系列案例，从中我们可以管窥出台南在保护与活化古迹上的努力。

表 1　台南市闲置空间再利用案例

序号	区域	名称	住址电话	用途	监督单位	规划单位	进驻单位
1	安平	旧安平	安平图书馆	陶艺	文化局	文化局	南陶会(预定)
2		安平图书馆	2266639 708 国胜路 37 号	1 楼	文化局	文化局	安平文教基
				郑成功文物特展	文化局	文化局	
				展演 2~3 楼	文化局	文化局	规划中
3		德记洋行(三级古迹)	古堡街 106 号	部分空间	文化局	文化局	府城爱乐
				蜡像馆	文化局	文化局	
4		海滨秋茂园仓库		雕塑	文化局 文化发展课	文化局	Y 解 A.G.E 工作室 李锦绣
5		树屋(安平)	安北路 194 号	创作展演	文化局	王明蘅	11 个艺术家进驻
6	东	时钟楼台南州	卫民街 1 号	装置	文化局	黄步青	前锋艺术工作室
7	中	台南放送局(市定古迹)	南门路 38 号	基金会会馆	文化局	文化局	财团法人台南市

序号	区域	名称	住址电话	用途	监督单位	规划单位	进驻单位
8		原台南爱国妇人会馆（原美国新闻处）	府前路1段195号	市立艺术中心美术图书室台南美术研究会会馆	市立艺术中心视觉艺术课	台南市美术研究会	文化局
9		山林事务所（日治建筑）	中正路5巷	孔庙文化园	文化局古迹维护课	俊逸文教	俊逸文教基金会
10		吴园艺廊	民权路2段30号（地下室）	现代艺术	台南市立艺术中心	文化局	原型艺术
11		台南州州会旧市议会	中正路3号	摄影文化	文化局	文化局	台南市
12	南	水萍塭文化会馆	夏林路5号	艺文团体工作空间	文化局文化发展课	文化局	李约翰蔡渔吴郭鱼创意空间工作室台南市观光协会红树林台语推广工作室
13	北	台南驿台南火车站	北门路2段	艺术创作	文化局	黄斌	

依靠历史街区和古迹文化园区发展文化观光产业，是台南市文化产业的特色和重要发展方向。

（二）引导民间资本进入文化创意产业领域

台南还有一个较为引人注目的文化产业发展现象，即它充分地利用了民间的资金力量来发展有一定公共作用的文化产业硬件、软件设施。一些建筑及设施通过 BOT 等多种手段使民间资金参与进来，让相应的公共设施获得新的开发,其效果也是较好的。BOT 指行政部门通过契约授予私营企业(包括海外企业)以一定期限的特许专营权,许可其融资建设和经营特定的公用基础设施,并准许其通过向用户收取费用或出售产品以清偿贷款,回收投资并赚取利润;特许权期限届满时,该基础设施无偿移交给行政当局。以台南的棒球场为例,1999 年统一棒球队公司以 7265 万元的投资,与台南市政府签订市立棒球场五年的经营管理权。在行政当局委托民间经营管理公立棒球场上,统一棒球队公司可以说是最早的尝试者,这一台南经验也被认为是台湾职业棒球的新希望。

这种联合在台南是有其实践意义的。一方面,企业通过参与体育活动增强其品牌的知名度,统一企业集团决定组建球队目的是希望借此塑造良好社会形象并带动社会的良好风气,而成立球队后,对该企业所带来的公共报道及广告效益亦是不容轻忽的正向收益。而官方也通过企业的参与将原本是由行政部门承担的维护责任减轻,同时也通过企业化的动作使得体制发生改变,更为利于体育活动的展开,而城市里的文化产业里重要的一部分——体育产业也就随之发展起来。在这个例子里,企业作为市场动作的主体充分发挥了其调动商业参与的作用,如在运营上,每年投资金额估计为 1457 万新台币①,其收入来源约有:场地租借、贩卖区、广告牌及职业棒球赛的票房等,再加上一些内部设置及外包方式的出租。而在活动规划上,则既能兼顾到职业赛事,同时也增加了群众参与性。如以该球场除以职棒比赛为主,还另外安排业余比赛或邀请学校棒球队到球场举行友谊赛,同时免费提供市民看球。通过这些做法,企业获得其预期的效果,与棒球发展学校及市民维持了良好的公共关系。

对于行政当局而言,通过经营权的转换,使得原本由其负担的维修费减轻。企业承担的权利与义务明确:"权利:第一,受托者得在安全、不影响环境下,于内部空间设置贩卖部及运动物品展示区。第二,

---

① 数据引自何晓瑛:《台湾地区公立棒球场委托民间企业经营管理之个案研究——以台南市立棒球场为例》,台湾体育学院 2000 年硕士论文。

受托者于受托期间得在适当地点置设标志及商业性公益性广告,其设置地点、数量,应先送本府核备……第四,受托者得对使用者酌收清洁管理使用费……义务:第三,硬件设施因天然灾害所致之损坏,得由台南市政府提拨回馈金修缮,人为破坏管理不善导致之损坏及水电费等由受托者负责。第四,对台南市政府主(承)办之活动,应免费提供场地及设备,其使用天数每年以四十天为限。第五,对于台南市三级棒球队的赞助,应于每年底检附证明文件送市政备查。对于三级棒球练习的时间,每星期两天、每天五小时。"①应该说这些权利与义务的明确规定,权责分明有利于调动各方参与建设的积极性,促进文化产业发展。

除了这个项目外,其实早在 1989 年台南市综合体育馆就曾经试图用 BOT 手段来管理。台南市综合体育馆工程预估经费较原有预算超出约 3.8 亿台币。为应对超额预算,台南市政府和美商 SMGI 公司商议采用类似 BOT 方式合建本体育馆,由 SMGI 公司出资 3 亿台币,取得经营 20 年的权利。虽然最终未果,但是为体育馆的重生与利用提供了一个可资借鉴的经验。

(三) 确立以文化底蕴打造"台湾的京都"的发展方向

作为台湾历史上著名的府城,台南市历史文化资源可谓丰富。从府城文化出发,将文化观光产业和文化创意产业做全面而且有深度的整合,是台南市发展文化创意产业的必由之路。文化古迹园区及文化历史街区保护与产业开发、宗教寺庙文化活动、府城传统美食产业……都具有吸引人潮的文化魅力。文学馆、历史博物馆、气象测候所博物馆、热兰遮城博物馆、成大博物馆、郑成功文物馆、安平蚵灰窑文化馆以及正在筹建中的船博物馆、司法博物馆等,形成台南市城市博物馆群,这些博物馆历史底蕴深厚、建筑风格独特,集中展现了府城文化的悠久历史和美学韵味。近年来,台南市举办了一系列具有府城特色的文化节庆活动:"府城行春""郑成功文化节""龙舟赛""七夕艺术节"

---

① 何晓瑛:《台湾地区公立棒球场委托民间企业经营管理之个案研究——以台南市立棒球场为例》,台湾体育学院 2000 年硕士论文,笔者对文字进行了整理,有删改。

"孔庙文化节""妈祖文化节""府城荷兰日""炖补美食节""古迹音乐沙龙",等等,这些节庆活动活跃了文化气氛,带动了观光产业也促进了城市文化消费。

历史和传统是创新的基础,但历史传统可能也会成为创新的障碍和包袱。从历史出发,进一步拓展府城文化的空间,延伸文化的触角,将传统与现代接轨,创意与生活融合,导入文化创意理念和文化产业化思维,建构"今世的生活博物馆",使台南市成为台湾地区乃至全球华人世界文化观光产业和创意生活产业的重镇,这是台南市文化产业的发展方向。

(作者单位:福建省社会科学院科研处)

台湾工艺产业与人才培育政策述评

魏 然

1949 年,国民党当局着眼于增加就业机会及争取外汇的经济开发价值,将工艺置于工业建设范围内加以推广,并发展为工业领域不可或缺的"手工业"。在 20 世纪五六十年代,由于工艺品是赚取外汇的重要外销产品之一,也由于工艺生产者是廉价的劳动力,以外销为主要目的的工艺产业得以迅速蓬勃发展起来,关庙竹藤编、通霄与三义的木雕、莺歌陶瓷、新竹玻璃工艺、花莲大理石加工、澎湖的珊瑚、台北附近的台湾玉、珊瑚等宝石加工业等都逐渐兴起。[①] 进入 20 世纪 80 年代以后,随着竞争的加剧与外部环境的大幅变化,台湾的工艺产业主动向现代进行转换,欧美和日本的现代设计艺术潮流导入台湾的美术、设计教育体系,吸引许多青年人投入工艺设计的创作工作;这类工艺创作者的作品,多具有突出的创意表现,而且蕴涵现代主义的简洁设计和美学意味,造型现代、线条流畅。同时,乡土思潮的兴起也推动了乡土工艺的发展,本土地方文化特色、以观光产业为重心的生活工艺品逐渐被重视而得到相应的开发与利用。考察台湾工艺产业的发展历程,人们可以发现,当局的努力引导和政策支持在其中起到了至关重要的作用,而现代设计理念的引入与乡土思潮的重新出发为工艺产业的转型升级提供了崭新的契机。先进的营销手段与产销的全球化战略规划则是其走向全球的关键。

台湾工艺产业能获得迅速的增长与其当局的有力推动不无关系。2001 年度台湾当局总预算 1 兆 6 千亿元中,"文建会"本会预算占总

---

① 翁徐得:《地方产业与地域振兴》,《台湾手工业》,总 55 期,1995 年,第 10 – 15 页。

预算的 2‰。"文建会"与所属单位预算合计也占 3‰,台湾广义文化支出占总预算的 1.4%,为 31838898000 元新台币。

表1　台湾地区文化基金会补助各类金额及件数概况

单位:千元(新台币)

类型	1999 年		2000 年		2001 年	
	件数	平均金额	件数	平均金额	件数	平均金额
文化资产	48	220.2	79	229.3	35	180.94
美术	245	157.0	209	149.8	123	132.00
音乐	265	146.8	396	172.1	199	160.10
戏剧	130	310.2	234	279.1	131	285.66
舞蹈	68	559.5	119	535.4	68	502.40
工艺	44	195.9	45	226.5	48	159.39
文学	72	189.9	78	310.5	47	183.43
电影	21	349.3	40	337.5	24	353.33
其他	9	389.9	13	420.5	49	370.69
总计	902	221.1	1213	247.3	694	236.52

2002 年,台湾当局将文化创意产业发展计划纳为"挑战 2008:台湾发展重点计划"的重要推动项目,该计划特别对工艺业进行定义:"凡从工艺创作、工艺设计、工艺品展售、工艺品鉴定制度等之待业均属工艺产业。"足见当局对工艺产业的重视。工艺产业纳入台湾地区整体发展规划对振兴工艺产业影响深远。当局的积极推动表现在以下几个方面:

一、制定系统的发展政策

台湾的文化管理基本上走过以下几个发展阶段:

光复初期,主要工作在于消除日本殖民统治文化。

20 世纪 50 年代,成立"文复会"。

20 世纪 60 年代,开始从事地方文化基础设施。

20 世纪 70 年代,成立文化专责机构。

20 世纪 80 年代,开始社区总体营造,经营文化产业。

20 世纪 90 年代,积极建立文化事权统一,成立文化管理机构,整合各部会文化业务。

其中文化发展的最重要管理机构为"文建会"。"文建会"于 1999 年就提出"振兴地方文化产业,活化社区产业生命力"计划,其理念就是将各地区原本具有的丰富文化资产,朝"产业文化化,文化产业化"的方向发展。该计划鼓励和支持社区民众发挥创意与想象,创造"一乡一物一特产,一村一品一艺文"的产业文化格局,建构"社区文化,形象风貌;乡土特产,文化品牌",以文化创新和创意新理念推动地方工艺产业发展。这些计划为台湾挖掘工艺产业资源的开发提供了机会与可能。

1993 年起,以地方为中心的文化建设工作逐渐展开。"文建会"投入大量经费预算补助各县市及乡镇文化软硬件设施建设,并且与县市文化中心建立了密切的委托合作关系。此外,"文建会"通过"文艺季"的举办,改善和提升各县市文化单位的专业运作能力,鼓励县市文化中心发展升级为"地方文建会"。各县市文化中心积极响应和参与,共同推动地方文化事业发展,同时开发地方文化资源,协助所属乡镇社区建构社区文化意识。各县市乡镇都积极承办各类能体现地方本土特色的文化活动,推动开展各项社区艺文活动。作为重要文化资源的地方传统工艺被重新发掘出来,成为地方举办文化活动的重要项目和成果。

二、长期计划与短期指导相结合

在长期规划上,台湾文化行政当局提出了十大文化施政目标:[①]

(1)导正快餐文化,提升民众文化生活水平。

(2)优先改善文化环境。

(3)文化建设力求事权统一。

[①]　台湾"文建会":《文化白皮书》,文建会,1998 年。

（4）成立文化研发单位,充实文化内涵。

（5）建立文化制度,公开信息。

（6）结合教育,作好文化扎根,落实社会文化艺术教育。

（7）透过文化艺术展演活动,培养创造力与竞争力。

（8）提升本土多元文化内涵,迈向国际化。

（9）鼓励民间参与投资或认养艺术活动。

（10）文化、艺术、网络、科技相结合,带动科技产业创新。

"文建会"设立"台湾文化创意产业发展指导委员会",主要负责以下工作:评议文化创意产业发展目标及策略;评议各部门的文化创意产业发展措施;提供重要文化创意产业发展资料的整理、研究和咨询服务;评议其他有关文化创意产业发展事项。1987 年,"文建会"把"加强建立县市文化中心特色并充实其内容计划"纳入"加强文化建设方案"。为充分发挥文化中心功能,辅导各地文化中心展现当地风俗民情与特有传统文化,"文建会"邀请相关专业的专家学者依据各地的历史背景、人文环境、传统工艺、产业条件及发展需要等条件,制定主题规划和专案,设立专题文物陈列馆以展示地方特色文物。在"文建会"的经费支持下,各县市陆续以本地工艺为中心规划设立具有地方文化特色的专题博物馆。"文化创意产业推动小组"下设推动办公室负责实际执行。这就形成了既有远景规划,又有具体执行部门的良好局面。

三、重视工艺产业的知识产权保护

文化创意产业具有品牌化和智慧性的特性,其发展与知识产权保护密不可分。台湾当局 2005 年发布的《2004 年台湾文化创意产业发展年报》特别强调对文化创意产业的知识产权保护。专门针对工艺的保护法规有 1982 颁布的《文化资产保存法》和 1984 年颁布的《文化资产保存法施行细则》,后者进一步详细阐释了有关民族艺术的训练、展演活动及其他有关民族艺术的传承工作。主要内容如下:

第一章总则第 5 条明确界定民族艺术为能够充分表现民族及地方特色的传统技术和艺能,具体包括编织、刺绣、窑艺、琢玉、木作、髹漆、竹木牙雕、裱褙、版刻、造纸、摹榻、作笔制墨、戏曲、古乐、歌谣、舞蹈、说唱、杂技等。

第四章民族艺术第 58 条规定:"地方民族艺术之性质,联系艺文社团或社会机构配合节令、庙会、观光举办具有地区特性之民族艺术活动。"

第四章第 59 条:关于民族艺术之评鉴、审议事项,教育主管部门应委托文化学术机构或专家学者办理。

第四章第 60 条:为求民族艺术与现代生活结合,教育主管部门应鼓励设计具有传统艺术风格的各类工艺创作。

第四章第 61 条:为求民族艺术风格的普及,各级部门应鼓励和支持举办民族艺术活动,包括训练、作品发表、欣赏、比赛、展演和出版等。

第四章第 62 条:为促进民族艺术的传授、研究和发展,各级教育主办部门须督导各级学校积极开展美术、音乐、戏剧等相关课程的教学和学生课外活动。

第四章第 63 条:关于民族艺术之调查和采集,除文字、图片、纪录片外,还必须利用摄影、录音、录像、信息技术等方法。

《文化资产保存法》及其"施行细则"对台湾地区的"传统工艺"保存、传承、开发与利用都起到了重要的作用,对台湾当代工艺产业的影响十分深远。

四、设立奖项鼓励工艺产业发展与创新

台湾《文化资产保存法》规定:"对于即将消失之重要民族艺术,应详细制作纪录及采取适当之保存措施,并对具有该项民族艺术技艺之个人或团体给予保护及奖励。"台湾文化行政当局制定了一系列的奖励措施,保护传统工艺产业,促进现代工艺产业的发展。如 1985 年创办"民族艺术薪传奖",以表扬传统技艺精良或传承有功之人士及团体。从开办到 1994 年停办,"民族艺术薪传奖"共举办十届,计有 132 人及 42 个团体获得"薪传奖"表彰。据学者周作民的阐述,"民族艺术薪传奖"的主要目的和作用在于:"一方面是为肯定与表扬长年致力于

薪传民族艺术的艺人的贡献与成就,一方面更希望借着薪传奖的表扬,让民众对民族艺术的内涵及重要性,加深认识与了解,进而参与其维护发扬工作,人人知珍视自己的传统文化艺术,并将之引入生活中,以充实生活内涵,达到发挥传统民族文化艺术的社教功能。"①

"民族艺术薪传奖"的举办达到了以下目的:一为表彰长年致力于薪传民族艺术的艺人的贡献与成就;二为引导民众认识"民族艺术";三为借由民族艺术来教化人心。颁奖典礼同时也是台湾工艺的一次集中展演和文化行销活动。历届颁奖典礼都选择在中正文化中心台湾戏剧院、纪念馆、台湾艺术教育馆等重要文化场所举行,全过程由强势传媒(中华电视台)实况录像转播,扩大了台湾工艺产业的影响与传播。颁奖典礼既展现了获奖者精湛高妙的工艺技艺,又通过民众的广泛参与而达成工艺文化的推广和普及。1987年起,颁奖典礼与系列民族艺术活动展演相结合,获得了更好的社会效果。1988年颁奖地点从台北向台中、高雄等地延伸,进一步扩大了工艺文化的影响。1990年以后,部分县市文化中心也相应举办与地方特色文化相关的工艺文化展演活动。

1992年,"文化建设基金管理委员会"设立"民族工艺奖",主要目的在于鼓励和倡导传统工艺创作。1992年至1996年,"民族工艺奖"共举办五届,获奖工艺作品113件,获奖工艺师共79人。"民族工艺奖"卓有成效地推动了传统工艺产业的创新和振兴。1998年,"台湾传统艺术中心筹备处"开始主办"传统工艺奖",延续"民族工艺奖"的宗旨,以奖励工艺创作、发展传统艺术为核心,1998年至2000年,"传统工艺奖"共举办了三届。2000年"传统工艺奖"改由台湾工艺研究所主办,更名为"台湾工艺奖"。迄今为止,台湾工艺研究所共成功举办了六届"台湾工艺奖"。

"民族工艺奖""传统工艺奖"和"台湾工艺奖"特别强调鼓励从传统中创新的工艺创作活动,如同台湾学者申学庸所言:"实质奖励优秀创作,配合过去多年推展工艺美术的传承措施,检示成果,促进相互观

---

① 周作民:《〈民族艺术薪传奖的意义〉序》,《民族艺术薪传奖专辑》,1985年。

摩激励之效,以达提升工艺美术文化的时代水平。"①"民族艺术薪传奖""民族工艺奖"和"台湾工艺奖"的设置,不仅促进了民众对传统工艺的认识,也达到传承传统工艺精神的目的,使传统工艺融入现代民众的日常生活之中,既提升大众的物质与精神生活水平,也形成了一个理想的活跃的工艺文化发展环境,有力地推动了传统工艺美术的现代转型和产业升级。

五、长期重视工艺人才培育

台湾地区历来重视培育工艺人才。早在二战后初期,台湾当局积极推动工艺产业人才训练,聘请工艺美术大师颜水龙为工艺美术推广顾问,举办工艺讲习班,为地方培养工艺产业人才。进入新世纪以来,培育工艺人才被纳入台湾地区振兴文化创意产业的整体计划之中。2004年,担任文化行政部门领导的陈郁秀提出了十项文化政策,涉及工艺产业的就有七项,其中明确提出工艺人才培育政策,认为"地方产业人才"的培育是发展地方特色工艺最重要的工作,包含办理"重建区工艺产业振兴辅导计划"等,这一计划包含了二十七项人才培训与新产品开发的具体方案。依据《文化创意产业发展(第二期)修正计划》,2010年,台湾工艺发展中心在"文建会"的直接指导下推出"培育工艺卓越人才"计划,其目的在于:培育具有专业素养之工艺人才;为地方文化产业培养急需的工艺种子师资;培育具有国际视野和创意设计能力的工艺人才等。这一计划十分具体和专业,包括:"金工创意设计培训计划""陶瓷造型与装饰技法研习计划""玉石雕刻结合多媒体创新人才培训计划""创意木作研习计划"等。2011年,"文建会"又推出《工艺产业旗舰计划2008—2013年》,作为台湾当局推动文化创意产业发展六大旗舰计划之一,这一计划包括工艺人才培育、跨产业合作方案、工艺品牌塑造等具体政策内容,进一步强化对工艺人才的培育支持。台湾地区工艺人才培养政策具有以下特点:第一,高端人才和一般人才并重,既强调培养基础性人才,又重视"国际级工艺明星人

① 申学庸:《〈第三届民族工艺奖得奖人及作品简介〉序》,文化建设基金会,1994年。

才",2013 年台湾文化主管部门推出"国际级工艺明星人才培育计划"就是很好的例证;第二,重视培育工艺人才国际视野与本土经验相结合的素质;第三,台湾工艺人才政策一般具有宏观性和具体的可操作性,在出台宏观的工艺人才政策的同时推出配套的作业要点,增强政策的可操作性,如《奖励大专学生投入工艺技艺领域人才培育作业办法》《推展工艺文化与工艺传承计划补助要点》《奖助博硕士班学生从事台湾工艺文化相关研究学位论文作业要点》等;第四,工艺人才政策既重视传统工艺传承性又强调文化创新,强化培育工艺人才传承和创新的结合;第五,台湾工艺人才政策还具有很强的针对性,如 2013 年推出的《协助偏远地区培育工艺创意产业人才补助计划》,主要针对偏远地区文化产业发展的需求与工艺人才短缺状况,其目的是扶持经济文化相对落后地方的发展;《2013 年社区及区域特色工艺扶植补助计划》以推动社区及区域特色工艺产业为目标,重点支持社区文化创意产业之人才的培养,包括工艺技术、工艺经营策略、工艺设计、文创营销与策展等社区文化人才之培育,并引导相关工艺朝产业聚落化与区域特色化的产业群聚效应发展。

六、设立研究机构支援工艺产业转型升级

台湾工艺研究所是台湾地区最高层级的工艺文化产业的研发机构,从其沿革历史看,前身可溯至 1938 年在竹山镇开办的"竹材工艺传习所"。台湾光复后,"竹材工艺传习所"于 1954 年迁到草屯现址,易名为"南投县工艺研究社",1959 年改组为"南投县工艺研习所"。1973 年,研习所扩大改制为"台湾省手工业研究所"。1998 年改为"台湾工艺研究所",隶属于"文建会"。① 研究所秉持"科技促进工艺,工艺生活化"的理念,致力于推动工艺设计的变革和技术研究的创新,并加强对厂商的工艺生产辅导和文化政策服务,对台湾地区工艺产业的发展起到了举足轻重的作用。

台湾工艺所成立后施行六年发展计划,编列新台币 27 亿元,分别

---

① 台湾工艺研究所:《台湾省手工业研究所所志》,工艺所,1998 年。

在北、中、南建立四个工艺设计中心和园区,对台湾的观光经济和工艺产业都起到不可忽视的作用。有学者总结工艺研究所的作用如下:

"1. 工艺研究所目前拥有台湾一流工艺人才,且学理与实务俱为台湾工艺精英、是拓荒者与耕耘者。

2. 工艺研究所目前拥有台湾一流工艺生产与实验设备。

3. 工艺研究所目前拥有草屯本所、台北设计中心、莺歌陶瓷技术辅导中心与苗栗陶瓷技术辅导中心,据点优良。

4. 挑战 2008 发展计划拟拨予工艺研究所之软硬件建设经费,届时将可使该所之产业竞争力更为坚实与强大。

5. 工艺研究所辅导地方工艺文化产业经验丰富,具有整合通路优势之能力与经验,行政法人化后将更具竞争优势与市场吸引力。"①

我们认为,台湾工艺所的成立和卓有成效的工作的确对台湾的工艺产业发展起到了巨大的作用,概而言之,其作用包括六大方面:一是有效地推动了台湾工艺遗产和民间艺术传统的保存工作;二是促进了台湾工艺产品的营销和工艺产业的转型升级;三是积极推动了台湾工艺研发工作的全面开展;四是培养了一批工艺产业人才;五是积极介入社区建设,成为台湾"社区总体营造"的重要力量;六是推动台湾工艺产业和大陆的交流与合作。

在台湾工艺所的辅导和扶持下,一些特色工艺产业得到较好的传承与发挥。集集影雕产业从无到有的发展就是一个典型案例。"九二一"大地震后,在"文建会"及重建会协助下,在工艺所的技术支持下,集集镇自力更生,研发出地方特色和现代感兼备的工艺品——集集影雕。在集集影雕产业的形成和集集社区的重建方面,台湾工艺所可谓功不可没,既提供技术和工艺方面的支持,又精心培训影雕人才,还协助购置相应的工艺生产设备、影雕材料和计算机等,效果十分明显。

1982 年成立的"传统艺术研究中心"也是一个对工艺产业发展起着十分重要的作用的学术机构。"传统艺术研究中心"的任务包括以

---

① 大叶大学对工艺所的评价,转引自谭莉贞:《南投县工艺文化产业发展之研究》,台湾大学政治研究所 2005 年硕士论文。

下三个方面:(1) 弘扬传统文化;(2) 充实艺术教育内涵;(3) 传承与保存维护民族传统艺术。该中心集聚了一批传统艺术研究学者和民俗工艺方面的人才,集中力量深入研究台湾的传统戏曲、音乐、美术、舞蹈、工艺、建筑、民间技艺和文化资产保护。1990 年以来,传统艺术研究中心的主要工作是实施"民间艺术保存传习综合计划案",内容包括协助制定民族艺术保存、传习与推广的政策和制度,汇编整理采录资料,出版传习成果专著、影音带,承办"传统艺术学术研讨会",编辑出版《传统艺术》双月刊。20 世纪 90 年代初台北艺术学院又成立传统艺术研究所,该所的传统工艺组,以学科整合的方法系统研究传统艺术理论、文物保护和工艺传承等。台湾传统工艺产业是传统艺术和民俗文化的重要门类之一,自然也得到了"传统艺术研究中心"和传统艺术研究所的高度重视,成为两大机构的重要研究对象之一。

工艺研究的建制化,为台湾工艺产业的发展提供了技术和文化支撑,工艺生产和工艺研究的产学合作也为台湾工艺产业的转型升级提供了可能和发展动力。

七、设立专项经费支援工艺产业发展

台湾工艺产业的发展离不开专项规划和专项经费的支持。这一点可以从 2002—2007 年间出台的一系列方案中获得初步认识:

专项规划之一:"21 世纪台湾新工艺文化发展园区设置暨硬件设施充实计划",经费为 19.17 亿元新台币。该计划包括:

1. "莺歌多媒材造型中心成立及设计人才培育计划",专项经费新台币 3.39 亿元。

2. "苗栗生活工艺馆设置计划",专项经费新台币 3.99 亿元。

3. "台湾工艺园区设置计划",专项经费新台币 8.01 亿元。

4. "地方生活工艺园区设置计划",专项经费新台币 3.78 亿元。

专项规划之二:"地方工艺振兴发展计划",经费为新台币 4.447 亿元。该计划包括:

1. "补助办理地方工艺品标示计划",专项经费新台币 0.125 亿元。

2."地方工艺文化产业指定与辅导设立工艺馆计划",专项经费新台币1.45亿元。

3."地方工艺文化产业经营管理提升计划",专项经费新台币1.042亿元。

4."地方工艺文化产品品质提升及人才培育计划",专项经费新台币1.19亿元。

5."建立工艺士证照制度计划",专项经费新台币0.64亿元。

专项规划之三:"传统工艺活化与创新计划",经费共计新台币0.35亿元。该计划包括:

1."传统工艺活化计划",专项经费新台币0.15亿元。

2."传统工艺创新计划",专项经费新台币0.2亿元。

专项规划之四:"21世纪台湾生活工艺推广计划",经费共计新台币3.214亿元。该计划包括:

1."创造21世纪台湾生活文化造型活动",专项经费新台币1.284亿元。

2."推动地方工艺旅游护照"计划,专项经费新台币0.21亿元。

3."台湾工艺之美专题展览"计划,专项经费新台币1.01亿元。

4."台湾工艺之美媒体推广计划",专项经费新台币0.46亿元。

5."举办国际生活文化造型博览会",专项经费新台币0.25亿元。

以上专项计划涵括工艺园区建设、工艺馆设置、经营管理提升、工艺人才培养、工艺创新、传统工艺活化、工艺文化推广、知识产权保护以及国际工艺交流等诸多层面,专项经费安排目的性明确,体现出计划性和系统性,对台湾工艺产业的发展尤其是转型升级起到了举足轻重的作用。可以说,台湾工艺产业的发展离不开有计划的专项经费的扶持,有计划地安排资金促进工艺产业发展是值得我们学习和借鉴的经验;台湾工艺产业的发展也离不开系统的人才培育政策,"民族工艺奖""传统工艺奖"和"台湾工艺奖"对高层次工艺美术人才的成长起到了至关重要的作用。

（作者单位:福建省社会科学院科研处）

全球化背景下的台湾动漫产业

陈美霞

随着文化创意产业的红火,动漫产业作为现代科技与文化艺术高度融合的产业,引起多方关注。动漫不仅包括静态的漫画杂志、书籍、卡片,还包括动态的漫画音像制品、甚至还包括漫画的周边产品和模仿秀、玩具制品之类,因此动漫产业也就涵盖了以动画漫画为圆心所衍生的所有产物、产业。本文所探讨的动漫产业主要指 Animation(动画)、Comic(漫画)、Game(游戏)三种。华人文化圈在相当长时间对动漫的理解过于狭隘,仅仅把它当作娱乐的一种,认为是小孩子的玩意,动漫基本上属于受压抑的次文化,观念的保守导致发展的落后。两岸三地动漫产业的发展都是相对滞后的,只是台湾比大陆开放得早,又深受美国、日本影响,是美、日动漫产业生产线海外转移中的承接点。为此,台湾动漫产业的起步比大陆早,且与全球化、国际分工等息息相关,是全球动漫产业的一环。近年来,大陆极力提倡动漫产业在内的文化产业的发展,探析全球化背景下的台湾动漫产业的发展状况,对大陆动漫产业的发展有积极的借鉴意义。

一、全球化与华人文化

鲁迅先生说过,越是民族的,就越是世界。当前台湾动漫产业如何在全球激烈竞争中立于不败之地。除了技术上的提高外,如何挖掘中华文化、化传统为现代,在本土与世界之间寻找一个合适的平衡点显得尤为重要。

近年来,因为华人在经济上的成功,连带地引起儒家文化圈受到世界关注,"东方热"方兴未艾。出于市场角度考虑,西方动漫公司早已开始盯上"中国"这块蛋糕,比如好莱坞动画片《花木兰》《功夫熊猫》。对台湾动漫产业来说,立足中华传统文化,开发符合富有中国特色的商品,一方面充分利用东方元素吸引西方世界的眼球,另一方面又能迎合华人受众的心理认知和情感诉求,可以说是一箭双雕——既发挥所长又赢得市场。早在1998年迪斯尼公司就推出《花木兰》,此片是以西方人的审美观来诠释中国的古代传说,以美国文化为依据对《花木兰》进行再改造,把中国传统的"孝道"的概念转化为"家族荣耀",并赋予该故事一定的"女性主义"和"个人英雄主义"的色彩。女扮男装的巾帼英雄、一个现代美术风格的大力女孩形象,伴随着中国的长城、宫殿、古战场、腾飞的巨龙及悠远的东方文化,进入全球视野。迪斯尼公司以独到的眼光,将中国家喻户晓的传奇故事蜕变为现代的流行文化,将中国古代民间故事化为当代流行文化与娱乐文化,可以说中国古代传奇为迪斯尼动画片注入新的活力与生命。《花木兰》首映三天的票房就超过了1997年7月推出《大力神》和1996年6月首映的《巴黎圣母院的驼子》。继迪斯尼公司的《花木兰》之后,梦工厂出品的《功夫熊猫》于2008年6月全球上映,影片借用较多的中国元素,但依然是美式的夸张。影片中的熊猫一改过去爱吃竹子的憨憨的形态,变成肥肥胖胖爱吃肉包子的形象。在中国,有些人出于民族主义情结,发起抵制,但该片还是颇受观众青睐。影片中,不管是"熊猫"还是"功夫"都是中国特有的,但是国人自己没有发掘其中的创意和商机,盲目抵制对于国产动漫产业的发展并没有什么帮助。面对国外较好的创意,我们应该反省如何做好自己的事情,加快自身的动漫产业的发展。其实关于熊猫元素的动漫作品,《功夫熊猫》并非第一部。成立于2002年的台湾动漫公司"电视豆",第一年即以创造了以熊猫为主角的冒险故事——《魔豆传奇》,并打下成功基础,获得台湾"经济部"国际动画雏形奖,并成为台湾第一家以原创动画内容吸引日资的动漫公司。如今"电视豆"正在筹备的《金牌熊猫》,更是把"熊猫"与"北京奥运"相结合,把"中国"元素运用得淋漓尽致。熊猫虽然是中国特有的动物,但不管在哪里,熊猫都是动物园里的明星角色,"电视豆"选择以熊猫这一中国符号为创意对象,不仅是出于华人市场的考虑,更是着眼于全球市场。同样都是熊猫题材,只是大众知道美国梦工厂出品的《功夫熊猫》者多,知道台湾"电视豆"制作的《魔豆传奇》和《金牌熊猫》的就寥寥无几了。除了投入资金的多寡和动漫作品本身质量的好坏之外,市场营销人才的匮乏和策略的不足,更是台湾动漫甚至华语区域动漫产业的缺失所在,这个方面下面将详细讨论,这里暂且不表。

从创意上来说,中国传统的东方元素不仅是争取华人市场的关键,同时别样的东方因素对非华文区域的受众来说具有异国情调和神秘色彩。张水江说:"真正好的动画不在于 2D 或是 3D,而是在于有没有好的创意与故事脚本,故事吸不吸引人、角色好不好看才是重点,其他的都是工具,并非是决定胜负的关键。""宏广"选择红孩儿作为动漫题材,这也是第一部华人自主生产的动画电影。选取《红孩儿——决战火焰山》的原因,一是这段故事来自《西游记》,为大家所熟悉;二是这段故事具有魔幻色彩,较符合动漫拍摄形式。在动漫游戏方面,就游戏内容上而言,台湾动漫游戏的类型大致沿着中国历史和武侠的相关题材,如三国志、仙剑奇侠传、金庸奇侠传、轩辕剑等,内容题材上以中华文化为主,有别于欧美与日本的题材。东方元素除了创意外,对动漫业者来说,市场效益也是不得不考虑的因素。台湾的动漫产业不可与美、日动漫产业同日而语,但是却是比大陆先进的一种文化优势,使得台湾动漫业者在与大陆同行竞争中处于有利位置,在争斗华人市场上较为主动。同时,从"甲马"公司的《蔡志忠系列》个案中可以发现,尽管生产者把市场定位在欧美甚至全球的"东方热",但实际收益还是来自大中华地区的华语市场。动漫产业的"文化属性",使中华传统文化和台湾本土色彩的题材与目标市场的受众心理较接近,比较容易被接受,大中华区的文化同一性被认为是台湾动漫产业发展的契机。台湾、香港与大陆以华人为主体的市场,并扩及世界范围内华人分布相当广的地区,而由于相同的文化渊源与语言背景,使得台湾动漫产业在攻坚华人市场时具有得天独厚的优势。台湾拥有华人世界的历史文化背景,可用来作为创意题材,未来可利用此项文化上的优势,积极开发大陆与其他地区的华人市场。目前祖国大陆拥有 2 亿多的网民,官方也越来越重视动漫产业,面对美、日动漫产业的强势压力,台湾动漫产业和大陆同业合作发展中华文化的动漫产业,可以实现双方共赢。台北中影和上海美影厂合作的动画电影《梁祝》和电视动画影集《少林传奇》在大陆颇受欢迎,可以说是两岸合作的成功个案。台湾自主开发的动漫产品还是以华人受众最多。如何更好地开拓华语市场是台湾业者接下来要思考的方向。

二、代工生产到自主品牌

在一般动画制作流程中,当前制企划与人物设定完成之后,接着便进入重要的美术图稿绘制等制作阶段,此时需要大量的动画师投入。以一集 22.5 分钟、每秒 24 张图的动画影片而言,至少需要 32400 张美术图稿,人力耗费不赀,因此欧美与日本多将此制作阶段的工作外包给人力成本低廉、但美术能力与思考灵活度较强的台湾,通过国际长期的合作,台湾逐渐成为动画代工基地,而国外技术与设备的引进、教育训练及人才的培养,使得台湾在动画代工时期,绘图技术与着色技巧都有大幅度的成长①。台湾动漫至 50 年代开始起步,主要以代工业务为主,集中在电影动漫、电视动漫等类别,约有九成产值来自国外代工。过去,台湾的动漫产业主要是承接欧美大厂的代工业务——为他人作嫁衣,台湾的"宏广"曾是全球最大的代工厂家,米老鼠、唐老鸭、大力水手、加菲猫等家喻户晓的动漫形象就是"宏广"代工制作的。

随着大陆对文化产业的重视,动漫产业被纳入扶植的范围。大陆以及东南亚地区等低廉的劳动力成为欧美动漫产业寻找海外生产据点的新目标。国际分工形势的变化,使得台湾动漫产业的利润大减,在代工上的空间缩小,为寻找出路,在当局的推动下,代工厂商纷纷开发自我品牌,谋求转型,包括太极、宏广、会宇、电视豆等。其中,"宏广"的《红孩儿——决战火焰山》是华人自主开发生产的第一部动漫影片,在 2005 年亚太影展中大放异彩,还获得"最佳动画"奖项。就近

---

① 林于胜:《台湾动画产业的昨日、今日及明日》,http://taiwan-acg.com/bbs/archiver/?tid-98.html。

年的观察可以得知,当局政策对动漫产业的资金辅助逐渐增加,并且鼓励产业朝向自主品牌开发转型,希望改变国际分工中的位置。2002年起,当局开始推动动漫产业优惠贷款措施,2003年起西基动漫获得主导性计划资助,2004年"文建会"与甲马创意合作,多部动漫影片通过主导性计划的审查。当局资金投入的数量和广度逐年上升,鼓励了台湾动漫产业朝自主开发方向转型。在代工利润锐减的情况下,厂商也在寻找蜕变之路,更多的资源投入自主品牌的研发中。当局与业主互动,更推动动漫产业朝向自主品牌的方向前进。

代工利润的微薄,是台湾动漫产业转向自主品牌开发的重要原因。另一方面,3D电脑动漫的兴起,广告片后制业务几乎都是电脑动漫的天下,这更加深传统手绘2D动漫业者生存空间的萎缩,使得部分业者从公司规模缩编为工作室形态,并尝试转型,但却受资金、技术、设备的限制。台湾动漫影片市场有限,加上资金、创意不足等,后劲不足,同时受到传统代工业务外流到大陆,以及韩国、东南亚等劳动力成本低廉的地区的影响,一度陷入低迷。但台湾动漫产业还是有自身优势的,相对大陆、东南亚等地区,台湾动漫产业基于长期代工的"技术"与"人脉"上的优势,可以掌握较高收益、较高技术含量的代工制作。目前台湾的代工业务、低级阶段的手绘等技术大多转移到大陆地区、东南亚等地。比如宏宇的2D手绘动漫的生产线已经转移到上海,留在台湾本土的则主要是3D电脑动漫。为了与劳动力低廉的大陆和东南亚地区竞争,台湾动漫产业主要着力在加强制作技术,提高技术含量。此外,网络的兴起和网络动漫的出现,突破了过去业者缺乏播映平台的局限,如今只要创意佳,小制作的flash动漫同样颇受青睐,成为网络热门话题,甚至可以因此获得广告代言等机会,甚至可授权生产相关的衍生商品,许多业者纷纷朝向网络动漫发展。

台湾当局缺乏市场保护意识,使得台湾本土的动漫产业面对美、日动漫时处于孤立无援、被动挨打的境地;但是大陆的市场政策对台湾的自主开发的动漫却有一定的作用。为了保护和扶植本土动漫的发展,大陆自90年代中期"5155"计划实行以来,透过政府强制力量刺激国内动漫的生产和需求,并推行一连串的市场保护政策。自2006

年9月1日起,更是禁止在下午五点至晚上八点黄金时段的电视节目中播出"非国产"的动漫影片。台湾的动漫产业比大陆发达,对于在大陆设有代工工厂的动漫业者,如宏广、鸿鹰等而言,大陆市场的保护政策同样有助于它们自主开发的动漫的发展。比如,宏广的《红孩儿》就是以"苏州宏广"(宏广在祖国大陆的分公司)的名义在大陆上映,以"国产片"的名义受到国家政策的保护,而对整个企划、制作部分都已经迁往大陆地区的鸿鹰来说更是如此。因为同文同种的亲缘关系,台湾地区的动漫作品通过包装可以轻易地以"国产片"的名义在大陆播出,在与目前还较为落后的大陆本土的动漫产业的争霸中占上风。

从市场保护角度而言,民族国家在"全球化"时代也并没有缺席。动漫产业的全球化绝对不仅是国际分工,更是产业与各国政策在全球范围内互动下的建构。台湾动漫产业要想走得更远更稳,除了在创意上背靠中华传统文化外,在营销上同样需要祖国大陆的支持和保护。

三、台湾动漫产业链的缺失

动漫产业链,是指以"创意"为核心,以动画、漫画为表现形式,以电影电视传播为拉动效应,带动系列产品的"开发—生产—出版—演出—播出—销售"的模式。其直接产品包含动漫图书、报刊、音像制品、舞台剧和基于网络、手机等信息传播手段的动漫新品种等;其间接产品包含与动漫形象有关的服装、玩具、电子游戏等衍生产品的生产和经营。老一辈漫画家庞邦本说:"通过畅销漫画改编动画是理想的安全投资,先漫后动的模式可以实现市场预期利润,降低投资风险,世界漫画大国莫不如此。"庞邦本认为漫画创作是整个动漫产业链的起点,没有原创漫画的繁荣,动画和游戏就成为无源之水,后继乏力。前期的"创意"是动漫产业的基础,作为文化产业的一种,动漫产业的文化属性决定了"创意"是动漫产业可持续发展的关键。除了前期创意外,后期的营销同样相当重要,国外的动漫产家往往不惜血本推广自家动漫产品及其衍生产品。美国的米老鼠、唐老鸭、小狗史努比、加菲猫,日本的高达、变形金刚,韩国的流氓兔等动漫形象风靡全球,同时这些动漫形象的衍生产品也备受欢迎,在世界范围内赚得钵满盆溢。

以动画片作为动漫形象的媒体促销工具,凭借图书和音像制品的销售来收回成本,在通过大规模的衍生产品获取丰厚的利润,这种产业链模式是美、日、韩等动漫强国的产业盈利通路。

　　台湾的动漫产业从代工起步,在手绘制度等实际操作阶段发展较为成熟;但是前期策划、创意和后期的营销、推广是其薄弱环节。"漫画—动画(游戏)—衍生产品—消费者"是现在动漫产业发展比较成熟的一种模式,产业链层次分明且互相关联。但台湾的动漫产业链却处于断裂状态,往往是漫画通过"漫画—读者"盈利,动画片通过"动画—企业投资"生存,衍生产品制造商通过"厂商—购买少数动漫形象—消费者"赚钱。整个动漫产业的各个环节缺少应有的关联,缺少团结合作,各自为政各自作战。要努力做到"漫画""动画""游戏"以及"衍生产品"的承接和连续。可以把畅销的漫画改编成为动画片和网络游戏,同时开发相关的动漫形象作为衍生产品,甚至可以学习迪斯尼公司建立主题公园。也可以利用先进的网络传播平台,先开发网络游戏或者 flash 动画,再推出相关的衍生产品,甚至根据游戏角色重新创作漫画和动漫片。相对传统的电影动漫、电视动漫等,网络动漫曾经被视为台湾自主动漫比较有发展空间的类型。在整个动漫产业分工结构上,flash 技术降低了进入的门槛,使得参与制作更为容易。flash 动画在台湾曾经一度蔚为风潮,例如春水堂的《阿贵》、在线上的《干谯龙》,以及会宇的《江西传奇》都曾经风靡于两岸三地的网络。网络动漫多是在网络上免费流传,知名度可以迅速打开,但是单靠网络动漫难以支撑整个产业的发展。而且网络 flash 动漫往往来自一时的创意,以短篇的 2~3 分钟为主,大多没有详细的整个企划方案,无法很好地获取商业利益,后续发展的劲头不足。[①]

　　"来自于全球的资源有两种:一个是创意的计划、美工、程序设计者、生产者;另一个就是人才和成本的考量。"[②]昱泉国际总经理曹约

---

　　①　林宗佐:《ACG 动漫产业、文化的分析与发展》,http://www.shs.edu.tw/works/essay/2005/11/2005110221270508.pdf。

　　②　刘柏园:"2004 数位内容国际研讨会",台北世贸二楼会议室,2004 年。

文如是说。无论是人物还是场景描绘上，台湾动漫业者都相当完备，但是在题材的广度和创意的深度上要走的路还比较远。完成一部好的动画，需要的人才非常广泛，从导演人才、企划创意人才、配音员到动画师等缺一不可。在国外，动画师与配音员都有专业学校培养，但台湾电影产业没落，电视产业也多以外购节目与综艺节目方式为营运主轴，自然使得相关人才训练与环境有所欠缺。虽然近年来台湾动画人才已明显增进，但所需的相关人才，除动画师与导演外，薪资相对一般职业仍较为低廉，使得许多文化工作者即便有心从事动画相关工作，也因欠缺资金与经验而打退堂鼓，如此恶性循环，台湾动画的发展实在令人忧心。动画制作水平往往与学校教育息息相关，例如美国的加州艺术学院(Cal Arts)、加拿大的雪利丹学院(Sheridan College)、日本的代代木动画学院，都扮演着培育人才以及前瞻性研究的角色。台湾则只有少数大专院校电影或传播科系开设动画制作课程，且多半偏向美工设计或片段课程，缺乏完整训练系统，再加上相关师资不足，使得台湾动画水平进步有限。时至今日，虽有台南艺术学院、"国立"台湾艺术大学及相关业者提供教学课程，但与韩国甚至大陆均积极设立学校培养人才的情况相比仍嫌不足。① 整个完备的人才体系的训练是相当重要的，不只是要有纯技术的绘图制作技艺的提高，更要注重"创意"和"营销"人才的培养。

四、美国、日本动漫产业对台湾的影响

美国、日本都是对台湾影响甚深的国家。甲午战败、乙未割台，日本曾经统治台湾 50 年，台湾人对日本文化有着一种熟悉和亲近。二战后，国民党退守台湾，台湾成为美国对抗中国的一颗棋子。美援文化在台湾相当有市场。因为历史上的渊源关系，台湾对美国、日本有一种别样的感情。在动漫产业方面，因为美国、日本都是傲视全球的两大动漫强国，所以，从台湾动漫产业的昨天、今天甚至明天都可以看

---

① 林于胜：《台湾动画产业的昨日、今日及明日》，http://taiwan-acg.com/bbs/archiver/? tid－98.html。

到二者的痕迹。

台湾动漫产业的发展,早期是从为美国、日本动漫产业代工起步的。白雪公主、小美人鱼、泰山、花木兰等脍炙人口的动漫形象就是源自台湾的动漫公司。20世纪70年代,日本将部分动画制作的工作转移至台湾,开启了台湾30年的动漫代工时期。1970年台湾第一家与日本合作的"影人卡通制作中心"成立,主要业务是动态的动画影片代工,如《东洋魔女排球队》《巨人之星》。之后,不少代工人员纷纷成立自己小规模的工作室。在代工厂商外,70年代的台湾人也有尝试发展本土动画。1978年,熟悉美国动漫制作的王中元,在美国汉纳巴布拉公司的协助下,回台成立宏广公司,以优渥待遇和美式管理收编动漫方面的优秀人才。由于宏广代工层次较高,能吸引外商委托加工,就此迅猛整合了台湾动漫代工市场,在80年代甚至成为全球出口量最大的动漫制作公司。80年代,台湾当局废除了动漫审查制度,使得动漫产业走向兴盛,不少人开始投入自主动漫的开发,可惜大部分作品无法通过市场考验。同时,寻求国际合作,也是台湾动漫业者改变自身困境的一种探索,而美国、日本因为精湛先进的技术和基于代工培养的"人脉"无疑成为台湾业者的首选。春水堂、会宇与日本的相关厂商合作,电视豆则与日本、美国、加拿大等合作提升研发水平、发展自主品牌。台湾厂商多负责前期创意和制作,而美国、日本国外厂商则进行企划、编导与发行的工作,在合作过程中学习美国、日本的先进技术和经验。

美国、日本先进的动漫产业对台湾动漫产业的发展既是助力也是阻力。在美国、日本动漫业者以低价位、高品质的产品竞争下,台湾动漫产业的发展受到限制。虽然,与大陆、东南亚等地区相比,台湾动漫产业较为先进,但与美国、日本较量则同样处于边缘位置。目前,在台湾本土的动漫消费市场上,仍是以美、日产品为主;在动画电影部分,以美国产品为最大宗。与美、日动漫产业相比,台湾本土动漫产业无法在市场上立足的原因大致如下:第一,资金匮乏,即使提出动漫企划,大部分都无法获得资金支持;第二,营销策略不够完备,在市场上无法立足;第三,美国、日本政府对动漫产业极力扶持,而台湾当局缺乏保护薄弱的动漫产业的意识和措施。

　　台湾当局在诸多方面都需要美国、日本的支持引进动画片又比自主开发省时省力,在70年代台湾当局甚至把进口动漫视为"赚钱"工具——以低价格获得高广告收益。台湾动漫市场开放较早,美国政府基于保护本国产业的政策,强求其他地区对他们给予优惠,台湾素来受美国援助,无力抗拒。20世纪90年代WTO谈判中台湾又放弃对媒介产品采取配额限制以辅助本土产业的机会。台湾动漫市场比韩国、大陆等地开放得早,市场保护政策难以推行。当局无力保护本土市场,在美国、日本强势动漫的影响下,台湾本土自主品牌的开发,不仅面临资金、创意等瓶颈,更在市场竞争中孤独无依,对产业发展不利。

　　从生产要素的全球流动与重构中,动漫产业的发展并非完全顺其自然。统治当局仍然透过各自的政策、措施在角力场中明争暗斗,使得本国本地区的产业在国际竞争中占据有利位置。同时,不仅是当局政策影响产业发展,产业同样引导当局政策,二者是互为因果的。台湾当局近年来也是相当重视包括动漫产业在内的文化产业的发展,除了对内的政策引导和资金辅助外,在对外交往中,尤其是与美国、日本的较量中如何为台湾本土的动漫业者争取更多的权利是当局应该要考虑的,只是话语权源自综合实力,只怕台湾当局有心无力。

(作者单位:福建省社科院文学所)

台湾纪录片的产业化路径探讨

陈美霞

一、台湾纪录片的现状

"上世纪90年代中叶后,纪录片在台湾突然变成一门显学。这是个令人兴奋但也有点莫名其妙的发展。"①这是身兼纪录片创作者和研究者的台湾导演李道明对台湾纪录片的蓬勃发展态势所发出的感慨。"令人兴奋"和"莫名其妙"正是台湾纪录片引人注目和思索的所在,也暗示了作为文化产业的台湾纪录片热潮值得深究与探讨。

与台湾电影的长期低迷相反,20世纪90年代纪录片开始在台湾文艺界一枝独秀,成为富有生机的文艺创作形式。《生命》《奇迹的夏天》《翻滚吧!男孩》《无米乐》等纪录片进入影院播放且取得良好的票房。其中,《生命》与《无米乐》更是以千万票房打破本土影片纪录,并在社会上引发"生命现象""无米乐现象"等纪录片流行风,使纪录片成为大众文化和文艺生活的重要内容。2005年第七届台北电影节百万首奖《无米乐》,被认为是台湾纪录片,甚至放大成为台湾电影的骄傲。因为它的生命力与艺术成就远比一般的剧情片更强劲。② 表1生动地再现了纪录片在台湾电影生态所占的位置。

---

① 李道明:《什么是纪录片》,《台湾文化生活双月刊》,2000年第20期。
② 蓝祖蔚:《台湾的心肝——〈无米乐〉》,《台湾94年电影年鉴》,台湾电影网,http://www.taiwancinema.com/ct.asp? xItem=134&ctNode=265&mp=1。

表1　电影片准演执照发照部数及分级概况（1998—2008）①

年度	中国影片				外国片
	台湾本土片		香港片	大陆片	
	剧情片	短片纪录片			
2008	19	14	21	9	315
2007	27	12	23	9	342
2006	20	7	32	11	302
2005	24	16	44	14	309
2004	21	4	39	9	246
2003	14		40	8	222
2002	21		38	7	246
2001	17		100	5	222
2000	38		117	10	280
1999	16		121	8	327
1998	23		98	1	322

　　台湾纪录片主题类型有多元化的特点。台湾的纪录片工作者以摄影机为媒介,关切和再现台湾社会的诸多方面。历史、族群、性别、家庭、劳动者、集体创伤记忆、殖民现代性等都是纪录片工作者聚焦的领域。下面将对不同主题的台湾纪录片进行简要探讨:

　　第一,历史的追寻与再现,包括"左翼"历史和殖民现代性历史。解除戒严后,曾经被压抑的白色恐怖历史、"左翼"人士的追求和日据时代的殖民现代性开始进入人们的视野,这也是纪录片的表现主题之一。关于"左翼"人士和白色恐怖历史的代表作有曾文珍的《春天——许金玉的故事》、蓝博洲的《我们为什么不歌唱》、梁英华的《在团结的路上》,而《歌舞时代》则是关于日据时期殖民现代性的纪录片。《我们为什么不歌唱》是第一部揭露台湾20世纪50年代"白色恐

---

　　①　资料来源:时间截至2008年11月。台湾电影网,http://www.taiwancinema.com。

怖"的史实纪录片,缘自报告文学《幌马车之歌》。影片以蒋碧玉的生命史为轴线,反映日帝殖民台湾、国共两党内战,以及美国介入台湾海峡造成两岸长久分离等历史事实。蒋碧玉生前目睹岛内两党恶斗,曾感叹地说:"台湾社会烂成这样子,都是因为好人在五十年代,被白色恐怖屠杀、镇压了。"蒋碧玉所说的"好人",是指"左翼"人士。另一部反映白色恐怖的影片《春天——许金玉的故事》记录女工许金玉因参加读书会受"左翼"思想的影响,从害羞内向转为积极参加请愿运动并被捕入狱15年,从而学习和坚持社会主义思想的过程。50年代白色恐怖时期,台湾许多人被当权执政者视为"匪谍""叛国者"而入狱或枪决,受害人约有上万人,许金玉是其中之一。出狱后,许金玉与难友辜金良结为夫妻,夫妇俩开了一家皮蛋行,患难与共,相互扶持。如今许金玉已经80岁了,但她依然执着"左翼"理念、认真学习,有着丰富充沛的生命力,还想去西藏看看。正如导演曾文珍所言:"在许金玉身上,我仿佛看到了一页台湾近代历史的缩影。一个出生在日据时代平民家庭的女子,成长于殖民统治的压迫环境,经历'二二八'的苦难,最后因白色恐怖身陷囹圄,长达十五年的岁月。这样的女性,用青春的生命炽炼了历史的苦难。"许金玉的故事是台湾"左翼"历史和底层运动的一面镜子。《在团结的路上》则是借台湾因白色恐怖坐牢最久的红色政治犯——林书扬逾半生的牢狱岁月以及狱后还能坚持在左统的道路上,以反映二战后台湾50年来"反共"谎言下的政治牺牲、意识污蔑,以及一段真相被湮灭、人性遭覆埋的历史。《歌舞时代》以纪录片的形式反映殖民现代性使得20世纪30年代的台湾社会都市文化成形、女性解放兴起以及流行歌曲诞生等,同时穿插介绍那个年代的歌手和他们的爱情故事。

第二,族群、认同与历史记忆。台湾有福佬人、客家人、外省人、少数民族四个族群,本土意识的兴起、蓝绿政党的选举操纵,使得台湾的族群矛盾日趋严重,族群议题成为艺文界关注的焦点。杨力州的《奇迹的夏天》是关于七个台湾地区少数民族小孩组成的足球队的成长和梦想的故事。明媚清新的格调背后是台湾地区少数民族族群的教育问题,影片中不少台湾地区少数民族小孩是单亲家庭,家境贫困,如果足球小将们毕业后无法因体育成绩优良而保送升学,就必须担负起生活家计,而难以逃脱打工的宿命,影片隐藏着残酷的底层困境和弱势族群问题。《山有多高》《银簪子》则是以外省老兵为主要拍摄对象,着力点在外省族群。《山有多高》的内容是导演汤湘竹带他大病初愈的父亲回阔别多年的湖南家乡省亲。这部片子贯穿了三代人不同的成长背景,刻画了新生命的诞生、旧生命的病弱、返乡、寻找童年的回忆……从而引人思考"我的家在哪里?"的认同问题。萧菊贞的《银簪子》里,镜头跟随只身来台的父亲,回到祖国大陆老家寻母亲的传家信物"银簪子"……不只拍摄萧菊贞的爸爸,更辐射到父亲的朋友。为此,影评人闻天祥认为,这使得《银簪子》不只是家庭相簿式的纪录片,因为面向放大,层次更分明,让这个世代与族群有更完整的呈现。李中旺导演的《部落之音》则将台湾地区少数民族部落里因为争夺赈灾资源所产生的人与人之间的矛盾、冲突与不堪贴切地呈现出来。

第三,底层问题:工农劳动者的处境。《无米乐》是颜兰权、庄益增以 15 个月的时间与台南县后壁乡三个老稻农共处,通过他们的劳动与生活,原生态地呈现台湾的末代稻农的精神。该片于 2005 年院线映演期间人气颇旺,之后延伸效应扩及观光、农业政策、地方文化保存、人文通识教育等议题,其中影片官网更创下开站两个多月即突破十万人次浏览之盛况,著名作家、编剧吴念真看过该片后即推崇该片是最佳的乡土教材。《无米乐》表现稻农们乐天知命、任劳任怨的人生态度,即使因为天灾收成不好,也能自我宽慰"无米乐嘛,心情放轻松,不要烦恼太多,就叫无米乐……";同时也表现了大的政治环境对农业的影响,如加入 WTO 对台湾农业的冲击,境外稻米的大量涌入使得台湾米价大跌,农人忙碌辛劳却收益甚少。导演以清新的画面为台湾农业的颓废和没落谱了一曲挽歌。罗兴阶的《劳资趣味竞赛:你浓我浓》是描述 1996 年具有 28 年历史的台南县东洋针织厂,以紧缩业务为由宣布停业,员工被全部资遣,但厂方仅愿付 5 成 1 的资遣费;同时厂方逃避退休金达 2 亿多,员工为争权益成立自救会,进行围厂抗争。该片荣获 1998 年台北电影节非商业类最佳纪录片,得奖理由是"冷静记录台湾中小企业在金融风暴席卷后的状态,劳资双方之间的拉扯,扯出了人对生命,对希望,对忠诚,对整个人类制度的复杂省思"。此外,《朱老板教授的暑假作业——板桥嘉隆成衣厂女工抗争纪实》也是罗兴阶的作品,它完整而朴素地再现了一群女工在关厂时的无助、对自身权益的无知、对台湾政治的无涉,以及在往后每一个抗争过程中的艰辛和成长。

第四,黑道人物、妓女、同性恋、新移民等边缘群体,台湾有专门的"新移民巡回影展""同性恋者影展""性工作者影展"等边缘题材的纪录片展出和交流平台。贺照缇的《炸神明》是刻画"炸寒单爷"这一盛行于台东的一项颇有神秘色彩的宗教活动。每到元宵节,就有被成为"肉身寒单爷"的黑道人物,赤裸上身,只穿一条红短裤,站在神轿上让人用鞭炮炸自己的身体,直到皮开肉绽。"透过身体的残虐和疼痛,将他们从被人看不起的小人物,转换成赎罪的英雄。"站上去的人是在赎罪,透过这个仪式与过去和解,迈向未来,因此这个仪式也担负了心理疗愈的作用。戏剧性的反差让贺照缇深深着迷,为了拍摄《炸神明》,她混迹台东黑道长达一年又十个月,跟拍了三位道上兄弟。三人分别在道上混了五、六、七年,都有入狱的纪录,也曾经为非作歹……有的想脱离道上生活,有的正在学习如何进入;有的当过杀手,有的还在做讨债营生。《角落》的作者周美玲、刘芸后则是一对女同志,她们在一家叫做"Corners(角落)"的gay bar经历许多是是非非,表现了同性恋者虽然和环境经常格格不入,但对他们自身来说"同志"却是一种令人趋向幸福的生命形态。影片纪录了"同志"爱情的悲欢离合,笼罩全片的是bar里的迷离氛围:寂寞又温暖、疏离但安慰,还有一种淡淡的甜蜜与幸福。陈俊志的《美丽少年》探索岛内青少年复杂情欲的认同议题,导演以纪录片从事同志运动。来自东南亚的外籍新娘与大陆地区的新娘,以新移民的姿态进入台湾,担负着生养与教育未来栋梁的重任,却普遍被贴上"无知"或"卑贱"的社会标签,只留下家务劳动或传宗接代的工具价值。蔡崇隆的《移民新娘三部曲之"中国新娘在台湾"》透过鲜活的人物故事,描绘祖国大陆新娘在台湾面临的各种问题与困境。大陆新娘在台湾已有15万人,但因为两岸存在统独之争与文化差异,使其境遇往往不如外籍新娘,本片透过荆州的吕安、上海的张秀叶等人的婚姻实录,展现大陆新娘在台湾的现状。

第五,成长和励志题材。被喻为本土励志电影的《翻滚吧！男孩》是以宜兰一小学体操队的七位男孩和教练的故事为主角,诉说着孩子和教练坚持梦想、彼此成长的故事。教练林育德是导演林育贤的哥哥,体操本来也是导演儿时的梦想,如今他通过拍摄纪录片延续自己童年的梦想。七位小男孩加入体操队后,从幼儿园到小学二年级,天天训练,练习着"一字马",练习着"空中翻腾两周半"……功夫不负有心人,最后他们摘取"台湾小学体操比赛"的金牌。他们接下来的目标是2008年北京奥运会,梦想虽然遥远,但是有梦想总是美好的。《奇迹的夏天》企图摆脱台湾纪录片固有的严肃、悲情之包袱,讲述一个好看又励志的故事,对于开拓纪录片之多元类型(尤其是运动纪录片)有其重大意义。而吴乙峰的《生命》是其全景团队跟踪台湾"九二一"大地震的灾区,是创作者以介入方式拍摄的集体创伤记忆及自我拯救的影片。影片再现了受灾群众在失去亲人后如何重生的种种心灵面向,并映现、关照到纪录者本身的生命理解。影片在记录灾民面对巨大灾难的同时,穿插了吴乙峰住在安养院里的年迈父亲对人生陷入绝望的片段,以对照的手法来探究"人"要如何面对生命。该片在台湾取得千万元的高票房,虽然与民众对大地震的集体创伤记忆相关,但其勇敢面对创伤并站起来的精神更是感动和鼓舞人心。

第六,社会运动和历史人物等传统题材。《贡寮,你好吗?》再现了贡寮人十几年来坚持不懈地"反核"的环保类的社会运动。十几年来,贡寮人一次次地往台北游行或请愿,希望能停止"核四"在贡寮的建厂而不可得,随着时间的推移,贡寮人"反核"的努力渐渐被淡忘。导演真实再现了贡寮人为捍卫家乡环境所付出的岁月和心酸,记录了贡寮人在"反核"道路上的心酸血泪,刻画了贡寮人的坚强勇敢和不轻言放弃的精神。与社运纪录片只限于运动团体内流传不同,该片力求贴近观众、展现亲和力,让观众与影片有充分对话的空间。曾文珍的《世纪宋美龄》以严谨考证、实事求是的制作精神,完整记录了充满传奇神秘色彩和颇具争议的第一夫人宋美龄。汤湘竹的《寻找蒋经国》则真实再现了蒋经国开放民主和主推白色恐怖极具反差的两面,尤其是再现少年蒋经国在前苏联的经历及对其后来从政的影响。

二、台湾纪录片迅猛发展的原因

第一，纪录片在台湾的大肆发展，就外部因素而言是台湾当前政治、经济、社会与文化场域共同作用的结果。

首先，纪录片的旺盛受惠于 1987 年台湾当局解除戒严的行动。戒严时期的纪录片多是台湾当局主导拍摄的新闻片、倡导片或教育信息性的影片，主要由国民党所控制的几所电影制片厂负责制作的；少数民间制作的纪录片，通常是民俗文化或乡土风情的写实。正如李道明教授所言：这些纪录片（指戒严时期的纪录片）普遍缺少一种社会关怀或自主意识，因此除了以较浪漫或怀旧的态度来处理镜头中的人、事、物之外，看不出真实台湾人生活中的悲欢哀喜或社会中的不公不义。解除戒严后，台湾社会多元化，各种势力纷纷冒现并要求发声平台，纪录片不失为建构自我和争取权益的有效手段。民间创作活力的勃兴，以及录影器材的普及，使得纪录片逐渐取代电影，成为影像创作的主力。省籍族群矛盾、工农的利益诉求、环保运动、女权运动，甚至同性恋者与性工作者，都成为纪录片的表现题材。

其次，台湾当局的主动介入和积极推广也是台湾纪录片风靡的原因之一。90 年代中期以后，台湾当局负责文化事务的"文建会"开始支持纪录片的训练与推广。1996 年，"文建会"在台北举办了"文化资产纪录片观摩研习营"，邀请国际优秀的文化类纪录片工作者来台，与本地电视纪录片工作者交流制作纪录片之经验。第二年起，"文建会"进一步将国内与国外的纪录片透过"文化资产纪录片巡回观摩研讨会"（由王慰慈主持）的活动，连续三年将纪录片观赏推广至全台各地。1999 年，"文建会"更进一步推动在美国巡回放映台湾纪录片的活动。

再次，台湾地区拥有众多的纪录片交流和播放场域。（1）影展方面，除金马奖、金穗奖、台北电影奖外，还有"文建会"的"地方文化纪录像带奖"（前身为金带奖）、台湾国际纪录片双年展等专门的纪录片评选舞台，这些大大小小的影片奖不仅提供奖金与奖状，更为纪录片工作者和观众搭建交流的窗口和平台。（2）1998 年公共电视台正式开播，为独立纪录片工作者提供部分资金来源与专门的播出频道"纪录观点"，同时东森、中视等亦有专门的扶助资金和播出专栏。（3）无论是当局还是民间，不少单位在 90 年代后纷纷以资金支持纪录片制作。这其中最主要的包括：新闻局的纪录长片辅导金、文化艺术基金会纪录片制作补助、联合报系文化基金会的年度纪录短片赞助等。

第二，台湾纪录片引领风骚，与纪录片工作者坚持社会批判和现实关怀的努力密不可分。

首先，写实精神的传承和知识分子介入方式的改变是台湾纪录片尤为火热的重要因素。虽然，DV 技术的普及带动了全球纪录片热潮，但是写实精神的历史延续使以"真实"为取向的纪录片事业在台湾尤为兴旺发达。90 年代的纪录片风潮，其背后的精神脉络承传自台湾 70 年代乡土文学论战和 80 年代《人间》杂志纪实摄影的写实精神，台湾当前纪录片中对"左翼"历史的追寻、对底层及边缘群体的关注都与前二者紧密相关。"这场议题严肃双方却互打烂仗的乡土文学论战至 1979 年'美丽岛事件'戛然而止；之后乡土派的陈映真在 1985 年创办《人间》杂志，集合了苏俊郎、阮义忠、张照堂等杰出摄影家，以一幅幅深刻且具张力的报导摄影照片对台湾底层社会作出最动人的凝视；1988 年吴乙峰成立全景映像工作室，一系列人间灯火的纪录片，从此为台湾的影像工作者开出一条新路，而乡土派所提倡的本土意识也渐渐在政治上跃居主流从而引导了文艺创作乃至各项社会运动的实践方向。"①解除戒严后，台湾纪录片经历了从当局意识形态的传声筒到本土人文关怀的转型，知识分子以独立制作人的身份透过纪录片传达自己的关怀和理念。纪录片的写实精神和人道主义关怀还与台湾因社会运动发展出的艺术媒介形式，如报道文学、纪实摄影、民众剧场及写实诗歌的勃兴相互呼应。

其次，学院派知识分子和民间制作人都积极参与纪录片人才的培

---

① 胡说：《纪录片的应许之地》，http://www.wretch.cc/blog/dennischan&article_id = 2390464。

养,也对纪录片风潮起着推波助澜的作用。1996年台湾第一所纪录片研究所——台南艺术学院音像纪录研究所正式设立,以培养和训练纪录片制作专业人才为目标,这标志着纪录片进入学院视野、获得学术支持。另一方面,吴乙峰于1988年创立了全景映像工作室,全心拍摄以本土人文为题材的纪录片,记录台湾这块土地上的人和事。同时,全景映像工作室自1995年启动"地方纪录摄影工作人才训练计划",培养和引导了不少纪录片导演。

第三,纪录片工作者的积极推广和营销,也是台湾纪录片走红的主要原因。台湾纪录片工作者与时俱进,除了以往小区、社团、学校、影展以及公共电视频道等非电影院管道为主的传统的播放方式外,还通过影院自主放映来拓展纪录片的生存空间与社会能见度,并通过网络、报纸等媒体加强宣传,甚至不惜邀请政治人物出面站台和加持来博取媒体曝光率。比如反映"九二一"大地震集体创伤记忆的《生命》、关于台湾地区少数民族儿童的成长与梦想的《奇迹的夏天》、表现台湾乡土文化和末代农民的《无米乐》及反映殖民现代性的《跳舞时代》之所以能取得高票房与媒体和政治人物的大力支持分不开。《奇迹的夏天》以商业性的手段包装,采取好莱坞式的宣传手法,邀请明星林依晨担任代言人。《无米乐》完成后,不少知名媒体都对其大加赞赏,院线播放前营销部门组织"网络写手特映会"使得该片在网络上广为流传,同时许多文化名人和政治人物也陆续对该片公开表达赞赏的意见,这些都是《无米乐》"红火"的助推手。台湾纪录片近年在岛内造成一股小型旋风,一方面是因为纪录片扎根的开花结果,也多亏剧情片的普遍无趣和对社会现实的无感,反而让台湾纪录片变成一种更具亲密性的片型,尤其是几部广受欢迎的纪录片,皆深具亲和力。台湾剧情片自"新电影浪潮"开始,走艺术路线,商业电影比较没落,这反而使得本土的纪录片获得更多的注意力。

三、台湾纪录片的发展思路

第一,纪录片在创意和制作上应突破旧有的意识形态局限,题材、叙事语言和叙事美学上都应有较大的转变。

首先,以个人、家庭为表现对象,改变了以"宏大叙事"为取向的纪录片创作理念,从公共领域转向私人领域。70 年代以前台湾当局掌控纪录媒体,纪录片被当做意识形态教育、宣传、信息传播等的洗脑工具;随着"美丽岛事件"和世界第三波民主化浪潮席卷台湾,纪录片开始关注社会运动,与社会运动相配合,创作者和观赏者对纪录片推动社会运动与政治变革抱持极高的期待。90 年代,随着台湾解除戒严,社会多元化,对纪录片变革社会的使命感和责任感的关注下降,创作者转向个人关怀,拍摄对象不再局限于社会运动或者英雄人物,更多的导演把普通人、身边人作为拍摄对象。以平凡人物、庶民生活为题材,十多年来俨然成为台湾纪录片的大宗与最大的"正确方向"。比如《无米乐》中的台南农民、《山有多高》《银簪子》的拍摄对象都是导演的父亲。即使是"左翼"历史、国族认同、工农阶级等严肃的社会议题,拍摄的角度也多是以"小"窥"大",以个人的人生起伏来映衬大时代的广阔历史。例如,《春天——许金玉的故事》《我们为什么不歌唱》都是通过女主人公波折的命运来诉说时代悲剧,而《山有多高》《银簪子》都是以自己父亲及周围人的故事来折射族群问题和国族认同。

其次,纪录片叙事语言的柔性化,真实再现的背后是导演的个人意志,意识形态以一种微妙的方式存在。不再强调纯客观的"零度情感"拍摄,而是加入拍摄者主观对现象主体的评判和感受,提示拍摄者的"立场"。纪录片有越来越像剧情片的趋势,没有绝对的客观与真实,其间都穿插着创作者的主观意识,对纪录片的形式也展开自觉思考。《奇迹的夏天》的导演说:"我们是受剧情片的训练出来的,也许跟这个背景有关系,我们会针对适合的题材,以不破坏纪录片原有的架构为原则,把一些剧情片的元素偷渡进去,并以拍剧情片的方式来思考,让这个片子更有机会成为好看的影片。我们同时希望它是以好看的剧情片来操作。"①以《无米乐》为例,其实该片有两个版本,没有

① 陈德龄、艾尔访问整理:《让我们面对市场吧! ——专访〈翻滚吧! 男孩〉创作拍摄林育贤、庄景梁》,台湾电影网,http://www.taiwancinema.com/ct.asp? xItem = 134&ctNode = 265&mp = 1。

上映的那个版本有更多理念痕迹,诸如请专家学者谈农业与农民等;而公映的也就是众人所见到的版本则完全是农民田间劳作和休闲生活的画面,通过导演的主观选择和剪接,"这些农夫和农业经济以及土地的关系已经超越一种职业性而达到一种道德性的层次。"但学者郭力昕也指出:"他们的确是令人尊敬的,然而在片中传达他们的方式,并不能反映出当代台湾农业问题的严重性与复杂性。"其实,郭力昕已经论及导演意志与意识形态的关系,《无米乐》粉饰和美化末代农民的做法,有文化工作者与当局权力共谋的隐藏联系。另一部同样颇具市场魅力的《奇迹的夏天》开拍的缘由是导演杨力州为 NIKE 拍 15 分钟的足球宣传短片,在此过程中导演了解到如果这些爱踢足球的台湾地区少数民族儿童无法因为优异的体育成绩保送升学就得失学打工、堕入底层,开拍初衷就隐含了导演拯救弱势族群和关注台湾当前教育问题的意识形态。学者郭力昕发现,现今台湾引起社会风潮的纪录片背后,存在着共通的叙事语言,即情绪性的感动模糊了事件实质的内容。吴乙峰的《生命》颇为催人泪下,但是不少"感动"显得刻意。面对巨大灾难,生命的脆弱和无奈、生命的流逝和消亡,如此本质的问题怎能不触及观影者内在的生命体验呢?但导演在选择拍摄对象的时候,四组取材对象中有两组是几乎全家皆亡的悲惨情境。影片结尾,导演还要求几位被拍摄者给罹难家人写信,这更是影片刻意制造的一场"感动设计"。拍摄的过程对被拍摄者来说是不断回首过往最深刻和痛楚的记忆的过程。如此逼迫被拍摄者,这背后难道不是导演的主观意志和个人选择在起作用吗?这样的"感动"是否合理呢?

此外,叙事美学的转变,传统议论式的表现方式大为减少,创作者采取人道主义、民间化的视角,采用参与观察的纪录模式,甚至运用自我反映的方式来呈现自己与被拍摄对象的互动关系。"参与式的纪录片提供了主观观点可以被认可的合法性,其再现真实的方式在声音方面,运用了拍摄者与被拍摄者之间互动的叙述,两者声音交替出现或是互相辩证,而且让拍摄者与被拍摄者能一同参与制作的过程,这种互动交流的拍摄态度逐渐发展后,不仅不刻意隐藏作者的主观意识,反而将作者的观点诚实地具现在影片中。这样的纪录片是希望让观影者感受到拍摄者因介入会对真实产生不同程度的影响或变化,因为摄影机的介入,产生一种权力,而它带来改变事实的能力。"①吴乙峰的"全景映像工作室"是"参与观察"模式的开创者,拍摄者更多的直接介入,有人称之为"吴氏风格"。最明显的例子是,《生命》中导演吴乙峰发现即将大学毕业、却遭遇全家七口罹难之横祸的罗佩如小姐,因走不出失去亲人的痛楚常有轻生的念头,忍不住跳出来开导罗小姐,斥责她不爱惜生命。为此,纪录片创作者直接介入被拍摄对象的生活,改变传统的"外在"的视角和观察。《奇迹的夏天》中我们同样可以看到足球小将们和导演之间的对话和互动,比如台湾地区少数民族小孩洗头、洗澡的镜头里,他们说:"这也要拍?"《奇迹的夏天》《翻滚吧!男孩》都是与体育相关的关于青少年成长和梦想的纪录片,导演不仅仅是外在的记录者,更陪同着拍摄对象一起成长,是他们成长路上的温厚的长者和导师。《炸神明》《无米乐》等目前在台湾火热的纪录片多是采用"跟拍"的手段和"参与观察"的纪录模式。可以说,90年代至今以私人领域为选材对象,拍摄身边人的纪录片,都是典型的参与观察模式的纪录片。拍摄者与被拍摄者之间有更多的互动,拍摄者介入影片,成为内容的一部分,此种拍摄美学如今是台湾纪录片的主流手法。

第二,在制作的同时,应以产业化思维积极推动纪录片行销模式的转换。面对市场,积极地开展多元营销;除了传统的社区和公共电视播放渠道外,努力推动纪录片进影院播放。

首先,纪录片工作者思想意识的改变。突破传统的纪录片"免费观看"的模式,开始走影院放映、付费欣赏的新的观影模式,以此推动台湾纪录片的产业化。与台湾剧情片导演强调导演意志的艺术创作迥异,习惯上被认为寄寓人文关怀而非商业化的纪录片反而快速与国际接轨,关注票房和观众,主动走向商业化道路。纪录片工作者不只是关心纪录片的制作,他们对纪录片的放映等后期工作也是用力颇多,多元化多渠道地宣传纪录片,尽可能吸引纪录片的观影人群。任

---

① 吴淑然:《月亮之旅》,"国立"台北师范学院艺术与艺术教育研究所1994年硕士论文。

何题材都是需要包装的;现实的情况是,一旦你完成这部作品,它就是个商品,至于如何推出去,要有一定的方法或策略,要让市场注意到,不然就没戏。以林育贤《翻滚吧,男孩!》为例,本来想做 Bee TV(台北市公车电视广告)的广告投放,可是一个星期就要 23 万的费用让人望而却步。林育贤认为,除非和厂商合作:"建议未来任何创作者都应该做异业结合,这样太商业化吗?我们觉得不会,不过就是各取所需,最好的状况就是拍片同时就和发行商谈好,请他们来处理,而我们专心做创作,影片完成后至少就有出口。"①除了异业合作外,找出该部纪录片的主体观众群,然后有针对性地行销也不失为一种有效途径。抓住电影的特色,针对其观众群的层面,然后用合适的媒体将这两个块面联结,便能成事。2004 年的《全景映像季》和 2005 年的《无米乐》所取得的成功,都印证了此种方式的可行性。《全景映像季》每部作品切入的重点不同,他们抓住了某些共通性,从试映的观众反应里可以知道自身的观众群不同于一般商业电影或艺术电影的观众群——其基本盘是社福团体的成员。所谓行销,就应该以观众为中心,考虑到影片的卖点和观众的喜好。《全景映像季·生命》是一部比较触动人心的电影,自试片阶段即可看出,从知识分子、公司职员、家庭主妇、大中学生都表示"看完后,希望能为它做点事"。根据影片内容,抓出"来看我们的故事"成为这次宣传的主轴;"这是适合全家人看的电影",则是希望达成的目标。抓住影片卖点,有效行销,该片在台湾大受欢迎。

其次,应充分发挥媒体作用,通过报纸、杂志、广播、电视、网络等多种媒介对纪录片进行全面的推动,广为告知。现代社会人们生存压力巨大,通过纪录片写实方式,探寻社会脉动,可以触动人心、提供情绪出口。现实冰冷坚硬,纪录片让人感知,生活里更有温暖、正义、青春、感动等的美好。媒体已经成为现今社会非常重要的获取讯息的渠

---

① 陈德龄、艾尔访问整理:《让我们面对市场吧!——专访〈翻滚吧!男孩〉创作拍摄林育贤、庄景梁》,台湾电影网,http://www.taiwancinema.com/ct.asp? xItem = 134&ctNode = 265&mp = 1。

道,纪录片营销可以通过媒体适时提供资讯。一般而言,纪录片不像剧情片那样引人注目,如果没有做好媒体行销策划,即使在媒体上投放广告了,也可能被大众忽视。为此,纪录片的媒体投放要抓住自身特点,突出自身优势,重点出击。除了广告式的投放外,还可以通过访谈、大众话题等方式引人注意。这种软性策略往往比硬性的广告灌输更为有效,但这除需要资金外,更需要媒体界的人脉资源。《全景映像季》在媒介的成功推行与导演吴乙峰在媒介的影响和积累不无关系。如《中国时报》浮世绘版对该纪录片大力支持,率先刊登相关文章"坚持凝视九二一",并介绍了《全景映像季》的整体活动。这篇报导推出后引起电视、广播媒体的注意,主动约请《全景映像季》进行访谈。媒体大幅报导之后,渐渐广为人知,甚至形成话题,蔚为风潮,对影片是无形的宣传和推广。《全景映像季》前期宣传重心多放在吴乙峰及《生命》上,后期再慢慢带出其他导演及作品,采取"母鸡带小鸡"的方式,有重点有步骤地完成影片的行销,这是该系列纪录片成功的主要原因之一。《全景映像季》推动前期若非主流媒体的大力支持,未必能迅速扩散、引人关注。纪录片非主流、没明星、没卖点、没资源,媒体对其兴趣不大。《全景映像季》第一次记者会来的平面媒体报纸六七家(靠交情),杂志五六家,电子媒体仅中华电视公司(华视)、台湾电视公司(台视)。纪录片对大众或媒体来说以往都是边缘,从边缘到中心,需要点点滴滴的付出、一步一个脚印的努力。"纪录片要上院线,就应先做好心理准备,上院线,走入的就是一个商业竞争,就请具备操作的基本动作。要先认清楚,没有媒体'应该'来报导你,而是你能给人家什么'值得'他来报导,你的价值在哪里? 当你的价值不被认同时,也不要自怨自艾,如果够强,你觉得自己对,你就去告诉媒体,你要去创造你的生存空间。这些都不是现成坐在那边等就有的成果,是你要去开山辟地一点一滴去找出来。《无米乐》是先广播、网络、杂志,接着是电视加入,再来才是报纸跟进。广播与网路是《无米乐》成功的大功臣,几乎接洽的广播节目都很帮忙,两位导演甚至上遍 News 98 所有重要节目。"①

同时,纪录片话题和口碑营销也是台湾纪录片营销中很重要的现象。以《无米乐》为例,该影片的放映曾经在社会上造成轰动一时的"无米乐现象"。而"无米乐现象"的效应则是口耳相传带动的。观众观看之后,觉得不错,然后推荐给家人、朋友。相比商业性广告,大多数人更信任身边较为熟悉的人,这种口碑效应比广告更为直接有效。与《无米乐》的话题带动口碑行销略有差异,《全景映像季》采取的是另一种别开生面的行销方式。即由独家赞助《全景映像季》"总统"戏院放映经费的"中华"电信董事长贺陈旦出面邀请企业、文艺界好友举办"名人场"放映《生命》,并推动企业主赞助认购。通过频繁邀请媒体、社福团体人士、文艺界、企业界朋友前来看试片,完整放映《生命》全片,映后请大家给出建议。通过小型试映会,到全景工作室的讨论室看片,不管是企业界大老板、媒体界红人、文艺界名人、当局高官还是年轻学子全部一视同仁,都在同一地点轮流看片,看完后即进行讨论或者提出建议;或当场敲定访问,上电视或杂志、报刊专访;或谈合作、赞助计划,同时邀请名家为文推荐。这样的试片方式,既不会造成DVD或录影带流传在外,而且通过口耳相传,既可以对影片有所了解但是又只知道冰山一角,神秘感产生吸引力。《生命》以口耳相传的方式塑造良好的口碑,耳语发挥了效应,使人产生一探究竟的渴慕,这种情绪诱惑在观众中酝酿,造成观影热潮;同时通过网络,引起更多人关注,甚至不少人还接到推荐该片的电子邮件。

此外,政治人物的支持,是台湾纪录片行销过程的独特现象,为台湾的纪录片热潮加油。这种现象,对政治人物和纪录片来说是"双赢"。从行销角度看,政治人物的支持是多多益善。这种方式,不需要广告预算,不用额外的资金投入,而且因为名人效应,政治人物来观看该纪录片,自然而然就有新闻版面,并可能引起一定的话题和讨论。从行销效果上看,这是比花钱投广告效果更为直接有效,但是这毕竟

---

① 张靓蓓:《〈无米乐〉行销成功之轨迹》,《2006 年台湾电影年鉴》,台湾电影网,http://www.taiwancinema.com/ct.asp? xItem=134&ctNode=265&mp=1。

是可遇不可求,并非所有纪录片都能获得知名或当权政治人物的关注。但是,近年台湾票房成功的纪录片都可以见到政治人物的身影。也不知道是影片红了,政治人物来凑热闹博民心;还是政治人物的支持让影片更红火。从《跳舞时代》李登辉加持,政治人物观赏纪录片似乎成了惯例,纪录片靠政治人物搏版面似乎也成了惯例。《跳舞时代》凝聚台湾本土文化意识的潜力,政治人物的支持,使得"包场"欣赏电影此种罕见的推票手法,获得极大的成功,这与政治人物不断赋予本片愈来愈强的本土意识息息相关。而"行政院"官员包场看电影,不但间接带动了影片的人气,包场的票房也直接贡献了票房数字。此外,《无米乐》票房冠军的背后也不乏政治人物的影子。其中,苏贞昌手持《无米乐》DVD、观赏该片的照片曝光,陈水扁应邀台南县后壁乡特映会观礼,首映时谢长廷前来观赏、并为老农打气,随后李登辉率幕僚观赏,马英九率官员及台北市里长观赏,为了表现自身的亲民和体恤民情,蓝绿政治人物纷纷来支持《无米乐》。这些政治人物为"无米乐"现象作出了一定的贡献,是《无米乐》的有效推广者。

第三,需要资金、技术、人才培育等良好的社会支持。

首先,资金。台湾一般电视纪录片的预算严重不足。然而,即便具备了基础的影像教育,在目前的经费预算限制底下,也难以产生既深刻又动人的企编与影像作品。"一般半小时的电视纪录片预算为台币二十五万元上下,当中编列给企编的费用通常不足两万元;一小时的,则通常不到三万元。以这样的待遇,要让具备相关专业知识的研究生、记者,甚至学者专家,能够把它当一回事,心无旁骛地进行企划编剧的工作,在现实上恐怕是有困难的。相较于此,国外一般电视纪录片拍摄经费(包括中国大陆、香港地区等华人地区在内),每分钟的单价至少比台湾高出三倍,乃至三十倍。"①但缺乏资金及大众的播映管道,一直是纪录片面临的结构性难题。1998年台湾公共电视台(公视)成立后,为纪录片创作注入新的动力。1999年公视《纪录观点》节

---

① 米兰昆:《作为一种文化产业的台湾电视纪录片制作环境》,http://milankun.blogs. com/renaissance/2004/03/post_4.html。

目开播，强调多元创作与独立观点，为本土纪录片提供了一个新的舞台。公视提供的资金成为这些影片得以发动或完成的必要条件，让纪录片可以朝更专业的方向发展。但是，台湾纪录片的整体社会资源还是比较匮乏。含公视在内，台湾每年投资在纪录片创作的公共资金，大概有六七千万。高品质的纪录片需要充裕的资金。西方国家一部高品质纪录片的制作，至少要数十万美金。提升纪录片的制作水准，需要充足的资金和多元化的资金来源。只要这样，才有利于纪录片水准的提高和人才的培育。台湾纪录片的独立工作者，往往由于欠缺资源而必须单打独斗，无法形成专业的制作团队，这一定程度上制约了台湾纪录片的发展。主管纪录片业务的"文建会"，可以考虑比照新闻局辅导金的做法，每年对一定数量的纪录片创作提供合理补助，并透过某些机制鼓励这些创作计划在国内外多方寻求其他管道的资源投注，让台湾纪录片能在较优厚的资金环境下高质量地出品。

其次，技术。DV拍摄的出现和发展将会里程碑式地改变纪录片创作人群的结构。所有的DV人只要拿起DV，他就有话语权。人多的时候，它就会影响纪录片的发展。DV拍摄的出现和发展是对影像媒体的一个补充，是让影像走向平民化的一个手段。事实上《生命》是用DV拍的，就是家庭用的拍摄设备。只要你用DV或V8就可以拍摄影片。如果用数位摄影机拍摄，就可以直接进电脑制作，转化为统一格式，如果有1000家戏院要播放，我们就锁定那1000家戏院授权，未经授权的人无法放映，这样就没有盗版的问题。我来预判一下未来电影的状况，它会越来越极致化，而且一定要想办法克服盗版，解决方法可能会是互动电影，或是那种异想天开到一定要在戏院，而不能在家庭戏院播放的产品，为了生存，它一定要想办法达到是家庭电影院及盗版无法达到的地步，而大家心甘情愿付钱进电影院。双轨制度下的另一种方式，即用数位摄影机拍，而且用数位播放系统呈现。很多人预言说未来是从事内容产业的人会出头，第一个原因是目前的汉语市场有15亿人口，而网络的发达，大陆官方也禁止不了内容的传递。第二个原因是现在的年轻人更有创意了。所以现在大家的机会来了，用数位器材拍摄，大家就可能有更多崭露头角的机会。目前在美国有超过百部的数位电影,欧洲超过 60 部,亚太地区也有 80 部以上。值得注意的是台湾 95% 以上的纪录片都是数位拍摄,就连得到金马奖最佳纪录片的《翻滚吧!男孩》也都是数位转拷贝(金马奖规定所有报名影片必须以影片拷贝格式参加,因此这个奖比较难反映出台湾纪录片发展的真实;因材质限制无法报名金马奖的《无米乐》反而在台北电影节拿下百万首奖和媒体推荐奖,《翻滚吧!男孩》也获得评审团特别奖和观众票选奖的肯定)。《无米乐》《翻滚吧!男孩》的广受欢迎,不仅带起更多观众愿意亲近纪录片的风潮,也已然打破底片与数位在纪录片世界的优劣分野。①

再次,人才。《奇迹的夏天》的杨力州导演是台湾纪录片发展协会理事长,对他而言,现今纪录片的发展有着巨大的压力与沉重的使命感,他强调:"纪录片的发展面临了许多窘境,例如:年轻创作者没有劳健保,就医必须自费。在辅导金方面,建议剧情片与纪录片不宜一同评比,否则对年轻的纪录片创作者而言,角逐辅导金将较为不利。而薪资方面,年轻电影工作者的收入远远不足于法定的最低薪资额度,使得年轻人才大量流失,值得政府正视此一问题。"②同时,与剧情片相似,台湾纪录片产业的范畴可以包含构想计划的开发、资金筹募、实际制作的进行,到后续行销与发行的推展。但台湾的电影教育,传统上主要集中于实际的制作,对于初始计划开发、资金筹募和规划、成品的行销与发行,都相对未能提供系统化的知识。

(作者单位:福建省社科院文学所)

---

① 周蓓姬:《我"国"数位电影现况与发展》,台湾电影网,http://www.taiwancinema.com/ct. asp?xItem=134&ctNode=265&mp=1。

② 陈志强:《纪录片之旅——纪录片导演高峰会》,台湾电影网,http://www.taiwancinema.com/ct. asp?xItem=134&ctNode=265&mp=1。

先锋影像语言的背后

——蔡明亮电影中的怀旧性和历史性初探

朱昕辰

作为台湾20世纪90年代新新电影的主将,蔡明亮可谓是当代台湾电影界乃至世界影坛最具原创性和独特作者风格的导演之一。从1992年执导《青少年哪吒》开始到2009年《脸》的上映,蔡明亮始终以其高度个性化和实验性的风格化影像,捕捉在台湾工业化和城市化的进程中都市丛林里的孤独个体的生存与情感状态,体现出一个优秀导演的社会责任感和浓厚的社会批判意识,无疑也为当代华语电影的革新和走向世界作出了不可磨灭的贡献。

当前中国的主流学术界过多聚焦于对蔡明亮电影中的都市人疏离的情感、传统家庭结构的断裂和性别意识的暧昧性等思想主题上的现代性和固定长镜头美学、反戏剧性的荒诞叙事、对白上的极简主义、歌舞片的拼贴戏仿等美学特征上的先锋性,而忽视蔡明亮电影内部的怀旧性和历史性。基于此,笔者将通过细读蔡明亮电影内部的镜头语汇,具体阐释蔡明亮电影的怀旧性和历史性,从而进一步认识蔡明亮电影在极富前卫和探索性的影像符码背后所埋藏的保守性、传统性的精神内核。

一、"怀旧性"

(一)书法:片头标题的传统性

传统的电影分析常常把电影片头字幕出现之后的剧情作为主要的研究对象,而忽视电影的片头乃至片头中出现的字幕。然而在当代电影中片头(片头字幕)往往以声画对位的方式呈现出来,而且片头的声画内容与电影剧情的联系是相当紧密的,甚至很多的声画内容就是剧情本身,而之后的剧情不过是这之后的剧情延展而不仅仅只是剧情的背景介绍。因此,片头字幕应被认为是整部电影的一个有机组成部分而加以研究。在蔡明亮的电影中,除了早期的《青少年哪吒》(其片头中的声音是背景音乐,而画面内容即是剧情开端的内容,字幕和画面内容同时出现)以外,他的大多数电影片头使用的声音是剧情声(即diegetic sound)而不是非剧情声,且剧情声出现的同时并不出现剧情画面而代之以黑幕或白幕为底的字幕。因此,在这些电影中,片头字幕取代了剧情画面的地位而成为重要的视觉元素。其中,我们可以发现与电影主题和剧情关系最最密切的字幕标题在大多数情况下使用的却是(除了电影《天桥不见了》)手书的中国的传统书法字体,如电影《脸》和《黑眼圈》的片头标题使用的都是中国传统书法中的行草(图1、图2),而非标准的印刷字体(宋体字),由此可以窥见蔡明亮对中国传统书法的喜爱与欣赏。蔡明亮的最新作品《脸》[1],那个"脸"的字幕标题就是蔡明亮特意邀请书法大师董阳孜为他创作的。

图1　电影《脸》的片头标题

---

[1]　黄慧敏:《"脸"成罗浮宫典藏》,陈郁秀《台湾的骄傲》,2009年9月6日,http://dai-lynews. sina. com/gb/ent/hktwstar/cna/20090906/2333644680. html,2011年3月10日,文中写道:"蔡明亮今天还出示'脸'的宣传品表示,他特别找来书法家董阳孜写下'脸'字,益加证明整部电影就是一项艺术呈现。"

图 2　电影《黑眼圈》的片头标题

（二）怀旧的歌舞、音乐和电影元素

蔡明亮的电影当中还经常出现 20 世纪五六十年代流行于中国台湾地区和东南亚的歌曲、舞蹈乃至电影的镜像，当然偶尔也会出现西洋的古典乐曲，根据笔者的整理，如表 1 所示：

表 1　蔡明亮电影中的怀旧音乐

年份	作品	歌曲	电影
1998	《洞》	葛兰：《我爱卡力苏》《胭脂虎》《我要你的爱》《打喷嚏》《不管你是谁》	
2001	《你那边几点》		特吕弗：《四百击》
2002	《天桥不见了》	崔萍：《南屏晚钟》	
2003	《不散》	姚莉：《留恋》	胡金铨：《龙门客栈》
2005	《天边一朵云》	白光：《天边一朵云》洪钟：《半个月亮》《奇妙的约会》姚莉：《爱的开始》葛兰：《同情心》张露：《静心等》	
2006	《黑眼圈》	莫扎特：《魔笛》何非凡：《碧海狂僧》李香兰：《心曲》《恨不相逢未嫁时》	

续表

年份	作品	歌曲	电影
2007	《是梦》	李香兰:《是梦是真》	
2009	《脸》	白光:《今夕何夕》 张露:《你真美丽》 (法)戴利达《我的心里只有你没有他》	特吕弗:《四百击》

从表 1 可见,在其影片中插入童年时期的流行音乐以及老电影的手法是蔡明亮从《洞》开始相当钟情的一种手法。当然,如果是仅仅看见这种嵌入手法,并不能就此简单地认为蔡明亮思想的怀旧性,而应结合电影文本的结构本身以及导演对这些怀旧元素采取怎样的价值立场来分析。虽然流行音乐和老电影均属于精神产品,但它们在蔡明亮电影中的作用并不相同,因此下文将对此进行分别探讨。

1. 缅怀童年:怀旧的音乐和歌舞元素

使用老歌是一般历史电影或者怀旧电影的惯用手法,这些老歌不仅具有建构电影空间历史感的作用,而且还有渲染剧情氛围和感染观众的效果。然而,与王家卫的《花样年华》和关锦鹏的《胭脂扣》这些经典的怀旧电影不同的是,蔡明亮的那些使用老歌的影片的叙事时空是当代的都市(台北、巴黎和吉隆坡)而不是这些老歌盛行的五六十年代,而且这些歌曲(包括舞蹈)常常是电影的剧情声(或谓之有声源音乐)而不是非剧情声。但是,这些歌曲本身又是作为一个独立于电影叙事之外的符码出现在作品中的。尤其是像《洞》《天边一朵云》和《脸》这样的拥有舞配乐镜像的片子而言,尽管其舞蹈和老歌所依附的物质空间均是在影片的叙事空间之中,但是其演员的装束和表演形态显然是具有强烈非写实性特征和寓言性色彩,具有极强的 20 世纪五六十年代好莱坞歌舞剧和香港国语歌舞片的风格特征,因此又与影片的叙事空间相疏离,体现出"异质性"。

对这种"异质化空间"而言,它们在影片整体结构中所呈现的意义应在它们与影片叙事空间相互对比中产生。无论是《洞》《天边一朵云》还是《脸》,其叙事空间的基本氛围是压抑而无生气的,如《洞》中大雨滂沱瘟疫蔓延的台北,《天边一片云》中夏季炎热又停水的干旱而烦闷的台北,《脸》中深秋寒冷空旷的巴黎杜勒丽花园;光效上多采用平时朴素的自然光效,色调偏冷;而主人公也多是装束上质朴平淡、性格上沉默孤独、情感压抑且郁郁寡欢的,如《洞》中的男女两位女主角,《天边一片云》中的小康和陈湘琪,《脸》中的小康和饰演莎乐美的 Laetitia Casta。而一旦这些主角到了"异质化空间",刹那间就变得穿着光鲜艳俗,热情活泼而且开放直爽,能大胆地唱出潜意识的欲望之歌。如《洞》中,杨贵媚能跳起辣舞,穿着裸露,对小康深情而大胆地唱出:"我/我/我要你/我要你的/我要你的爱/你为什么不走过来……";《天边一片云》中,陈湘琪也穿着妖艳扮成歌舞女郎,对着蒋中正头像搔首弄姿,对观众唱到:"这就是我俩爱的开始爱的关系/谁也难忘记永远难忘记/我和你像鸟比翼/要永远永远偎依在一起……";《脸》中的 Laetitia Casta 也同样机灵地转动着她的大眼睛向观众挑逗地唱着:"你你你你你你你你/真美丽/我我我我我我我/太欢喜……"虽然不乏静谧的老歌,但是主要还是那些带有拉丁风格的轻快跳动活泼的歌曲。再加上部分场景打光上的艳丽和非写实的场景装饰,就使得其"异质化空间"呈现出热情奔放而多彩的暖色调。这样两种的空间的价值意义就在压抑憋闷/轻快奔放、冷/暖、禁欲/泄欲、消极/积极、写实/非写实的对照中体现出来。显然,后者的正面意义要远远大于前者,体现出蔡明亮本人对当代冷漠都市生活的批判。

而再根据蔡明亮对老歌的论述:"我们永远都失去了那个联结了童年回忆的五十年代的氛围。那是一个收音机的年代,而这些歌曲在所有的亚洲华人社区流传着,这些地方包括了我曾经生活过的马来西亚。那个年代也是香港电影工业出产一系列歌舞片的年代,而葛兰就是当中最重要的明星。由她所唱过的曲目不计其数,从华语或西方流行歌曲到爵士与民谣……当我现在再重新听葛兰这些歌曲的时候,它让我回到了那些我年轻时候愉快时刻的记忆。"①更可以认为此"异质化空间"虽然并未脱离电影的叙事空间,而实质上其整体氛围和情绪

① 孙松荣:《蔡明亮电影中的身体影像——陌生与怀旧》,《蕉风》(马来西亚),2002年第12期。

已经指向了五六十年代蔡明亮所生活的赤道以南的大马华人社区,连接着蔡明亮本人追忆往昔、缅怀童年的恋旧情怀。

2. 精英时代的挽歌:蔡明亮电影对老电影的怀旧

与怀旧性的歌舞元素不同的是,蔡明亮电影多次穿插老电影的目的并不能仅仅就理解为是对童年时代的怀旧,而应看做是蔡明亮对电影辉煌时代一去不复返的无奈和惋惜之情。在蔡明亮电影里出现的老电影目前只有两部:胡金铨的《龙门客栈》(1967 年)和 François Truffaut 的《四百击》(Les quatre cents coups)(1959 年)。这两位导演均属于活跃于 20 世纪50—70 年代中国和法国、享誉国际影坛的大师级人物,而其执导的两部电影也为中外电影史上的经典之作,而且对中外电影的发展影响深远。不仅如此,两位导演都属于知识分子导演,其影像风格都颇具个人特色。蔡明亮借其电影数次插入两位大师经典电影的影像显然是想表达对两位大师的“致敬”(homage)①。

而对蔡明亮电影文本及其导演创作自述的分析则有利于我们窥见这种“致敬”背后更加深沉的怀旧情结。蔡明亮至今最为晦涩的电影《脸》中曾有这样一个场景:身为电影导演的小康和演员 Jean-Pierre Léaud 在户外名字接龙似地细数 20 世纪世界著名的电影导演大师,如 Fellini、Truffaut 和 Antonioni 等。Jean-Pierre Léaud 对小康说的“滴滴是一个优秀的导演……所有人都走了,但我们还有滴滴,它会坚持到最后,这是它的个性”,寓意深刻,令人玩味。接着,在影片后半部分导演安排雏鸟滴滴死去的结局,并设计了 Jean-Pierre Léaud 为它准备了个小型的葬礼的电影场景,颇令人感动。根据蔡明亮在接受国外媒体采访时的回答②,

---

① “致敬”(homage)是特有的电影镜像的修辞手法,“电影中提及另一部电影、导演或者经典镜头,我们称之为致敬(homage)。电影的致敬是种引用,表达导演对同僚或大师的推崇”,[美]路易斯·贾内梯:《认识电影》,焦雄屏译,世界图书出版公司,2008 年,第345 页。

② 蔡明亮参加 2010 年鹿特丹的国际电影节的时候接受过记者 Ard Vijn 的采访,他曾回答这样一段话:"There are only few great directors left being able to do what they want, and their audience is dwindling. So while I say that Titi is a great director, he also dies in the movie. During one screening of 'Visage', when the 'Titi is a great director' sentence appeared, someone in the audience started to applaud and I thought that was touching." 可见《脸》中的小鸟 Titi(滴滴)有“导演”的象征意义,参见 Ard Vijn, *IFFR 2010: an interview with Tsai Ming-Liang*,2010.12.9。

可以认为这只雏鸟滴滴实际上是暗喻优秀的导演艺术家以及他们坚守电影创作艺术品质的高尚情操。随着艺术越来越趋向商业化,这样的优秀导演正变得越来越稀少,而他们的观众也变得越来越少。而滴滴的死则暗示着这些执着追求电影艺术的导演在这个商业社会的悲剧性宿命。蔡明亮实际上是借 Jean-Pierre Léaud 安葬滴滴的场景表达他自己对逝去的艺术家的祭奠和对自身艺术命运的担忧,乃至对即将消逝的电影艺术精神的凭吊。蔡明亮就曾说:

> 当我在台湾进行有关电影的讲座的时候,我总是告诉场下的学生我绝对不会比往昔的那些电影大师更卓越,而且我还警示他们"你们也不会比我优秀多少"。我们现在正处在一个不再以一种真正创造性的方式拍摄电影的时代……最大的问题是资金问题。因此,电影被认定为是用来迅速赚钱的工具。如果你投身于电影事业,电影就必须是有利可图的,否则你可能无法在这个领域生存下来……这意味着当下电影从来没有从(电影艺术)本身的内部要求出发来制作……如果你去亚洲的电影院,你只有一个选择,就是看好莱坞风格的娱乐片。可能欧洲的电影也正朝同样的方向退化,这真是一种可怖的资源浪费,更是电影(艺术)的耻辱。①

由此,我们可以进一步看出蔡明亮对老电影的怀旧并不是仅仅出于导演作为常人自身固有的怀旧心理,其还包含着导演对电影艺术与美学的形而上的理性思考和对在消费社会下的艺术电影命运的忧虑,体现出一个文化精英分子极强的使命感和责任感,令人敬仰。

3. 重复的影像:蔡明亮对以往所拍电影的怀旧

蔡明亮的电影不仅通过"致敬"的手法表达对先前电影大师的敬仰,也时常在电影中重现之前所拍电影的人物,表现其对往日自我所

---

① 此为笔者自译,英文原文为:"Whenever I hold a lecture in Taiwan about film, I always tell students that I will never be able to top the great directors of yesterday…Maybe European cinemas are heading in that same direction, but if so that would be a terrible waste, and a shame for film in general…",参见 Ard Vijn, *IFFR 2010: an interview with Tsai Ming-Liang*, 2010.12.9。

拍电影的怀旧，而这一点却常常不受重视。蔡明亮在电影中总是使用相似的演员阵容，常常出现老面孔。表 2 展示了蔡明亮电影中出现了3 次以上的演员的具体参演情况：

表 2　蔡明亮电影中出现了 3 次以上的演员

年份	电影	李康生	陆奕静	苗天	陈湘琪	杨贵媚	陈昭荣
1992	《青少年哪吒》	√	√	√			√
1994	《爱情万岁》	√				√	√
1996	《河流》	√	√	√	√		
1998	《洞》	√		√		√	
2001	《你那边几点》	√		√			√
2002	《天桥不见了》	√					
2003	《不散》	√			√		√
2005	《天边一朵云》	√			√	√	
2006	《黑眼圈》					√	
2007	《是梦》	√					
2009	《脸》	√	√		√	√	√
演员出现总次数统计		11	6	5	7	6	6

从表 2 可以看出蔡明亮使用的演员阵容相当稳定，除了李康生作为每部电影必出现的御用演员以外，其他演员基本都出现 6 次或以上。当然，演员苗天情况较为特殊。因为他在 2005 年患重病逝世无法出演电影，所以出演次数不及其他演员，但是在 2005 年以前，苗天出演次数并不亚于其他演员。可想而知，假设苗天没有患重病或去世，蔡明亮还会继续让他参演。由此可见，蔡明亮使用演员的方式是相当特殊的。与其他导演依据角色选演员的制作方式不同，蔡明亮是选定他感兴趣的演员与之长期合作，并且随演员的成长或变化拍摄出新的电影。因此，蔡明亮电影必然记录了其固定演员（尤其是李康生）的成长。那么蔡明亮如此使用演员班底究竟有何重要的原因呢？为什么他这么始终如一地拍摄李康生乃至其他演员呢？蔡明亮自己是

这样回答的:

> 我认为我只是想用我的摄影机描述并且记录李康生。只要他能自始至终在我的电影中,他演什么角色并不重要。因为我如此经常地拍摄他,所以通过我的电影你能跟随着人生变化的整个过程,会感到人渐渐老去,所有的这些都会体现在一个演员的脸和身体上。因为我总是使用同一个演员(李康生),你就能看见他慢慢成长的过程,而这恰恰是李康生之于我的意义。①

可见蔡明亮使用李康生以及其他固定演员包含了一种记录演员人生成长的目的。这就足以显现出蔡明亮对演员本身的一种怀旧情绪。而这种怀旧情绪实质上包含了蔡明亮本人对岁月流逝、人生难以回返等有关时间与生命问题的体悟,更具哲理思辨色彩。

(三) 怀旧空间

蔡明亮不仅对那些童年时代的歌舞、音乐和电影等精神产品念念不忘,也对留存于都市中的历史性建筑或者即将拆除的现代建筑也极为怀念。正因为此,蔡明亮执着地将电影镜头对准了它们,乃至那些生存在其中的都市边缘群体,从而展现出独特的怀旧空间。

首先,蔡明亮电影中多次出现具有历史内涵的名胜古迹。蔡明亮电影中时常插入一些古迹建筑或景观,是想表达对历史的缅怀之情,也是想唤起观众或者为政者对它们历史意义的重新审视。如《你那边几点》中的杜勒丽花园,《天边一朵云》中的台北"故宫博物院"和高雄龙虎塔,《黑眼圈》中的半山芭监狱以及《脸》中罗浮宫内的拿破仑厅、地底的秘密水道以及大画廊。

其次,蔡明亮还执着地将电影镜头对准了那些在台湾后工业化过

---

① 此为笔者自译,英文原文为:"I concluded that I just want to keep portraying Lee Kang-Sheng with my camera, documenting him. It's not even important which roles he plays in my films, as long as he is consistently there… Because I always use the same actor you can watch him slowly grow, and that is what Lee Kang-Sheng embodies for me",参见 Ard Vijn. *IFFR 2010: an interview with Tsai Ming-Liang*, 2010.12.9.

程中被强行拆除或改造的建筑。如《青少年哪吒》记录了代表台湾曾经繁华一时的通俗文化聚集地的中华商场拆迁前最后的面容以及其所代表的台北西门商业区的衰落。影片中的几个大远景镜头将中华商场和捷运工地并列，表达了新兴交通网络的发展注定使台北西区经济走向衰落、落寞的命运。而主人公阿泽的栖息地也是西区的克难街老宅，镜头多次捕捉了其老宅一直积水淹水的窘境，在暴露老宅公共设施不良的同时也呈现出台湾边缘群体的生存困境。其后的电影《河流》《洞》和《脸》等作品也不断展现因公共设施老化破旧而积水淹水的老宅。这一方面反映出蔡明亮对往昔生存环境的留恋心态，另一方面又表现了蔡明亮对这些老宅因其设施的老化终将在台湾后工业化浪潮中被淘汰、被拆毁的悲剧性宿命的无奈心情。

《你那边几点》和《天桥不见了》两部作品则呈现了台北火车站天桥被拆前后的景象。片中导演有意将陈湘琪寻找天桥和天桥上买手表的小康与她丢失身份证联系上，且影片镜头又多次聚焦陈湘琪焦虑和无所适从的面部表情，隐喻地表达了一种现代人因为无法适应都市现代化的迅速变化而产生的身份认同危机和失落情绪。《不散》对准了即将被拆的福和大戏院，影片中的福和戏院在停业整顿前的最后一个晚上播放起1967年红遍台湾的胡金铨的《龙门客栈》，影片开始放映的时候戏院还不算冷清，而随着影片《龙门客栈》的结束，偌大的一个戏院只剩下已经垂垂老矣的《龙门客栈》的演员苗天和石隽在观看，流泪不止。两位老人在看完电影后在老戏院门口相遇，苗天说："很久都没有看电影了。"石隽说："没人看电影了，也没人记得我们了。"这场台词不多的对话，既揭示了老戏院的萧条没落，也暗示了当下台湾电影业的衰败。而影片还特意以一个六分多钟的固定长镜头对准了电影放映结束后1000多个座位空置的景象，极尽凄冷空旷。蔡明亮曾对他的这个镜头的导演构思有过这样的描述：

拍这个镜头的时候其实没有想到自己会产生这么强烈的一个情绪。……我有一种很舍不得的情绪。因为你知道这个戏院在不久的将来就要消失了……它的消失代表了一种感觉,好像是一个年代消失过去了,不会再回来。或者可以说是那个年代的人的生活的感受,可能其中有很多很美好的记忆就消失掉了……我同时有一种很强烈的感觉,当我站在 camera 的后面,看着这 1000 个位置的时候……感觉到看到一个脸孔,这个脸孔就是这个戏院的脸孔,这个脸孔其实包含了我们的记忆在里面……那个记忆就是我们曾经有过的一种生活形态……我同时还感觉到原来不是这个戏院离开我们,是我们……抛弃了这个戏院。我们抛弃了那个时代……①

正如蔡明亮所述,其电影镜头所记录的那些即将逝去或者已经逝去的建筑物,其宗旨不仅仅停留在对建筑物这一具体物质实体的缅怀上,而更根本地是在留恋那旧建筑所承载的旧式的生活形态。被拆的中华商场和没落的西门商业区承载的是 20 世纪六七十年代的旧式的繁华消费生活;被拆的台北火车站天桥承载的是那种像小康贩卖手表一样的传统地摊买卖活动,一旦天桥被拆,像小康这样的商贩便无所依托,只能改行谋生;对福和大戏院这种老式大戏院而言,它代表了前网络和家庭影院时代的大剧院观影行为和电影放映模式,其必将随着电子科技的发展而没落不在。

除此以外,蔡明亮电影中反复出现的路边摊镜像也值得重视。从《青少年哪吒》开始,蔡明亮就不厌其烦地呈现这种传统个体户模式的路边摊和小餐馆。《青少年哪吒》中,阿泽、阿彬和美桂在餐馆里一边吃火锅,一边谈话和玩游戏。《爱情万岁》中售楼小姐杨贵媚一边吃地摊点心,一边聊生意。《你那边几点》中的小康跑出家后独自一人在街边摊喝闷酒,他的母亲在其丈夫死后来到一流动摊点上买烤鸭。《黑眼圈》中,在小康第一次出场的时候镜头就记录了其在等候路边小贩所烧烤的食物,以及其后他和陈湘琪两个人在小饭馆内吃饭的情景。

而与路边摊镜像相联系的另一种应该受同样重视的镜头则是室

---

① 此访谈材料根据《不散》DVD 碟片中的有关蔡明亮的访谈花絮整理而成,详情参见蔡明亮、李康生:《不见不散》,巨图科技股份有限公司,2004 年。

内烧煮传统菜肴和食用中式餐饮的镜头。这些传统食物和传统食摊、小餐馆不仅在影片中得到大面积的展示,多数还起到了表现主人公情感依托和推动故事发展的重要作用。比如,《青少年哪吒》中,三人吃火锅的情景表达三个人友谊和爱情关系的开始;《爱情万岁》中的阿荣和小康同桌吃火锅的镜像也同样表述了两个男性暧昧关系的发展;《河流》中小康母亲独自一人吃烧腊饭盒的情景表现了其与丈夫情感生活的名存实亡以及爱欲无法满足的抑郁与孤独感;《天边一朵云》迅速膨胀的米粉和加入海鲜的镜头乃至吮吸螃蟹的巨大阴影隐喻了两个人内心不断膨胀的性欲;《脸》中小康煮狮子头表达的是其对母亲的思念,而母亲鬼魂悲伤无奈地吃祭品豆腐花则表现出与儿子阴阳相隔的母亲只能凭借祭品来寄托亲情的伤感。相比这些占据了大量镜头时间的煮或吃中式传统菜肴的镜头而言,蔡明亮对在现代或者西式餐馆内的饮食活动则鲜有如此有耐性的记录,常常只是记录他们用餐的环境而并不记录他们用餐的过程,而且完全缺失西式食物制作过程。如《爱情万岁》中小康进咖啡馆喝咖啡也不过只是记录他进来、坐下来装订推销灵骨塔的传单以及离开的镜头,完全没有喝咖啡的镜头;《你那边几点》中记录陈湘琪在法国西餐厅吃饭也不过是记录她点菜单的情景。

此外,剧中的都市人对西化或者现代的餐饮也没有多少好感。一个重要的例子是在《你那边几点》中。剧中,去巴黎生活的陈湘琪由于在巴黎一直喝咖啡而大吐不止,而由叶童扮演的香港人看到她这么难受便递给其一杯开水以示关心。其后,导演以叶童这个外来人的视角貌似无意识地评论了两种餐饮的优劣。一开始,当叶童得知陈湘琪是台北人就马上说道:"台湾……很好玩,小吃(当然是指台湾传统小吃)很多。"之后,当她得知陈湘琪是因为喝咖啡而呕吐时,又认可地说道:"我也会……我咖啡喝多会头晕,不过在巴黎我就习惯喝咖啡。"在这个极其简短的对话中,导演有意将代表传统餐饮的"小吃"和代表现代和西化的饮料"咖啡"并置起来讨论,体现出明显的褒前者贬后者的价值立场。再结合以上的分析可见,蔡明亮的确是倾向于旧式的传统的饮食形态。饮食形态是市民最基本的生活形态,这就更显示了蔡明亮电影空间的怀旧性。

（四）宗教性和神秘主义镜像

蔡明亮的影片还频繁出现一些极具宗教意味的镜像,这反映出蔡明亮内心更为深沉的宗教信仰。笔者所谓的宗教性镜像主要指的是其电影中富含宗教色彩甚至是具有某种神秘意味的镜头,具体包括宗教性仪式、迷信活动、宗教性的意象以及神秘而梦幻的非写实或寓言化宗教图景。

蔡明亮对宗教仪式和迷信活动的热衷,早从《青少年哪吒》时已开始。在影片中的小康母亲就迷信仙后宫的法术,求神问卜说儿子是哪吒转世,所以与父亲不合,影片就给了大约一分钟的镜头近乎写实般地记录"仙姑"的问卜扶乩活动。《河流》中的李康生得了歪脖子病,其母和其父就分别带小康去庙里求神问诊,同样使用长镜头进行记录。而到了《你那边几点》,光是"法事"的戏就出现三场:第一次出现在小康将父亲的骨灰供奉在灵骨塔时;第二次是随后在家瑞安灵位时,法师进行亡灵超度;第三场则是母亲发现时钟变慢后,特别请来法师作法问卜的。《天桥不见了》中,特意用镜头捕捉一个和尚在繁华的台北火车站商业区化缘的情景。《不散》中电影放映员小康投币进电子算命,运用的同样是长镜头。《脸》中,我们也看到小康回家为逝世的母亲举行的亡灵超度仪式、烧冥钱和烧纸箱纸房子等传统迷信丧事的镜头。

此外,宗教性的意象也时常出现在电影中,如《青少年哪吒》当中的符,《爱情万岁》中的灵骨塔,《黑眼睛》中居住在马来西亚的外籍劳工拉旺的床上方的菩萨画像和表达基督教故事的莫扎特的音乐《魔笛》,《天边一朵云》中出现在歌舞场景中佛教建筑高雄龙虎塔,《脸》中的用于祭祀的果品,卢浮宫里的大画廊(Grande Galerie)中《施洗者约翰》《岩洞中的圣母》(左)和《圣安娜、圣母与耶稣》(右)三件达·芬奇的宗教画并列的镜头以及莎乐美扮演者酷似观音菩萨的装束。蔡明亮在接受《南风窗》记者的采访时就曾经这样解释他的莎乐美造型:"你知道美国画家安迪·沃霍尔,他画了很多莎乐美的造型,我特别喜欢,原因是他的莎乐美很像我们的观世音,或者印度贵族的服饰,所以我想东方的因素多多少少要跳进来。"① 因此,可以认为《脸》中的莎乐美具有基督教和佛教两种宗教色彩,蔡明亮是想通过佛教或者东方的哲学观点来诠释《莎乐美》这个《圣经》故事。在蔡明亮看来,莎乐美的故事是"人神之争"②,其悲剧性正在于"爱情盲目的占有与失丧"③,爱的盲目执着导致了人行为上的不理性,而直到莎乐美吻到施洗约翰的头颅的时候,她才尝到"爱的苦味"④,顿悟到生命的虚无,这个过程恰恰是一种佛教所谓苦行修行的过程,也包含镜花水月的东方思辨意味。

而那梦魇般的非写实或寓言化图景更展现了蔡明亮潜意识里的宗教情怀。如《洞》中的世纪末"台湾热"病毒蔓延的大雨滂沱的台北与基督教文化中关于世界末日的灾难性图景颇有联系,而影片结尾,杨贵媚从死寂如山的卫生纸堆里醒转过来,看见从楼上的洞口打出的一束橙黄的暖光并且接住李康生伸下来的水和手并且获救的景象,也具有上帝解救人类的意味。在《黑眼圈》里,吉隆坡深受印尼"霾害"影响,全城烟雾弥漫,人人戴口罩或塑料袋勉强呼吸的灾难性图景比之《洞》更具有世界末日的意味;而影片结尾三个劳工主角依偎着躺在床垫上,浮在工地因积水而成的黑潭上,慢慢飘来的情景也让人联想到《圣经》中关于诺亚方舟的预言。而《你那边几点》中,已经死去的小康父亲在巴黎的杜勒丽花园的环形水池边出现的场景甚是诡异,而随后又缓缓走向圆形的摩天轮远离镜头而消失的情景,颇有生死轮回、法轮常转的佛教意识。《脸》中母亲死后化为鬼魂,来祭台伤心地吃祭品的镜头,也很具有东方的民间信仰色彩,体现出灵魂不灭的宗教观念。

然而,在一些情况下,蔡明亮甚至将宗教性的因素置入他影片的叙事因果链之中,《河流》就是其典型代表。《河流》的叙事主线讲的就是小康因扮演脏水中的浮尸而得上歪脖子病,进而四处寻医问诊接受治疗的故事。小康几乎尝试了所有的办法(打针、贴膏药、推拿按摩和针灸)

---

① 宁二:《当莎乐美变身观世音——对话台湾著名导演蔡明亮》,《南风窗》,2010 年第 3 期。
② 陈韦臻:《弄舞撩水进入博物馆——专访〈脸〉导演蔡明亮》,2009 年 9 月 25 日,http://www.pots.com.tw/node/3412。
③ 同②。
④ 同②。

都不能解决,最后康父不得不去找庙里的法师请神下凡。影片没有直接
展示神下凡的非现实图景,却通过结尾的长镜头(康父打电话给师
父——得知神已经下凡且可以去看医生治病的消息——醒来的小康明
显感到舒服来到阳台深呼吸)很明白地表达了"神下凡"是小康疾病出
现好转的决定性因素这一观念。这部影片的因果链更证实了蔡明亮对
神秘性超验性事物的执迷。另有新闻报道称:在执导完《天边一朵云》
后蔡明亮正式皈依佛教①,可见,现在的蔡明亮已然是一个佛教信徒。

二、"历史性"的影像呈现

从以上的分析中,可以看出蔡明亮的电影在视听符码和影像空间
构造方面均体现出极强的传统性和怀旧性,而这些又恰恰体现出蔡明
亮本人对那些即将消失或者已经消失的都市人的生活环境、生活形态
和娱乐方式的深切留恋,以及其思想上根深蒂固的宗教观念和神秘主
义倾向。而当前的学术界对蔡明亮电影的分析却主要关注于蔡明亮
电影风格中前卫和先锋的元素,聚焦蔡明亮电影的"现代性"和"后现
代性",而忽视蔡明亮电影中的怀旧性,甚至更有甚者提出蔡明亮电影
缺失历史性和文化性的言论。② 然而,就笔者之前的分析来看,他们

---

① 王素:《〈天边一朵云〉:为蔡明亮来个总结》,2005 年 9 月 20 日,http://big5.cri.cn/
gate/big5/gb.cri.cn/6851/2005/09/20/1325@708774_1.htm。

② 如职业影评人宋子文就认为从蔡明亮电影中的青少年身上"看不到历史感,没有时
代以及乡村与城市的变迁,没有传统的'大叙事'……"(详见宋子文:《台湾电影三十年》,复
旦大学出版社,2006 年,第 203 页。)孙慰川教授也认为:"而蔡明亮的影片中却没有历史/过
去,也没有未来……(他镜头中的人物)只能生活在既没有历史、也没有未来的现在/当下。
历史、未来以及社会、政治的缺席,表明了个体与历史、与现在、与未来、与社会、与政治的多
重疏离"(详见孙慰川:《当代港台电影研究》,中国电影出版社,2004 年,第 237 – 238 页)。
学者赵卫防认为"他们(指台湾 90 年代导演)的这些艺术个性,决定了其影片主题更为现代
前卫,很少再有前代导演们的影片中那种宏大的历史感以及深邃的传统文化感,片中的人物
似乎失去了故土和文化的坚实依托……在蔡明亮的电影中根本找不到这种所谓的'中国传
统历史文化'的根,历史和传统文化的'缺席'使蔡明亮的人物处于'无根'状态……在他的
作品中,连人物生存的城市都是模糊的、无根的……这里的城市可以是世界的任何地方,无
明显的台湾城市的特征。因此他影片中的城市是蔡明亮心中所理解的一个现代城市的符
号,而不是具有明显地域特征的具体城市……"(详见赵卫防,蔡明亮:《都市丛林中寂寞的
潜行者》,《台港电影》,2003 年第 1 期。

的观点都是有待商榷的。前文已经将蔡明亮电影中有关历史和传统的怀旧镜像逐一分析过去，显然不能说是"历史和传统文化的'缺席'"，而蔡明亮电影中出现的那些即将消逝或者已经消失的建筑物、生活形态和正在兴建的工程的工地景观（如《青少年哪吒》和《天桥不见了》中的捷运工地，《爱情万岁》中正在兴建的大安公园的工地），更可以说明其电影记录了"城市的变迁"，既有"历史/过去"，也有"未来"。而且这些景观唯独台北才有，具有典型的台北地域特征。加之其电影《你那边几点》记录了巴黎的街道和杜勒丽公园，《天边一朵云》对准了台北"故宫博物院"和高雄的龙虎塔，《黑眼圈》呈现了吉隆坡的半山芭监狱和已经废弃的立丰大厦，这些特定的景观不正好体现了都市景观的地域性？尤其是《你那边几点》将台北和巴黎两个地域里发生的故事进行平行叙事，更突出了两个城市风景的不同，何以得出他影片中的城市"不是具有明显地域特征的具体城市"呢？

然而，相比于台湾的其他导演，蔡明亮电影的历史性仍具有其独特的"怎么样"的异质化特征。笔者以为具体体现在以下几个方面：

（一）聚焦当代都市的市政工程变迁

与早先的台湾导演如侯孝贤、王童等着重探讨自 1895 年日本殖民台湾以来台湾的政治经济史和台湾社会剧变过程中的台湾人民所经受的国族创伤不同，身为马来西亚来台的侨生蔡明亮从来不把解严以前台湾历史乃至整个中国的古代近代历史作为其电影的主要内容，反而对当代台湾和东南亚现代都市化进程中所出现的种种市政工程的变迁过程投入更多关注。蔡明亮的电影大都呼应的是这类历史事件。如《青少年哪吒》记录了中华商场即将被拆前的景象，其呼应的历史事件是 1992 年中华商场的被拆以及西门商业区的大衰落还有捷运工程的大发展；《爱情万岁》见证的是 1994 年大安公园即将竣工和东区商业区的兴盛；《你那边几点》《天桥不见了》和《天边一朵云》三部曲聚焦于 2002 年台北火车站天桥被拆除前后的景象以及同年的台北遭遇严重旱灾不得不采取停水限水政策的事件；《不散》将场景设在即将拆除的福和大戏院里，该戏院在 2003 年被拆。这些例子从个案来看不过是一些普通的市政规划事件，然而组合起来却是一部活生生的台北市政工程变迁史,实质上就是资本主义后工业化进程在都市建设层面上的体现。

如果说以上的几部电影仅仅只是将市政工程的变迁作为故事发展的视觉背景加以呈现,而电影叙事本身并没有与之产生紧密的联系的话。那么到了蔡明亮的《黑眼圈》里,市政工程的建设就已经影响到电影主人公的命运。电影《黑眼圈》记录的是1997年东南亚金融危机波及马来西亚后导致大量马来西亚外籍劳工失业只能在城市漂泊的生存窘境,以及同年印度尼西亚发生森林大火大面积浓烟吹向马来西亚造成市区"霾害"灾难的史实。电影中的主人公拉旺、流浪汉和侍女就是受当年那个金融危机影响而没有合法身份的贫穷的外籍劳工。他们目前的生活窘境与马来西亚的大兴土木的现代化建设有着紧密的联系,可以说他们就是整个资本主义都市化建设的利益牺牲品。蔡明亮的电影将镜头对准了看似繁华的都市中隐藏着的最为丑恶而肮脏的角落,不仅揭露了都市化工业化进程的虚伪和冷酷,也体现了他对身处于都市边缘并未分享到都市化利益的下层劳苦大众的深切怜悯和同情。

（二）呈现出极强的个体性

蔡明亮电影中历史性的或者怀旧性的镜头所关涉的历史可以说无一处不与其人生所经历的事件有关,体现出极强的个体性。无论是电影中插入的五六十年代的老歌或者电影,还是台北的城市建设的图景,都是蔡明亮所亲身经历的风物和事件。他的电影从来不会将与自身所见所感毫无关系的历史事件搬上银幕,这就使得蔡明亮电影中呈现出的历史感有着极强的纪实性。同时,蔡明亮也将自身或者演员（主要指李康生）的个体经历投射到影片中,就使得影片更具有私语性。比如《河流》中的小康得歪脖子病牵涉的就是现实中李康生曾经得歪脖子病的事实;《你那边几点》中小康的父亲去世影射的也恰恰是现实中李康生父亲的去世;而《脸》中,康导演的母亲在拍片过程中逝世也与现实中蔡明亮拍摄此片中蔡母过世的消息对应。这样的个体性,一方面制约了蔡明亮电影所牵涉的历史广度和厚度,致使其电影中历史选题较之于其他的台湾导演如侯孝贤、王童和李安等偏狭窄;

而另一方面,却又凸显了蔡明亮电影的历史呈现的写实性和真实性,而这恰恰是蔡明亮所追求的。

蔡明亮曾经对记者说:"我想,重要的是,我们不能选择活在这个或那一个年代。也因为这个原因,我永远都处理现状,这是纯粹因为我所想要呈现的都是那些真的事物,那些在我看来完全属于真实而清楚的事物。老实说,我不太对那些历史的事物感兴趣……"① 从这里,我们便可以了解蔡明亮绝不拍摄将与自身经历毫无关系的历史事件的原因正在于他对影像真实性的追求。而在这段话中,所提到的"历史"应理解为是与蔡明亮所经历的"现状"相对立的一个词汇,也就是说是蔡明亮的人生未经历的"历史",而"现状"本身也会随着时间的流逝而不断历史化。而且他所记录的"现状"又恰恰是那些即将消失或者已经消失的事物和生活形态,在某种意义上就已经记录了历史,形成了历史感。

(三)通过小场景召唤国族政治的历史记忆

虽然蔡明亮的电影不直接呈现政治性的历史事件,却不等于他完全不关心政治。在一些作品中他还是会通过小场景以一些隐晦的手法表现自己对政治的态度,并且唤醒国人对历史的回忆。如《青少年哪吒》中小康因打碎窗户玻璃而手被割破,血滴在作业本台湾岛地图上的特写镜头,似乎隐喻了对台湾现实和未来处境的担忧,那血是否是战争流血的象征? 又如《天桥不见了》中,警察回应陆奕静的一句"大陆人也会讲国语呀",是否暗含了两岸政治的议题? 再如《不散》中那个有关戏院有鬼的桥段也很有政治暧昧性。片中,陈昭荣对那个日本男同志说"你知道这个戏院闹鬼吗?"日本男同志居然回答说"我是日本人",好像承认自己就是"鬼"。这容易召唤起台湾人民对日本对台湾的殖民统治创伤的回忆,因为在老一辈人的眼里,当年的日本人的统治之于台湾人民就如同阴魂不散的"鬼"一般令人恐惧。而对于《天边一朵云》,影片中有一个极容易被观众忽视的场景,即在公园

① 孙松荣:《蔡明亮电影中的身体影像——陌生与怀旧》,《蕉风》(马来西亚),2002年第12期。

里,小康头下枕头上画有的一个毛泽东头像和"为人民服务"字样,而接下来那个包含情欲的歌舞《爱的开始》又以台北"故宫博物院"前的蒋介石雕像为背景,两者并置产生出极强的黑色幽默效果。且在电影故事中,依偎在蒋介石旁边的歌舞女郎陈湘琪和靠在印有毛泽东头像枕头上的李康生又在此刻开始相爱,这是不是导演对同属一族的两岸分裂局势的嘲讽和对两岸能"相爱"而不分离的希冀呢?而影片《黑眼圈》的"黑眼圈"标题就直接影射了1998年在马来西亚发生的政治丑闻"安华事件"(又称"黑眼圈事件"),而且其在电影中频频出现的床垫和监狱的镜头按照蔡明亮的解释也有象征此性丑闻的意图。①还有,片首街头爆发的马来西亚流氓殴打身为华人的流浪汉的事件也容易让人想起马来西亚历史上的"五一三事件"中的马来西亚人和华人的流血冲突。而更具有讽刺意味的是这部电影正是因为影射了马来西亚政局的黑暗,反映20世纪90年代末金融危机影响下马来西亚无数公司清盘倒闭、建筑工程一夜之间废置、失业的外劳在城市边缘乱窜为自己寻找出路、原来平定的社会在不安地晃动的社会问题,此片也因此遭到马来西亚电检局的禁播。2007年蔡明亮在接受马来西亚《独立新闻在线》专访时就说:"对一个离乡很久的马来西亚人来说,这个社会有任何变动,我都觉得是很有趣的。你也不能判断他是好还是不好的,可是总比一滩死水好吧;总比纹风不动的社会好……我们也知道这个社会有一些保守,它纹风不动不表示大家很安于这种保守。那一年好像……安华事件,好像我们不去批评政治课题、不去判断它,像我对政治比较冷感,没有太大的兴趣,但是我们还是社会的一分子,还是会看报纸。光看这件事情,就是一个政治人物从很高的位子变成一个囚犯。我想,这是人生的问题、人的问题,回归到一个我们……我们都追求的地位、财富、权利,可是你也可能一夜之间失去。……有活力的社会,人民是可以有各种声音的,也许它被压抑,可

---

① 蔡明亮曾经解释道:"我希望借由这张床垫提醒马来西亚的观众想起那件官司(指'安华事件')",参见佚名:《欢迎光临蔡明亮博物馆:论蔡明亮电影〈黑眼圈〉中的残片展示美学》,http://ccs.nccu.edu.tw/UPLOAD_FILES/HISTORY_PAPER_FILES/1064_1.pdf,第13页。

是他们开始蠢蠢欲动了,那样的一个感觉在 1999 年是很明显地看到的。"① 由此可见,蔡明亮真的是一个比较关心时政的人,他的《黑眼圈》是他关心马来西亚国家历史的杰作,充分体现了一个大师级导演的社会批判意识和人文关怀。

综上所述,蔡明亮的风格化的电影语言见证了后工业化发展过程中台北都市的变迁以及都市边缘群体在都市新旧土洋文化冲撞下的生存困境,乃至涉及家国政治的宏大议题,表达了导演强烈的文化反思精神和社会责任感,充分揭示了导演作品的历史感。而其电影镜像的怀旧性又恰恰反映出导演思想的传统性、保守性以及宗教价值观和神秘主义倾向,同样可以看成是导演作品文化历史感的体现。

(作者单位：新加坡国立大学文学与社会科学院英文系)

---

① 陈慧思:《〈黑眼圈〉与安华事件接轨》,蔡明亮:《变动比一滩死水好》,2007 年 5 月 18 日,http://www.merdekareview.com/news/n/4083.html。

《海角七号》与台湾电影产业

陈美霞

一、《海角七号》在台湾电影产业中的位置

电影作为文化产业,具有文化和商业的双重性格。长期以来,台湾本土电影强调文化属性,但忽视了其产业性格,曲高和寡,票房低迷最终导致电影产业的衰颓。台湾电影市场几乎被外片占据,每年 200～300 部的外国影片,约占总票房的九成以上。

自从 20 世纪六七十年代的琼瑶爱情电影后,台湾商业电影渐渐没落。80 年代,台湾新电影浪潮席卷各大影展,高举艺术旗帜,走红世界影坛。90 年代以来,台湾本土电影持续低潮,年产量锐减,甚至在 10 部以下。有人认为,台湾没有电影工业,只有电影手工业。

《海角七号》算是长期低迷、筹资困难的台湾电影中为数不多的"大制作"。没有宣传预算,仅通过口碑创造人气的《海角七号》,最终在媒体推波助澜下成为"台湾奇迹",票房突破 4 亿台币,成为台湾最卖座的华语片。同时,影片在台北电影节、韩国釜山电影节、日本亚洲海洋影展、第二十八届夏威夷影展上都有所收获,并代表台湾角逐第 81 届奥斯卡最佳外语片奖项,因此被视为引领台湾电影重新起飞的领航之作。但它最大的成就并不在于票房、奖项,而在于"没有一个台湾人不在谈论《海角七号》",这才是这部电影最值得骄傲的地方。

《海角七号》的热映已经使得电影人开始反思起自己的创作方向,回归现实生活题材成为很多导演的共识。台湾电影产业开始出现一些好的苗头:观众愿意为了本土影片坐进电影院,影院也开始关注本土的新导演。台湾最近另外一部新导演杨雅的作品《囧男孩》公映,备

受重视;而原本已经下档的《九降风》最近也被重新上映。文隽颇为乐观地在专栏里写道,这让他想起当年《风柜来的人》和《牯岭街少年杀人事件》,"这是 20 年前台湾电影的第一次重生,二十多年后,台湾电影终于迎来了第二次重生"。人们把《海角七号》看做台湾电影产业复兴的风向标。

二、《海角七号》对台湾电影产业的启示

《海角七号》以台币 5 千万的投入创造 4 亿的票房"奇迹",这与台湾社会以及电影产业的现实状况不无关系,但是更得益于影片本身精良的内容以及恰当的行销方式。《海角七号》的"奇迹"有其必然性,笔者拟在台湾电影产业脉络下探讨其成功背后的因素。

(一) 影片主题内容的应景

首先是《海角七号》中的流行文化元素。

电影作为文化产业,具有娱乐性和商业性品格,这也是电影与流行文化的契合点。流行文化可能带来某种类型影片的繁荣,而影片也会带动某些流行文化风潮。流行文化是通俗易懂的大众文化生产,青春、爱情、梦想、励志是流行文化常用的重要元素,而这些都可以在《海角七号》里寻觅到踪影。

不少人认为,《海角七号》无非是一部青春偶像剧,两个时代的帅哥与美女的异国之恋。"每个人心中都有一封寄不出的情书,不管是寄到天涯,还是……"影片的宣传海报如是,"爱情"是影片行销的重要卖点。影片很好地抓住了人们对爱情的向往和共鸣,不管内里蕴涵多少深意,《海角七号》的外在结构就是两个时代的爱情之间的遥相呼应。《海角七号》有两条爱情线索:暗线是作为影片背景的 60 年前的爱情遗憾,由日本老师的信件追忆他和台湾女学生之间的爱情——"我爱你,所以我必须放弃你"——因为一个时代的结束而无奈结束,在舒缓的语调中弥漫着感伤、凄美。影片的主线则是现实中歌手阿嘉和日本过气模特友子因"一夜情"而确定的爱情,他们先性而爱的模式与时代不谋而合。很多人对他们的感情不解,认为缺少必要的铺垫。其实,在阿嘉回到家乡未组乐团之前,他一次次想起友子;两人在台北

就已经认识,并且一起经历失意,可以说"同是天涯沦落人";后来在乐团训练时暗流涌动,只是都是骄傲之人,所以才会争执而不低头,因为友子醉酒情感才得以表露,互相确认彼此。在友子考虑回日本的时候,阿嘉抱着友子说——"留下来,或者我跟你走!"——在这里,时空的交错将两段不同的爱情联系在一起,60年前一段错过的爱情,60年后在原地得以圆满。导演魏德圣说拍电影是为了"化解",化解遗憾。爱情是人类永恒的主题,除了阿嘉和友子外,影片中其他的爱情桥段同样漫溢着纯粹和纠结。马拉桑与柜台小姐若有似无的关系,水蛙与车行老板娘之间的暧昧……这些小小的甜蜜和默契,同样容易让观众心有戚戚焉。

其次,除了爱情外,梦想励志是《海角七号》另一个重要的"卖点"。影片用平民视角讲述了小人物在新旧两个时代里的悲欢离合,真实地再现了他们的欲望、烦恼和梦想。影片的核心是台湾恒春一个小镇为了迎接日本歌手的演唱会,需要在当地寻找一批乐手组成一个乐团,来做演出的暖场工作。于是,一群"乌合之众"聚到一起,由友子负责在几天内完成这个貌似"不可能的任务",这些人包括失意乐团主唱阿嘉、只会弹月琴的老邮差茂伯、在修车行当黑手的水蛙、唱诗班钢琴伴奏大大、小米酒制造商马拉桑以及交通警察劳马父子。"弹琴的太小、拉琴的太老",勉强搭起的乐队,在排练中磕磕绊绊,状况百出,但这些生活中不甚如意的小人物经过自己的努力,不可思议地获得成功,从而重拾对自己的信心。从这个角度说《海角七号》是一个小人物坚持梦想、努力奋进、实现自我的励志故事。影片以完美的结局收场:演出获得巨大成功,阿嘉和友子的爱情也得以成全。结局浪漫唯美,遵循流行文化规律,契合观众的期待心理。

(二)台湾社会现状及电影的"疗伤"作用

《海角七号》在日本影展上被认为是"疗伤系"电影。疗伤系也称治愈系,源自英文 healing,是对节奏舒缓、放松的电影或音乐的统称。台湾电影产业界不乏相似的看法。对于《海角七号》的走红,导演魏德圣解释说:"这些年,台湾的政治经济不好,但是台湾每年都要有活动,前两年有红衫军、手牵手。马英九上台后,到现在为止,政治经济也很让人失望。大家找不到出口,就往《海角七号》里面倒。"对此,著名编剧吴念真也表示,《海角七号》高票房凸显一个现实,也就是与台湾许多人的情绪近半年来没有办法找到出口有关。

社会气氛愈闷,电影、按摩、听相声等"简单享乐型"活动越是流行。美国在过去几十年里遭遇过七次经济不景气,多达五次让当年的电影票房强烈攀升。20世纪30年代全球经济大萧条、好莱坞"疗伤电影"的声势走到高点。在金融危机的重压下,2009年祖国大陆的贺岁片逆市飘红,票房业绩突飞猛进。这正如社会学家本雅明所言:"大众想要散心。"

近年来,台湾政治腐败、经济崩溃,民众生活每况愈下。他们与《海角七号》里的小人物一样失意、不得志,于是每个人都可以在《海角七号》找到自己的影子,人们可以在电影里各取所需,让自己的郁结倾泻,让自己在现实中无法实现的想象或是无法得到满足的情绪获得补偿。导演魏德圣说:"台湾人闷得太久,生活、政治及经济上都闷,即使拍电影的都很闷,刚好这段时间有这样一出快乐又感动的电影,便打破了闷局。"台湾纪录片导演杨力州曾经评价过《海角七号》,认为"它就像是一个大卖场,不同的人都能在里面找到自己想要的商品"。影片不着痕迹地带入大量的社会议题和角色形象,使得观众非常容易看到自身的影子。同时,剧中人物的日子虽然有着种种的不如意,但却都在工作岗位上打拼,看完后能让人相信:努力就会有好结果。《海角七号》在台湾获得如此高的票房并成为社会话题,与剧情充分满足了台湾民众需要宣泄与抚慰的心理不无关系。

《海角七号》的故事核心是一群乌合之众经过努力实现梦想,找到自己的人生方向,获得自我救赎,故事结构恰恰符合当今台湾民众的心理期待。近年来台湾统独对立、政党恶斗、官员腐败、经济颓塌、族群撕裂,整个社会处于崩溃的边缘,人们渴望获得拯救。台湾以往艺术电影中的角色,因为艺术性的追求,弱化了世俗的一面。而《海角七号》不管主角还是配角,都是平常的普通人,他们有着种种难以言说的烦恼和辛酸,一如生活中的你我。于是观众很容易产生投射现象,以影片中的人物为"他者"反观自身,产生共鸣。《海角七号》包含了现实生活中几乎所有小人物的投射:阿嘉是不被大都市接纳屡屡碰壁的年轻人;清洁女工林晓培是处于社会底层,而且与上一代有心结的年轻人;火爆交警劳马投射的是外表刚强但内心却敏感纤弱的年轻人……搞怪键盘手大大在电梯中唱的:"爱你爱到不怕死,你若劈腿就去死一死",可视为新时代的爱情速写;而马拉桑的敬业与热血是从事销售工作的人所必须具有的;片中茂伯执拗可爱如孩童的程度也让人重新认识到老小孩的魅力。"众多角色的发展中,从遗憾、仇恨,到理解与包容,最后化为温馨的亲情与爱情,萦绕在观众的心中。"①《海角七号》的投射作用,使得观众得以通过影片宣泄现实生活中的种种真实情绪——梦想破灭的失落与愤懑,以及对现状不满的焦灼与无奈。

(三)全球化与在地文化

目前,对"全球化"的概念,还没有普遍接受的定义,但有两种对全球化的理解比较流行。一是从报刊、电视等传播媒介和经济学界谈论全球化的大多数场合来看,人们提到全球化时,指的是一种经济现象,即各国市场和各地区性市场的一体化。二是一些社会学家、人类学家、历史学家和文化研究专家将全球化看做一种进化过程,即一个由诸多过程构成的巨大而多面的复合体,牵涉到人类生活的各个方面。而比较通俗的理解,"全球化"表示全球地理空间的缩小,即所谓的地球村。在全球化的冲击下,文化的差异性日趋缩小,文化同质性越来越明显。在当前,都市文化是全球化的载体,而社区文化和传统文化则是本土在地文化的代表。随着人们对全球化认识的深入,不少人开始反思全球化的负面效应,人们日益怀念乡村、怀念传统文化,社区文化、乡镇文化开始得到重视。《海角七号》恰恰暗合了台湾全球化背景下对在地文化的回顾和怀念的潮流。

电影产业作为大众娱乐业之一,在台湾多选择台北或者高雄这样的大都市作为背景。而《海角七号》则另辟蹊径选择台湾南部不那么发达的恒春小镇作为故事的载体。在电影《海角七号》中主角阿嘉是一个在台北怀才不遇冲撞得头破血流,而不得不退避到家乡小镇的年

---

① 陈柏年:《魏德圣与他的〈海角七号〉》,《新纪元周刊》,2008 年第 86 期。

轻人。影片的开头,阿嘉边砸吉他边骂"操你妈的台北",然后落魄地离开。今天的台湾正处于政治混乱和经济不景气的低迷期,人们的心中都多少有些遗憾,一股"远离台北"的氛围正逐渐扩大,《练习曲》引发单车环岛热潮其实已有所反映。《海角七号》则将这种"与台北决裂"的态度表达得更淋漓尽致,让很多漂泊在都市的游子心有同感,因而在观众中获得广泛认同。对都市的失望,实际上就是对全球化和现代化竞争下落败的失落感。

《海角七号》因本土风格而大受赞誉。影片的表现形式颇为简单:沦为旅游产业附庸的小镇"在地人(本地人)",听闻旅游饭店要在海滩举办日本歌星的露天演唱会,心有不忿,"占田占地连海也要占!"提出暖场必须由"在地人"的组合来演唱,否则演唱会免谈。从这个角度解读,影片含有对乡土社会和社区文化没落的担忧,以及作为弱势群体的"在地人"如何争取自身权益的努力。贯穿影片始终的、恒春的风俗民情,实际上就是南台湾社区文化。在全球化风潮下,社区文化不可避免地走向没落。土地被资本吞噬,年轻人外出打工,乡土社会日益空壳化。影片中的代表会主席,具有黑社会老大的气质,很切合台湾的实际,但他却是实实在在为凋敝的乡土痛心疾首。"恨不得放火烧了恒春,让年轻人都回来重新建设,不给人打工,自己当头家!"恒春被过度开发与破坏,导演透过代表会主席那两句:"山也要 BOT,海也要 BOT,什么都 BOT。为什么这么美的一片海,被饭店围起来!"及"春呐过后,留给我们当地什么,不就是一堆垃圾。"这些诙谐幽默的口吻背后是严肃的社会问题,让人反省乡土社会、社区文化在全球化趋势下如何生存和延续。

除了社区文化外,传统文化也是影片的着力点之一。《海角七号》中传统音乐不抵现代流行音乐,国宝几乎没有表演的舞台。但是经过"国宝"茂伯的努力,影片中月琴最终得以展现自身魅力。从电影的安排可以看出导演对传统音乐的尊重和担忧。传统文化的另一个隐喻是台湾地区少数民族的琉璃珠文化。琉璃珠是排湾族的传统手工艺品,友子送给团员代表着不同含义的不同琉璃珠,透过琉璃珠把每位团员的心中期许都表达出来。传统文化在全球化背景下,如何化传统为现代,使其在新时代焕发魅力、发扬光大是有使命感的知识分子应该考虑的问题。

（四）电影接受与台湾社会思潮:台湾主体性与殖民现代性

《海角七号》在台湾受到社会各阶层的欢迎,获得产官学等各界的广泛关注,甚至提升到"爱台湾"的高度。当前在台湾,对《海角七号》有两种不同的声音:大部分人认为影片具有浓厚的台湾本土风格,是"台湾主体性"的良好体现;但也有人认为影片中随处可见的日本情结,是台湾"殖民现代性"幽灵的阴魂不散。

魏德圣说,他拍《海角七号》,尝试着把台湾的族群、文化冲突与融合、新旧时代的冲突,还有台湾人对日本殖民时代爱与憎的矛盾,透过电影语言呈现出来,但他相信最终会有好的结果,因此他的电影也给予好的结局。相比中国其他省份,台湾文化更为多元。魏德圣选择恒春作为《海角七号》的背景,有其考虑,他把恒春视为"台湾的缩影"。恒春的古城建筑、说日语的老先生、现代的大饭店与观光客……再加上影片中诸多失意的小人物,让台湾人"观影自怜",认为影片就是自己生活的写照。而台湾资深影评人王长安撰文认为,《海角七号》的成功在于呈现了台湾南部小人物的生活面貌,他们"快乐地面对生活,自在地面对歧见,宽厚地面对历史,真诚地面对观众"。其中,台湾主体性最重要的体现就是真实描摹了台湾民众的日常生活。台湾时政、闽南语的调侃、客家话的插科打诨等台式幽默与故事融为一体,极具台湾本土韵味。如果以上是台湾现实的话,那么台湾光复、日侨遣返,则是台湾历史的一部分,也是台湾人记忆的一部分。

乙未割台,台湾成为日本的第一个殖民地,日本对台湾的殖民策略是以怀柔为主,为加强控制还连带输入现代文明,为此,台湾人对日据时期有着复杂的情绪。《海角七号》中随处可见的日本情结就遭到人们的质疑,认为是日本殖民的遗毒。台湾日本研究专家许介鳞即表示"《海角七号》隐藏着日本殖民地文化的阴影。一封由日本人所捉刀杜撰的情书,以日本人的调调滔滔不绝地表露,对过去殖民地台湾的恋恋'乡愁',其间参差了以日文唱的世界名曲,甚至终场的歌曲《野玫瑰》(德国、歌德词),还要重复以日文歌唱。台湾终究逃不了日本文化控制的魔手"。① 影片被认为是用日本人的灵魂思考,媚日情结引起争议。不同的知识背景产生不同的观影体验,"殖民现代性"的解读在台湾同样得到不少人的认可。此外,魏德圣自己也表示"从爱情的角度来看历史"。那么两段爱情都是台湾人与日本人,这更让人陷入误解的歧途。影片中更把爱情遗憾的原点放在"日侨遣返"的时间点上。"日据时期结束之后,日本人都要被遣返回日本。一个时代结束,留下的并非只有遗憾跟仇恨,还有友情、亲情和爱情。"这或许是台湾光复时候的真实情况,但是电影的文化属性决定了它具有意识形态的作用,因此学者认为《海角七号》是"殖民现代性"的幽灵也并不过分。

对影片思想内涵的争论,作家张耀仁则持较宽松的态度。他认为过度强调电影的"台湾主体性"不利于电影产业的发展。他指出:本片由于涉及台、日之今昔恋情,因而被舆论过度解读成"台湾对于日本殖民及再殖民的依恋"("留下来,或是我跟你走。"),这一看法固然无可厚非,但放在电影事业里,却是使影片(或魏德圣)再度陷入进退维谷的窠臼概念,亦即过度吹捧或着眼于台湾主体性之问题,无异将电影文本视同为政治服务,而非自由创作(所有的道德都应该在创作中重新被创造,亦即"说出只有电影能够说出的"。),这除了伤害电影的海外阅听流通外,余者也就是自爽罢了。② 不同的接受者可以有不同的自我诠释,但是过度意识形态化将使电影产业沦为政治的附庸,束缚电影工作者的创造性。

三、多元化的行销策略

《海角七号》的票房轨迹与一般电影不尽相同。《海角七号》首周票房表现平平,台北周末票房开出 198 万新台币的成绩,位居当周票房第四。但意料之外的良好口碑先在网络尤其是部落格(博客)上风

---

① 许介鳞:《〈海角七号〉:殖民地次文化幽灵》,《联合报》,2008 年 9 月 25 日。

② 张耀仁:《村上春树与〈海角七号〉:兼批"行政院"新闻局"优良"电影剧本奖》,http://blog.chinatimes.com/rennychang/category/147824.html。p = 3.

传，接着影响了报纸和电视等大众媒体，相关的报道和评论铺天盖地而来，第二周的票房逆势上扬121.2％，第三周再上扬79.2％，到影院看《海角七号》渐渐发展成了台湾"全民运动"，影院前排起了难得一见的长龙。《海角七号》打破台湾本土影片的衰颓局面，异军突起，除了影片本身内容的讨巧外，与其多元化的行销策略也有相当密切的关系。

（一）口碑行销

电影产业本来就是烧钱的产业。好莱坞电影之所以风靡，得益于它整个完备的产业链条。前期的制作需要大量的投入，后期的宣传营销的花费更是不可小视。《海角七号》的拍摄过程颇具戏剧性，因为追求精益求精，导演魏德圣负债3000万新台币拍摄。影片出来后，已经没有多少资金可做大规模推广。影片精彩的对白以及人与人之间明确的互动让博伟电影股份公司决定代理发行。在接受记者采访的时候，博伟总经理傅明明说，《海角七号》是一部老少皆宜、男女通吃的电影："只要你达到这个高度，你的市场潜力就无穷大。"在《海角七号》第一次播放完预告片后曾做过一个问卷调查，其中有一个问题是："你会不会在下礼拜上映的时候去买票？"大多数观众的答案是"不会"。这时，一个观众的答案提醒了行销人员："如果朋友推荐，我就会去看。"资金问题、影片内容以及观众心理等各方面因素让发行方与制片方达成共识，决定对《海角七号》进行"口碑传播"的策略——电影正式上映前，要在台湾地区不同城市举行超过1万人次的试映会。而制作方和发行方对影片也相当有信心，影片的行销企划李亚梅对这个破天荒的试映举动十分赞同："我们不怕把电影观众试掉了。"在上映前的十几天里，《海角七号》在台湾大小城市进行大范围试映，试映人群从民间组织的成员到中小企业的老板，大规模试映得到的普遍回应是："很久没看到这么好看的台湾电影了。"影片不是通过自卖自夸的传统方式推广，而是以观众的体验为行销切入点，而且努力让观众成为行销中的主角。看过电影的观众一传十、十传百，口碑效应迅猛聚集。

（二）网络行销

《海角七号》的网络行销也相当成功,这包括两个向度。一是工作人员剪辑了《海角七号》的精彩宣传片,并以文字、照片、影片等记录拍摄过程,在影片官方部落格与网友分享,甚至制作了各种主角的 MSN 表情、手机来电答铃等,让这部影片透过网络展现强大穿透力。二是各大论坛对《海角七号》的热烈讨论以及观众在部落格里大肆描写观影的心得感受。网络作为新兴媒体,对人们尤其是年轻人的影响相当大,网络已经成为信息分享和传播的重要平台。《海角七号》注意到网络的作用,"口碑"通过互联网更加快速发酵,台湾各大网络论坛的电影讨论区纷纷被《海角七号》攻占,观众甚至比赛谁拉的观众最多,网络的电影讨论区迅速演变为"海角传销公司"。网络行销是《海角七号》区别于以往电影行销的重要尝试,也是网络普及的现今电影的行销方向之一,是未来电影产业在发展中应考虑的重点。

（三）大众媒体,制造"话题"

《海角七号》能获得 4 亿多的超高票房,除了口碑行销外,社会各界尤其是媒体在其中推波助澜地制造"话题"也不无关系。首先,《海角七号》与本土文化、爱台湾的关系。《海角七号》中的客家人、本省人、外省人等的多元族群,让台湾人亲切的闽南话、客家话,以及日据历史等使得影片具有浓郁的台湾风情。《海角七号》在台湾人心中变成本土文化的表征,甚至上升到"爱台湾"的高度,使得票房奇迹演变成为台湾全岛的"全民海角运动"。台湾"立委"在质询的时候,竟也以官员有没有看过《海角七号》来作为所谓爱不爱台湾的检验标准。台湾中天电视的节目曾引用这样一句流行语:"没看《海角七号》,社会压力好大!"而影片上映时段,人们的问候语从最初的"你看了《海角七号》吗?"到后来变成"你看了几遍《海角七号》?"当时台湾几乎人人都在讨论《海角七号》,如果没有看这部影片,你可能会发现自己和别人交谈不知道说什么,发现自己落后于世界了。而在行为方式上,不少年轻人写信,信上地址是"海角七号",然后被邮局退回收藏以做纪念。《海角七号》之所以能化为人们日常生活的一部分,大众媒体在这个过程中的鼓吹造势也是功不可没。台湾电影产业长期缺乏观众和市场,《海角七号》的走红让台湾人看到本土电影的一丝曙光,怀着良好的期待,纷纷持乐观态度,认为《海角七号》的成功代表着台湾本土电影产业的复苏。台湾的各大电影论坛,可以看到无数本土影迷的"支持台片、台湾加油"、"支持海角、'国片'复苏"等激动人心的留言。《海角七号》引发了台湾观众的热烈议论,甚至宣布"马扁时代终结,海角时代来临"。近年来,台湾人特别重视自身的所谓"主体性",他们急于寻找失落的台湾电影产业的信心,因此他们对能够给他们带来骄傲的《海角七号》的推崇是不遗余力的。台湾兴起了一股"海角热潮":学者投书到报社大肆赞扬、纸媒影剧版密集报道、电视高度曝光,《海角七号》成了复兴本土电影产业的情感寄托。

（四）名人效应

《海角七号》的持续走红,与"名人"也有关联。在台北电影节上,侯孝贤对《海角七号》的评价是:"这是我近年来看过最热闹、最亲切、最有商业卖点的台湾电影,看完之后十分兴奋。如果连这样真诚的电影都不卖座,那么我们真的不知道台湾电影的未来在哪里。"侯孝贤对影片的评价相当高,甚至认为:"台湾电影的又一波新高潮已经来了。"而马英九带着同僚低调看了《海角七号》,并公开大赞《海角七号》代表了"坚毅、勇敢的台湾精神",把影片和奥运会上倒地11次还站起来奋战的跆拳道选手苏丽文并列为"台湾最宝贵的资产",并借此鼓励民众,"有信心重振台湾经济"。随后,马英九还专门到赞助《海角七号》的南投信义乡农会酒庄摊位前致意,感谢他们赞助台湾电影,让这部电影大卖。在陈云林访问台湾的时候,还特意推荐并安排陈云林观看代表台湾文化的《海角七号》。名人、政治人物的推荐原来是影片行销计划外的,但是《海角七号》的整个行销过程都不是如往常电影那样可以轻易控制的,口碑行销是自发的,名人的赞誉同样是自发的,但名人效应无疑是影片的免费广告。

《海角七号》另一个引人注目之处是与扁家贪腐"海角七亿"的挂钩。由于陈水扁家正式被公布涉入洗钱案的金额为新台币7亿元,同时由于该笔资金存于海外账户,于是"海角七亿"成了时下岛内讽刺陈水扁家洗钱的最佳剧名。国民党"立委"邱毅嘲讽说:"如果《海角七号》请陈水扁来做宣传工作,说不定票房可以突破几亿。他还可以再拍个《海角七亿》,可能更卖座。"东森新闻台的政论节目也以"扁家拍摄《海角七亿》"为题,批评绿营口口声声爱台湾,却大肆纵容陈水扁家贪污7亿。《中央日报》还发表评论说,"男女主角"误以为只要他们坚持到最后,观众最终一定会给掌声,"于是吴淑珍数度撞墙寻死,称身体状况不适合出庭,阿扁涉及洗钱案完全是为了维护台湾主体性等戏码仍不断上演。"网络上同样流行着将《海角七号》的宣传海报改成 KUSO(无厘头、戏谑搞笑)版的"海角七亿",并将男女主角更换成吴淑珍和陈水扁。其实,大陆不少人最初知道《海角七号》即是因为网络、电视上报道扁家贪腐案时频繁出现的"海角七亿"而顺藤摸瓜连带知道此电影的。

此外,置入性行销是《海角七号》另外一个突破。资深电影人焦雄屏就指出,过去大家对台湾影片没信心,没有人会想透过电影做营销,如今《海角七号》大卖,创造出信义乡小米酒、垦丁观光饭店以及工艺项链等产业的连锁效应,"应该能重振业者的信心,让电影业与其它产业展开良性的合作模式。"①《海角七号》的置入性行销以及与其他产业之间的合作,是台湾电影产业今后可以借鉴的方式。

(作者单位:福建省社科院文学所)

---

① 马岳琳:《囧男孩、海角七号,燃起台湾"国片"复兴希望》,http://www.douban.com/group/topic/4306755/.

《艋舺》：商业电影的成功尝试

陈美霞

对台湾电影产业与电影人来说，2010 年最大的盛事莫过于《艋舺》的叫好又叫座，在台湾本土票房近 2.6 亿新台币，超过好莱坞 3D 大片《阿凡达》。《艋舺》这部电影对于台湾本土电影来说，其存在的意义并不是破票房纪录，而是为台湾电影产业提供了一个小成本商业电影的良好范例。

2008 年《海角七号》取得巨大成功，随后《情非得已之生存之道》《九降风》《练习曲》等的跟进让人看到台湾电影产业复兴的希望。但是，2009 年台湾本土影片又一片沉寂，反响平淡，让人怀疑《海角七号》的成功也许只是偶然的。《艋舺》的再度走红，让人明白台湾本土影片还是有一定的观众的，只是如何吸引观众走入影院呢？《艋舺》有意为之的商业模式是可以复制并参照。与《海角七号》更多无心插柳的行为，是故事本身暗合社会情绪引起的口碑效应，所以票房是逐渐累积的。而《艋舺》从一开始就极具商业意识，无论是电影策划、行销等都考虑市场需求，以商业模式运作。《艋舺》在放映前就已为大众所知，吊足观众胃口，放映 6 天票房即破亿，成为破亿速度最快的台湾本土电影。

台湾新浪潮电影极具艺术气息，在此影响下台湾电影人普遍注重电影的艺术性而忽视其产业性格，更注重创作者思想和情感的传达，对受众不够重视。《艋舺》依然延续台湾电影关注现实的人文传统，但是钮承泽导演等主创人员开始意识到观众、市场对电影的意义，有意识地进行商业化探索并取得成功。《艋舺》最鼓舞人心的是，证明了台湾本土电影具备商业运作能力和票房实力，是可以艺术与商业双赢的。

一、商业模式的自觉操作

《艋舺》无论在策划、制片还是营销环节上，创作者们都具备了更加明确的商业意识和市场观念，可以说是台湾电影商业模式的成功尝试。台湾本土高票房故事电影终于摆脱了"辅导金"的资金温床，实现市场途径收回投资成本。随着 80 年代新浪潮电影消退后，台湾本土片进入沉寂期，政策扶持不到位，资金循环困境，电影产业投融资渠道狭小。《艋舺》的导演钮承泽、《海角七号》的导演魏德圣都经历过四处求人寻找资金、抵押房产贷款的困境。

《艋舺》是钮承泽的第二部剧情长片，他的第一部长片《情非得已之生存之道》融资艰难，以至于要抵押房产，但因为反响不俗，到《艋舺》拍摄时，钮承泽已经方向明确——拍一部纯粹商业片。钮承泽在发布会上透露："在拍摄之初，已经知道会在最好的档期春节档上映，所以用倒推的方法，就知道这会是一部商业片，会是一部一定要把观众吸引回影院，一定要卖钱，一定要被喜欢的电影。"《艋舺》商业模式的成功使得台湾电影界备受鼓舞。相对于《海角七号》，知名制片人李岗如此评价《艋舺》："这个片就比较是一个操作出来的东西，它比较像电影的行为。"导演戴立忍表示："对于《艋舺》的成功，我特别兴奋，从《海角七号》出现后，实际上大家对台湾电影还是存在怀疑的，觉得《海角七号》是否只是个案，现在看来，怀疑被打破了。"各界知名人士的不吝赞誉，使得《艋舺》成为媒体话题，影片有意识地商业运作更被视为台湾电影复兴的标志。《艋舺》是有意识的精心商业运作，它的营销策略并不特别，但却是台湾电影从来没有运用过的。从某种意义上可以说，《艋舺》以其"专业"的商业电影制片和营销策略，向全球发出了台湾电影商业转型的信号。

相比实验性电影和艺术电影，收回投资、赢得经济效益是商业电影成功与否的检验标准。以《艋舺》为例，在策划与拍摄过程中，吸引观众的各方面因素都会被充分考虑到，比如剧组人员的构成、演员的搭配与知名度、对于拍摄进程的报道、放映档期和首映式等。《艋舺》是有心为之的商业片，从发行档期的安排、偶像演员的选择，到柏林宣传、媒体曝光等,都从电影营销角度精心谋划;直逼 3 亿新台币的票房,则说明这是一次成功的商业电影模式的尝试。

（一）发行策略:春节档期

电影产业的一个检验标准是市场反应。电影产业往往需要较大的投资,为了收回成本平衡收益,能否吸引观众进入影院、能否取得较好的票房是不可忽视的环节。虽然决定观众进入影院的因素较为复杂,但是还是有一定的规律可循。与《海角七号》无心爆红不同,《艋舺》是有意识地进行商业运作,锁定春节档,这是票房大卖的首要因素。这部影片在春节期间放映,获得巨大的经济效益。正确的发行策略来自前期的充分调研与后期的正确判断,春节档期的选择是发行公司综合考虑的结果。

《艋舺》春节黄金档期的事先敲定,是该片卖座的关键。20 世纪90 年代以来,台湾本土影片较为萧条,有人戏称"只有电影手工业,没有电影工业"。电影产业的沉寂、资金的相对匮乏,导致电影后期制作与营销环节无法得到足够的重视。以往台湾本土片大多无法在预定时间内完成,因此放映档期的预先安排也就意义不大。这进一步导致本土电影在档期上的随意,拍完就上映,票房不佳就草草下片。《艋舺》的主创人员决定打破档期安排的被动局面,决定以"高成本、高票房"的思路走反向操作模式。台湾电影长久萧条,被视为只有电影手工业,整个策划、拍摄、放映等过程缺乏整体的统筹协调和分工合作。这种手工作坊情况下,一般是导演先专注完成作品,再去谈档期、异业结盟营销、开发周边商品。之前的台湾电影界,只注重电影的文化属性,忽视了电影的商业品格;导致电影作品与市场脱节,这样生产出来的电影要获得观众青睐只能靠运气。《艋舺》一反台湾电影自娱自乐的状态,充分考虑观众的便利和喜好。主创人员以极大的勇气,先确定了春节档期,然后再确定影片规模和程度,并根据需要增加投融资。

一直以来,台湾电影院、戏院都不愿在春节播放本土片,因为杀青时间不确定、片子不够气派、票房大多惨淡。在《艋舺》的制片人李烈眼里,"台湾电影差不多快二十年没进春节档了",早在 2009 年 2 月,李烈就找到华纳兄弟公司台湾分公司的总经理石伟明,希望能进春节贺岁档,李烈当时问:"上春节档有什么关键?"媒体出身的石伟明对《艋舺》只提了一个要求——"要让观众有'哇'的感觉"。为了配合春节档期的放映,首先是加大资金投入,然后在选角和宣传上都重新制定游戏规则。接受记者采访时,李烈说:"我们算了算,3000万台币预算做不出'哇'的感觉,至少要5000万。"之后预算又扩大到8000万。其实好莱坞大片这种操作早已形成,很多都是早早锁定一年甚至两三年之后的档期,但台湾本土电影如此操作,则属罕见。李烈表示:"我们这个片花的宣传的费用,它不但是超过了所有台湾电影,甚至很多在台湾放映的好莱坞电影也没有我们多。一开始的时候,我们跟发行公司'华纳兄弟'讨论营销策略要怎么做,'华纳兄弟'这边说要把这个片当成好莱坞电影来操作,这样宣传费用势必就不能小,尤其是春节档,一定要够大,因为这个档期都是大片,如果我们不增加预算,声音就会不及他们,与我们同档期的除了好莱坞的,还有《锦衣卫》《孔子》,这两部戏的场面和制作资金都比我们大非常多,在台湾宣传上也都投不少钱,我们也有很大的压力,因为春节档是大档期,我们不知道观众会选择看什么。《艋舺》能进这个档期对我们来说有很大的意义,这表示说台湾电影圈是有能力制作这么大型的商业电影的。"[1]

确定档期时,华纳兄弟公司台湾分公司的总经理石伟明为《艋舺》的票房前景进行了详细的评估,综合分析历年台湾春节档票房,第一名的总收益大概在一亿六千万台币左右,而第二名在一亿一千万台币左右,因为票房是与影院对分的,所以如果《艋舺》的制作投资在6000万台币,再加上2000万左右的宣传费,那只要能够达到坐二望一的情况,《艋舺》单以台湾的票房收入便可以达到成本回收。为了上春节档,李烈从上映日期倒推作业时间,精准计算发新闻、网站营销、活动营销等一步步流程,也就是这步步为营的精心运作使得《艋舺》在社会效益与经济效益上双赢。

---

① 雷公:《独家解读〈艋舺〉式营销 台湾商业片绝佳范本》,http://yule.sohu.com/20100329/n271184745.shtml,2010年3月29日。

（二）演员选择:明星效应

电影的商品属性决定了它像其他商品一样具有品牌效应。电影的品牌效应体现在导演与演员身上,明星的观众号召力与市场效应早已为人熟知。明星人物是媒体与大众追踪与关注电影的焦点,是吸引普通大众进入影院与否的重要因素。

明星的参演,带动了媒体关注热潮。"媒体参与的方式有主动与被动之分,电影因为本身所具有的新闻点而吸引媒体关注,这些新闻点包括:导演和演员的选择、明星效应、电影拍摄花絮、人物关系等,明星是永远的新闻主题和市场号召力的来源,甚至有关电影的花边新闻也是媒介吸引观众的重要手段,换角风波、巨资片酬、剧本侵权、人物原型状告电影诋毁名誉等等,都会成为媒体争相报道的内容。在这里,媒体和电影发行公司互相依靠,在合作中获得各自的利益。在利用媒体的力量进行整合营销中最重要的就是把握话语权,电影是与生活必需品大不一样的商品,人们对于电影的消费欲望和需求是要媒体进行培养和诱导的。媒体必须以观众的诉求为导向,根据电影市场环境的变化及时做出动态修正,协调运用各种传播方式,传递最新的电影讯息。"①

《艋舺》里明星云集,甚至被视为台湾电影的"春晚"。和《海角七号》全部用无名演员不同,投资和《海角七号》相当的《艋舺》,深谙明星的号召力,很大一部分资金用在演员上。其有针对性的市场策略和细分观众人群,也只有钮承泽熟知偶像剧运作的导演才能发挥自如。

作为一部商业电影,《艋舺》在演员阵容的搭配上就费尽心机,阮经天、赵又廷、凤小岳三个青春偶像派主打,陈汉典、黄镫辉等综艺艺人辅助,马如龙、王识贤实力派压阵,再加上柯佳嬿、席曼宁等女性角色,几乎做到"老少通杀"。《艋舺》在角色安排上不仅照顾到受众群体,同时也是为了让电影更具内涵与表现力,在李烈的眼里,"戏剧这种东西要有肉有血有皮才会好看。老一辈的演员,在表演和角色掌握上都是非常纯熟的,可能我们戏里他们的戏都不多,但有他们的参加

---

① 金冠军,等编著:《电影创意产业》,东方出版中心,2009年,第83页。

才会让整个戏更好看。"

　　作为主角,青春偶像阮经天和赵又廷的联袂出演为电影本身的宣传加分极大。单是这两个明星,可以说一网打尽了绝大部分偶像剧观众。《艋舺》宣布开拍的时候,第一个确定的男主角是阮经天,而此时正值阮经天的偶像剧《败犬女王》在各个电视台热播,为此媒体纷纷报道,新闻效应可见一斑。随后,阮经天参加了《艋舺》的所有宣传活动,为电影在媒体曝光度和大众亲和力方面立下汗马功劳。在主动承接《艋舺》时,阮经天已经是台湾偶像剧头号男明星,他主演的剧集连续两年成为台湾地区收视霸主。为了寻求自身演技和事业的更大突破,阮经天主动找到钮承泽导演要求出演。他因偶像剧效应携着"收视天王"的头衔压阵,在《艋舺》的拍摄过程中吸引了众多的眼球,为影片带来极高的媒体曝光度。同时,为了媒体话题和新闻报道的节奏需要,2009 年 4 月《艋舺》已敲定了另一男主角赵又廷,但制片人李烈却刻意压了两个月,直到开拍前的 6 月才高调宣布,给大众一个惊奇。参演的偶像演员的对外公布时间也是有所考虑的,公布之时赵又廷主演的电视连续剧《痞子英雄》已播了两个月,正是高潮迭起之时,观众极为注目,媒体与记者自然不请自来。在拍摄过程中,赵又廷又获得了"金钟视帝",更为凑巧的是赵又廷得奖颇受非议,这更为影片的宣传推波助澜。这个意外的收获为《艋舺》带来了新的一波炒作。随着拍摄花絮的曝光和新闻报道的增多,阮经天与赵又廷之间"第一男主角"之争,又惹得双方粉丝互骂,各种新闻层出不穷、不断推出,让《艋舺》还未上映就已牢牢占据了媒体的各大版面。赵又廷和阮经天的成功演绎,尤其是两人演技在电影中发挥加乘效果,表现优异。这使得对台湾流行娱乐脉动有独到看法的中子文化执行长张培仁认为,他从《艋舺》中,看到了台湾开始有能力培养自己的电影巨星,对于带动台湾其他娱乐产业的发展将发挥很重要的力量。张培仁说:"台湾过去,你知道我们可能有很多人员,很多艺术的思维,可是我们也需要明星,我希望这部电影可以改变过去是港星、是日星的时代,让台湾巨星可以真的站出来。我觉得这个事情在这个状况下会发生。我觉得它对整个工业有巨大的影响,就是如果一旦它成功,台湾的电影,因为影视娱乐事业的龙头，它会产生重大效应，它会带动明星工业，带动其他娱乐产业整个的发展，我觉得这对台湾很重要。"

除了注意主要角色的偶像号召与明星效应外，《艋舺》还精心搭配了男女老少不同演员，以吸引不同的观众层次和丰富影片的表现力。钮承泽亲自出马、披挂上阵演绎重要角色"灰狼"。饰演他年轻时女友、"蚊子"（赵又廷饰）母亲的林秀玲，当年可是台湾新电影时代导演中意的"玉女"演员，她和钮承泽、庹宗华戏里戏外的情感纠葛，也一度被媒体报道，并且把中年观众带回年轻时代的回忆中。更为纠结错综的是，饰演黑帮老大 GETA 的马如龙，是林秀玲的姐夫，戏内戏外种种关系也难免为潜在观众休闲之时所津津乐道。有人说，钮承泽很"怀旧"，在《艋舺》众多老友出镜，这众多为人熟悉的大小明星也为电影增加了些许乐趣和谈资。《艋舺》里即使是小小露脸也可能来头不小，比如演教务主任的金钟名导林志儒，演"和尚"小学时老师的是新锐导演郑有杰，只有几场戏的"老鸨"则是台湾仅有的几位还能称之为"电影演员"的陆弈静。

同时，钮承泽在新演员的启用上也独具匠心。唯一"女主角"小凝由被称为"小桂纶镁"的柯佳嬿饰演，柯佳嬿形象清新甜美，此前她已拍摄过两部电影，但在这一部充斥着男性荷尔蒙的青春黑帮片中，她以柔美娇媚洗去不少杀戮的坚硬。《艋舺》中太子帮老大的饰演者是中英混血的美少年凤小岳，他此前拍过《九降风》，在《艋舺》中凤小岳的风头虽然不及其他两位男主角，但夺眼外型的混血形象却也是叫人印象深刻。即使是在里面饰演不起眼的小混混的陈汉典，也因为《康熙来了》中的鬼马表现，在台湾广为人知，即使在大陆也有着极高的知名度，陈汉典的演技大变身令人刮目。

电影的娱乐消息增加了电影受众的关注程度。以上众多的明星人物已经令人应接不暇，但是《艋舺》还成功地与华文世界大牌明星周杰伦有所牵连。《艋舺》的产生与周杰伦不无关系，据报道5年前周杰伦跟《艋舺》导演钮承泽提议拍摄一部黑帮电影。这个意见被采纳，两人口头达成合作意向。而《艋舺》的关键人物"蚊子"就是当初为周杰伦量身打造的。为了找谁取代，钮承泽曾伤透脑筋、遍寻不着，后来饰演《瘸子英雄》的赵又廷来试镜,取而代之。据媒体报道,周杰伦原本要出任《艋舺》男主角,但其母亲叶惠美认为电影情节过于血腥而反对,孝顺的周杰伦因此退出筹备团队。也有报道认为是前期筹备时历经了一些风波甚至不愉快,最终周杰伦没有加入。对于媒体的报道,《艋舺》导演钮承泽大方承认该片是周董提议并对之表示感谢。不管是哪一种原因导致周杰伦退出,因为他的大牌身份,使得《艋舺》在媒体营销上又成功地搭了一次顺风车,做了一场免费宣传。

(三)创新营销:多元并举

电影是文化产业,也是视觉艺术,广泛地吸引注意力是商业电影能否取得成功的关键。"酒香不怕巷子深"的时代已经过去,通过营销促进商品的生产、流通与接受才是王道。有些电影叫好不叫座,比如姜文的《太阳照常升起》,一方面是因为艺术性而曲高和寡,另一方面则是对于电影本身的过分自信以及对营销的不够重视。

良好电影的剪辑制作只是第一步,票房情况、观众反应等电影接受者才真正意味一部电影的完成。从这个意义上说,营销是电影产业不可忽视的后期环节。电影商业上能否取得成功、社会效益与经济效益能否达成,有赖于营销的参与。与《海角七号》的口碑效应不同,《艋舺》营销投入千万。公映前一周,《艋舺》仿照好莱坞大片,只在台北市最大的国宾戏院办了唯一一场媒体试片会。有一千多座位的影院内,座无虚席。《艋舺》的营销不敢说滴水不漏,但至少尽心尽力。

首先,网络营销,病毒式传播。《艋舺》在官网上定期公布拍摄花絮、进程,制片人李烈还利用官网来"有计划地培养人口",吸引潜在观众。从2009年5月官网发布,前后经营长达10个月,共发文148则,相当于两天发一次新闻稿。到11月时,官网当月就涌入了六七十万人,这种"网络营销"的力量在《海角七号》上片时也曾狠狠地发挥过。可以说,网络营销是《艋舺》对《海角七号》的成功借鉴。

网络营销,"重点还是要看方法"。通过网络,拉近与潜在观众的距离,以形成议题与引起共鸣是关键。在影片还未宣布开拍的时候,《艋舺》的官网部落格就已在5月1日开张,由此可见《艋舺》对网络营销的重视程度,而实际操作的时间则更早,制片人李烈说:"我们从一开始就明白网络宣传很重要,所以我们从还没开拍,就自己侧拍了很多的图片和影像资料,因为我们知道到时候我们的部落格会需要很多的东西,让大家这个戏是怎么制作的,比如美术怎么想的,服装怎么设计的。与一般台湾电影比起来,我们建立部落格的时间点也比较早,因为部落格的这些人是需要培养的,不是我们建立了就会有很多的人来上的,没有这件事情,这个年头每一件事情都是要花时间花工夫慢慢地去养它。现在的年轻人他们太容易见异思迁了,他们的热情只有三秒钟。因为我们准备了很多资料,所以我们就逐渐地往网上丢这些素材,刚开始的时候放上去很少,我们就是在慢慢培养,当我们丢的越来越多时,常来看的网友就会帮我们去推销给身边的朋友或者同学。"《艋舺》除了自己的部落格,也在 YouTube、Facebook、Plurk、twitter 等其他网络媒介展开互动的病毒式营销,为影片培养了大批潜在的观众群,"现场侧拍的资料和照片都非常受欢迎,一个月之后,我们的做法奏效了,从那以后,上我们部落格的人呈倍数增长,这种爆发出来的力量是很大的,这些人非常有可能成为花钱买票来看我们电影的人。为了培养和跟网络的年轻人建立感情,我们有专门的一组人在做这个事情,花了很多心思。后来上部落格的很多人都是固定的,这样他们会对电影有特殊的情感。网络宣传绝对是一个趋势,但不会每一次都能成功,重点还是要看方法,看真的有没有去用心。"①正是李烈用心的坚持,才会有如此好的结果。

其次,巧借影展,媒体营销。从《囧男孩》卖座的成功经验,李烈体会到精准营销与媒体运作的重要,例如一般本土片的开拍新闻,只能在报纸上占据豆腐块大小的版面。为了博得更好的媒体效应,李烈不惜花费几十万把主角阮经天带到柏林国际电影节上,现场宣布开拍《艋舺》。这样高调的开拍宣言,自然引得各家媒体的争先报道,《艋舺》及阮经天的新闻在台湾的报纸上一连多天占据重要版面。随后,在影片宣传初期,赴坎城影展发表开拍计划堪称一个亮点,李烈表示:

---

① 雷公:《独家解读〈艋舺〉式营销 台湾商业片绝佳范本》,http://yule.sohu.com/20100329/n271184745.shtml,2010 年 3 月 29 日。

"去坎城影展的时候,我们连筹备期都还没有开始,只确定了阮经天这一位演员,其他什么都没有,但是我们已经决定要去做这个事情了,所以就去坎城影展告诉大家《艋舺》要开拍了,毕竟坎城影展是世界最大的影展,台湾媒体都会去,在影展里跟台湾有关的新闻都可以做得很大,所以我们去坎城宣布这个事情,台湾媒体就会用很大篇幅和版面来报道我们,那个声音就会很大。如果我们在台湾开记者发布会,可能几万块就搞定,而去坎城其实要花很多钱,所有开销要好几十万,现在回头看,我们花那个钱是值得的。"

影片即将上映之前,则有电视台的各大综艺节目为影片锦上添花,一时之间荧幕上到处都是《艋舺》,连李烈自己都上过几档节目。"一般来讲,对于很多台湾电影,综艺节目是不欢迎的,可能因为导演或者演员没有知名度,所以不会邀请他们去上节目,而《艋舺》这部电影已经在台湾炒得非常非常的热了,这些综艺性或者谈话性的节目,他们会希望我们去上他们的节目,因为担心曝光太多,反而我们会去筛选,其实很多节目我们都没去上。我们的年轻演员们感情很好,拍摄过程里面也发生很多事情,所以他们在节目里有很多可以讲的,那些话题性的东西是观众感兴趣的,当时收视率非常的高,这就表示看的人多。而这些节目在电视上也一直在重播,所以看到的人就越来越多,在我们的声势已经很大的情况下,会有更多的观众期待要看我们的电影。"

2010年2月的柏林影展、3月的香港影展,而5月,《艋舺》再次回到坎城影展——那个宣布电影起航的地方,这部电影也完成了一个营销宣传的循环。就如钮承泽说过的:"在全球化的惊涛骇浪之中,我希望《艋舺》可以成为一个例子,让电影工作者,让观众,让资金都对于这个工业更有信心,希望《艋舺》的起航,是一趟台湾电影甚至华语电影的远大航程的起点。"

电影节的获奖是对电影艺术价值的肯定,同时也有利于电影知名度的提高。《艋舺》男主角阮经天获得金马奖最佳男主角。据统计,一部影片如果能在奥斯卡获得提名,那么它的票房收入可以在原先的基础上再提升3000万美元;如果可以获得奖项,那么它的票房更可以提升到 5000 万美元。①

此外,制作话题,媒体营销。《艋舺》从开拍、探班、见面会、首映会,无不做足了宣传。还未开拍,便开始营销,《艋舺》是首部玩"营销先行"的台湾电影。制片人李烈说营销就是电影的外表,人家决定要不要把兜里的钱掏出来买票靠的就是进影院前看到的这部片子的外表,也就是它的营销。《艋舺》在台湾一路制造各种新闻话题引发社会关注;拍摄期间密集曝光;放映前电视、广播等各类媒体攻势不断,电影广告到处可见。铺天盖地的宣传总耗资达 1000 万元新台币。如此高规格的营销方案在台湾商业电影史上属里程碑式纪录。此外,导演还充分调动他的社会关系,在《国光帮帮忙》等台湾热门综艺节目中扩大知名度(钮承泽毕业于国光艺术戏剧学校影剧科,属于国光帮)。《艋舺》在上映前就街知巷闻了,一上映仅用 3 天票房就突破了 6000 万新台币。②

二、主题内容的本土性

电影产业不仅具有商品属性,更具有文化属性。文化艺术内涵是电影成功与否的关键因素。《艋舺》不仅仅是票房上的成功,同时也取得了良好的社会效益,饰演"和尚"的演员阮经天还获得了金马影帝。电影的文化属性决定了,经济效益与社会效益都较为良好的电影,即使在拍摄技巧、叙述方式等电影美学上没有什么长进,但表现内容上肯定与社会需求有一定的契合。跟踪观众趣味是商业电影能否赢得市场的重要保证。

什么样的故事?怎么讲述故事?这是电影成败与否的基础。失去"故事"的依附,电影行销是无源之水。《艋舺》的成功与其成功的商业化运作不无关系,但是故事本身对台湾观众的吸引力是其成功的关键,而且在主题内容上也有合理的选择。

---

① 谷淞:《好莱坞营销》,中国广播电视出版社,2007 年,第 34 页。
② 张景宇:《〈艋舺〉载起台湾电影业的复兴》,《中国经营报》,2010 年 3 月 16 日。

（一）本土题材："台湾主体性"隐喻

因为特殊的历史境遇,相比中国其他省份,台湾特别强调"本土"以及所谓的"主体性"。尽管台湾岛内不同的政治思想流派对主体性有其不同的理解,但是"本土"几乎成为最大的正确。在政治宣导、报刊媒介的长期的潜移默化的影响下,台湾民众对"台湾主体性"有着孜孜不倦的追求。从文艺创作方面看,本土题材相对而言就具有某种"主体性"隐喻的味道。台湾近期比较红火的影视或表演艺术,都倾向于本土题材:例如,电影《海角七号》《练习曲》,话剧《宝岛一村》则是表现外省族群如何融入台湾本土的。在电影题材与场景上,《艋舺》讨巧地选择了台湾观众喜闻乐见、倍感亲切的本土老城区——艋舺。

导演钮承泽表示,艋舺是一个古老的城区,从最早唐山过台湾的移民时代,到日本统治台湾,艋舺可以说是台北市的缘起。"艋舺一直是一个丰富、瑰丽的、生猛的,一个简直可以是北台湾的一个代表! 所以我觉得很感谢艋舺带给我们所有人不管是历史上、生活上、想象上的一种图腾一般的地位,所以有一部电影要讲艋舺,我觉得那首先就已经是相当能和大家沟通了。尤其电影中丰富的视觉色彩和动作,所有的元素和情感的表达方式,都是最原汁原味的台湾味道。"①影片镜头从未离开艋舺,灯红酒绿的玩乐场所、烧香拜佛的寺庙、赵又廷妈妈开的发廊。艋舺是当时台北的中心地带,是昔日之繁华世界的缩影,而大大小小的帮派在这里滋生蔓延。影片中镜头扫过整片整片的街区、艋舺的菜市场、狭窄的巷弄、低矮的围墙等,这些都是台湾老城区旧日风貌的影像再现。《艋舺》选择老台北城区作为表现对象与故事场景,以这个贯穿台湾历史的生猛老街区作为台湾故事的隐喻。

对于"艋舺"这块地方的氛围重现,是影片的本土情怀体现。艋舺极具生活的热情与动力:灯红酒绿的玩乐场所与烧香拜佛的寺庙,熙熙攘攘的人群中黑帮成员与普通民众,这一切都是那么协调。对于台湾本土观众来说,这的确是一部极"台湾化"的影片,片中大段闽南语对白、太子帮成员们身上花花绿绿的衬衫、巷道里的摊位小店都可能

①　江昭伦:《中广新闻》,2010 年 2 月 12 日。

引起强烈共鸣。艋舺虽然黑帮势力浓厚,但黑帮在这里是一个保护者的角色,颇受到一般大众的尊重。这里的黑帮与大众想象中的无恶不作不同,面对草民,他们是强者,但对外来者则处于弱势。艋舺黑帮更多是盗亦有道的地方老大。在《艋舺》中,黑帮老大与常人似乎无异。电影中,"蚊子"(赵又廷饰)第一次被带到大仔家里去吃饭,发现黑帮原来是寻常人家,也一大家子坐在一起吃饭,有人默默送来一个东西,放在大仔面前,赵又廷故意站起身来去看,是一个手指头,大仔面无表情继续吃饭看报纸,这就是黑帮,砍手不耽误吃饭。当"蚊子"第一次见到如此市井气的黑帮大家族时,"白猴"为他的解释很经典,他说:"这是正港的台湾黑道,俗搁有力。"而影片中,黑帮老大和儿子唱歌的一幕场景,更是充满亲情的韵味,父子之间其乐融融,让"蚊子"倍感羡慕,后来应邀加入合唱。

(二)怀旧基调:坚守与断裂

可以说《海角七号》的成功和怀旧基调、集体记忆是分不开的,《艋舺》显然也洞察到了这一点。当前的台湾社会弥漫着一股怀旧情绪。回溯近两年在台湾本岛风靡一时的文艺作品,电影《海角七号》、电视剧《光阴的故事》、话语《宝岛一村》等,表现形式虽然不同,题材也不尽相同,所刻画的族群有本省人也有外省人,但是一致的是"怀旧"的基调。《艋舺》延续了这股怀旧潮,影片以 20 世纪 80 年代中学生堕入黑帮的故事带出少年成长史,以及 80 年代的艋舺社区华丽生猛鱼龙混杂的生活空间。《艋舺》讲的是年轻人的故事,讲的却不是青春,而是记忆,是对台湾本土文化和本土情怀的纪念。最主要的是,电影里有我们自己的影子。《艋舺》是钮承泽蓦然回首的一盏灯,就像他上片前说:"那是一段年轻、无惧、相信友谊与梦想的岁月,我把它找回来、记录下来。"他拍《艋舺》,照亮自己,更点燃观众心中年轻、纯粹的梦想。《艋舺》是一部怀旧电影,透过淡淡的黄色滤镜显露的怀旧风,慢镜头打斗时的舒缓音乐,衣裳服饰道具布景的每一处细节,都展现了钮承泽对 80 年代青春时光的无限深情。整部影片的色调基本上以黄和黑为主,给一种炎热和残酷的感觉,从背景色调的冷来烘托演员表演的热,故事的时代背景的两次提示也让我们感觉影片的时代气息:80 年代的台北的风情。可以说,《艋舺》成功勾连起观众的成长记忆和怀旧情绪。

《艋舺》之所以经济效益与社会效益双丰收,与该剧真实再现台湾20 世纪 80 年代的老城区风情是息息相关的,同时也与台湾社会的现状不无关系,该剧暗合台湾社会的怀旧热潮。怀旧往往是因为不满现实,希望从过去寻找慰藉和力量。记忆有两种,都是指向与现在不同的过去。"对过去事情的怀恋总是以当下的恐惧、不满、焦虑或不安为背景出现的,即使这些东西并未在意识中凸显出来;正是这些情感和认知状态带来了认同断裂的威胁,而怀旧试图通过运筹我们在连续性上的心理资源,来消除或者转移这种威胁。"①台湾社会虽然经济发达,但是近年政党恶斗、族群撕裂,人们普遍不满现状。令人失望的现实使得台湾民众频频回顾过去,本土怀旧题材成为热门,这与电影《海角七号》、话剧《宝岛一村》、电视剧《光阴的故事》等的爆红有异曲同工之妙。《艋舺》透过怀旧的方式,引起社会大众的共鸣,唤起更多当年的记忆。导演钮承泽认为,这部电影是一股社会情绪的抒解。《艋舺》虽然是黑帮背景,但更主要的却是在表现人与人之间的义气与温情。正如近年热衷于怀旧题材的台湾电视鬼才王伟忠所说的:"怀旧风、温暖风的故事是有共鸣的,台湾在蓝绿斗争,看看以前的人给人什么样的温暖、什么样的团结,友情、亲情、爱情是如何单纯等。"

《艋舺》有着台湾历史的痕迹,20 世纪 80 年代的台湾社会,伴随着经济起飞经历了一场社会变迁。转型时期总会有阵痛,无论是宏观的社会还是微观的人。这就是《艋舺》现实社会生态,影片通过这种变化来推动故事的发展,从而令电影有着厚实的历史感,剧中人物被历史与文明的车轮所碾碎的梦想和生活,则贴近了现实中多少有所磕磕碰碰的观众的感受。变通与否,传统族群的秩序维护和年青一代的友情义气就在这种背景下迎来生死考验,恰如 20 世纪 80 年代末的台湾局势。不管是社会还是个人总会面临种种选择,在传统与现代、坚守

---

① [美]弗雷德·戴维斯:《怀旧和认同》,周宪主编《文学与认同:跨学科的反思》,中华书局,2008 年,第 107 - 108 页。

与改变的种种纠结中究竟何去何从？有时候，一个小小的选择也许就转变了方向，改变了未来面貌。《艋舺》中主人公为了保住艋舺这块地盘，选择了与外来侵入者合作，但最终的结局却不是他想要的，最终却毁灭了自己。站在发展的角度，艋舺传统的社会关系已经没落，自然而然受到新的或外来势力的冲击，无视枪、不认同枪的威力是不合时宜的。但从道义上讲，枪不符合传统帮派的道义，因为直面死亡、过于惨烈。父辈人物角色的引入让《艋舺》拥有一定的历史感，年轻人不想走老一辈走过的老路，却还是落入帮派兄弟间反目成仇的窠臼。艋舺传统的黑道秩序遭受着现代文明的威胁，外省人"灰狼"（钮承泽饰）要求和艋舺老大们的合作遭到拒绝。此时，"和尚"由于得知父辈们之间的事情对本土庙口帮的老大心怀不满，在另一本土帮派叛逆年轻世代文谦的怂恿下陷入一场阴谋。面对选择时的无奈挣扎不仅仅表现在是坚守自身传统还是与往来者合作上，也表现在本土黑帮的老一辈与年轻一辈的代沟上。老一辈的黑帮大佬坚持过去的管理模式，选择传统刀枪，认为西式枪支是罪恶的。但年青一代的文谦、和尚则开始意识到先进技术装备的重要性，他们倾向与外省黑帮合作。上一代的恩怨情仇，新旧世代对艋舺本土帮派历史命运的不同认识，导致艋舺街区的动荡不安。从某种程度上，《艋舺》是风雨飘摇的台湾 80 年代命运的写照。

（三）流行元素：残酷青春物语

电影作为文化产业，具有娱乐性和商业性的品格，这也是电影与流行文化相契合的点。流行文化可能带来某种类型影片的繁荣，而影片也会带动某些流行文化风潮。流行文化是通俗易懂的大众文化生产，青春年华里爱情、友情的迷茫困惑都是流行文化常用的重要元素，而这些都可以在《艋舺》里若隐若现。青春往往与梦想、追求等联系在一起，同时也是大众文化所追逐的对象。青春电影与偶像明星似乎有着天然的联系，这一切又与流行文化元素息息相关。

杨德昌曾说过，台湾电影只有两种：青春电影和非青春电影。虽然台湾电影在华语圈中处于弱势，但与大陆、香港地区相比，青春成长题材的电影则如同一股暗流绵延不断成绩卓著，可谓一枝独秀。从 20

世纪 80 年代新电影浪潮时期的侯孝贤的《小毕的故事》《童年往事》《风柜里的人》，杨德昌《牯岭街少年杀人事件》，台湾电影人就已注重通过少年儿童的成长困惑来反映整个社会。对青春题材台湾电影人可谓孜孜不倦地关注，从蔡明亮的《爱情万岁》到大热的"黑马"《海角七号》，都是青春题材的，其他诸多《蓝色大门》《盛夏光年》《练习曲》《九降风》《渺渺》等一系列表现不俗的电影都是中学生题材的。《艋舺》的主人公同样是学生。

校园生活是台湾青春片的杀手锏。每个人都曾青春年少、风华正茂，残酷的青春和成长的痛楚都让人记忆犹新。《艋舺》讲述 20 世纪 80 年代台湾艋舺地区的几个年轻人的故事，几个生活在那个年代的街头少年成长史，以他们青春的灿烂与幻灭为叙述主轴。在艋舺鱼龙混杂的老城区，暗潮汹涌、危机四伏，在黑道与友情、背叛与义气、断裂与坚守中他们或喋血街头或亡命天涯。电影有着钮承泽的青春痕迹，导演把自己的青春情怀投射在片中"太子帮"阮经天、赵又廷、凤小岳等一众少年身上，演绎热血往事，《艋舺》也被称为"生猛而华丽的青春动作片"。

"17 岁那年，我们一起走进大人的世界，并且一去不回。"《艋舺》中"蚊子"17 岁搬到艋舺，因为一根鸡腿而踏入黑道，加入由"和尚"（阮经天饰）、志龙太子（凤小岳饰）等组成的"庙口"，并结为太子帮。故事由此开始，对母亲的责问，"蚊子"如此解释自己加入黑帮："我从小就没有朋友……"显然，这里的黑帮混杂着友情义气，年少的他们并不知道江湖险恶，他们希望的只是拥有朋友不孤单。与此前的校园小混混题材的《九降风》相比，《艋舺》的学生生活更具暴力和血腥，因为出身自黑帮家庭，所以也更接近真实的黑帮。影片中，黑帮的打斗被美化与虚化处理，但青春的转瞬即逝、不堪一击还是令人扼腕。《九降风》中新竹少年的青春在误会、车祸、退学等事件中流逝；台北艋舺的少年，他们的青春在老庙的高香结拜、街头打杀中泯灭。浑浑噩噩中误入青春歧途：围墙标志着蚊子告别校园、踏入黑道的一刻。这个桥段并不陌生，在日本残酷青春片《蓝色青春》里出现过。热爱棒球的不良少年木村在翻越校园和外界之间的铁丝网时也回头留恋地张望了一下。而在《艋舺》中,围墙分别出现在开头和末尾,踏入围墙意味着进入另一个世界。

表现青春期的迷茫困惑与误入歧路的题材并不少见,大多充斥着成长的痛楚与无奈。正因为这些纠结无比的抉择,那些误入歧途的灵魂才让观众想起自己曾经的迷茫郁结与勇敢无畏,而那未经世事沾染的单纯更是弥足珍贵而令人怀念。尽显无知无畏的极限。残酷青春题材之所以长演不衰,是因为在每个人的成长过程中,友情和背叛都是如影随形。但人们不再轻易受伤害、开始更多考虑自己的时候,也就意味着"长大了"——进入成人的世界,开始诸多顾虑。《艋舺》从开始到结尾,在两辈、两派、两地黑道之间错综复杂的关系中,因为友情与义气,青春年少的他们义无反顾地出手,赔上自己的未来甚至生命。

(四)文艺黑帮:情义、神秘与暴力

关于《艋舺》究竟是青春题材还是黑帮电影,争论不休。为了舆论视听,影片在宣传中,一再强调"太子帮""混的不是黑道,是友情,是义气"。这种辩解让人觉得,《艋舺》就是一部黑帮电影,只是影片的叙事对象是青春年少、血气方刚的"少年仔",再借由这个角度,慢慢撕开整个黑帮交迭的兴衰。大众离黑帮的距离较为遥远,但不管承认与否,在华语圈中,黑帮电影素来是香港的强项,《古惑仔》影响了几乎一代人,《无间道》等相关电影亦表现不俗。与大陆、香港地区的黑帮电影的不同,《艋舺》有着台湾电影的惯有的唯美文艺范。台湾这类电影似乎蛮多,画面有些唯美,是青涩的年少韵味。

用"暴力美学"来言说《艋舺》中的黑帮打斗场面一点都不过分。其实,《艋舺》的文本叙事是一个非常典型化的黑帮电影的模式,从兄弟间的亲密无间开始,最终分裂到相互对立的位置之上。剧中主角以热血青年的身份为友情、爱情或者亲情挥洒着青春的血泪,但是在当下观众追求真实感的审美状态的背景之下,影片的难度在于如何让这种"戏剧性"看起来真实可信。于是导演钮承泽为影片添加了诸多情感描写的细节,比如剧中"蚊子"对少爷父亲的错位感情,以及"和尚"对"蚊子"超出了友情的付出。利益纷争的帮派、生命鲜活的个体,形成了一种合力,共同促成了《艋舺》的别具一格。《艋舺》没有跟大片之风去过度追求场面的恢弘,而是更加凸显了这些台湾电影一直以来的诗意现实色彩,才让它有了能够让台湾本土观众跳出电影本身而去回味影片背后那个年代的魅力。① 唯美的画面、优雅的情调、舒缓的音乐,使《艋舺》的打斗场面有着一种力的美。为了打出台湾人的移民性格,为了生动表现街头打斗的特质,钮承泽在接受采访的时候说:他们专门请来了韩国片《老男孩》和《怪物》的动作指导,"我想把台湾人打架的那种狠劲、移民性格和肾上腺素拍出来。"《艋舺》的打斗动作有着极强的真实感,节奏明显,紧凑而充满张力。更难能可贵的是,电影的场面并不是让人觉得恐惧,反而有一种力度与美感。这应该归功于电影的配乐与画面布局。

电影配乐与唯美画面是《艋舺》区别于一般黑帮电影而具有小清新风格的另一因素。与台湾文艺片相同的是,除去台湾的旧风情,精心制作的电影原声也是《艋舺》的一大亮点。片中丝丝入扣的音乐的确为略显缓慢的影片节奏加分,当太子帮五人来到山上,结束了一整天集训后,还有人抱着吉他通过音乐传达复杂微妙的情绪。这些配乐不仅唯美浪漫,同时还填补了画面和对白之间的空隙,有着欲说还休的淡淡忧愁。影片的另一特色是面画的色彩感。做偶像剧导演多年的钮导,对镜头的唯美运用以及灯光的处理,确实很美好很梦幻,大光圈背景虚化外带深焦以及镜外成像的精确运用,在画面叙事效果上确实很引人入胜。电影中,"樱花"多次出现,别有用心者当然也可以认为这是台湾日本情结的体现。但是这里我仅仅谈论樱花的画面感。父亲在日本寄给母亲一张印着樱花的明信片,"蚊子"把它贴在衣柜的镜子上。这一方面是"蚊子"对父爱的渴望,另一方面则为后来外省帮老大"灰狼"发现"蚊子"是自己儿子埋下伏笔。随后的打斗中"樱花"又出现了两次,其一是"白猴"打架后吐出的牙血,另一次则是"和尚"被砍中时喷溅在空中的鲜血。因为影片的叙述者是"蚊子",通过"蚊

---

① 达达先生:《艋舺:商业的气魄,文艺的气质》,http://zone. ku6. com/viewfilm/7081. html。

子"的眼睛去看去感受，所以"蚊子"看见的樱花是血红的漫天飞舞。这个时候，"蚊子"的女友望着妓院蚊帐上的樱花憧憬，想起"蚊子"带她去看电影的承诺，她还不知"蚊子"血溅街头。不可否认，"樱花"在电影中代表了美好的憧憬。闷骚的配乐与飞舞的樱花，使得街头打斗不仅仅是血腥与残酷，更有一种浪漫感伤。

因此，从某种角度上说，《艋舺》虽然是以黑帮为表现题材和故事背景，但是却延续了台湾电影浓重的人文主义情怀，关注现实人生与唯美的艺术追求在影片中依然一脉相承、可圈可点。这可以说是《艋舺》的台湾特色，也使其不受家长排斥，为其商业上的成功助力。

（作者单位：福建省社科院文学所）

华语电影随感录（八则）①

朱立立

之一　恐怖分子是怎样练成的？
——杨德昌电影《恐怖分子》中的残酷中年与小说

引　子

"水侵沙土 点点的渗 一张笑脸眼中挂/仍然问你爱我好吗 一起呼吸这黑色 空的气/雪降不休 在赤热里浮游 你却握着匕首/让血在暗地流 一张碎脸眼中挂 惶然问你你吃惊吗/终不会见到的血 谁惧怕 张开眼睛 始终没了/张开耳朵 可不可以 天崩风吹不断喊叫凶杀/枯干的手 脱了的发 一张笑脸镜中挂/茫然望你说你好吗 可不可一起安心 一起安葬"（"达明一派"歌曲:《恐怖分子》）

"你是绿色和平中的恐怖分子/已经进入 For 谋杀的历史"（罗大佑歌曲:《绿色恐怖分子》）

1

说起台湾当代电影,杨德昌是不能忽略的重要分子。笔者曾经看过他的两部片子:《牯岭街少年杀人事件》和《麻将》。前者带着自叙传的意味,却缺乏《童年往事》那种温厚淡远含悲的抒情;他的笔触烈性又冷冽尖锐,镂刻了一则 20 世纪 60 年代压抑氛围中台北眷村无根漂流之少年成长的残酷物语。在《麻将》中,时光推移,杨德昌把镜头对准了世纪末价值失范的台北乱像。他冷硬着心肠让我们看,现代国

---

① 以下长短不拘的几则观影随感多为笔者涂写于 1999—2005 年间的网络、博客日志文字,当时用过的网名有零点深蓝、深蓝和柠檬树下的粒粒等。收入本书中的文字有微小的改动,基本保留了当时行文的即兴、随性、感性等特点。

际都市台北的霓虹艳影下,欺骗和虚伪遍布如陷阱,物欲和兽欲阉割了心灵和真爱。只是,我们仍然可以感觉到影片里残存的执着,对纯真的善与爱的一份执着。从这两部电影看,台北是杨德昌电影立足的地理和人文据点,这座城市的成长与衍变,以及城中人在世纪之交的生存困顿和精神焦虑,是杨德昌由衷关注之所在。

2

《恐怖分子》是杨德昌1986年独立执导的影片。主要演员有李立群、缪骞人和金士杰。金士杰那时还年轻,身形颀长优雅,戴着黑框眼镜;李立群看上去倒是已经人到中年的样子,他在《台湾怪谭》中的独角戏水嘴功夫着实了得,但在这部片中,他并不多言,甚至有点沉默寡言。你想不到吧,恐怖分子正是李立群饰演的男主角李立中。这个中年男人的脸上永远写着隐忍和低声下气:无论面对妻子还是上司。直到有朝一日,隐忍变成了喷发的火山——爆发和灭亡一瞬间齐齐降临。

剧情由清晨警察的围捕行动开始,带出几条叙述线索的诸多人物:爱好摄影的年轻人小强与问题少女淑安;这条线索可以当做副线,凸现了台北边缘青年不安定的叛逆状态。

另一条线索可以视为主线:李立中与写小说的太太周郁芬,这对人到中年的夫妻演绎了一出台北婚姻围城的问题剧。男人平淡无奇的上班族生活和平庸无奇的个性无法接近妻子丰富多感而又寂寞空虚的内心。女人当初辞去工作回到家庭,希望生个孩子,但孩子没保住,又藉写作逃避失去孩子的痛苦以及现实的单调;男人则苟且经营着所谓的事业,希望获得升迁机会使生活现状有所改善。女人蜗居书房,男人占据卫生间,彼此难以沟通。其实问题的关键在于:他们的婚姻原就是周郁芬爱情失败后的逃避,并非奠定在相爱之基石上,出现危机也是必然。

淑安无聊中打了个恶作剧电话,称自己有了李立中的孩子,促使周郁芬把婚姻围城中的死亡般的郁闷心理转化成行动,离家出走,(又一个娜拉?)与李立中分居。她还从女孩的电话中得到灵感,小说《婚姻实录》终于写完并获首奖。李立中发现妻子与旧情人沈维彬(金士杰饰)鸳梦重温,找老友顾警官帮忙。摄影男孩把电话真相告诉李立中,但周郁芬知晓真相后并未回心转意,李立中无法挽回妻子毅然离去的步伐;同时,他原本有希望的升迁也突然被宣布无望,陷入极度颓丧,他终于被婚姻与仕途双重的挫败所击垮,成为绝望的恐怖分子。

影片的结局呈现了几种可能性:

(1)李立中用顾警官的枪杀死他的上司和周郁芬的情人,并准备杀死淑安;李立中第一次变成强者:一个冷酷的杀手。复仇的子弹划破清晨的宁静,首先击中的是欲开车上班的西装革履的上司,尸体躺在昏暗的街头,与影片开始时的枪击案呼应,只是尸体的姿势从趴在地面变成仰面朝天。一个生命瞬间被抹去,留下恐怖在继续。复仇的子弹接下来射穿木门并同时击倒沈维彬,桌上的花瓶应声而碎,水流遍地,沈维彬艰难而徒劳地向前爬去,但子弹无情地连连射中这具血肉模糊的躯体。显然,这个结局最为符合梁山好汉的个性——痛快淋漓的恐怖。

(2)李立中自杀。杀手式的复仇仅仅属于李立中的想象。现实中的他怯懦而绝望地干掉自己,世界照常运转,只有他黯然告别。与沈维彬同居的周郁芬噩梦醒来,在干呕。这个结局符合一个凡人的生活真实和个性真实。弱者的生存哲学坚持到底:得,解决自个儿也就解决了一切。一声叹息!

(3)前两者也许皆并未发生?一切只是周郁芬的一个噩梦。影片结束于她梦醒后不断的干呕。女小说家的想象力直观地抵达了生活的某种本质,就是:恶心。这个镜头似乎宣喻了一种存在主义式的悲观哲学。就算杀人和自杀的事件并未发生,活着本身,在周郁芬眼里似乎已经够让人恶心的了。

20世纪60年代的牯岭街,少年小四举起了杀人的刀子;20世纪90年代的都市台北,"动脑子不动感情"的混混红鱼射出了疯狂宣泄的子弹。《恐怖分子》中,老实隐忍的中年男人李立中担纲暴力的主角。作为观影者,人们起初并未洞悉李立中这个个头不高、表情木讷的中年人将会走向那样的极端结局,成为冷酷杀手或同样令人唏嘘的自杀者。大结局中高潮的杀人和自杀场景带来的强烈刺激和震撼,让观影者难免会在震动和受惊之余回溯反省,恐怖分子究竟是怎样练成的?

实际上,这个问题影片已经十分清晰而耐心地提供了一个非常实在的答案:脆弱啊,你的名字不一定叫女人,而是在家被老婆踹、在单位被上司耍弄的无用中年男人! 家庭婚姻危机和事业毫无前途的两面夹击,足以挫伤一个普通男人的生活勇气。如果他的承受力不够强大,胸襟不够开阔,自信心不够强,再加上缺乏某种关键时刻可以镇定自己的信仰……那么,上述两点因素的同时来临就足以将他推向毁灭的深渊。

3

接下来换一个视角,来看看周郁芬这个女性角色。

这个角色的出场就有点不同寻常。她是个小说家,整日为了写作的瓶颈而苦思冥想。这个角色的设置让我们重新回到台湾 80 年代文学的风光年代。两报文学副刊的辉煌,文学大奖的闪耀光芒,自不必多提。在前网络时代的背景下,我们看到了后青春期的周郁芬通过文学书写转移内心的躁动忧闷,还看到小强的年轻女友彻夜不眠地徜徉于文学读物中乐此不疲。文学(小说)写作成为整个影片的情节助推器,让剧情多少有了点戏中戏的缠绕味道。所以,不能忽视这个人物的职业设置。

由于小说家这种职业的特殊性,虚构成为他们的天职。面壁编瞎话不仅不是道德上的缺陷,反而是值得赞赏的优点,前提是她必须编得生动而真实可信,像影片中的小说《婚姻实录》授奖词的大意是所谓:很生活,又很曲折。就是说,成功的小说,要假得足以乱真,甚至比真实世界还要显得真实。

事实上,影片多次强调这个意念。

当李立中小心翼翼地询问妻子能否帮自己洗袜子时,妻子的反应淡漠,仍沉浸在自己的创作烦恼中,李立中立马舍弃了自己渺小的要求,转为安慰妻子。小说的创作让周郁芬游离于世俗的妻子这一角色之外,让她有了男主角无法理解和无从介入的一个想象的天地。小说,似乎是这个婚姻走向失败的媒介。

事实并不一定如此。当周郁芬与现已离婚的从前情人沈维彬见面并重燃旧情火焰后，沈看了周的小说，才发现是自己的结婚曾经给周带来了那么大的刺激，深感自已很罪恶。周饶有意味地说："小说归小说，你不必太认真。跟真实毕竟是有距离的。"这个对话提示了周的小说的特殊功能：它将周过往的情感创伤传达给了沈，同时让他知道了这个创伤与他息息相关，这就促进了二人关系的进一步紧密。二人从前丢失了对方，现在重新相逢，只有加倍珍惜这份从头再来的旧爱。这样也就在客观上宣判了周与李的婚姻的死刑。因此，紧接着的下一个场景就是周在伏案抽烟写作，李上前询问，周扑到李的怀里哭泣。

当周的小说获奖后，小强发现小说情节与现实如此相像，觉得很恐怖。而爱看小说的女友不以为然，说："小说是假的"，让他不要多管闲事，男孩执意把事情告知了李立中。李如获救命稻草。然而当他找周郁芬澄清这一电话真相时，周却大声反问他："小说归小说，你连真的假的都不分了吗？"这一次，李立中第一次在镜头面前失控地爆发。小说的真实与虚构原本可以是一个职业性的技术问题，然而对于这个深陷婚姻危机的中年男子而言，这一理直气壮的职业性质问无情地推倒了他内心那最后的一点尊严。他明白：他被这个写小说的女人彻底地端了。对此，他黔驴技穷，无可挽回。不单如此，写小说这件事似乎让周居高临下地耸立在他之上，让他毫无颜面。于是，他第一次粗暴地对待老婆，企图在身体的暴力行为中进行最后一次的拙劣挣扎。却又被情敌沈维彬声色俱厉地呵斥制止。唉，倒霉的男人。让人无语。

自然，戏中戏，小说与真实生活之间的互相渗透、互相对话，以及捉迷藏，构成了这部影片的一点趣味。所以当年它似乎获得了个编剧奖也可以想象。戏中戏的这点子新浪潮玩剩下的趣味势必还将拥有它的市场。因为，小说也罢，影像也罢，它们都是某种奇异的虚构艺术，然而又与真实有着极为深刻的互文关系。有时候，它们就是真实。它们就是放大了的、扭曲了的真实。

4

多余的话：对于喜欢电影的人来说，一部影片是可以找到许多谈论的话题的。《恐怖分子》是一部有力量的影片，它深入地刻画了都市人的脆弱和迷茫。尤其打动我的是,表现了生命中难以承受之中年和小说的残酷性。其他方面,比如影片中的其他人物(少女、小强),影片的色彩、画面、音响、社会批判,等等,都值得探讨。

2005 年

之二 暗恋桃花源
——一种千古难愈的乌托邦

终于和赖声川的《暗恋桃花源》(以下简称《暗恋》)有缘一晤,找了好久,总算这次淘碟给碰到了。看来这是表演工作坊新近的版本,并非当年林青霞出演女主角云之凡的版本。有点遗憾。一气呵成地看完,感觉还行。

文质彬彬的金士杰书卷气的片头感怀内敛隽永,令人唏嘘。他20年前初演江滨柳这个角色,正值80年代大陆开放台湾探亲热方兴未艾之际,周围上演着一幕幕历史巨大变迁带来的个人悲剧。巧合的是,他舅舅正是40年代末被时代大潮席卷赴台的那一代外省人,身世与江滨柳竟然相差无几,演出前不久舅舅带着终生未了的遗憾离世。可以想象,那样的历史情境和周遭亲朋的个人遭际会给金士杰以及这个舞台剧带来什么。如今我们所知道的是,《暗恋》一剧已成为名副其实的台湾舞台剧经典。

无疑,《暗恋》的结构与形式颇具匠心。它包含了两出各自独立的舞台剧:"暗恋"和"桃花源"。编导有意设置了两个剧组同租一块场地排练的特殊情境,巧妙地让二剧相间演出,"暗恋"多少有一点煽情,是令人伤感的唯美的悲剧;"桃花源"则吵闹不休笑料百出,内质悲怆但表面肯定是一出闹剧。"暗恋"的悲怆与感伤,"桃花源"的喧哗搞笑,一悲一喜,让观剧者忽而陷入悲悯与感慨,忽而又不禁开怀大乐。悲极而笑,乐极生悲,造成五味杂陈的心理效果。(那感觉,有点像笔者当年在南京吃过的怪味豆。)这种开放性的结构形式自然带有间离效果,但似乎并未影响观者的双重投入与脱身。同时,我们也知道,导演显然并不打算让二者互不相干自言自语。我们很容易看到二者的互文和交织,其中最为精彩的就是二剧组同时占领舞台时无意中越界造成的串戏。当身穿远古白袍夸张搞笑的桃剧演员与"暗恋"里凝重忧郁的现代人自然而滑稽地对接上了台词,观众的感受是:忍俊不禁、五味杂陈。

而"暗恋"一剧的导演成了《暗恋》戏外戏的主角,在造成间离效果的同时,其实更促成了投入效果,引发人们将视野深入拓展至20世纪中国两岸分离的历史和现实的悲剧。这也是构思值得欣赏之处。

形式上值得一提的还有那个穿插全剧的神秘女子,该女子装束时髦而言行怪异,不分场合地深情呼唤着"刘子骥",在二剧演出之间隙游游移移痴痴迷迷寻寻觅觅凄凄惨惨戚戚。其实,这个人物看似莫名所以,实则穿针引线,她的言行暴露了编导过于明晰的用心。"刘子骥"这个来自于陶渊明《桃花源记》中的南阳高士,是剧中最为飘忽也最为沉重的精神符号。它提示人们:暗恋桃花源,其实是一种千古难愈的乌托邦。

现在来看内容。形式虽然重要,但再花哨讲究的形式若是没有内涵作底子,多半也会白搭。(不过,音乐和绘画这两种艺术形式似乎不尽然呢。)

"暗恋"讲述了一个催人泪下的凄美爱情故事。主人公江滨柳和云之凡曾经深深相恋于内战时期的大上海,却未曾想,他们山盟海誓的爱情会随着时代的动荡而突然间天各一方。大时代的巨变轻易地埋葬了一对普通年轻人天长地久的誓言。几十年过后,病入膏肓的男主人公江滨柳仍然耿耿于怀,对于他而言,完美的爱情和此生的幸福定格在了40年前月光下的上海滩。命里注定的,原来却是另一种柴米油盐的世俗和平庸,没有了爱的人生是何等的枯寂落寞,以至于临死前,还要在《中国时报》头版刊载巨幅的"寻人启事"。年轻时的恋人在时光流转中变成了永恒的甜蜜与伤痛,回忆越是甜美,内心越是痛楚。那扎着两条细长辫子的秀丽姑娘云之凡,她如今又在哪里?然而,反讽的是,江滨柳心中永恒的恋人云之凡其实竟然和他生活在同一个台北,却几十年了无音信如在天涯。终于奇迹似的相见,却早已物是人非,二人皆已白了头。此情此境何以堪?这是两位老人生命终结前的一丝微末的安慰,还是荒谬的嘲讽与沉痛的一击?

"桃花源"是个古装喜剧。然而人物夸张的动作和戏谑的对白让人发笑之余,也同样有着悲凉的底子。老陶因性无能而被妻子和男房东一起逐出家门,原本企图寻死,却意外迈进桃花源神秘的入口,体验了一番人世间难以想象的光明高尚的生活——这里没有忧愁,没有争斗,只有鸡犬相闻的丰衣足食和内心满足的平安喜乐。但他还是惦念着家中红杏出墙的妻子春花。园中数日,人间经年,回家后的老陶发现,妻子与房东袁老板虽然早已同居,二人却并没有得到幸福,而是轮回般过着老陶以前同样的一地鸡毛的日子。

20 世纪两岸分离悲剧中的云之凡和江滨柳,和桃花源时代的武陵人并没有本质的区别。他们一样徒劳地追逐着他们心中的幸福和完美,然而他们同样只能面对现实的鸡毛蒜皮。而爱情常常是人类获得救赎的唯一途径。在爱情里的人儿期望那一刻永恒,就像云之凡和江滨柳的上海滩之夜。二人信誓旦旦,不曾想这个柔情蜜意的约会竟然成为数十年分别的开始。他们的爱在那个大时代里其实是渺小而卑微的,而在此后的小时代里,他发现个人更加渺小。这是失落了爱情的枯木人生的悲叹。从"暗恋"里,我们深深感受到与白先勇小说一脉相通的那种悲怆与哀愁。

桃花源里的人回到了人世,但这个现实的世界丑陋困厄得让他绝望。等他再一次撑着小船寻找桃花源时,却如何也找不到当初他偶然得见的入口。他回不去了。每一个人,谁又能回到梦中的桃花源呢?就像那古老历史中的南阳高人刘子骥,也曾经认真地寻找过桃花源,至死未果。那痴人说梦的桃花源啊!

然而,永远还是会有人以各种方式建造各自的桃花源。不是爱情,也许就会是别的什么。世上果真有那"不知有汉无论魏晋"的桃花源么? 这个痴傻的发问纠缠着世世代代古今中外的人们,让人类在现实的困顿蹉跎中放飞想象的羽翼。桃花源,乌托邦,以及宗教想象中的天堂,不都寄托着人类超越现实对彼岸永恒的渴望么?

2004 年

之三 《孔雀》:世俗人生的飞翔与沉沦

《孔雀》近日获得柏林电影节银熊奖,颇为引人瞩目。虽然《孔雀》在叙事内容和形式上都并未带来什么革命性的变化,但可以肯定的是,顾长卫从摄影转向导演初试的啼声已经有了不俗的成绩。他带给西方世界的中国形象是由一个过渡的年代作为背景和场景:火热的革命正在萧条之中,开放的新时代尚未正式拉开帷幕。更感动人的是,他展示了那个有些空落的历史时期里中国普通青年顽强的乌托邦追寻以及黯淡的结局。我想起《棋王》里的王一生,在棋呆子的身份庇护下他拥有了棋盘上纵横捭阖的自由;而《孔雀》里的姐姐,则把她压抑的生命激情疯狂地集中于一个硕大美丽的降落伞上。当降落伞的羽翼飘然滑翔在万里无云的晴空,当少女骑着单车身后绽放巨大的伞花奔驰在小镇街巷时,我知道,降落伞就是这个影片的魂魄所在。孔雀只是这只降落伞的一个拙劣的复制而已。

《孔雀》的故事是回顾式的,带有一定的自叙传意味。这是一种夹杂着缅怀、伤感和解构意味的讨好的叙事方式,这种叙事天然地具有一种感染人心的效果。比如楚浮的《四百击》、塔可夫斯基的《伊凡的童年》、小津安二郎的《我出生了,但……》、侯孝贤的《童年往事》和《恋恋风尘》、姜文的《阳光灿烂的日子》、王小帅的《十七岁的单车》、贾樟柯的《站台》……童年的视野或者青春的成长,总是可以赢得人们对坚硬现实中纯真童心和成长烦恼的深挚同情,因为那里面也有我们每一个人曾经的年轻和坚持;那样的叙述,也总是更能轻易地暴露出成人世界的冷酷与不堪。

《孔雀》让今天的中年一代又回到了20世纪七八十年代,那个转型时期,重访物质紧缺贫穷灰暗的革命与后革命交接的年代。"文革"刚刚结束,70年代末的一个北方小城。影片从一个五口之家围坐饭桌四周的吃饭场景开始,在漆黑的水壶突突声中开始回忆。大哥高卫国患有脑疾,外号"胖子",常遭人欺负;弟弟高卫强沉默寡言,他也是影片的叙事者;姐姐是女主人公高卫红,有着清秀美丽的面容和倔强执着的个性。影片里充满那个时期平常家庭的平常遭遇,比如一家人一起做蜂窝煤却被大雨侵袭,比如过年时妈妈一粒粒数糖果分发给孩子;这些细节可能会唤起尘封的记忆,贫穷的蛛网笼罩下,影片中的家庭还有其特殊性,有一个患有脑病的傻大哥。在我看来,这是这个原本可以过着贫穷却安宁小日子的家庭陷入激烈冲突的重要原因。父母对大哥的偏爱引起了妹妹弟弟的不满和嫉妒,弟弟妹妹还因哥哥的痴傻而遭人歧视,两个人谋划着把哥哥毒死,结果又无比歉疚地请哥哥吃了一顿肉包。这个家庭里的父母有着那个时代常见的保守和严厉,他们其实是遮蔽孩子们的另一重阴影;对于卫红而言,她如花的少女时代必须每天面对药厂洗不完的药瓶,这样机械重复的劳作令人绝望……沉闷压抑的生存背景下,某种潜在的革命性因素在不屈不甘的年轻心灵里躁动。卫红耽于幻想,在想象中以各种方式逃离现状;卫强则像一只忧郁而沉默的小鸟。

于是,很自然地,有了卫红对伞兵生活的无限憧憬。当这个漂亮女孩躺在屋顶阳台上,凝视着碧蓝的天空,天女散花般,从飞机上忽然开放出一朵朵洁白耀眼的粲然伞花,她的双眼亮了起来。我们可以体会她内心深处对飞翔的渴望。那是不同于她眼前卑微生活的另一种浪漫的图景。那炫目的伞兵跳伞画面以及卫红骑着自行车在原野上飞速奔驰的情景,是一曲相互呼应着的二重奏。卫红天真而好奇地接近那些英姿飒爽的伞兵,内心产生了一个逃离现实的想法——她要去报名当伞兵。但是她的理想无从实现,她被淘汰了,那个帅气的男伞兵并没有真正帮她。她被重重地推回自己黑暗的小屋。接下来有了整个影片最为出彩的一幕:沉默、绝食多日的卫红终于活了过来,她扑在缝纫机上发疯地缝制了一个巨大的降落伞;然后,她骑着单车,风驰电掣,车后拖着随风开放的降落伞,大叫着、欢笑着,在街道上飞驰,吸引了无数惊奇的目光,一个叫果子的青年吹着口哨兴奋地骑车追随。直到母亲出现,一把将她连人带车拉翻在地……影片另一个触目的镜头是为了找果子要回降落伞,卫红没有犹豫就脱下了裤子……可以说,降落伞肯定是《孔雀》的一个最重要也是最得意的构想,这个人为的意象用来寄托青春期卫红欲冲破生活牢笼的全部梦想和决心。人们也许要质疑影片的真实性,在那个仍然使用布票的年代里,一个贫寒之家又如何能够提供这么丰裕的布匹用来做降落伞？这个细节完全来自于艺术的想象，像许多艺术作品一样，艺术来源于生活，可它又高于生活。

终于，濒临疯狂边缘的卫红回到了冰冷的现实，她的理想令人辛酸地自动降格处理了，变成了只要不刷瓶子就好。她匆匆忙忙马马虎虎地嫁给了一个答应可以给她调动工作的司机，得以在另一个工厂烧制玻璃瓶——看来她与玻璃瓶子的关系还不可能终结。喜欢着她的野性的果子一直未娶，还很哥们地帮她教训了那帮欺负大哥的二流子。果子是影片中最有魅力的男性形象，但是他所带来的安全感当然与希区柯克那些高大英俊殷实智慧的白人男子带来的安全感全然不同。

一个花季少女的多梦年华如此惨淡地终结。这显然是对那个平庸保守僵硬的旧体制以及附带的丑陋人伦的控诉，旧时代束缚了那些年轻早熟而活跃的心灵。两毛四分钱一本的《性知识手册》在作品中鬼鬼祟祟地登场亮相，令人不禁莞尔。弟弟卫强正是因为一张女性人体解剖的图画，被父亲痛斥为流氓而赶出家门。流浪数年之后，他带回一个风尘女子和她的幼小儿子，在这个已经开始流行《追捕》的小城里过着退休的日子，颓废地无所事事。倒是大哥经历了一场爱情挫折之后，与一个乡下瘸腿女人门当户对地过起了踏实的日子。

卫红离婚了。一天，她偶然地邂逅当初惊为天人的英俊伞兵，那时他一口标准的普通话让卫红崇拜不已，这个与卫红有着美好的一面之缘的男子，给卫红带来了憧憬和希望，紧接着却将卫红推向了绝望的深渊。他没有帮助卫红实现当伞兵的愿望。此刻，他正在街边毫无顾忌地大嚼手中的肉包，是街头常见的那种沉沦于世俗生活的邋遢中年男人，自行车后座上坐着他脏乎乎的儿子，拎着大包小包的妻子是当初得到他的帮助当上伞兵的女孩。影片的反讽意味过于明显了，显得有些不够厚道。

接下去的一幕肯定是观众难以忘怀的：卫红与弟弟卫强蹲在路边的西红柿摊子旁边，一个一个挑选。抚摸着西红柿光亮圆滑的表皮，忽然之间，卫红的眼泪情不自禁地涌流出来，滔滔不绝。她转过身子背对着弟弟,掩饰自己的失态,却无法阻挡悲痛欲绝的饮泣。弟弟专心致志挑选西红柿,没有留意姐姐满面的泪花和扭曲的容颜。这个套着一件没有腰身的灰不溜秋的汗衫的女人,在阳光灿烂的日子里,蹲在路边哭得伤心欲绝,却无人知晓。那个身穿白短衫骑着单车奔跑两根小辫飞扬起来的灵秀女孩呢?那个内心总是怀抱着飞翔梦想的女孩呢?这场无声的痛哭传递给人们的,可谓是无声胜有声的震撼。这场景,让我一下子联想起蔡明亮《爱情万岁》的结尾,杨贵媚那场连续三分钟不间断的哭泣……如果哭泣可以舒缓生存的巨大压抑,如果哭泣可以洗涤生活的污浊,那就痛痛快快哭个够吧!哭完了,擦把脸,继续走路。这就是现实的人生:岂止莫斯科不相信眼泪?

影片的结尾,是一个寒冷的冬天。兄妹仁已人到中年,三个小家庭分别走过动物园的孔雀圈栏前。卫红又结婚了,并有了小孩,看不清她身旁的男人是谁,我们希望是一直爱着她的果子。胖子大哥和瘸女人相互携手,走得很带劲;弟弟卫强带着老婆孩子,孩子大叫孔雀是假的,因为孔雀不开屏。大家相继走过,对孔雀开屏不抱任何希望地离开了。

忽然之间,孔雀园里,那只漂亮的雄孔雀机灵灵绽开了美丽的花屏,它缓缓地旋转身体,如同一种庄严的仪式。只是,它持久地骄傲地把屁股冲向观众,像个淡淡的讽刺。身体瘦小姿容寻常的雌孔雀在一旁从容啄食着地上的食物,任由她的孔雀男士尽情表演。这里是孔雀的爱情世界,一场世俗的爱情追逐即将上演。光辉散尽,地面上全是古井无波的日子;然而漫长的平庸生涯里,也曾有过孔雀开屏般的青春热望和炫人风采。这就足以让人慰藉,也足以挑动起脆弱敏感心灵那永远易于感怀的心弦。

傻大哥这个人物,我想多少有点阿甘的意味。虽然并不完全同质。他的结局是我们东方人那种傻人有傻福的凡人生活哲学和卑微愿望的体现。

我对《孔雀》,既有赞赏,这都体现在上述观后感里了;同时又感觉有点用力过猛,也就是太刻意。视觉感受上确实很美,但人物和细节处理有生硬之处。比如鹅的死,一些人认为是残酷的美,我却觉得有些造作。降落伞的隐喻性质与卫红的青春梦幻以及失落关联很深,贯穿全片;比较起来,孔雀虽是个形式感强也易让人产生隐喻联想的意象,可是有点讨巧。跟侯孝贤电影控制的适度与自然相比,顾长卫的叙述有时有些失控、突兀。

但卫红的哭我还是能接受。她挣扎了那么久,压抑的青春风流云散,天空依然远不可及,灰暗的现实生活如影随形。她哭完了,意味着从此她要像很多人那样:"活着。"

鹅之死有人以美来形容,我不能接受。残忍就是残忍,没有美可言。顾长卫的这个镜头我不喜欢。对孔雀的批评(尤其是其意识形态的模糊暧昧和浅薄)自有其道理。但从视觉艺术这个角度看,我以为还是有可取之处的。

对顾长卫,也不必要求太多吧? 不过一部电影而已。毕竟还是有所批判的。

我坚持的一点是,女主角卫红的形象虽多有别扭造作之处,但总体而言还算成功。从她身上可以看到人在现实和理想之间挣扎的那种不屈不甘,也可以看到无奈和认命。

2005 年

之四　他者的上海想象与镜花水月的情爱传奇
——我看电影《长恨歌》,兼谈对原著的改编

文化、政治、经济和商业界持久不衰的上海热,是催生出一部部上海题材文学和影视作品的巨大市场原动力。今年上映的《做头》《美丽上海》和《长恨歌》等文艺片都与上海这座充满魅力的城市有着水乳交融的密切关联。日前,关锦鹏根据王安忆同名作品导演的影片《长恨歌》正在全国各地热映。

王安忆的《长恨歌》是 90 年代一部广受瞩目的小说,"茅盾文学奖"的光环说明这部带有女性叙事特色的都市作品得到了主流文化的接纳与褒扬;同样幸运的是,《长恨歌》不期而然搭上了上海热这班豪华列车,成了两岸三地方兴未艾的海派文化风潮的领潮者。作品受到了影视界的热情关注,双管齐下地衍生出电影和电视剧两种版本,分

别由香港导演关锦鹏和大陆导演丁黑执导。本文只谈已经上市的前者。关锦鹏曾经执导过《胭脂扣》《红玫瑰与白玫瑰》和《阮玲玉》等一系列富有沪港都市色彩和细腻情感想象的影片,他浓郁的香港情怀以及与之相伴的老上海情结,他对情爱主题和女性心理的细致体察,他的影片那种唯美性感的画面与形式,每每为影迷所津津乐道。这次执导《长恨歌》,他对这部当代海派文学经典又将赋予怎样的阐释和铺陈? 这是关心当代华语电影和汉语文学的人们所感兴趣的。

读小说《长恨歌》,人们感受最深的是作者对上海这个城市有着知根知底贴心贴肺的亲近与认同,以及世故、实在而又浪漫、苍凉的复杂理解。王安忆说:"《长恨歌》是一部非常写实的东西,在那里面我写了一个女人的命运,但事实上这个女人只不过是这个城市的代言人,我要写的真实是一个城市的故事。"作者以细致周详熨贴的笔触去描绘弄堂、流言、闺阁和鸽子,耐心捕捉这城市的形象、声色、内涵和风韵,弄堂里的小家碧玉王琦瑶,正是城市不可缺少的色相与风情的重要部分。作者写上海,并非仅仅强调它的繁华、靡丽、光艳,而是类似于张爱玲,从女性话语出发,言说所谓沪上淑媛的上海女人生命里的琐碎、实在、精明、平淡、期待与挣扎。飞扬是人生的极致状态,朴素与沉淀才是生命的底色。然而无论是瞬间即逝的浮华还是天长地久的素朴,细细品味,都是时间巨手把握下的一抹苍凉。所以,王安忆的长恨歌是女性主体的,有些私语化,似乎有意避却男性化的宏大话语,主旨和意蕴看上去近乎庸常,却无碍于小说的大气与悲悯。作者言说上海女性自恋、虚荣、琐屑、无奈、绵长、坚韧的日常生活与世俗心态,也是在聆听城市深处的欢愉、热情和罗曼蒂克,在物质化尘埃与时间的流程里领悟城市内在的隐痛与悲伤。有意味的是,在王安忆眼里,这浮华洋派的上海其实有其乡土根源和传统底蕴,小说里那个宁静祥和古朴灵秀的邬桥,会在离乱的时日收留落魄的琦瑶。

看关锦鹏导演的影片《长恨歌》,则会发现,他看上海的眼光是他者的,没有那种知根知底的自我回眸的亲近和痛彻。片头字幕其实就透露了这种视野的差异:"在自己的城市看不见城市,然而在错误的年代,却总碰到自以为对的人。"这有些隐晦含混的片头语除了感喟人物的乖违命运与时运不济,还提示了该片若隐若现的香港视角;正是香港视域的规约,影片对原著进行了一些有意味的改编,如蒋丽莉在原著中是背叛了资本家的出身而选择与工农干部结婚,成为革命的一员,终于身体的绝症,她的一生与殖民地香港并无丝毫关联;影片则安排她在新中国成立后随父母移居香港,数年后回上海探亲,得以与琦瑶以及程先生重逢,因而有了照相馆里三人颇有情致的载歌载舞的怀旧场景,关于香港,蒋丽莉说了句:"图的是个平安。"暗示大陆政治的动荡与飘摇。80年代,蒋丽莉的儿子回上海,向琦瑶和老克腊、张永红等一干上海时尚青年介绍香港流行的迪斯科,也是当时香港先进于上海的小小提示。从蒋丽莉这个人物身世结局的重新安排,可以看出关锦鹏借叙述上海来返顾香港的企图,这双城情结看上去隐而不宣却有些执意为之。

人们在观赏一部言情的文艺片时,比较在意人物塑造、情节设置、情境营造与感染力等因素。影片《长恨歌》删繁就简地梳理了原著中枝蔓横生的人物关系,完全删除了萨沙、长脚、阿二、吴佩珍、严家师母等小说中有一定分量和用意的配角人物,如萨沙的"左翼"父母与苏联背景,乡土青年阿二的清新单纯,原都是有趣的线索,但显然不在关锦鹏的视野之内,也不符合他的上海想象。影片勾勒了琦瑶与四个男人的情爱关系这条主要情节线索,全力凸现了沪上淑媛一生镜花水月的情爱传奇。几十年来,琦瑶缱绻于不同男人的怀抱中那温存的情话与漂浮的许诺,而后却无一例外地失去了那些男人,似乎一切都是命运在作祟。在与李主任的关系上,琦瑶显现出关锦鹏所强调的硬朗的一面,第一次照面时言语的锐利锋芒、手枪顶住腰部时的镇定从容,表现了她的大气与不凡;李不在时她的守候与等待,得知李离她而去时歇斯底里的发作,证明她对李的真情。但是接下来与康明逊的感情那么轻易就显得不太真实了;与老克腊,感觉更是毫无支撑。那段情在小说里则拥有充分的理由。影片中,唯有程先生与琦瑶几十载相依为命却有缘无分的情感获得了充分展示。原著中自杀于"文革"初期的程先生在片中则成了最长命的人物得以贯穿琦瑶生命的始终,他也是片中最动人的形象。影片安排程先生为叙事人,以他的独白与旁白来观照王琦瑶的命运同时反照自我,这个人物的分量得到了极大提升。有趣的是,电视剧《长恨歌》也存在同样的重心转移倾向,也许这并不能简单归结于编导者的性别意识,在我看来这里似乎隐含了传统伦理的内在规训。在中国传统伦理语境里,梁家辉饰演的程先生那终生不变的隐忍、低调、含蓄、深沉的爱才是值得嘉许与同情的,而王琦瑶那种城市有闲阶层变幻无常无所寄托的情感飘零则不具有正面价值。程先生的相关改动,对于漫长的电视剧而言也许不足以损害王琦瑶形象的丰满,但电影则不然。在程先生的反衬下,琦瑶的人生悲剧很难引起观众的共鸣与同情,她那流离辗转、有头无尾的情爱路多少显得有些虚荣轻浮和荒诞,她与小青年老克腊的老少情缘还显出几分自作孽不可活的味道。一部以情感事件作为情节主干的影片,如果核心人物的情感丧失了感染力,可以想见效果会打多少折扣。这里必须提到郑秀文。几十年的年龄跨度,不同年龄段的戏份(包括情欲展示),对于任何一个女演员都是艰难的挑战,郑秀文的努力人所共见,可谓尽心尽力,但可以肯定的是依然难以打动观众。她的粗哑音质和粤语发音,以及形象造型,都存在问题,与吴越女子之灵秀韵致有着明显差距,表演亦有生硬和用力过度之处。不过,更重要的原因在于编导的情境设置不够合理自然,情节空疏跳荡,缺乏铺垫,没有处理好人物情绪的变化节奏,对情感酝酿的过程缺少必要交代。这些是影片缺乏强烈感染力的根本所在。

不过细细回味,影片还是忠实地传达了关锦鹏对情爱的执着与辩证以及对老上海的想象。程先生对王琦瑶的忠诚守候与持恒关爱始终未曾换来对方的爱,此一长恨;琦瑶遭遇的几重情爱全都未得善终,还丧命于最后的孽缘,此亦一长恨;借程先生执念于琦瑶当年青春美貌的相片,又加进一重慨叹与反讽:青春美貌,如同老上海的旧日繁华不再,其实亦不过镜花水月一枕黄粱,他的爱又怎能不是长恨?

在情境营造方面,关锦鹏无意如实临摹外部的上海景观,而是将镜头流连于他所喜爱的特定的锁闭空间——片场、舞厅、酒楼、公寓、照相馆等,在灯光、窗帘、布景、家具等被赋予强烈形式感的场景中凸现他那兼有怀旧与致敬意味的上海想象。片尾字幕"一座城市不会老,因为每天都有人奔向灿烂的青春。"响应着时间之伤与历史沧桑中的人与城市,更企图以粲然青春的不断更生来刷新这城市老去的华丽记忆和镜花水月的想象。不管怎么说,《长恨歌》为众多深情款款乐此不疲地沉溺于上海怀旧梦的人们提供了又一次鸳梦重温的机会。但它也似乎隐隐喻示着:灯红酒绿旗袍飘舞肉感浮华的老上海所激发的想象还能走多远?

2005 年

之五 《做头》与《丑闻》

有段时间,百无聊赖,于是沉溺于影像世界。一日,在友人推荐之下,连看两部不搭界的影片:《丑闻》和《做头》。

《丑闻:朝鲜男女相悦之事》,是前些日子广受瞩目的韩国影片,据说男主角裴勇俊由韩剧中不变的纯情男孩变身为花花公子是它的一大卖点;《做头》乘着上海热的末班车,以"上海女人"为兜售焦点,香港美女关之琳的激情戏份被宣传广告毫不含糊地当做吸引眼球的杀手锏。本人第一次见到的裴勇俊就是个典型的浪荡子,对他如何纯情毫无概念;关之琳女士倒是在一些港片中见识过,觉得她是一个超级漂亮的玩偶,像个可爱的洋娃娃。和张曼玉,那还是真的没法一起比。

《丑闻》讲述 18 世纪朝鲜时代的公子哥与贵妇合谋破坏节女贞洁的故事。这故事是粗鄙化的,虽然它出自宫廷后宅。它粗陋、锐利、恶心、刺激。在情欲滋长的空气里,没有什么浪漫诗意,唯有性权力膨胀的阴谋与欲抑不能的欲望。让人想起中国民间的著名传奇:王婆和西门庆合谋赚取潘金莲。

《做头》渲染了以贵族后代自居的上海女人那种美人迟暮的失落情怀。影片过度沉溺于女性化的忧郁、感伤的小资情调,却又打造成一幕伪女权的性别权力假象。影片内容稀薄,情绪的唯美化处理则是贵族化的,有着精致而矫揉造作的趣味,苍白的精致和无力的颓靡让人昏昏欲睡。

有趣的是,浪荡不羁的浪子在女子的纯洁真爱感化下立地成佛,以血与死洗刷其粗鄙化的花花公子恶行;悲伤被骗的女子则自沉于冰湖。男女人物的双双赴死,竟然打造成一个类似罗密欧与朱丽叶式的爱情悲剧。于是,一个曲折离奇的阴谋与爱情的古老故事得以功德圆满,可谓是:假亦真来真亦假。故事中的贵妇人可谓阴狠毒辣无耻绝伦之辈,最后居然也洒下几滴鳄鱼的眼泪,编导唯美地以这个坏女人独自咀嚼哀伤而结束。这与王婆被剐的道德劝惩形式上截然不同,不过意味却也相差无几。在此,我看到了美轮美奂的形式的包装移情功能。善与恶的截然划分演变成了后结构时代相对主义的美感狂欢。

相比而言,《丑闻》的故事虽属滥调,却还胜了《做头》一筹。《做头》连影片故事的基本叙述也难以建立,只把筹码压在年华已逝演技平平的美女花瓶身上;踌躇不定于商业片和文艺片之间,对都市特性的把握全无信心,人物对话和情节流程严重脱节……其结果,就是弄得影片非驴非马、扭捏作态,尽管摄影、画面亦有可取之处,然终究无力改变该片的平庸低能。当自恋自慰无所事事的蘑菇头上海女人与小男生终于发生那段滑稽可笑的姐弟激情戏时,估计一般观众早已丧失了对影片的趣味。据说有人以女权解读此片,为大男人之沦落和委曲而大呼不爽。这实在是高抬了《做头》。《做头》中的男人和女人都是阉人,又何来女权?

2005 年

之六　蔡明亮的《洞》

看蔡明亮导演的《洞》,方明白《天边一朵云》早有"前科":世纪末的孤独男女在城市的边缘和怪病的威胁下徒劳挣扎,间隙穿插热烈怀旧的歌舞(葛兰的歌很有风尘味,尤其是"我要你的爱"这首歌的唱法蛮过瘾)。这样的形式到"一朵云"可谓登峰造极。楼上楼下,隔着的楼板被凿了个洞,二人方有了沟通的管道。语言依然贫乏枯竭得惊人。依然是慢吞吞的长镜头和吃喝拉撒百无聊赖的日常生态。但又充满寓言的结构和用意。人类的退化病,居然蜕变为蟑螂,在潮湿肮脏的阴暗角落爬行。真正是现代派的传承,犀牛或《变形记》里的甲虫?湿漉漉的南国台湾,孳生着寂寞可怜的当代人——向着古老蟑螂的状态发展。我如果变形,也决不变蟑螂,要变就变一只白鸟吧,飞在海上，最好有落日余晖相衬……还是有点浪漫，也就失去了蟑螂的冲击力和恶心能力。不要恶心，要赏心悦目。这就注定了我这样的人不可能成为蔡明亮那样的人。但有时候，一个人，爱看他的电影，在他慢节奏的电影里半睡半醒。

前几天又看杨德昌的电影《独立时代》和《麻将》。也是午睡时放在那里催眠，却几次被超大声的国骂（国语版和闽南语版两种）惊醒："×你妈×!"和"×你娘!"此起彼伏。满世界的混混、艺术家、商人、中国人、外国人、男人、女人、不男不女的人……轮番上阵，真诚地上演虚伪，虚伪地扮演真诚，或者根本分不清真实和虚假、真诚与虚伪。搞不清自己要的是什么，只是自作聪明或随波逐流。混乱的人物关系，情欲与爱情，友谊，同事，上司下属，亲戚，家庭，父子，夫妻，情人，性，金钱，死亡，爆发，痛哭，疯狂，纯真，沦丧……

佩服杨德昌面对生存真实的勇气。更多的人在现实中逃避真实，宁愿面对虚拟的温馨和平静，阿Q地微笑。

2005 年

之七　朱天文和侯孝贤的三个梦

这个下午，
属于朱天文和侯孝贤的
三个梦。

看了《最好的时光》。
恋上了一首歌：
"rain and tears"
一遍遍　听
那婉转缠绵的异国男声

那是舒淇和张震60年代的恋爱梦。
相信，那纯情的梦幻，
也属于所有眷恋那个现代化尚未全面铺展的时代的人们。

空气里回荡着"rain and tears"如水的旋律

痴情的当兵少年

张震

终于牵上了清纯的撞球店女孩

舒淇的手,

短暂的故事结束于这个含蓄而又意味无穷的牵手。

想来所有观者都会为之发出甜蜜幸福的叹息吧?

唉……恋恋风尘里的遗憾终于圆满

第二个梦

却不再那么单纯。其实更是沉重的悲吟。

时光前移了半个世纪。1911。

缓慢的节奏,迷离的光影,

仿若回到了"海上花"。

张震的扮相那么酷似

他一遍遍叨念着的梁启超。

与日据时期台湾文人有过密切交往的维新变法者

曾写过这样的可叹诗句:

"破碎山河谁料得,艰难兄弟自相亲"。

"明知此是伤心地,亦到维舟首重回。

十七年中多少事,春帆楼下晚涛哀。"

两岸文人的忧国与强国梦

那悲凉的宏大音调

淹没了青楼女子舒淇

无从托付终身的眼泪

那卑微渺小的眼泪

真实无声地流淌在黑暗里

自由,原是一个艰难的梦

那女子吟唱的该是南音吧

从来没有在闽南古音里

听出了那样无穷无尽的

流离的悲怆

和激越的幽愤

第三个梦,不说也罢。

补充:"恋爱梦"中运用了《Smoke gets in your eyes》《恋歌》《Rain and Tears》三首歌。"恋爱梦"中的三首歌,都是 20 世纪 60 年代风靡台湾的歌曲,歌曲的出现更准确地贴近那个时代。Smoke gets in your eyes 作为一首老情歌,在"恋爱梦"里出现过两次,一次是影片开始,一次是张震在寻找的路上,歌曲有效地烘托出亦真亦幻的氛围,引导观众入戏;这首老歌经久不衰,有很多歌手演唱的版本,电影用的是 60 年代美国颇受大众欢迎的 The Platters 乐队演唱的版本。

2005 年

之八 今夜想起张爱玲及其小说改编的电影《半生缘》

1. 12 岁时写就的《迟暮》,让人看到一个小人精样的张爱玲,那些色彩靡丽的辞藻、鲜艳欲滴的修饰,一点点少女的矫揉造作却掩不住一个早熟的文字嗜好者天女散花般的丰盛感性。让人印象深刻的还有,这个女孩花里胡哨的词句卖弄里那股子凉气袭人的暮气。12 岁的女孩子这么老气横秋地感叹:"咳!苍苍者天,既已给予人们的生命,赋予人们创造社会的青红,怎么又吝啬地只给我们仅仅十余年最可宝贵的稍纵即逝的创造时代呢?这样看起来,反而是朝生暮死的蝴蝶为可羡了。它在短短的一春里尽情地醉足地在花间飞舞,一旦春尽花残,便爽爽快快地殉着春光化去,好像它们一生只是为了醉舞和享乐而来的,倒要痛快些。像人类呢,青春如流水一般长逝之后,数十载风雨绵绵的灰色生活又将怎样度过?"

倚栏惆怅,人影孤独,青春已逝的女人因此羡慕那翻飞的蝴蝶旋生旋死的欢乐,诅咒那"逼人太甚的春光"。沧海桑田过后,《迟暮》里的她,心中千回百转的,是说不出的凄怆与悲凉:"黄卷青灯,美人迟暮,千古一辙。"

2. 在华园看《半生缘》

看影片《半生缘》,也是多年前的事了。在华侨大学,一个风景怡人然而堪称"郁闷"的地方,与一个高大忧郁的湖北女子一起。我们那时算得上是"同情姊妹",当然不是方鸿渐和赵辛楣的迷恋追逐同一个情人的那种"同情",而是,有着相同相近情绪状态的那个同情。

影片在"陈嘉庚纪念堂"放映。和平常一样,影院里偶尔会响起劈劈啪啪七起八落的爆破声,那是潇洒时尚的华大学生嘴里泡泡糖发出的音响。过道上还不时流窜着些许坐不住的学龄前儿童。但喧闹与我们无干。我们无话,只是聚精会神,温习银幕上三四十年代的两对恋人令人唏嘘的爱情故事。因为熟悉故事的原委,并不期待有什么戏剧性情节的震动。有一种久违的快乐——女孩子时期吃着冰淇淋看电影的那份自在惬意和全心全意的专注。主人公 14 年的缥缈人生过去了,平平淡淡的鸡毛蒜皮,荒诞离奇的生离死别,也不过是黑暗中的两个小时。影像带来的淡淡惆怅和喜悦却老是纠缠着,不肯马上消散。是为着曼桢、世钧、叔惠和翠芝各各不同的抱憾终身? 还是为张爱玲的冰雪聪明与凄冷滑稽的情爱身世? 抑或是只是为着看电影的人"一地鸡毛"的荒凉生活。谁知道呢! 凉风拂过,高大飘逸的柠檬桉在南国的夜色里显得格外有风致——难以言语的美。补充一句,那是我见过的最动人的一种植物:她是永远的悲剧主人公。

那晚记住了香港女导演许鞍华的名字。也是那晚才见识了黎明和吴倩莲的庐山真面目。黎明把世钧演绎得羞涩木讷、脉脉含情,又有些憨傻呆萌的较真,可惜语速过快且吐字不清;吴倩莲(饰顾曼桢)则一身的爽快热情、精神抖擞,笑起来暖洋洋像盆冬天里的炉火,一口牙齿则是牙膏广告里的那么洁白悦目。翠芝果真像是南京美女:一点儿也不玲珑小巧,却也有着高大凛然的娇媚性感。而叔惠,或许是影片里最酷最帅的男性,却不知为何,情系已作他人妇的翠芝,落得孑然一身四处飘零的黯然与遗恨。梳分头戴眼镜一身长袍的王志文(饰张豫瑾)是个配角,然而那长袍裹着的瘦长身形和圆眼镜背后一双落寞怪异的双眼却给人留下沧桑凄清的印象。"不笑的时候像老鼠,笑起来像猫"的葛优(饰祝鸿才),以他令人失笑的形象诠释一个并不彻底的坏男人,尽管犯了强暴女主角的滔天之罪,可也不是绝对不可以被原谅的。梅艳芳饰演的曼璐可圈可点,那种末路烟花女子的不甘和不平,化作满腔难以克制的怨毒,使得作品中最招人抨击的情节漏洞也显得有点情有可原。其实,曹七巧的怨愤和表现形式也并不比曼璐的逊色。那是张爱玲童年不幸生活积郁的深长回声么? 也许吧。

1999 年

(作者单位:福建师范大学文学院)

国外电影随评(十三则) ①

朱立立

之一：从《我的意大利之旅》看新现实主义电影

近日看了斯科塞斯长达四小时的纪录片《我的意大利之旅》。此片堪称一部个人化的意大利新现实主义电影史，片中出现了众多意大利电影经典，多是黑白片，虽时隔半个多世纪，依然可以感动人心。

罗西里尼的《德国零点》，二战后的柏林，整座城市形同废墟，毫无生机。一个八九岁的小男孩，在一座座毁坏的楼房里独自游荡，在混乱肮脏的街道上漫无目的地流浪，孩子的脸上没有那个年龄应有的欢乐与天真，他的双眼充满忧郁、凄惶和迷茫。最终这幽魂一样又瘦又小的男孩子从破烂无顶的楼房窗口无望地跳了下去。一位捡破烂的妇女听到了那声让人心碎的闷响，惊惧地捂住了嘴。其实不远处列车刺耳的轰鸣声掩盖了小孩身体撞击地面的那一声，但相信观影者都在心里听到了这一声重击。生活必将继续，可是，这孩子永远不会再有明天了。这让人伤心恒久。战败国德国战后的阴影，是从一个平凡如芥子的小生命的自生自灭来透视的。

影片让我想起塔可夫斯基的《伊凡的童年》。如果痛苦可以比较，那么孩子的夭折与毁灭是最让人难以忍受的痛苦。战争给人类带来的最大苦痛之一就是让无辜的孩子丧失了童年乃至生命。

---

① 以下十几则观影随评多为前些年随手写的日志，多曾在网络博客或相关论坛以网名发布。曾用网名有零点深蓝、柠檬树下的粒粒、粒粒源花桃、粒粒梧桐雨，等等。这些随评带有网络文字特有的即兴、感性、随性的特点，其不足是明显的；其欠缺深度也是必然的。只是一个观影者的随笔，聊以纪念2000—2008年间那些狂热淘碟观影的日子。

《51 年的欧洲》,依然是战后的欧洲。英格丽·褒曼饰演女主角杰琳,儿子米高因战争对其生活信念的摧毁而自杀于战后,母亲伤心欲绝。一个马克思主义者试图帮助她,带她了解那些她以前丝毫不关心的穷苦人的生活。杰琳的面前打开了一扇窗,她看到了战争给许多人带来的不幸。曾经亲历的不幸使她的同情真实入骨。她要帮助那些无助的人们。杰琳不顾丈夫的反对一意孤行,她认识了社区一位收养孤儿的女人巴西罗特,她来到机器轰鸣从事着机械劳动的工人们身边,帮助他们改变恶劣的生活处境成为她的信念。但她的行为无法得到她的上流社会的丈夫和亲友的理解,他们越来越不能接受杰琳的"疯狂怪异",丈夫抛弃了她,她也沦落到与妓女同屋的地步,最后,丈夫将她送到"庇护所"("收容所"),在拘禁般没有自由的生活中,杰琳仍然坚持帮助那些失去亲人、失去希望和信念的边缘人,用她的没有条件的爱去点燃他们的生活勇气。她的信念是:"我宁愿和他们一起迷失,也不要单独获救。"

这是一部让人难以平静的影片。褒曼饰演的杰琳那圣徒的气质深深触动了我的心。"我宁愿和他们一起迷失,也不要单独获救。"褒曼完美的脸容不仅美丽,而且如此圣洁。

罗西里尼在这部影片中没有谴责任何人,甚至那些冷漠无情的人们,诚如斯科塞斯所言:"他编织了社会有规则的情节,这些规则定义了疯狂和心智健全的状态。"罗西里尼其实不够冷酷,他的心一定是柔情的,他让关在高墙里的杰琳出现在窗口,楼下一群曾经得到杰琳帮助过的女人、男人、老人和孩子,一起向杰琳仰望致意,表达他们的感激和敬佩,并要求将她释放出来。杰琳的双眼涌出了泪水:还需要什么别的回报么? 不需要。

二战结束不久,罗西里尼在无比冷酷的现实里企图建立起生活的信念。这部影片揭示了爱与社会规则的矛盾,讴歌了爱的至高无上的精神能量。他说:"社会的灵魂是法律,社区的灵魂是爱。"这话在今天也并不过时。这个影片让我对罗西里尼产生了一些联想,他的思想显然带有马克思主义的"左翼"精神烙印。实际上,意大利新现实主义电影最富有魅力的影片常常以关注底层小人物的生存境遇而著称。

比如接下来斯科塞斯所介绍的德·西卡。1946年德·西卡的《擦鞋童》,是一部以二战后欧洲底层孩子的生活景象为主要内容的影片,实实在在的少年残酷物语。比较起来,那些当今新新人类酒吧、舞厅、网络游戏里的残酷青春无疑就是天堂了。1948年,《擦鞋童》获得了奥斯卡的特别奖,奥斯卡组委会这样评价它:"这部优秀的电影把我们带入了处于饱经战争创伤的国家中的悲惨生活,它向世界证明了创造精神可以取得对一切灾难的胜利。"事实上,正是这部电影推动了奥斯卡最佳外语片奖的设立。两年后,德·西卡凭借着电影史上最朴素伟大的影片之一的《偷自行车的人》,再次获得奥斯卡特别奖。

斯科塞斯非常喜爱德·西卡,这是有充分理由的。作为意大利新现实主义电影的旗帜式人物,他的《偷自行车的人》和《风烛泪》同样感人至深。我喜欢德·西卡对琐屑细节的专注和场面发展的耐心,里面浸透着对穷苦人生活状态无奈的悲悯和同情。巴赞曾赞美《偷自行车的人》如何带着我们穿过整个罗马,又如何让观众注意里奇和布鲁诺之间不同的步子。我们跟随这对可怜的父子穿越罗马街巷时的眼光,是多么不同于那种罗曼蒂克走马观花的闲适游览。我们焦灼不安,期盼着他们会有好运降临。我们赞叹着孩子懂事的同时又心疼着他的辛苦和冤屈。我们为父亲在打孩子一耳光之后请儿子吃汉堡的场面而心酸,更为绝望的父亲失去了最后的道德坚守而沦为偷车贼而难过。电影细致敏感地通过父子关系来诠释一个穷苦善良的男人其父亲形象的坍塌,我觉得:那孩子就在那可悲的一刹那间彻底告别了童年。一部小小的自行车,引发的一场父子奔跑不止的地毯式搜索,一条单纯而执着的线索,足以让人过目不忘。

《风烛泪》轮到我们为着一位可怜的老人而洒泪。那位退休老人的孤独和善良得到了充分表现。他在孤独和贫穷中绝望得欲自杀以自我了断,可他又舍不得丢下爱犬,于是有了一连串的"托孤"之行,最后,小狗的生命力似乎感染了老人,影片给了我们一个颇具安慰性的尾声。片中那段老人欲行乞的场景令人难忘,老人的自尊在挣扎,他伸出的手接到第一个行人放下的钱币时似乎被烫着了,赶紧翻了一下手臂,把手背朝向天空,抖落那些钱,似乎只是在伸手试探有没有下雨;老人挣扎了许久,才决定让小狗完成这项行乞任务,可爱的小狗反顶着礼帽,站在路边,而老人则躲在了石柱背后;却偏偏碰上了认识他的爱犬的一位熟人,于是老人只能露面解释说他是在训练小狗。片中的细节十分细腻鲜活,充满生活流程中难以预料的随机性。但人物的内心世界和生活状况就是那么自然地展现了出来。

斯科塞斯对德·西卡的《那不勒斯的黄金》系列剧的记忆似乎特别深刻,那是他童年时期常看的连续剧,从中获得了一种久远的影响。那些有趣的戏剧片段有悲剧与喜剧的相互渗透,其中有一集讲述一个贵族老头的逸事,老头孤寂无聊,没人愿意陪他,只好找一小男孩和他玩牌,小男孩根本不愿与这古怪的老头对坐,可是在父亲的威逼之下只能无奈从命。玩牌过程中,老头的较真、激动和发怒,小孩的敷衍、平静和不屑,真是很逗的细节铺陈,一老一少的对手戏让人忍俊不禁。我尤为喜欢那个聪明、好运气而有点狡黠的小男孩,他表演得精彩可爱之极。我再次钦佩这种看似无聊的细枝末节的琐事呈现,可以轻巧灵活地还原生活毛茸茸的质感,人物也能得到传神刻画。

维斯康蒂被称为"新现实主义之父",其影片《十地两点符》(更常见的翻译是《大地在波动》)富有代表性地显示出新写实主义的基本特色:比如完全真实的外景拍摄、非专业的渔民充当演员,葛兰西这样的思想家给予他的启发是阶级分析的视野,他朴实的长镜头记录写实得到了粗犷写照。

不过维斯康蒂还有另外一面,那就是他的贵族血统以及他富有个性的唯美与华丽。这就不是新现实主义这一称号所能框限的了。斯科塞斯对维斯康蒂的介绍让我印象最深的是《蟾酥》(另一种翻译为《情欲》),根据意大利著名作家波阿托 Camillo Boito 的同名小说改编,描写一个发生在意大利统一时期的爱情悲剧,乔治·萨杜尔认为,片中死亡与爱情、情欲与背叛的合唱,就像是一出因其现代性而与新现实主义有联系的歌剧那样被发展到最高潮。我在这部影片片段中所能看到的,是贵妇利维亚与英俊青年法兰斯之间那种我们熟知的情爱过程,一时间,《安娜·卡列尼娜》《爱玛》,这些名著以及改编的影片浮现眼前。始乱终弃的浪子、被爱情俘获因而智商等于零的傻女人,再加上战争离乱的背景,总是文学和影视难以割舍的好题材。斯科塞斯带领我们欣赏维斯康蒂那卓越的构形与色彩调配才能,人物的恋情的变化伴随着影片调色板色彩的转换,从华丽、浓郁、高贵到单调、黯淡,让人充分领略电影艺术的视觉表现特色。

我认真地看过的他的影片是他后期的《死于威尼斯》,斯科塞斯在《我的意大利之旅》中没有介绍,那是70年代的作品了。因为对白先勇的兴趣,笔者曾经四处搜寻这个影片,并重读托马斯·曼的原著,看过作品和电影后,再看白先勇的早期小说《青春》,发现那完全是一种稚嫩的临摹,但白先勇作品与阿申巴赫式的唯美颓废有着精神的相通相怜则是无疑。当阿申巴赫到理发店整理仪容希望变得年轻时,理发师幽默地调侃了一句:"先生,你现在随时可以去恋爱了。"然而,这幽默反映在阿申巴赫涂满面膜的惨白面容上,却是年华已逝的加倍的衰老与绝望的挣扎。阿申巴赫对美少年塔其奥的爱,是艺术家生命本能的呼救,潜藏着对美与青春的渴望和颓废无望,令人心底发凉,从中完全可以体会到晚期维斯康蒂与人物相似的情怀。称他为唯美主义者一点不为过。对于维斯康蒂之死,另类作家崔子恩曾惋惜地说:"在他的高贵精神和神经质的敏锐从银幕上消失之后,一个电影时代结束了。"

既然涉及意大利新现实主义,自然也不可忽视费里尼。虽然费里尼本人对这一称号不屑一顾,但人们认定他与新现实主义关系密切——对此我无可置评。评论家与创作者之间的水火难容却又两相需要的悖论由来已久。主义之类的说辞如果不是想崭露头角的准艺术家挥舞的大旗,那就必然属于评论家们乐意鼓噪的理论收编行为。我所重视的是这个概念是否承载有足够的内涵,而不至于空洞。与其他很多晦涩或空洞乏味的主义概念相比,新现实主义电影运动的基本含义和产生背景倒是足够清晰,见于任何一本《世界电影史》,非常容易理解,我所知的国人所写的不多的有关新写实主义的论文,基本上不约而同将其与中国同时代的现实主义影片相比较。但所有的最优异的艺术家从不被任何概念限制。费里尼亦如此。新现实主义也罢,现代主义也好,存在主义、超现实主义、梦的精神分析……他都表现出良好的消化能力,融为自己的光影叙事。

还是回到费里尼的影片。在斯科塞斯所提及的影片中,我熟悉的有《浪荡子》和《八部半》,各看了两遍。这两部影片也已经让我对他另外的影片充满期待。我中意的是他《浪荡子》里那种对生活状态和场景富有活力的勾勒,那五个浪子,也可能出现在世界的任何一个地方,也许就曾经是我们的兄弟或年轻时的我们自己。我还喜欢费里尼自然轻巧的轻喜剧手法,比如主人公被父亲狂揍得狼狈逃窜的片段,比如蜜月旅行归来当街的那段兴致勃勃的跳舞,还有狂欢节前后悲喜参半的场景……《八部半》,就不说了,值得写长篇感想,以后有空再写。《我的意大利之旅》一片中提到的点题之作乃是罗西里尼的《意大利之旅》,这是一部表现现代人婚姻关系的影片,又是由英格丽·褒曼担纲。我们跟随这对貌合神离的中产阶级夫妻游历了一遭罗马的古迹,当我们为这两个人难以沟通的关系失去期待时,没想到旅程的最后却发生了陡转。当褒曼目睹考古学家在庞贝古城挖掘出来的一对紧紧相依偎的男女的骨骸,不禁失声痛哭。悲哀的气氛持续着,从荒凉的古城回到喧闹的人间,夫妻俩被游行的人群冲散,油然生起一股相依为命的感觉,他们呼唤着,挣扎着,相互追寻,相互靠近,最后紧紧拥抱于异乡的人流之中。这一幕,让我一下子联想起《倾城之恋》里范柳原与白流苏的那个拥抱。那该就是张爱玲那么喜欢的《诗经》的意境了:"死生契阔,与子相悦,执子之手,与子偕老。"

2005 年

之二:希区柯克带给我们的恐惧与快感

刚看了"影视评论"上李贵仁网友的一个帖子,才知道 4 月 29 日是希区柯克的 25 周年忌日。他是在梦中离去的。把以前涂写的零星手记搬来这里,以表笔者对这位 20 世纪雅俗共赏的电影大师的怀念。不成样子,只是零碎肤浅的个人感想。

1. 喜爱希区柯克的电影。虽然至今没看全,虽然他的许多片子拍得早,黑白片,显得老旧了些。有时候还会聊发少年狂地想象,假如上帝允许少数杰出的人可以永生,那就请优先考虑卓别林、希区柯克这样的优秀电影人吧。

2. 最早看希区柯克,是 20 多年前的事了。一部黑白的《蝴蝶梦》看得如痴如醉,剧情的跌宕起伏,悬念迭起……那是初次感受到惊悚可以带来快乐的观影体验。琼·芳登饰演的灰姑娘女主角的无助、无辜与无措,女管家的阴郁、阴冷与阴险,都让人难以忘怀。然后是彩色的《鸟》。《鸟》曾经让我为大自然对人类的疯狂攻击而惊异恐惧。群鸟啄食人类的可怕画面,开辟了反省人类自身的灾难片的先河。我们不能不把鸟类的大举进攻理解为自然向贪婪的人类的一种报复。这种思路后来越来越频繁地出现在好莱坞大片中。再是《西北偏北》《爱德华大夫》。……

3. 看他的片子,是对神经和智力二者同时的锻炼。你必须学会从容镇定,任何时候也不必大惊小怪。但即使你有了充分准备,依然会被他诡异的思维刺激得兴奋莫名。《火车怪客》:奇异的构思,大胆的想象,暗示性的镜头语言,当然也少不了音乐的铺垫渲染,但更多的是心理的揣测和考验,共同编织出一个荒诞不经却又步步为营、水到渠成的谋杀案。他把一个99%的不可能变成了100%的事实,让你目瞪口呆然后深深叹息:哦,人性,充满任何可能性的人性。

4. 在希区柯克的众多影片中,《后窗》算得上深受欢迎的一部。它的成功首先源于它巧妙的构思:一个行动不自由的男子在窗口的偷窥生涯里开始卷进了危险的深渊,知道得太多从来就是危险的重要根源,傻人有傻福。但我们的主人公为摆脱无聊还是开始了偷窥。镜头语言随之变得富于活力起来,那些原本可能平淡乏味的住宅里顿时似乎随时会发生惊人的事变。果不其然,在人物精密的注视下,罪恶发生了。希区柯克让一个小小的精致创意成就了一个扣人心弦的悬念。这个构想成了经典,被后人不断学步。

在基耶斯洛夫斯基的《红》中,那个退休老法官的窃听重复了那个创意,只是他不仅仅在偷听过程中无意识了解周遭的离奇故事,还同时通过占有他人生活的秘密和罪恶来掩盖自己曾经的痛苦。这就有了区别。波兰斯基的《苦月亮》(又名《锁匙孔里的爱》)是窥视的另一种变体。一对英国中产阶级规矩夫妻正是在窥视他人的欲望引导下差点走向了毁灭。让人感叹:偷窥真是危险的。其实危险时时潜伏在人的欲望里,偷窥只是一种像藤蔓一样向着身外空间的本能攀爬。东方人的偷窥欲望并不逊色,韩片《爱的色放》就是一部颇为吸引人的以偷窥构成情节驱动力量的影片。

5.《眩晕》(又译《迷魂计》),这部拍摄于1958年的电影让詹姆士·斯图尔特扮演一名患恐高症的苏格兰警探斯考蒂。受朋友委托,主人公去跟踪一名深受往事困扰的金发碧眼的美人玛德琳,不久二人坠入爱河。美人梦游症发作,他眼睁睁看着心爱的人爬上教堂顶的窗口掉下来摔死,他却因恐高而无法爬上楼梯。然而他不知道这是一个精心编织的陷阱。很久以后,他偶然看见一个绿衣女子酷似玛德琳,强烈的好奇和对往日爱的负疚和追忆驱使他不惜一切接近这个女子,当他把她重新打扮成玛德琳的模样,他发现:昔日的她复活了。在重返教堂、重回往昔的过程中,他终于弄清当初的谋杀真相:当初那个死去的女子根本不是她本人,而是被她谋害的双胞胎姐姐。真相败露,金发美人失足掉下教堂,他却战胜了恐高症。这个片子有着迷离恍惚的吸引力,像充满悬念的梦吸引你朝向着幽蓝的深渊滑去,不愿醒来。

6. 人们为什么会喜欢希区柯克? 当然,因为他带给人们刺激紧张好看的悬疑故事。这是他广受欢迎的基本要素,也是许多可以大众化和化大众的文化产品的共通之处。他竭尽所能地凸现人类内在的恐惧:死亡、谋杀、背叛、怀疑、虚无。这个对弗洛伊德理论有着浓厚兴趣的怪老头,总是以他对人性的诡异剖析和复杂多样的悬疑手法,调动人们恐惧的想象空间。其实,人类的心灵对于存在之渊薮从来不可深想,一旦深深追问,难免陷入无量的恐惧、惊讶与虚空。那么,人们为什么还会对这个激发人的恐惧本质的老头深感兴趣而不是避之不及呢? 难道人们喜欢恐惧感就像一些人喜欢自虐?

和今天大量的惊悚恐怖片相比,呈现来自高科技手段的视听奇观自然不是他的强项,也并非他的主要追求。希区柯克更是一个立足于细致入微的心理分析和梦的解析而陷入沉思推理的冷峻思考者,他也是将人类天生的恐惧本质形象化并转化为快感的一位高明的艺术家。

2003 年

之三 真人秀:真实的魔力与代价
——《楚门的世界》观感

第二次看影片《楚门的世界》(英文名 TRUEMAN SHOW,直译为"真人秀"),依然感觉到某种震动。观后感受随手码来,巩固这一段难以忘怀但也未必就能永远铭刻的视听记忆。

1. 真人秀的魔力

一个在海边小镇生活了 30 年的白人男子楚门,他的喜怒哀乐、吃喝拉撒却原来是个一天 24 小时连续不断已经播放了一万多天的超级真人秀。全世界上亿双眼睛无时无刻不在凝视着他,享受着、消遣着,这绝无仅有的最为漫长最为宏大的肥皂剧盛宴,从楚门的出生开始,直到未来有一天他生命的终结。无论男女老少,黑皮肤白皮肤,蓝眼睛绿眼睛,白领、粉领或蓝领,人们越来越沉迷地注视着他的一举一动,一颦一笑,从每一个白天到每一个夜晚。他的生活成为人们餐桌上不绝的话题、午夜孤独的慰藉和催眠曲、流水线工作间歇的兴奋剂、无聊时打赌的内容……不知不觉间,楚门的一切已成为人们日常生活必要的一部分。这种几十年不息的集体性偷窥给予了不同阶级、不同性别、不同种族的人群。

2. 真人秀的残忍

对于楚门而言,这场真人秀是不可思议、不公平甚至残忍的。楚门不过是公司收养的一个孤儿,他被选中,从此成为不明就里的特殊的明星,同时成为公司的一台勤勤恳恳、鞠躬尽瘁的赚钱机器。只剩下楚门这个举世瞩目的明星被蒙在鼓里,兴致勃勃地经历着他自以为是的真实生活。楚门周围的所有亲人、朋友和同事全是演员,他生平遭遇的一切故事包括父亲的去世和爱情的降临,全是导演一手安排的结果,楚门生存着,可是没有丝毫的隐私和自由,看上去正常的生活全部源于人为的操纵和表演,他只是充当着不自知的玩偶而已。这还不够令人恐怖么?

JIM CARRY 饰演的楚门健康阳光、单纯可爱,他的形象和个性激发着善良的观众内在的同情。影片开始时,他已经懵懂无知地被观看赏玩了 30 年。这期间,并非没有发生过穿帮的危险,但每一次高明的幕后操纵者和万能的高科技都能化险为夷,将楚门摆平,送回小镇看似正常的轨道。为了泯灭童年楚门离开小镇出门探险的好奇想法,导演安排了幼小的他目睹父亲掉进大海淹死的场景,让他从此恐惧大海;当他步入青春期有一天遭遇爱情,遇见一位令他怦然心动的姑娘,而同样也爱上了楚门的女演员思薇娅,她不忍心欺骗他,欲告诉他事情真相时,她即刻被抓走从此与楚门天各一方。

一系列的诡异事件让他意识到自己处于阴谋之中,他下决心从蛛丝马迹中探明真相。经过不懈努力,他骗过了无处不在的摄像头逃到他曾经畏惧的海上。导演没有放过他,人造的狂风暴雨几乎毁掉他。所幸,经历了九死一生的他终于抵达大海的彼岸,当帆船一角顶到天幕,天穹顿时出现了一道长长的划痕:这碧蓝的天穹和漂浮的白云,以及楚门刚刚冒着生命危险跨越的大海,全都是人为的高科技布景。其实楚门居住的小镇就是世界上最大的摄影棚。

3. 楚门的胜利

追寻自由和真实的信念驱使楚门来到了虚幻的天边,在这禁锢他30 年的巨大牢笼的出口,他拒绝了导演甜言蜜语的许诺和耸人听闻的警告,勇敢自信地迈向了外面的世界。这时,他深爱着的思薇娅在电视机前发出了欣喜若狂的欢呼。所有的观众也发出了感动的欢呼,就连摄影和监控人员也激动得相互拥抱。人们在为楚门的胜利而狂欢。这时,我们看到了好莱坞式影片那常见的人性胜利的温暖与光明场景。无论影片所揭露的现实多么丑陋和黑暗,但是影片最终所要出示的仍然是一种善战胜恶的信念。楚门的反抗和胜利也是好莱坞的人道主义的胜利。这符合一般观众的期待心理。所以,好莱坞模式纵有千般俗套和不是,它也必然还是无往而不胜的。

4. 真实与虚伪

影片大团圆地结束了,给脆弱的人们带来了一个多小时的惊恐、担忧,随即又给了我们甜美幸福的安慰。当然它更呈现了一种大胆创意和随之而生的戏剧性趣味,但是电影提出的命题是犀利而难以回避的。虽然不至于如此夸张,但当今世界的媒体为了追逐收视率,纷纷搜罗抢人眼球的真人秀,也已经成为一种现实。"真实"往往成为吸引眼球的卖点,吸引眼球又是为了聚敛财富,像影片中的真人秀制作公司就成了盈利最为丰厚的大企业,楚门的生命流程可悲地成为商家赚大钱的载体。当真实成为一种手段,那么真实的意义何在? 楚门的所谓真实生活其实就是无数人的谎言所堆砌起来的虚无大厦,真人秀本身对真实的概念就是一个巨大的反讽。当我们津津有味地凝视着电视中的真人秀时,或许应该想想,摄影机前的真实是怎样的真实?

当科技已经发达到可以通过卫星透视任何一个角落的私密行为,影片流露出的担忧其实也就并非天方夜谭。如今繁华的都市里不是也四处充斥着针孔摄像头、可摄像手机、窃听器之类的科技产品么? 当然我们不必也不会因噎废食地摒弃科技成果。我想起了去年的贺岁片《手机》,其实手机何罪之有? 葛优、张国立又何至于把手机看成了毁掉他们生活的仇敌? 真正的仇敌是生命中已经成为习惯的虚伪和欺骗。无法真实坦荡地面对自我、面对世界,这才是悲哀的。

当真实被伪装、当谎言被掩盖、当灵与肉的生命已然成为玩偶——活着,就意味着一场平庸冗长的灾难。这是《楚门的世界》告诉我们的简单的真理。

2005 年

之四　生命的春意盎然
——我看《放牛班的春天》

1. 基本内容

《放牛班的春天》讲了一群野性未改的法国问题少儿在一个叫"池塘之底"的男生寄宿学校里发生的故事。在荒郊野外的破旧校舍,自由受到限制,捣蛋和被罚,学习和改造,压抑和等待,生活日复一日,了无新意。

这一天,来了一位个头不高其貌不扬的中年秃头男士克莱蒙特,他的任务是接替一位被顽童们折磨得遍身伤痕的学监。从此开始了一场可以预期的热闹。影片里不乏孩子们捉弄老师的场面,比如他们送给克莱蒙特的见面礼是绊了他一个大马趴。但在一场场笑料过后,这位付出了代价的新学监开始了他与孩子们的崭新关系,孩子们觉得他"人还不错",他居然异想天开地组织了一个合唱团,孩子们也乐意配合,他甚至还欣喜地发现了音乐方面的小千里马,而他的乐曲创作也产生了从未有过的丰沛灵感,他们逐渐变得水乳交融,一起从音乐里感受灵魂的自由、高尚与纯净,从共同的参与过程感受团结和相互依存的美好。合唱团受到了外界的关注,他们的演出得到了公爵夫人的赞美。独唱男孩与老师的和解令人安慰,二人的对视传递着心灵沟通的信息:爱与尊重,正是人格得以完整健全特别需要的元素。

当然,这里肯定不是世外桃源。作为片中的反面人物,校长表现出可憎的专制独裁和暴力倾向。他的武断与暴力,驱逐了信任,加深了仇恨,挨打男孩的复仇火焰熊熊燃烧,告诉我们:这就是暴政的可怕后果。克莱蒙特的宽容、善意和爱的教育方式仿佛是一根芒刺,让校长无法忍受,因为从克莱蒙特这面镜子校长反照出自己的丑陋和失败。如同不少教育题材的影片,可爱的或者有个性的老师总是被驱逐,以黯然离去而告终。比较起来,这部影片已经相当乐观,不仅老师离去时收到了孩子们写满祝福话语的纸飞机(高墙窗口被禁锢的孩子们摇动双手,掷出纸飞机,这是动人的一幕,)不久,其他几位学监与学生联合上诉,赶走了坏校长。倒叙的手法也告诉人们,那位平凡的学监其实已经获得了幸福的回报:他的弟子如愿成为著名的音乐家,也间接实现了学监平生的梦想。他平淡度过余生,可是,留下了一个健全人格的生命光辉。

种瓜得瓜,种豆得豆,播撒的是爱与信任,收获的就是放牛班的春天。这是影片所呈现的基本道理。

2. 主题探讨

教育主题:作为一部表达教育主题的影片,《放牛班的春天》给了我们怎样与众不同的答案? 其实它的答案也很简单。作为一个理想的春风化雨的老师形象,学监克莱蒙特并无神奇的灵丹妙药,只是用他热爱的音乐,用他的爱心、善意与智慧,更用他的热情与执着,感染了一群已被社会涂上杂色污点的孩子们的弱小心灵。音乐艺术的熏陶、情感的沟通、人性深处生命热情的被唤醒,这些迷失的心灵终于得到了净化，向善、向美的渴望取代了无知、无聊与无耻。可以看到，西方的文化强调个人与神的关系，与神的疏远导致堕落，与神的亲近是灵魂回归的正途。这个片子也或多或少显示了这个特点。

片中的音乐可谓美轮美奂，富于宗教情感的纯净与高华，喻示着人生的春天在微末的绿意中仍然可以萌生，残缺的生命仍然可以得到救赎，有着近乎赞美诗的柔美与庄严，音乐一点点提升迷途羔羊的灵魂。这里，我们又一次感受到西方宗教文化的顽强痕迹。这也让人觉悟出影片名字的意味：放牛班的春天，是在暗示残缺破损的柔弱生命获得拯救的可能与希望。影片毫不犹疑地出示了这种可能与希望，积极地呈现出一个令人快慰的正面景观。虽然那个被误解的男孩的一把复仇之火让人感到强烈的不和谐，像一抹浓重的阴影，但这阴影是作为校长暴政的产物出现的，并未影响影片的正面观点。

但是总体而言，影片中的教育理念其实并无多少新意，无外乎爱与美的感化教育，无外乎心灵的沟通。事实上要具体而微地做到这些，其实是不容易的。它要求"放牧者"自己拥有健全的人格和宽容的爱心，拥有一定的才能和适当的智慧，以及牧师般的隐忍与居委会大妈式的耐心。还需要一个相对健全的符合正义的社会机制：比如当校长的暴虐肆意横行，有可能通过正当的手段对之进行处罚；需要一个善得以生存的环境，比如片中的那位被学生恶搞受伤却依然慈善如初的老人、那位酷爱音乐的戴眼镜学监，以及那些可塑性强的孩子们……他们都是善终胜恶的土壤和根基。

我想起了戈尔丁的寓言小说《蝇王》(已被拍成电影)。也是一群孩子，未来的核战争事故将他们抛到了荒无人烟的孤岛。没有成年人，没有老师，只有他们自己。拉尔夫燃烧篝火希望被救赎，杰克则更倾向打猎。于是，分歧出现，权力之争提上日程，恶魔主宰了孩子，这个未成年的世界克隆般复制了与成人世界一样残酷的你死我活的战争，小岛顿时充斥着暴力、血腥和死亡。最后，军舰出现在海面，带来获救希望，然而那些席卷在核战争中的成年人，又有谁会来拯救他们？

《放牛班的春天》和《蝇王》自然不能同日而语。二者的内涵和野心差距甚大。前者是一首田园诗，后者则是残酷而狰狞的戏剧。爱心与诗意的救赎（音乐、艺术乃至于神）荡涤了污浊，许诺了改良与进步、成长与新生，这一切振奋人心，然而，善恶的分明和简单化处理，多少也削弱了影片的表现力度。这是影片给人良好感觉然而回味还不够丰厚的原因吧。

其他主题：不管怎么说，这是一个可爱的影片。我喜欢秃头老师对待人生的态度，从他作乐时的龙飞凤舞可以感觉他内心的热情和才华，从他与孩子的交往细节可以感受到他的心性之正直和美好。影片最温暖、最诗意之处，在于那神性飞扬的歌声，在于老师与学生父子般的人间情怀。更何况，片中还有许多有趣的细节，比如校长叠飞机那一幕，让人感觉这个坏蛋其实也有未泯的童心在一瞬间苏醒；比如我们的单身汉主人公那尚未有机会充分发育便迅速宣告终结的单恋，为此他还享受了脸颊被从天而降的墨汁击中的待遇，真是让人莞尔的插曲。

春天里，小牛欢快地吃草，放牛人陷入了短暂的惆怅。我祝福这个好人，一生平安。

2005 年

之五 《感官世界》随感

几天前看了大岛渚的《感官世界》。慕名（禁片）而看。果然大胆、感官之极，有日本式的血腥、极端的性和死亡的战栗……看完了，无语啊。不能说他对人性极端发展的揭示不够深刻，恰恰相反，太深刻也太用力了，过于令人触目惊心，而且如此偏执于人性中的非理性与爱欲的疯狂，这绝非笔者所喜欢的。

日本也有小津安二郎那样宁静、安详而含蓄着内心波澜和时代风云衍变的优秀导演。也有岩井俊二的《情书》那么唯美得恍惚迷离的影片。如果说《感官世界》一类的片子是疯狂的扭曲的摇滚，那么《东京物语》就是谦卑而内敛的祈祷，《情书》则是飘逸感伤的诗篇。

这世界一样也不能少的。他们之间和他们之外，又存在着多少种人性诉说的方式和多少种电影叙事方式呢？电影让人产生窥视的罪感和喜悦，让人对人类的肉身与灵魂产生一次又一次的惊讶发现（也许只是笔者的误读？）这也是电影魅力的一部分。

只是个人感觉,《感官世界》这种片子和《所多玛的 120 天》一样,好像很难被当成纯粹的 A 片。从 A 片出发,最后导向了反 A 片。为什么这么说呢?因为它从肉体的纵欲、狂欢出发,导向了爱欲的极度占有和生命的疯狂毁灭。有心人还可以联系日本的性文化探讨一下。好像有这方面的文章。

它让人印象深刻、难以忘却,却是事实。

人们也许不能认同影片内外人物对性的极端沉溺行为,但从探讨人类的人性经验以及性心理、性游戏的细腻表现等角度看,这影片自有其难以取代的存在价值(套用黑格尔那句人尽皆知的话:凡存在皆合理)。个人最不能接受的是结局的血腥爆发。这个结局是否可以从日本的性文化角度研究研究?

2004 年

之六 看安东尼奥尼的《中国》

花了半天时间看安东尼奥尼拍摄于 1972 年的纪录片《中国》,午饭拖到了一点。

将近四个小时,确实冗长了一些,看起来,这位在"文革"期间能进入封闭的红色中国拍电影的西方导演肯定舍不得放弃每一个好奇的镜头。你能感觉到他的好奇,对一个完全陌生的世界的贪婪的观察,对这个世界里的人们,他满怀接近和了解的欲望。他用摄像机捕捉他所感兴趣的画面和场景:街道、学校、工厂、宫殿、长城、饭馆、农贸市场、田野、山河、舞台……1972 年的中国。目光跟随着那些千篇一律的蓝衣人群、处处可见的革命标语,听着熟悉不过的"我爱北京天安门"和"大海航行靠舵手",竟有一种要流泪的冲动——也许只不过是夹杂着怀旧情绪的本能反应,似乎在那些天真的小学生中看见了那个佩戴毛主席像章高呼口号的自己;也许只是慨叹时光飞逝如斯,只是一眨眼的工夫,那憧憬着长大被毛主席接见的幼儿已然中年,不能不为生命短暂如蜉蝣而空洞无效地悲哀。

除了个体渺小而平凡的感慨外,更会不由自主地去借此观望中国的往昔,那个很少被国人认真回首反思的年代。在我们的语境里,一切变得很简单,似乎那只是个天灾一样的人祸。发生了也就发生了,过去了就让它过去吧,改革开放的国与人争先恐后地学会了向前/钱看。于是社会飞速进步发展。于是我们只能从一个老外的旧影像里去搜寻我们自己的往昔的集体记忆。感谢这位去年刚离世的意大利导演,为我们留下了可贵的记忆,安东尼奥尼在给中国的"意向书"中说:"我计划关注人的关系和举止,把人、家庭和群体生活作为记录的目标。我意识到我的纪录片将仅仅是一种眼光,一个身体上和文化上都来自遥远国度的人的眼光。"他以另一种视角,艺术家的视角、人道的视角、批判的视角、我们体制外的陌生人的视角,那种异质性的眼光和敏感,提供了一面我们得以返照自己往昔面目的镜子,得以温习曾经的中国和中国人的面目:单纯、淳朴、善良、怯懦、封闭、集体主义、政治至上、领袖崇拜、激情澎湃又木讷呆滞……

置身当下这个早已告别革命的色彩缤纷的后现代中国,再回头看看视频里色彩单一的革命时期的中国,三十几年弹指一挥,中国和中国人的内在又发生了怎样的变化? 而不变的又是什么? 安东尼奥尼片尾借用了中国的古老谚语:"画虎画皮难画骨,知人知面不知心。"表示他对这个古老国度及其国民的认知之肤浅。而我们自己对自己的认知和反思是否就能更深刻?

2007 年

之七 戈达尔的《筋疲力尽》

戈达尔的一套片子买了很久,却提不起兴致去看。曾经看了老导演最新的作品《我们的音乐》的片断,实在忍受不了其镜头的上蹿下跳毫无美感,看得我极其痛苦,当下决定将这老家伙打入柜中冷藏。其实在买全套之前,大约三四年前,看过他的两个片子:《小兵》和《狂人皮耶罗》。对前者当中的美女演员的美丽和后者的主人公皮耶罗的疯狂费解留下了印象。得以知晓戈达尔是一个很独特的导演,是新浪潮的代表人物。但对于他,我没有像喜欢特吕佛和侯麦一样喜欢上他。

近日感冒卧床,无聊之际,把戈达尔最早的成名作《筋疲力尽》找出来看了一遍。原以为根本看不进去,却没想到还算线索清晰简单,很容易接受地看完了。在今天看来,戈达尔那些当初被视为革命性极强的跳接之类的拍摄技巧已经不具有多少视觉冲击性了。内容几乎是加缪的《局外人》的影像翻版,你可以很容易地感到存在主义的深刻烙印:生存的荒谬性、无意义,生命缺乏方向也不需要方向,就连爱情也不能成为赖以逃避的港湾,世界充满危险和威胁,生存就是在路上晃荡,晃荡,晃荡,和这个世界不断地捣乱,然后逃离,直至筋疲力尽,直到死亡。结尾米歇尔说的那句"你真差劲!"(我看的版本译文如此,有些版本似乎译为"你真恶心!")颇能传达作品所要传达的那种无名的愤怒。而出卖他的女孩帕特丽莎则对此一片茫然。我们不知道彼时彼刻的她是否为自己的行为感到内疚和后悔。总之,你能感受到这部影片所传递的气息:一种典型的愤怒青年的味道。戈达尔后来径直走向了"左倾"、激进、革命,一点儿也不令人吃惊。我新近看的《电影的故事》一书除了介绍众所周知的有关他在电影镜头跳接方面的创造性,就是提出了包括戈达尔在内的新浪潮们对年轻美丽姑娘精致面孔的眷恋,这一点说得很正确,他说戈达尔影片中的姑娘总有一个优美的脖子。而女性纤细柔弱的脖子给人的感觉是易于受到伤害的。

这部影片要搁在 80 年代,当时的我一定会非常喜欢的。因为当时的文艺青年们正在狂热地喜欢着萨特、加缪以及写《第二性》的西蒙·波伏娃,要知道当时的文科大学生是把《西西弗斯神话》当成最抢手时尚的礼物来相互赠送的。但现在我可以比较冷静地说,我已经不怎么喜欢《筋疲力尽》式的决绝表达方式了。并非我与这个世界已经达成了和解和妥协,或许只因为我已心灰意冷老于世故地明白了:愤怒和宣泄除了伤害自己,对于改变这个世界一点用处也没有!也许,是因为我和很多同时代的朋友早已在 20 世纪 80 年代末期告别了那壮怀激烈迷惘彷徨的青年时代,再也没有力气那样毫无节制地挥霍自己的浪漫和激情:爱与恨,热切迷乱的向往和喧哗骚动的梦想。所以,从某种程度上说,看《筋疲力尽》犹如在看自己青春的某一部分,我们也曾经有过那样的愤世嫉俗和激进叛逆。所以,对《筋疲力尽》还是能产生一种久违的、莫名的亲切。

2005 年

之八 《情迷六月花》的亨利和琼

《亨利和琼》，又译为《情迷六月花》，是菲利普·考夫曼的作品，又是以女性小说和文学人物真实生平事迹为内容，自然有些期待。影片基本以中产阶层女作家安妮为叙事视角，她的那双大如圆月般的明亮眼睛一直清澈地直视镜头，有一种直逼人心的力量。尽管表面看来她只是个柔弱娇小的女子。把这个影片看成一部女性主义自我反省的作品，起码会比较接近其中的一部分真实。曾经看过一部相当激进的法国片"罗曼史"，女主人公因不满于丈夫的冷感和自恋，四处寻找性欲的出路，沉沦于形形色色的情色遭遇难以自拔。库布里克的《大开眼界》也表述了相似的女性烦恼，只是库布里克更关注的显然是汤姆·克鲁斯所代表的男性探险和迷惘。

我喜欢电影的结尾。那段内心独白清晰地定位了这部电影的女性成长性质：安妮的泪水中有眷恋，有告别，有对自我女性觉醒和成长旅程的了悟。当她和琼相拥时自语时，我感觉很纯洁，也许观众会不以为然，但在结局安妮流泪的自白里，宽容的人们可能就会接纳一切，包括人物为自己的觉醒所付出的所有代价。

外表酷似典雅少女的玲珑女子安妮，无意间遭遇的一幅日本浮世绘画作改变了她的人生轨迹。这幅具有性启蒙意味的画作成为一个重要媒介。自此安妮向着性享乐的领域一步步开放自己，以至于放纵无度，贞女变荡妇。这个过程中，亨利代表着粗俗低层但野性具有活力的人性和激情，正好与安妮的需要一拍即合。二人的合欢惊心动魄，我只是有些怜悯安妮那快乐地戴着绿帽子的老公。（这个演员的表演很值得称道。这位老公回家正遇上亨利与安妮做爱的片段处理得极富喜剧性。那条可爱的懵懵懂懂的黑狗，让人忍不住想笑。）

安妮和琼的关系，实在是毫无同性恋可能性的我所难以接受的。"女同"关系的上演除了展示漂亮的女体，刺激观众的视觉和欲望，就是印证了琼对亨利和安妮的指责，即这二人的作家身份以及话语权力对琼的利用和剥削。尤其是安妮暴露了她与亨利关系之后仍辩白：我爱你！真是难以忍受，琼没有打她一巴掌就已经显得足够仁慈。故事毫无节制地展现欲望的混乱,很容易激发起普通观众对作家(包括画家之类的艺术家)之流毫无道德感的风流乱性的厌恶鄙弃。

但影片中的有些场景是我所喜爱的。亨利骑着自行车尾随汽车的场景处理堪称精彩。他的有些喜剧化和自我调侃式的顽皮动作表情与安妮的流泪成为对照,而与第一次安妮去找亨利时在影院里发现亨利满面的泪水相呼应。片中几次人物骑自行车的画面都非常棒。总体而言,这是一部具有中产阶级堕落倾向的作品,品味低于《布拉格之恋》。但影片有少许的反省,多少矫正了一味的放纵宣泄。正如安妮表哥所言:反常欲望的过度追逐,会损害正常欲望的享受(原文不记得了,意思大致如此),本人认同这句话。

2006 年

之九 爱的躯壳,令人窒息的情感悲剧
——观韩片《爱的躯壳》

印象中,既充满情色元素又不乏血腥暴力的影片,以日韩片为多。日片里,曾看过今村昌平的《鳗鱼》,以及更具刺激性的《感官世界》;韩片里,看过金基德的《漂流浴室》和朴在浩执导的情色片《爱的色放》……这些影片的共性是片中往往交织着嫉妒、性爱与杀戮,往往给人一种阴森的压抑感和血腥的震撼。比较起来,《爱的躯壳》并不算特别,但这个小成本情色片的令人窒息和压抑的程度却毫不逊色。

影片中的男主人公忧郁如诗人,眼睁睁看着自己深爱的女人无可救药地苦恋其他的男人——那种受虐狂般地低声下气乞人垂怜的爱,疯狂且没有理性。也许她会在自己的怀里放纵肉体,心却无时不在那个从未回馈给她一点爱与同情的男人身上。男主人公只能用钢笔书写着自己难以理喻的爱,一种绝望的等待与守候:等待她再次被那个男人抛弃,再一次回到他身边疗伤和发泄。一天又一天,他在日记里与这个自己无法把握的痛苦女人对话;一天天,他在与她的肉体交合中捕捉那转瞬即逝的幸福和快乐,更多的时候只能独自书写着无法真正拥有对方的煎熬和失败。

长发黑衣的她是个自始至终疏离于世俗世界的女子,似乎仅仅为

着一件事而专注地活,那就是随时听从那个并不爱她的男人的召唤。电影运用了手机这个灵巧的道具,展示的却是现代化信息世界里个人内心的无比脆弱。手机铃声的每一次响起都是神经质的,给这女子带来可怜的惊喜与快乐。女子抽身离开收留她的男人住所的步伐是那么毅然决然,又令一心一意想要呵护她的男人绝望。女子的喜悦终究还是竹篮打水一场空,她归来时的痛哭和烂醉也就成了必然的归宿。她的笑比哭更难看,诡异而有些凄惨,然而却并没有《胭脂扣》里梅艳芳哀怨中透露出的艳异。也许这纯粹源于我的主观感觉:是我实在不能忍受这个女人过于无视自己尊严的那份爱。丧失了自尊的爱也许让人怜悯,却如何能被人珍惜?

最终的结局似乎是注定的,像我看过的某些日片和韩片一样:痛苦不堪的男主人公亲手杀死了女主人公。男人悲痛欲绝地扼死女人的场面一定令观者惊惧,女人细弱白净的脖子显示出无助和对死亡的渴望。影片刻意美化了这爱的杀戮,裸身的他怀抱着同样赤裸的她,一步步走向蔚蓝的大海,海边是洁净空旷的沙滩,景致绝美,却更加彰显残酷。他缓缓放下她不再挣扎不再痛苦的洁白躯体,然后,轻轻爬上去,好像怕她冷似的,把自己的身子覆盖在她的上面。他终于完完全全拥有了她:这爱的躯壳?

之后还有一个结尾,似乎玩了个叙述圈套。门铃响起,男人的笔记本躺在桌上,男人的画外音自白:她回来了。这点技巧起了什么作用呢?暗示完全可以有另一种结局吧,或许。但我看,纯属叙事的多余和故弄玄虚。

是个很压抑的片子,尽管里面有许多相当裸裎的性爱镜头。但性所唤起的,与其说是欢乐,不如说是恐惧与绝望。我不准备看第二遍。

2003 年

之十　侯麦的《午后之爱》

曾经看过侯麦的《克拉之膝》和《夏天的故事》,两片都深得我心。有点迷恋上这个别具一格的法国导演。星子近来淘得侯麦的几个碟,赶紧看吧。

刚看了其中一片:《午后之爱》。

再次确认,侯麦确实有着独树一帜的个人风格,而这种风格带有鲜明的欧洲文人气,或者说充满高雅的知识分子趣味,不仅是说影片中的主人公,总爱手持一本书出现在公车上、咖啡馆和沙发上。(多么喜欢看到干净的公车上穿着整齐的人们阅读报刊书本的画面。可惜我们的城市公车上常能欣赏到的是喧哗拥挤的人群及疲惫发呆的面容。有一回,在新老校区的公车上,邻座一个高中生戴着耳机高歌,男孩子旁若无人的歌声,伴随着我一路。好像是周杰伦的歌。)

回到《午后之爱》:

微妙细腻的情感,无伤大雅的幻想,婚姻的忠诚以及婚外的诱惑,在标志性的滔滔对白中衍生着情节,犹豫迟疑之中,主人公终于抗拒不了诱惑地置身于跨界边缘,关键时刻,却又胆怯地落荒而逃,最终还是歉疚地回到妻子身旁,相拥而泣。妻子显然早已察觉到他的花心。这是婚姻中的男女常常可能出现的插曲,哪怕仅仅是发生在内心里的戏剧。中产阶级知识分子既渴望类似艳遇的冒险经验,又受到道德规范的束缚,两者之间,人物进退挣扎,却还努力着不失优雅。

人物对巴黎的喜爱是由衷的,而那种看法是非波德莱尔式的,其实我也很喜欢那样的感觉。幽游于一个动荡热闹、人流密集的大都市,闲适、敏感、优雅,带着一些暧昧的欲望追逐冒险和自我发现,品味和幻想那些陌生人流带来的偶然遭遇,却并不会真正碰触道德的底线,也就是说要保持一份安全和距离,一切适可而止,才不至于破坏优美的情调。当然,那证明这个人的心还算年轻,才会对那充满可能性的花花世界抱有如此美妙的幻想。我要说,这些情感事件大多只能发生在一个不失浪漫的、充满衣食无忧人群的都市。当那些为生存的基本满足而奔忙劳碌的人群占据了城市的主导,你不用去幻想这样的遭遇。那些小资的情趣显得造作无聊,也毫无用处。所以,情趣、品味、气质、故事、心境,永远与现实环境相互依附。

抱有幻想的人是年轻的,更是幸福的。生活不应该是死水,偶尔的微波荡漾甚至激起几朵浪花是很不错的状况。难道不是吗?

2004 年

之十一　华丽而空洞的美学奇观

——评析《绝密飞行》

　　美国暑期档大片《绝密飞行》目前正在中国各地影院登场亮相。此片号称本年度最眩目激烈的空战大片,相信男性的军事迷和一些游戏玩家们对此兴趣定会分外高昂。影片志在以高新电影特效向1986年的《壮志凌云》致意,实现近期空缺的现代战斗机飞行空战题材的新突破。此片的最大卖点是未来世界里惊心动魄的空战场面和新型战机导弹的峥嵘面目,有关的宣传语中,该片被不遗余力地描画成一场好莱坞招牌式的超级视听盛宴。事实上,在计算机特技的大力渲染下,影片的视听场景确实堪称炫目华丽——美国隐形战机尤其是无人战机"埃迪"(EDI)迅雷不及掩耳的飞行速度和酷毙了的空中飞行姿态,如离弦之箭般飞射的导弹直捣黄龙与高大建筑物轰然倒塌的"壮观"画面,以及烈焰滚滚的爆炸燃烧镜头伴随着轰鸣不绝的引擎巨响……这一切足以眩人耳目。导演罗伯·科恩对惊险动作的镜头操控能力也值得嘉许,如急速迅捷的推拉摇移和切换剪辑、天旋地转的大幅度旋转和俯冲镜头,皆能处理得酣畅淋漓。仅从视听奇观的形式意义上说,《绝密飞行》称得上中规中矩,也保证了一定程度的观赏性。

　　但是,影片《绝密飞行》过度倚赖并吃定现代技术主义而轻视电影的其他必要元素,其金玉其外的视听奇观掩盖不住影片内涵的贫乏、混乱、丑陋与平庸。对于一部以航空、军事和科幻为主导的影片,高科技特效画面、音响等视觉冲击力固然十分重要,但顺畅合理而紧张刺激的故事情节、个性饱满棱角分明的人物形象,对人类生存现实和未来命运的激情想象与智慧运思,这些都是一部合格的科幻片的必要组成部分,同样需要认真对待。而《绝密飞行》在情节编织与叙述过渡方面粗糙而随意,如小分队赴缅甸的定点爆炸清除敌人的任务完成后,突然人为生硬地将几位主角送到泰国休假,人物从惊险刺激的轰炸飞行毫无目的地坠入花丛:旅游观光般地享受异国风情,走马观花顺便拈花惹草。这一情节设置似乎仅仅为了展示男主角处处留情的风流品性和女主角健壮性感的三点式躯体。而一场同样突然降临的任务又草草结束了这群美国青年的浪荡逍遥,乔治与泰国妹妹星星之火的异国恋情也毫无意趣地半途而废。随意枝蔓又浮光掠影的情节线索令人感到编导缺乏编织有意味的故事情节的才能,只能靠招之即来挥之即去的拙劣手法生硬地打发人物。因此,影片的人物形象自然也面目模糊,成了编导手中的玩偶。如乔治本是个可以有更多可塑性的人物,却被毫无铺垫地安排在影片中途猝死于追击"埃迪"的飞行追逐中,他的死简直轻于鸿毛,似乎只是为了凸现"埃迪"的聪明残忍和飞机碰撞山体那个慢镜头画面。而冰冷恐怖的杀人机器"埃迪"是影片真正的主角,却始终无法产生亲和力,其令人厌恶的轰炸暴行和后来的转变以及"壮烈牺牲"同样缺乏人性化的内在发展逻辑;人机矛盾的展开与和解缺少趣味。至于美女凯拉只身落入朝鲜境内后众寡悬殊的追逃和被救情节更是荒唐可笑。另外,军中官员的政治阴谋不仅老套,也暧昧得让人难以信服。

尤其糟糕的是,与《壮志凌云》《ET》等经典影片比较,《绝密飞行》缺乏真诚的人性因素,游离于真善美的价值世界之外,也没有过往一些好莱坞科幻片的人类共同体意识和人道精神,这一点在《绝密飞行》中基本上丧失殆尽。影片沉浸于美国式的自大狂和9·11之后的过敏意识里,并陶醉于技术主义的武器崇拜,可以想象,其贫弱平庸的思想内涵和褊狭自私的意识形态难以获得人们的理解与共鸣。从定点清除缅甸恐怖分子聚会的大楼而造成百余人的死亡,到用核导弹进攻塔吉克斯坦恐怖分子与居民混杂的土地而杀人无数;从在俄罗斯境内空中击落先进的俄罗斯战机,到在朝鲜境内屠杀大量的朝鲜人民军和民众;我们可以清晰地看到一个饶有趣味的对比:一边是美国军队可以肆意侵占他国领空、自由轰炸他国领土,并沾沾自喜于武器的先进和屠杀效果;一边是被美国视为敌国的土地上,原本宁静美丽的乡村被轰炸得支离破碎,生命遭屠杀,房屋被焚毁,到处是烈火、浓烟、断壁颓垣,美军的核导弹还造成了可怕的核辐射污染……空中的美军飞行表演的华丽奇观,对应了他国土地上众多生灵的惨遭涂炭,而后者的灾难痛苦在叙事中被有意掩盖和淡化了,似乎可以忽略不计,观众则依然可以一如既往地沉溺于电玩般的奇观欣赏中。这样的思考视野

中,影片中的华丽奇观其实无异于残酷杀戮的一种美学演绎。而影片
将美军的野蛮轰炸和异国平民的灭顶之灾大大方方嫁祸于机器杀手
"埃迪",将美军的罪责轻轻松松地一推了之,不仅缺乏说服力,而且有
些无耻。意识形态的滚滚浓烟,根本消解了影片的视听美感。一定程
度上,这部耗资 1.3 亿美元的巨片沦为了 9·11 之后美国单边主义国
际强权政治的一张超级宣传广告。

结论:90 年代以来大多数好莱坞科幻片与受众认同取向似乎达成
了合谋,存在着重外表轻内涵、重视听效果轻故事情节的肤浅皮相特
点,《绝密飞行》正是这股利润驱使下的媚俗潮流中产生的一部"金玉
其外,败絮其中"的巨型垃圾片。丧失人文价值和思想内涵的技术形
式主义、粗陋的情节结构和人物塑造、思想的懒惰弱智,是此片平庸低
俗的原因;而扭曲虚伪的意识形态则将影片从娱乐性视听奇观异化为
残酷美学的空洞修辞。

2005 年

之十二　解读韩片《撒玛利亚女孩》

片名:《撒玛利亚女孩》(Samaritan Girl)(Samaria)
导演:金基德 Kim Ki-Duk
主演:李乌 Uhl Lee
　　　康吉敏 Kwak Ji-Min
　　　申民军 Seo Min-Jung
所获奖项:柏林电影节最佳导演银熊奖

　　几年前看过《漂流浴室》,唯美如幻的水景、艳异悲怆的哑默女子,
以及我本能拒绝的冷酷血腥场面,让我见识了一回韩国导演金基德。

　　《撒玛利亚女孩》是一部得了银熊奖的影片。我没有及时赶着看,
因为预知那类影片会让自己不适或不安。现在看了,果真是让自己难
受了好一会儿,沉浸在一种难以言说的困惑与忧伤中。(有些人如我
等为什么喜欢看电影? 看那些屏幕上鲜活生动的他人的生活和秘密,
看那些编导演员们共同编织的子虚乌有又无比真实的影像。如果简

单地理解趋乐避苦这种人之天性，那么滑稽搞笑的喜剧和温情脉脉的文艺片应该拥有最大的市场。事实上观影功能之多样远远超出了纯粹的娱乐一途。比如观赏悲剧，又有何快乐之有？亚里士多德却也早已分析出悲剧的净化心灵功能。电影的丰富多元，正对应了人的性情的多种多样，以及人性的多面需求、人心的多面维度。从这一角度看，电影确是人类心灵的镜与灯。）

看过《撒玛利亚女孩》的观影人，大概很难忘记在英甜美清纯的笑颜，余珍痛彻肺腑的悲哭，以及余珍父亲隐忍的痛楚和疯狂的报复……影片中，几个主人公似乎都在被一双无形的罪恶之巨手所牵引，连续不断地滑向深渊：女孩在英在一次接客过程中被警方追逐，跳窗摔死；她爱上的嫖客以强暴余珍为交换条件去见了她最后一面；在英死后，余珍沿着在英的前路义无反顾地堕落，导致父亲的犯罪和被捕；结局：余珍或被父亲杀死，或驾驶着父亲留下的车在泥泞中艰难地打转。

分析一下影片的构成元素：东方山水画特色的唯美画面，充分渲染的迷离感伤氛围，并不复杂却足够脱轨的悲剧情节与复杂难辨的宗教伦理辩证，当然离不开人物这个要素。影片中的两个美貌少女，在英，为赚取与好友共赴欧洲的机票钱而自愿出卖肉体，并以印度教中的神圣妓女维苏米达为效仿榜样，肉体的道德沉沦演绎成了一厢情愿的圣洁救赎；余珍，为帮在英赎罪而同样主动卖身于在英的嫖客，从而引起父亲丧失理智的复仇与犯罪。不仅如此，两个年纪不大的女孩居然已是不时裸裎相对的女酷儿。二人"女同"的身份和情谊构成了这个充满罪恶情欲却不失纯真救赎特征的悲剧故事的起点。

也就是说，编导预设了两个现实生活中可能存在但属于极少数存在的那样两个女孩。离开了这两个思维诡异、行为出轨的问题少女，影片里罪恶与复仇的伦理主题以及宽容救赎的神学主题就将无从铺展。如果说《感官世界》中阿部定的离奇故事也有着生活真实原型，那么在英和余珍的故事又有什么让人格外惊诧的呢？何况导演曾宣称他致力要表现的正是人群中那 10% 的少数人。

顾名思义，"撒玛利亚女孩"的命名富有基督教意味。《圣经·约翰福音》曾经讲述了耶稣在叙加城与一个撒玛利亚妇女之间发生的故事,耶稣向妇女讨要水喝,妇人对耶稣说:"你既是犹太人,怎么向我一个撒玛利亚的妇人要水喝呢?"撒玛利亚人因改信外邦偶像而被正统犹太人鄙弃,因而双方也断绝了往来。交谈过程中,耶稣说出这女人曾有五个丈夫,现在身边的男人不是她的丈夫等事实。妇人相信了他就是先知,还得到了耶稣宽宏的原谅和慷慨的许诺:"人若喝我所赐的水,就永远不渴。我所赐的水要在他里头成为泉源,直涌到永生。"

金基德的影片借用这个基督教典故,无外乎是要传达一种关于罪恶与救赎的主题。撒玛利亚女人虽然不贞洁却能得到救赎。那么,影片中的少女的命运又将如何呢?显然,金基德对此十分悲观。在英轻松地引用了印度教中关于妓女维苏米达的故事,来为自己的沉沦做注解。据说维苏米达的出卖肉身,会让与她有过性关系的男人重新变得纯洁。在英死后,这个故事又得到了余珍的认同,余珍同时还认为她按图索骥式的招客和还钱,既是为在英赎罪,也是在救赎那些嫖客的纯洁与良知。也就是说,撒玛利亚的女孩们信仰了外邦偶像——神化了的妓女维苏米达,并且与众多男人产生不洁关系。一切都和《圣经》的描述相似。这样,一个荒唐不羁令人惊愕的少女沦落的世俗故事就被改装成为一个充满宗教救赎意义的悬疑哲理影片。

但是,上帝在哪儿呢?这场近乎完美的荒诞剧中,神恰恰成了唯一的缺席者。神在冷眼旁观么,其实毋宁说他根本不存在。被神抛弃了的撒玛利亚女孩于是只能痴狂地走向毁灭和沦落,走向虚幻的不可能的救赎。

如果说撒玛利亚俩女孩的言行和心理属于暧昧(糊涂)的宗教范畴,那么父亲的爱和恨以及复仇就更多地属于世俗人伦范畴了。这位父亲的所有言行和感觉结构,不需要任何解释,我们能一目了然并深刻理解。一个单亲父亲的心,一个把女儿视为掌上明珠的好父亲,在他目睹罪恶的一幕的同时,他的心就已经破碎。破碎得那么彻底,无可挽回。复仇成为这个警察弃绝理性的根本理由。于是,我们又一次除了领略金基德迷恋的少女的裸体,还领略了他所习惯的行为语法:血腥的暴力修辞。让那些占有过他女儿的肮脏的男人们、那些丑恶的人渣,全部完蛋吧!这就是他心中烈火般的誓言。于是,导演差点将一个有些晦涩暧昧的宗教救赎故事演绎成了一个热闹火爆的通俗剧。（说句实话，我倒是满心期待着父亲像个义愤的大侠去"解决"那个最可恨的音乐流氓。）一定意义上，父亲用他的行动更形象地诠释了罪与罚的道理。别忘了，他的职业原本就是警察。上帝（神性的父亲）缺失了，还有警察（世俗的父亲）。也就是说，这个影片处处在呼唤神，但是，神根本没有应答。那涌流不断的水在哪里呢？这是金基德不能回答的。

所幸，还有影片最后一章父女二人的郊外上坟的段落。父亲心中阴霾欲爆的压抑、女儿难言的痛苦，二人沉默隐忍的情感传递方式，以及从那个堕落都市逃离所获得的辽阔清新的自然风景，使得影片的情境富有戏剧张力，而人物内心状态也得到了充分展示。观众不免为这一对挣扎的父女心酸。影片的结局不算新奇了，但也仍可称为巧思，金基德以此方式来处理被神弃绝的人那些痛苦的挣扎与抗争：对于余珍，生存还是死亡，这是一个难题。父亲杀死了女儿，终结了这个罪恶的躯体的生命，用死亡还之以清白。这是一个一了百了的痛快结局。或者，父亲在教会女儿开车后自首被捕，女儿驾车追逐着远去的父亲，却冲不出深陷的泥泞。这是一个善良一些却更不确定的结局。

结论：《撒玛利亚女孩》，一部饶富意味的探讨罪与罚以及救赎主题的影片。从宗教出发，回归人伦。有一点深度，也有些隐晦，尤其对于缺乏基督教背景的东方观众。

这个片子还真让我想了一些问题，我对《圣经》又产生了新的兴趣，还有印度的文化。

金基德在片中将妓女圣洁化、理想化，然后以纯洁而脆弱的理想的毁灭来表达一种绝望。

这种影片通常很压抑，但是金基德的取景和画面部分消解了那种过于紧张压抑的状态，反而从中体会出一点超越性。

2004 年

之十三　布卢姆、斯蒂芬，以及他们的怕与爱

吃完晚饭，看起了《布卢姆》的影碟。买回来有些日子了，怕如它的改编原著《尤利西斯》那么冗长艰涩，一直不敢看。曾与一位英国外教聊起乔伊斯和他的《尤利西斯》，当时她瞪大了绿宝石般的眼睛，一边摇着脑袋说："这个书，太难（第四声）了，太难了。"

《尤利西斯》确实是文学著作中一块最难啃的骨头。这本大部头小说在文学史上声名显赫，曾经被禁止刊行，更被告上法庭，原因是其中存在不少"有碍道德"的文字。但这些反而促成了《尤利西斯》的更加广为人知。说来有趣，这个作品是 20 世纪最畅销、最长销，也被研究得最为汗牛充栋，却又最少人能从头至尾读完的小说经典。它的最后一章，漫长的一两百页，没有一个标点符号。文字完全模仿人的意识流程，仿佛一团混沌的泥浆，漫漶无边。

作品有意仿照希腊史诗《奥德赛》的情节和内涵来结构，主人公布卢姆在都柏林城的一天之旅与奥德修斯 20 年远征的历程同构平行，这自然有助于扩大作品的联想空间，加深其历史感。这一天就是 1904 年的 6 月 16 日，詹姆斯·乔伊斯妻子的生日。后来，这个日子被称为"布卢姆日"，来自世界各地的游客都希望按照小说中布卢姆的游荡路线，来游览爱尔兰的都柏林，甚至，他们在都柏林也一定要吃一些布卢姆爱吃的——羊腰子，就好比咱们到了绍兴必要进咸亨酒店尝一尝茴香豆，（也许还要一边用孔乙己的声调来一句："多乎哉？不多也！"）

闲话不提，且回到电影。

还好，影片《布卢姆》并不那么高深莫测得可怕。相反，整部影片看起来非常流畅、舒服，视觉和听觉效果都不错。我最喜欢那段用于影片片头的广告画面，用美轮美奂来形容并不为过。近景：年轻时的布卢姆和妻子莫丽相拥相爱于一大片嫩绿的芳草地上，镜头推向大海，远景：海面宁静光滑得如同处子的皮肤，而颜色与质感则温润如碧玉，仿若一条湖绿色的绸缎般铺陈，展示其近乎女性的柔媚和深邃；镜头上方，是密匝乌金的云层，云层之间，闪出一道纯银的光的瀑帘，流泻的光帘连接着海面。浓稠的云海缓缓过渡成天际一线透明浅金的

丝带,镜头的下面,就是那软玉般温存含蓄的海面。这个画面给人带来了既肃穆高华又宁静致远的视觉享受,而钢琴、小提琴间杂着吉他琴弦合成的悠远深情的乐声又声声入耳地刺激着你的听觉,以至于我对这段画面流连再三,感觉安宁幽深,那镜头中似包含着某种宗教的神圣感。光照无涯大海,心底光洁如镜。

影片开头和收尾处都聚焦于布卢姆之妻:丰满、慵懒的莫丽在床上联想丰富的自白。回忆与想象相纠缠,这女人在无聊空虚的中产生活中饱暖思淫,每每红杏出墙,渴望着强悍男子给予她的性爱。女演员充满诱惑力的身体演绎自然有些惹火,不过,她的孩童般圆润脸庞和单纯率真的自白又让人并不会过于憎恶她。这样的情节自然会激发观影者一定程度的兴奋。莫丽一开篇的自白也让这对中产阶级夫妻相互的不忠和虚伪暴露无遗,为布卢姆逃避性、追寻性的逛荡奠定了基础。莫丽自白的同时,交叉出现布卢姆早晨的第一次出门,他是去买羊腰子,却魂不守舍地盯上了一位美妇人的丰臀,绮思翩翩,原来这对夫妻是半斤对八两、针尖对麦芒。不过,丈夫不稳定的工作和低微的收入使得他在家中低人一等,红歌手的妻子对他可以颐指气使,我们可以看到:布卢姆被躺在床上懒洋洋的莫丽使唤着东跑西颠,伺候阔太太似地伺候她吃早餐。卑躬屈膝的手忙脚乱中,布卢姆喜爱的羊腰子也给烤糊了。这位被戴绿帽的丈夫看上去颇有点像中国人调侃的"妻管严"。憋气的布卢姆落下了个便秘的毛病,影片展现了布卢姆如厕的滑稽镜头,挺逗。布卢姆的那个样子真实得可笑,因此也有点可爱。

于是,布卢姆开始游荡在都市的大街小巷,从白天到夜晚。布卢姆的游历与奥德休斯的远游其实有着本质的区分,后者不愿离开妻子儿女,被迫离家,因此走得越远,思乡愈深;而前者则是有意识逃避家里妻子的嚣张。因此,这古今二部作品的互文是有些反讽意味的。

游荡之中发生了许多离奇的事情,仿佛奥德修斯的历险传奇。只不过,布卢姆的历险亦真亦幻,夹杂着他本人丰富的想象。他想象自己成为头戴金冠的王者。他又被众人摒弃围追。这一天里他最美的遭遇要算是海边的艳遇了,影片对布卢姆与美妇人之间无言的目光触电大战描绘得有声有色——女人眼睛里如水的妖娆和身体扭转的百般挑逗,布卢姆的心猿意马和故作镇定,二人大胆浪漫的想象狂欢与现实中的毫无进展,形成了有趣的参照;最让布卢姆吃惊的是,美妇人站起身后,他发现,这女人原来是个瘸子,她一瘸一拐的背影丧失了刚才的风骚,像个有点感伤的反讽。

布卢姆的游荡不是孤独的,影片中另一个名叫斯蒂芬的年轻人同样在人生的迷宫中陷入迷惘,他也在都市神秘的街巷屋宇之间打发时光。善良单纯的斯蒂芬的游走意味着找寻,最后酩酊大醉的他被布卢姆扶回家中,成为患难之交。似乎暗示人们,他找到了一个父亲。布卢姆呢,他也在对斯蒂芬的关爱中复苏了内心的柔软。真诚切实的关爱,在现代都市迷离的光影中才是最为可贵的。无论这样的回归是否能够坚持恒久,但只要经验过,就足以改变生命的质量。就像布卢姆和莫丽,年轻时曾经的那种忘怀一切的相恋。然而爱可以永恒吗?这是现代人不能许诺的。

因为怕,因为畏惧孤独、欺瞒和平庸虚伪的生活,布卢姆与斯蒂芬离开了家园,四处飘荡;因为无奈的逃避和找寻,才有了不乏希望温暖的回归。这不也是所有现代人的命运吗?

2005 年

(作者单位:福建师范大学文学院)